Heike Specht

Die Frauen der Familie Feuchtwanger

Heike Specht

Die Frauen der Familie Feuchtwanger

Eine unerzählte Geschichte

Mit 18 Schwarz-Weiß-Abbildungen

PIPER

Mehr über unsere Autorinnen, Autoren und Bücher:
www.piper.de

Von Heike Specht liegen im Piper Verlag vor:
Ihre Seite der Geschichte
Die Ersten ihrer Art
Im Mittelpunkt der Mensch
Die Frauen der Familie Feuchtwanger

Unser Versprechen für mehr Nachhaltigkeit
• Klimaneutrales Produkt
• FSC®-zertifiziertes Papier
• Hergestellt in Deutschland

FSC www.fsc.org
MIX
Papier | Fördert gute Waldnutzung
FSC® C014496

ISBN 978-3-492-07084-3

Satz: Eberl & Koesel Studio, Kempten
Gesetzt aus der Minion Pro
Litho: Lorenz & Zeller, Inning am Ammersee
Druck und Bindung: GGP Media GmbH, Pößneck
Printed in Germany

Inhalt

Vorwort

In den ersten Tagen des Oktobers 2023 war es in Zürich noch ungewöhnlich warm. Der Sommer, so schien es, ging noch mal in die Verlängerung. Ich saß gerade am letzten Teil des Schlusskapitels dieses Buches. Der Teil, der der härteste ist. Der Teil, vor dem ich mich seit Monaten ein wenig gefürchtet hatte. Fast zweihundert Jahre, die ich diese Familie durch die Geschichte begleite, geht es bei den Feuchtwangers fast nur aufwärts: durch die Zeit, in der die Herrscher Europas nach der napoleonischen Unruhe mit harter Hand wieder Ordnung zu machen suchten; die Regentschaft Ludwigs I. von Bayern, der München in ein Isar-Athen verwandeln wollte; die Epoche der Industrialisierung, in der München zur Großstadt wurde, mochte der exzentrische König Ludwig II. auch noch so viele putzige Märchenschlösser bauen; das leuchtende München der Prinzregenten-Zeit; hinein in den Ersten Weltkrieg und sogar durch die anschließende turbulente Phase der Revolution und Räterepubliken bis in die Zwanzigerjahre, die in München nicht ganz so golden waren wie anderswo. Sicher, es gab Rückschläge, Beinahe-Pleiten, unglückliche Ehen, persönliche Tragödien, aber alles in allem lief es für die jeweils folgende Generation der Familie Feuchtwanger im behaglichen München immer noch ein wenig besser als für die vorhergehende, lebten die Kinder komfortabler und sicherer, glaubten an eine noch hoffnungsvollere Zukunft als die ihrer Eltern und Großeltern. Doch dann reißt der Film. Das Licht flackert noch ein wenig, dann wird die Leinwand schwarz. In den Dreißigerjahren des 20. Jahrhunderts endet die lange Geschichte der Familie in Deutschland, wie die so vieler deutsch-jüdischer Familien. Auf brutale Weise werden sie herausgerissen aus dem Land, das ihren Vorfahrinnen und Vorfahren über Jahrhunderte Heimat gewesen war.

Während sich die Blätter in unserem Garten also nicht dazu durchringen konnten, sich zu färben, die Vögel zwitscherten, als würde das Frühjahr von vorn beginnen, und der See mit milden Temperaturen noch immer jeden Nachmittag die Kinder lockte, saß ich am Schreibtisch an diesem letzten Kapitel der Familiengeschichte und musste vom Weg der verschiedenen Zweige der Familie in die Emigration berichten. Nach England, in die USA, vor allem aber ins britische Mandatsgebiet in Palästina. Am schwierigsten war natürlich die Schilderung der Schicksale jener, für die es keine Rettung gegeben hat, die es nicht mehr geschafft haben, rechtzeitig aus Europa herauszukommen.

Und mitten hinein in dieses letzte Kapitel und in mein Schreiben dieser Seiten explodierte am 7. Oktober eine Nachricht, die die Welt schockierte, eine Tat, die Israel in seinen Grundfesten erschütterte. Das Massaker der Hamas, dessen grauenvolle Details in den folgenden Tagen und Wochen nach und nach in ihrer ganzen Dimension bekannt wurden, erinnerte an schlimmste Mordaktionen und Pogrome, mit denen sich Historikerinnen und Historiker der jüdischen Geschichte leider immer auch auseinandersetzen müssen. Meist aber bleibt uns zumindest der Sicherheitsabstand der historischen Perspektive, der vielen Jahrzehnte oder Jahrhunderte, die seither vergangen sind. Dieser Sicherheitsabstand war nun fort. Die Bilder vom Vergewaltigen, Verstümmeln, Verschleppen und Morden der Hamas am Supernova-Musikfestival und in verschiedenen Kibbuzim im Süden Israels waren entsetzlich gegenwärtig. Während ich darüber schrieb, wie eine junge Frau der Familie Feuchtwanger bei ihrer Verhaftung verzweifelt versuchte, sich vor der Gestapo zu verstecken, verbargen sich Männer, Frauen und Kinder – meine Zeitgenossinnen und -genossen – in den Kibbuzim Beeri, Kfar

Aza, Nahal Oz und vielen anderen Orten im Negev in Schränken und Kellern vor den Hamas-Terroristen. Vergangenheit und Gegenwart schnurrten zusammen, spiegelten sich auf verstörende und herzzerreißende Weise.

Viele Feuchtwangers brachten sich in den Dreißigerjahren in Palästina in Sicherheit. Sie bauten den 1948 gegründeten Staat Israel mit auf, einen Staat, der Geflüchteten ein Zuhause geben sollte, den Überlebenden der Pogrome Osteuropas, den vor der nationalsozialistischen Verfolgung Geflohenen, den Überlebenden aus den Lagern und später auch den Vertriebenen und Flüchtenden aus den arabischen Ländern und dem Iran.

Für meine Doktorarbeit über die Feuchtwangers[1], deren Recherche zum Teil auch Grundlage für das vorliegende Buch ist, war ich zu Beginn der 2000er-Jahre oft in Israel und besuchte Nachkommen der Familie. Ich saß mit gastfreundlichen Frauen und Männern bei Tee oder Kaffee in sonnendurchfluteten Appartements strahlend weißer Gebäude im Bauhaus-Stil in Tel Aviv, in gepflegten Häusern mit gerahmten Fotos auf Biedermeier-Kommoden in Rechavia, in mit Büchern und Folianten gefüllten Wohnungen in frommen Vierteln Jerusalems und war dankbar, dass diese Menschen ihre Erinnerungen mit mir teilten. Ihre Resilienz war atemberaubend und hinterließ einen tiefen Eindruck bei mir. Ich las Erinnerungen und Briefe, in denen der Schmerz über den Verlust der Heimat spürbar war, aber auch die Hoffnung, die sich mit dem Neuanfang in Israel verband. Diesen vermeintlich sicheren Hafen, der ja durchaus auch in den vergangenen Jahrzehnten immer wieder heftigen Angriffen ausgesetzt war, nun auf diese unfassbar barbarische Art herausgefordert zu sehen, macht mein Herz schwer.

Durch dieses Buch über die Frauen der Familie Feuchtwanger führen drei weibliche Stimmen, die aus der Perspektive der frühen 1940er-Jahre Momentaufnahmen gewähren und so die chronologische Erzählung von fast zwei Jahrhunderten Familiengeschichte immer wieder durchbrechen. Marta Feuchtwanger in Los Angeles, Rahel Straus in Jerusalem und Felice Schragenheim in Berlin stehen im Sturm der Ereignisse. Das riesige Loch, das Verfolgung und Shoah reißen werden, können sie noch gar nicht in vollem Umfang ermessen. Aber jede von ihnen weiß: Etwas ist unwiederbringlich zu Ende gegangen.

Ich denke in diesen Tagen an die vielen Frauen und Männer der Familie Feuchtwanger, die im 20. Jahrhundert die dunkelste Finsternis gesehen und doch immer wieder Mut gefasst haben. Dieses Buch ist ihnen gewidmet.

Zürich, im November 2023

Teil I

Matriarchinnen

Im Sommer 1943

Pacific Palisades

Der Sternenhimmel über ihr ist endlos. Auch bei ihren nächtlichen Spaziergängen in Sanary hat ihr das mit strahlend leuchtenden Sprengseln übersäte tiefe Blau oft den Atem genommen. Hier aber scheint die Nacht noch unbekannter, die Geräusche geheimnisvoll. Die neue Welt. Für Marta ist sie das wirklich – neu. Und für die vielen Europäerinnen und Europäer, die sich hier seit wenigen Monaten, einigen Jahren, mehreren Generationen tummeln, im Grunde auch. Sie alle blicken in den Nachthimmel und müssen sich erst mal verorten.

Im Grunewald hat Marta regelmäßig die Nacht zum Tag gemacht, die Lichter der Großstadt haben die Sterne verschluckt. Und die Enge Münchens war ohnehin nicht vereinbar gewesen mit dem grenzenlosen Firmament. Als ganz junge Frau, auf ihren langen Reisen in die Schweiz, nach Italien, bis nach Nordafrika hat sie einen Vorgeschmack bekommen darauf, wie groß die Welt, wie endlos der Himmel ist. Seitdem sehnt sie sich nach der Weite dieses Sternenzeltes. Andere finden es vielleicht überwältigend, empfinden Angst bei dem Gedanken, selbst so winzig zu sein in diesem gigantisch großen Universum, Marta verschafft die Vorstellung Sicherheit und Freiheit zugleich. Die Ewigkeit des Sternengewölbes ebenso wie die Natur um sie herum, die majestätischen heimatlichen Alpen, die verspielte Buntheit der Mittelmeerküste oder der rauschende Pazifik, an dessen raue Stimme sie sich noch gewöhnen muss – all das umgibt und umfängt sie, war lange vor ihr da und wird noch lange nach ihr hier sein. Irgendwie beruhigend.

Lions Atemzüge neben ihr sind gleichmäßig. Er schläft schon seit Stunden. Sie wacht. Über ihn und überhaupt. Er liegt da wie ein Kind, ganz ruhig, den Mund leicht geöffnet. Sie wird schon dafür sorgen, dass auch dieses Haus, das hier im Dunkeln neben ihnen emporragt, zu einem Zuhause wird. So wie sie es mit der Wohnung in der Münchner Georgenstraße, der Villa im Grunewald und den Häusern in Sanary-sur-Mer gemacht hat. Jetzt eben Pacific Palisades. Sie weiß, dass er, wie sie selbst, noch immer skeptisch ist, was diesen riesigen Kasten betrifft. »Wie ein Motel«, flüsterte kürzlich ein entsetzter Besucher. Sie sind nicht die Ersten, denen der Makler diese stark in die Jahre gekommene Bude angeboten hat. Peggy Guggenheim und Thomas Mann haben dankend abgelehnt. Brecht findet sowieso, dass man nur in Santa Monica leben kann. Pacific Palisades! Eine Weltreise nach Hollywood – und das bei der aktuellen Benzinknappheit, schließlich ist Krieg.

So unsicher Lion und sie sind, was das Haus betrifft, das seine beste Zeit seit Langem hinter sich zu haben scheint, so überzeugt sind sie von Kalifornien. Das Klima, das Licht, das Meer, die Freiheit zu leben, wie man will – all das passt ihnen sehr. Und Pacific Palisades scheint für sie der perfekte Ort zu sein. Sie haben gern ihre Ruhe, lieben die Natur, ein Bad im Ozean, Essen unter freiem Himmel. Manchmal auch Schlafen unter freiem Himmel. So wie jetzt. Gut, die Tatsache, dass sie in Schlafsäcken auf der Terrasse ihres neuen Hauses liegen, statt in einem der geräumigen Schlafzimmer, ist dem Umstand geschuldet, dass ihr Domizil noch nicht bewohnbar ist. Die Fenster sind allesamt kaputt, überall liegen Scherben, die Räume sind total verschmutzt. Zusammen mit einem jungen Mann, der tagsüber in einer Munitionsfabrik schuftet, schrubbt Marta Abende lang, befördert Gerümpel und Dreck eimerweise nach draußen. Möbel muss sie erst noch beschaffen. Seit Tagen dreht sie ihre Runden, plündert Antiquitäten- und Secondhandläden, besucht Garage-Sales und erkundet auf diese Weise auch ihre neue Nachbarschaft.

Den Rummel von Hollywood, da ist Marta sich sicher, werden sie nicht vermissen. Außerdem – das zeigt die Erfahrung der vergangenen Jahre – entwickelt sich das Haus der Feuchtwangers stets zu einer Art Magnet. Selbst an entlegensten Orten strömten bislang die Besucherinnen und Besucher zu ihnen. Das wird sich auch hier in Pacific Palisades nicht ändern. Marta weiß sehr wohl, dass sie selbst einen nicht unwesentlichen Anteil daran hat, dass ihre sämtlichen Häuser diese sogartige Wirkung entfaltet haben.

Lion dreht sich um, der Schlafsack raschelt, irgendetwas huscht durchs Gebüsch, ein Nachtvogel ruft. In letzter Minute ist ihnen die Flucht in die USA geglückt. Die Deutschen waren ihnen dicht auf den Fersen. Aber nun sind sie in Sicherheit und haben – dank Lions internationaler Bestseller – die finanziellen Mittel, sich ein neues Heim zu schaffen. Marta ist sich im Klaren darüber, dass sie bei all den Verlusten, die sie in den letzten Jahren erlitten haben, im Grunde Glückskinder sind.

Jeden Tag erreichen sie Bitten um Geld und Unterstützung. Lions Schwestern Henny und Medi, und Rahel, die Witwe seines Großvetters Eli, allesamt eifrige Zionistinnen, sind seit den frühen Hitler-Tagen in Palästina. Sie kommen recht gut allein zurecht. Aber viele von Lions weiteren Geschwistern, Cousinen und Cousins, Nichten und Neffen suchen nach einem Rettungsanker. Der gute Ludschi, einst angesehener Verleger in München, hält sich mit seiner Familie im englischen Exil gerade mal so über Wasser. Marta sieht ihn noch vor sich, in seiner schönen, geräumigen Wohnung am Prinzregentenplatz, im gediegenen Dreiteiler, die goldene Uhr in der Westentasche, am Kopf einer hübsch gedeckten Tafel, an der alles versammelt war, was im intellektuellen Weimar Rang und Namen hatte. Carl Schmitt hat er verlegt, und Werner Sombart. Wie eine heiße Kartoffel haben sie ihn fallen lassen, als dieses braune Pack an die Macht kam. Jahrelang hatten sie ihn hofiert, nun wollte man sich die Finger nicht schmutzig machen. Der Verlust der Heimat, auch dieser geistigen, traf Ludschi schwer. Und Bubi – im Ersten Weltkrieg der Held der Familie. Sein Soldatenruhm hat ihm nicht viel gebracht. Fortgejagt hat man ihn. Seitdem hängt er in Südamerika fest, ohne Job, ohne Perspektive, ohne Sprachkenntnisse.

So viele Schriftstellerkollegen, die in ihren armseligen Hotelzimmern in London oder New York sitzen und weder die Kraft noch den Auftrag haben, eine Zeile zu Papier zu bringen. Marta schließt die Augen. Aber wie kann sie Schlaf finden, wo die Welt so erfüllt ist von Lärm und Schmerz, so viele Schicksale mit einem Fragezeichen versehen sind?

Sie öffnet die Augen wieder und blickt in den Nachthimmel, als könnte sie dort oben die Antwort finden, als würden dort alle Fäden zusammenlaufen, zu einem hoffentlich guten Ende für alle. Das ist natürlich ein frommer Wunsch, so viel ist Marta klar. Sie hat in den vergangenen vier Jahren seit Kriegsbeginn mehr gesehen und gehört, als ihr lieb ist. Ein paarmal ist sie nur knapp entkommen. Und doch hat sie das Gefühl, dass Lion und sie von dem verbrecherischen Krieg, den ihr Heimatland, das sie davongejagt hat, vom Zaun gebrochen hat, nur gestreift worden sind, während er andere mit voller Wucht getroffen hat.

Ein Schatten huscht vorbei. Angeblich, so der Gärtner, der vor ein paar Tagen hier war, gibt es in der Gegend Schakale und sogar Berglöwen. Sie lächelt und schnalzt leise mit der Zunge wie ihre Mutter früher, wenn Marta mal wieder eine in ihren Ohren besonders dumme Bemerkung gemacht hatte. Wahrscheinlich war es nur eine Katze oder ein Marder, denkt Marta, blickt aber sicherheitshalber noch einmal um sich.

Hier in Amerika scheint alles größer zu sein. Nicht nur die wilden Tiere, die es hier noch in größerer Zahl gibt als im total zersiedelten Europa. Auch die Häuser und die Autos haben gigantische Ausmaße. Wenn sie sich ihren alten Fiat neben einem dieser Straßenkreuzer vorstellt! Und weil die Autos so groß sind, müssen auch die Highways und Straßen breit sein und die Parkplätze. Was Marta jedes Mal aufs Neue fasziniert, sind die Portionen in den Restaurants. Damit hätte sie damals während der turbulenten und doch spartanischen Jahre der Räterepublik und den schlimmen Zeiten der Inflation in München eine ganze Familie satt bekommen. Alles scheint üppiger, großzügiger, freier als in Europa. Mehr Luft, mehr Licht, mehr Farben. Wenn sie an ihre erste gemeinsame Wohnung in Schwabing denkt. An den kleinen Ofen, das knar-

zende Parkett, die dunkle, enge Küche mit der chronisch leeren Speisekammer. Und doch war auch dort die Stube immer voll gewesen. »Gehen wir noch zu den Feuchtwangers?«, hieß es nach der Theatervorstellung, und dann hatte Marta irgendeinen Snack aus dem Hut gezaubert, Freunde und Bekannte steuerten bei, was sie konnten, eine Flasche Wein, ein bisschen Schinken, ein paar Eier für Omelette.

Sie hört Lions regelmäßige Atemzüge, und langsam gleitet auch sie hinüber und findet endlich den erholsamen Schlaf, nach dem sie sich so sehr sehnt. Ist es das Alter, denkt sie noch, oder die Erschöpfung?

Berlin

Endlich zeigt sich die Stadt wieder von ihrer besten Seite. Der Juli hatte gestrahlt, Sonne pur. Dann war, kaum hatte der August begonnen, erst mal Flaute gewesen. Felice hatte sogar ihren dicken Pulli rausholen müssen, so ungemütlich war es gewesen. Sie hat immer noch nicht alle ihre Sachen herholen können. Irgendwann muss sie noch mal zu »Mutti« ins Riesengebirge fahren und darauf bestehen, dass sie ihre Kleider und sonstigen Besitztümer – viele sind es ja nicht mehr – herausrückt. Wenn man offiziell nicht existiert, kann man leicht übergangen und übervorteilt werden, das hat Felice inzwischen verstanden, und es drückt ihr auf die Laune. Und der bis vorgestern so verregnete August hat ihre Stimmung nicht gerade besser gemacht. Die Kinder sind sich auf die Nerven gegangen in der eigentlich geräumigen Wohnung, aber raus in die Nässe hatten sie auch nicht gewollt. Nur den Kleinsten, Albrecht, hat Felice überreden können, mit ihr durch die Pfützen zu springen. Dabei haben sie sich beide ordentlich schmutzig gemacht. Egal, das war es wert gewesen. Wenigstens eine kleine Ablenkung.

Seit gestern aber, es geht schon fast auf den Altweibersommer zu, ist die Wärme zurück. Altweibersommer, denkt Felice, woher der Begriff wohl kommt? Blühen alte Weiber da noch mal auf? Ignorie-

ren sie eisern, dass ihre Tage gezählt sind? Felice schaut hinunter auf die Straße. Die Nachbarskinder spielen dort schon seit Stunden Krieg. Einige haben einen Schützengraben gebaut, die anderen rennen kreischend darauf zu. Besenstiele sind ihre Gewehre. Kein Wunder, denkt Felice. Was sollen sie auch anderes spielen, sie erleben ja seit Jahren nur noch Krieg. Meldungen von der Front, Bombenangriffe, Luftschutzbunker – diese Dinge, die den Erwachsenen kaum begreiflich sind, bestimmen ihre kleinen Leben und sind Normalität geworden.

Altweibersommer – irgendwo hat sie mal gelesen, dass der Begriff von den schimmernden Spinnenfäden kommt, die besonders im späten Sommer und frühen Herbst auf den Wiesen zu sehen sind und die an das weiße, dünne Haar alter Frauen erinnern. In irgendeinem Kreuzworträtsel, über das Lilly neulich grübelte, wurde danach gefragt – meteorologisches Phänomen mit fünfzehn Buchstaben. Felices Blick sucht Eberhard und Albrecht und findet sie schließlich auf dem Bordstein in der Sonne sitzend. Sie sehen den größeren Jungs, die noch immer Soldaten spielen, andächtig zu. Es ist heiß heute, eigentlich Badewetter, aber zum Schwimmen können sie wohl erst wieder am Wochenende.

Felice schließt die Augen bei dem Gedanken an das kühle Wasser, das Summen der Insekten, das Zwitschern der Vögel. Altweibersommer – einfach noch mal das Leben genießen, verdrängen, dass der Herbst vor der Tür steht. Danach sehnt sie sich. Nicht ans Morgen denken. Im Jetzt sein und bleiben. Aber streng genommen ist sie ja gar nicht im Jetzt. Zumindest nicht hier in Berlin. Schon vor vielen Monaten ist sie durch Freitod aus dem Leben geschieden. Ausradiert, wie so viele ihrer Schicksalsgenossinnen und -genossen hier in der Stadt und im ganzen Land. Andere haben, als das noch ging, ihre Siebensachen gepackt. Ihre Schwester Irene ist in England, ihre Stiefmutter Käte in Palästina, ebenso wie Tante Henny. Onkel Lion und seine Frau Marta sind bis nach Amerika gelangt. Klar, er ist immerhin ein weltberühmter Schriftsteller.

Ich hab die Chance verpasst, denkt Felice und reißt jäh die Augen auf. Macht sie gerade wieder den gleichen Fehler? Altweibersommer enden immer mit Kälteeinbruch. Soll sie sich nicht doch den

Freunden anschließen, statt hier das Letzte aus dem Sommer zu quetschen? Andererseits hört sich ihr Plan auch nicht an wie ein Sonntagsausflug. Die Schweizer sind in den letzten Monaten nicht gerade durch übertriebene Gastfreundschaft aufgefallen. Wenn man sie bei dem Versuch, über die grüne Grenze zu gelangen, schnappt und zurückschickt, steht sie schlechter da als jetzt. Momentan ist sie für die Nazis offiziell tot. Und das ist noch der beste Zustand für eine quicklebendige Jüdin im Berlin dieser Tage.

Es ist seltsam, durch die Straßen zu gehen und eigentlich unsichtbar zu sein. Dabei ist Berlin Felices Stadt, hier ist sie geboren, hier ist sie zur Schule gegangen, hier hat sie ihre Leidenschaft fürs Schwimmen entdeckt, hier hat sie sich zum ersten Mal verliebt. Hübsch herausgeputzt und im Partnerlook mit ihrer älteren Schwester ist sie sonntags mit den Eltern durch den Tiergarten spaziert. »Guten Tag, Herr Doktor, guten Tag, Frau Doktor. Wünsche einen schönen Sonntag.« Der Vater hob den Hut, die Mutter grüßte und nickte lächelnd, wenn eine Patientin oder ein Patient vorüberkam.

Wir haben mal zum Stadtbild gehört, denkt Felice, jetzt hat man uns einfach herausgenommen wie unpassende Püppchen aus dem adretten Puppenhaus, das Irene und sie 1929 zu Weihnachten bekommen haben. Wäre es nach ihrer Mutter gegangen, hätte das enorm große Paket unter einem glänzend geputzten Weihnachtsbaum gestanden, aber dagegen sträubte sich ihr Vater hartnäckig. Quasi die letzte Bastion seiner Jüdischkeit. Dabei sind die Berliner Schragenheims alles andere als fromm, vor allem verglichen mit den Familienzweigen aus München und Fürth, den Feuchtwangers und den Strausens. Die Vorfahren ihres Vaters stammen aus den engen Gassen süddeutscher Städte, und nicht wenige halten mit ihren harten Schädeln ebenso entschlossen an ihrer bayerischen Mundart fest wie am strengen Judentum. Onkel Lion natürlich nicht. Das heißt, sein herzhaftes Münchnerisch pflegt er schon, aber mit der Orthodoxie hat er nichts mehr am Hut. Und dennoch verfügt er über enormes jüdisches Wissen, das hat Felice neulich erst wieder festgestellt, als sie seinen Bestseller Jud Süß *noch mal gelesen hat. Die Geschichte des Joseph Süß Oppenheimer, der die*

Spuren seiner Herkunft verwischt und doch aufs Brutalste daran erinnert wird, ist schmerzhaft. Aus heutiger Sicht beinahe visionär, denkt Felice. Egal, ob wir einen Weihnachtsbaum aufstellten oder nicht, für die anderen waren wir immer Juden. Vielleicht hat ihr Vater das gespürt, vielleicht ist das sein Feuchtwanger'sches Erbe, und vielleicht hat er deswegen darauf bestanden, diese letzte Bastion zu halten: Wir wissen, dass wir Juden sind. Dieses Weihnachten 1929 jedenfalls, das ihnen auch ohne Baum ein prächtiges Puppenhaus bescherte, war das letzte, das sie zu viert verbrachten, im Grunde das letzte Weihnachten, an dem die Welt in Ordnung war.

Unten auf der Straße weint ein Kind. Felice versichert sich: Es ist weder Albrecht noch Eberhard. Die beiden sitzen immer noch auf dem Bordstein, inzwischen spielen sie »Schere, Stein, Papier«. Um welche knifflige Frage es wohl geht?, überlegt Felice. Ein bisschen macht sie es ja wie die Jungs. Gehen oder bleiben? Schere schlägt Papier, aber Papier schlägt Stein. Wie soll sie sich entscheiden? Lilly fleht sie an, nicht zu flüchten, sondern hier bei ihr und den Kindern zu bleiben. Derweil tut Lillys Mann Dienst fürs Vaterland. Felice muss grinsen. Sie selbst kümmert sich aufopferungsvoll um die Gattin dieses tapferen Wehrmachtssoldaten. Wenn der arme Günther wüsste, wie aufopferungsvoll! Die Verlockung ist wirklich groß, hierzubleiben bei dieser Frau, den süßen Kindern, in der komfortablen, großzügigen Wohnung in bester Lage – Lillys Mutterkreuz sei Dank.

Lilly macht gern Pläne, Felice ist nicht wohl dabei. Für einen winzigen Moment kann man sich zwar einreden, dass alles normal ist, aber nicht lange genug, um Zukunftspläne zu schmieden. Das macht Lilly oft misstrauisch und wütend, dann quält sie Felice mit ihrer Eifersucht. Dabei denkt Felice durchaus ans Morgen, auch wenn dieses Morgen womöglich ohne sie stattfindet.

Felice lässt den Blick über die Häuserdächer schweifen. Sie hat nie irgendwo anders als in Berlin gelebt. Diese Stadt und ihre Menschen kennt sie in- und auswendig. Dachte sie zumindest lange. Zur Wahrheit gehört aber leider, dass nicht nur die Stadt sich verändert hat – an allen offiziellen Gebäuden, aber auch an einigen

Privathäusern hängen Hakenkreuzflaggen, in der Innenstadt entsteht an jeder Ecke ein neuer monströser Bau mit überdimensionierten Säulen und finster dreinblickenden Adlern. Die Architektur des Tausendjährigen Reiches muss von Leuten erdacht sein, die unter einem gigantischen Minderwertigkeitskomplex leiden. Aber auch die Menschen erkennt Felice manchmal kaum wieder. Und nicht nur, weil viele diese abscheulichen Uniformen tragen. In den ersten Monaten des Krieges war das Triumphgeheul angesichts der schnellen Siege im Blitzkrieg nicht auszuhalten. Inzwischen jubelt kaum noch einer. Spätestens seit Stalingrad glauben nur noch die hartgesottenen Nazis und Nazissen an den Endsieg. Die anderen tun natürlich den Teufel, laut auszusprechen, was sie denken. Aber Fliegeralarm, Ausgangssperren, Verdunkelung, Nächte im Bombenschutzkeller und dazu die immer dürftiger werdenden Speisezettel sind nicht dazu angetan, die Stimmung zu heben. Jeder und jede will nur überleben. Auch Felice. Wenn sie nur wüsste, wie sie es anstellt.

Jerusalem

Die Mädchen stürmen lärmend hinaus auf den Hof. Rahel bleibt im Klassenzimmer zurück und schaut ihnen nach. Einige reihen sich ein in die Schlange an der Essensausgabe, andere haben ein Vesper dabei. Vesper – Rahel lächelt still in sich hinein. Sie denkt, träumt und spricht noch immer ganz überwiegend Deutsch. Süddeutsch, um genauer zu sein. In ihrem Kopf hört sie die schöne dunkle Stimme ihrer Mutter: »Rahele, hast du dein Vesper dabei?« Sie sieht sich als junges Mädchen, die Haare zu langen Zöpfen geflochten, den Tornister über den Schultern durch die herrschaftlichen Straßen der Residenzstadt Karlsruhe eilen. Nur nicht zu spät kommen. Alle Augen waren ohnehin auf die merkwürdige Handvoll Blaustrümpfe gerichtet, die das neuartige Mädchengymnasium besuchten. Da durfte man sich nichts zuschulden kommen lassen, denn die meisten Karlsruher fragten sich: Wozu das Ganze? Wo die Mädle doch eh heirateten und Kinder bekamen?

Das milchige Licht der Sonne fällt durch die Jalousien in den Raum. Zum Glück halten die dicken Mauern des altehrwürdigen Hauses die schlimmste Mittagshitze draußen. Im von einem herrlichen Orangenbaum beschatteten kleinen Patio plätschert ein fröhlicher Brunnen und verbreitet angenehme Kühle. Die Osmanen wussten schon, wie man es sich in diesem Klima hübsch macht. Bei den neumodischen Bauhaus-Appartementblöcken dagegen, die die Genossen da in Tel Aviv hochziehen, hat Rahel Zweifel. Sie sind schick und modern, aber passen sie nicht viel mehr nach Charlottenburg, Spandau oder in den Wedding als ans Mittelmeer?

Sie packt ihre Unterlagen in die Mappe aus dunklem Rindsleder, die ihr Eli einst geschenkt hat. Ein Relikt aus einer anderen Zeit – wie ich, denkt sie. Sie sollte sich auch etwas zu essen besorgen. Großen Hunger hat sie nicht. Die Temperaturen schlagen ihr auf den Magen, aber immerhin ist es eine trockene Hitze. Letzte Woche war sie in Tel Aviv. Ihr geblümtes Sommerkleid klebte an ihr, ihre Frisur war eine Katastrophe. Die Feuchtigkeit da unten am Meer setzt einem zu. Das kann nicht mal die Schönheit des Sandstrandes wettmachen. Allein die Tatsache, dass die Tel Aviver Chaverim offene Ohren für ihr Projekt gehabt haben, hat ihre Laune wieder gehoben. Der Yishuv brauche beherzte Tatkraft, hat man sie wissen lassen. Man werde sie gern unterstützen. Mit dieser Zusage und einer Tüte frischer Datteln, die sie auf dem Bahnhof günstig erstand, hat sie sich auf den Heimweg nach Jerusalem gemacht.

Als sie auf ihrer ersten Palästina-Reise am Bahnsteig in Jaffa das Ziel Jerusalem angeschlagen sah, hatte sie es kaum glauben können. Es war ihr alles so unwirklich vorgekommen. Ebenso gut hätte dort Garten Eden stehen können. Inzwischen ist ihr die Bahnstrecke wohlvertraut. Aus der mediterranen Hafenstadt Jaffa schnauft die Dampflokomotive durch Tel Aviv, vorbei an Lod und Ramleh und schlängelt sich schließlich keuchend durch die judäischen Berge hinauf. Beim Anblick Jerusalems, der goldenen Stadt, verschlägt es Rahel aber immer noch regelmäßig die Sprache.

Sie lässt die fröhlichen Mädchenstimmen hinter sich und macht sich auf den Weg zum Markt. Sie muss noch ein paar Kleinigkeiten *für heute Abend einkaufen. Das Haus wird voll werden. Wie in München ist auch in Jerusalem ihr Heim zu einem Treffpunkt geworden.* Olim Chadaschim, *Neueinwanderer, wie sie es einst war, Durchreisende, aber auch* Sabras, *die Alteingesessenen, kommen gern zu ihr. Hier gibt es immer eine vernünftige Mahlzeit, inspirierende Gespräche und, nicht zuletzt, Neuigkeiten aus aller Welt – auch wenn diese seit Jahren mehr als deprimierend sind. Rahel ist eine leidenschaftliche Gastgeberin. Sie liebt das zwanglose Kommen und Gehen, das weit besser zu der improvisierten Lebensart hier in Palästina passt als ins doch eher förmliche Karlsruhe oder München. Nur ist sie jetzt allein.*

Wie gut sie sich früher ergänzt haben, Eli und sie. Gemeinsam Menschen einen Abend lang einen Tisch zu bereiten, das Heim zur Verfügung zu stellen, um zu essen und zu trinken, sich auszutauschen und zu diskutieren – daran zeigt sich, ob man als Paar funktioniert, davon ist Rahel überzeugt. Themen aufzubringen, die dem anderen Freude machen, Geschichten zu beginnen, die der andere zu Ende erzählen kann, den anderen strahlen und sich selbst von ihm ins rechte Licht rücken lassen, das ist wahre Liebe. Sie konnten sich damals in München vor Gästen oft nicht retten. Vor allem die Freitag- und die Seder-*Abende waren legendär. Wer immer aus der jüdischen Welt nach München kam, schaute bei den Strausens vorbei. Die zionistische High Society ohnehin: der Präsident der Zionistischen Weltorganisation Chaim Weizmann, der Schriftsteller Nachum Sokolow, der Religionsphilosoph Martin Buber, die Vorreiterin der jüdischen Sozialarbeit Hannah Thon, der geistige Vater Tel Avivs Arthur Ruppin und so viele mehr.*

Rahel macht vor einem riesigen Stand mit Tomaten halt. Rot, saftig und verlockend. In ihrem Starnberger Gärtchen hat sie mit viel Liebe auch Tomaten gezogen, aber an das hiesige Aroma reichten sie nicht heran, so viel steht fest. »Kama se? *Wie viel kosten die?« Ihr deutscher Akzent ist nicht zu überhören, sie ist fest entschlossen, sich dieses Mal nicht übers Ohr hauen zu lassen. Kundig prüft sie die Früchte mit Daumen und Zeigefinger. Der Verkäufer will ihr ein ganzes Kilo aufschwatzen, aber sie schüttelt entschieden den Kopf. Ein halbes reicht. Frisch verheiratet war sie vor vielen*

Jahren als junge Frau das erste Mal im Land. Wie gern wäre sie damals geblieben, und um wie viel leichter wäre es gewesen, sich mit Mitte zwanzig neu zu erfinden als mit Mitte fünfzig? Sie betrachtet Erez Israel *als ihre Heimstätte, seit sie damals auf dem Zionistischen Kongress Feuer gefangen hat, aber das Leben hier ist nicht leicht, selbst für sie. Hinzu kommt die Schmach, als Jecke betrachtet zu werden, die es einzig und allein aus Not hierher verschlagen hat. Hitler wollte euch nicht!*

Sie blickt auf die Uhr. Schon Viertel vor zwei. Keine Zeit mehr für einen frisch gepressten Granatapfelsaft am Stand der alten Palästinenserin im langen schwarzen Kleid mit den bunten Stickereien an Brust und Ärmeln. Wir dürften etwa gleich alt sein, denkt Rahel, zwei alte Weiber, müde vom Getöse der Weltpolitik. Wenn Rahel einen Stopp bei ihr einlegt, wechseln sie immer ein paar Worte – Arabisch, Hebräisch, Englisch, Französisch –, irgendwie verstehen sie sich. Aber heute muss Rahel zurück. In fünfzehn Minuten beginnt ihr nächster Kurs. Diese jungen Mädchen sind eine andere Generation, sie haben Dinge gesehen, die Rahel sich gar nicht vorstellen kann. Mit dem bloßen Leben sind sie davongekommen. Rahel hört ihre Geschichten und ist jedes Mal wieder fassungslos. Ihre einzige Hoffnung ist die Jugend ihrer Schülerinnen. Ihr Drang zu leben ist unbändig. Trotz ihrer schlimmen Erlebnisse sind sie neugierig, flexibel, akzeptieren all das Neue, das auf sie einprasselt. Kaum ein paar Monate im Land, plappern sie schon Iwrit, *Hebräisch. An manchen Abenden stellt sich sogar eine gewisse Leichtigkeit ein, es gibt Musik, Tanz, erste Flirts. Und genau hier kommt Rahel ins Spiel.*

Die Sonne steht hoch am Himmel, schnellen Schrittes eilt sie durch die Straßen. Heute Nachmittag steht eine wichtige Lektion auf dem Lehrplan, geradezu lebenswichtig für junge Frauen. Das werden ihre Schülerinnen noch lernen, vielleicht hat die eine oder andere schon ihre Erfahrungen gemacht, und vielleicht nicht nur gute. Rahel erinnert sich an die ersten Aufklärungskurse, die sie in München gehalten hat, damals noch mit langem Rock, hochgeschlossener Spitzenbluse und aufgestecktem Haar. Das ist über dreißig Jahre her. Die Welt war eine andere. Aber ein paar Dinge ändern sich nur sehr langsam oder nie. In der Nachbarschaft tuschelte man fleißig, und die Münchner Verwandtschaft ihres Mannes hatte die Hände über dem Kopf zusammengeschlagen: Schlimm genug, dass Elis Frau berufstätig ist, Gynäkologin noch dazu, jetzt spricht sie auch noch öffentlich über Dinge, die nur Mann und Frau angehen.

Ja, denkt Rahel, früher, als das Leben einer guten Jüdin darin bestanden hatte, ihrem Mann eine gute Frau zu sein und eine möglichst große Kinderschar zu versorgen, da konnte man diesen Dingen ihren Lauf lassen. Sie zögert, denn auch in früheren Zeiten gab es Frauen, die ungewollt schwanger wurden, die einfach nicht mehr Kinder wollten, die Gewalt erfahren haben oder deren Gesundheitszustand eine weitere Schwangerschaft nicht zuließ. In jüngster Zeit aber, in der die Welt aus den Fugen zu geraten scheint, in der Familien auseinandergerissen werden und junge Menschen allein in völlig fremder Umgebung stranden, da können derlei Fragen über Leben und Tod entscheiden. Die Stimmen der Mädchen dringen über den Hof bis auf die Straße. Tatsache ist, dass immer noch viele junge Leute wenig Ahnung haben von Sexualität und Verhütung. Und am Ende ist es immer die Frau, die verlassen dasitzt mit einem Kind im Bauch – in vielen Fällen ist sie selbst noch ein Kind. Wie oft hat Rahel das erlebt!

Durchgeschwitzt und durstig erreicht sie ihr Büro und stellt rasch ihre Einkäufe ab. Die Sekretärin hat die Fensterläden zugemacht. Durch die Ritzen wirft das helle Sonnenlicht schmale Streifen in den abgedunkelten Raum. Eigentlich sollte man jetzt ein Mittagsschläfchen machen, denkt Rahel und schaut sehnsüchtig zu dem abgesessenen dunkelgrünen Samtsofa an der Wand. Als sie ihre Praxis vor ein paar Jahren aufgegeben hat, hat sie vorgehabt kürzerzutreten, hin und wieder ein paar Tage am Strand, Ausflüge ans Tote Meer oder in den Negev, tatsächlich arbeitet sie heute fast mehr als zuvor. Ihre Kurse liegen ihr besonders am Herzen. Rahel versucht, den Mädchen ein Gefühl von Geborgenheit zu vermitteln, und hofft, dass ihre zahlreichen Nichten und Neffen, die es in aller Herren Länder verschlagen hat, ebenso gut aufgenommen werden. Von einigen hat sie seit vielen Monaten nichts gehört.

Sie trinkt hastig ein paar Schlucke Wasser. Einmal mehr ist sie dankbar, dass sie all ihre Kinder nach Erez Israel *gebracht hat. Ein schneller Schnitt – so hatte sie ihren Aufbruch in diesem gespenstischen Frühjahr 1933 erlebt. Da spricht die Ärztin in ihr, wenn infiziertes oder bösartiges Gewebe entfernt werden muss, dann rasch und sauber. Rahel greift sich ihre Ledermappe und eilt Richtung Klassenzimmer. Aber kann man mit chirurgischer Präzision die Heimat aus einem Menschen heraussezieren?, überlegt sie, während ihre Schritte auf den frisch gewienerten Holzdielen des langen Korridors widerhallen.*

All den Generationen vor ihr, die aufs Engste verwoben gewesen sind mit der Sprache, der Küche, der Landschaft, dem Schicksal dieses Deutschlands, das nun für immer verloren ist, wie könnte sie es ihnen erklären? Seit vielen Hundert Jahren hatten die Vorväter und Vormütter im Süden Deutschlands gelebt, unter Kaisern, Markgrafen, Domprobsten, später unter Königen, Kanzlern und schließlich unter einem »Führer«, der mit diesem Dasein ein Ende machte. Seit man sich erinnern konnte, waren die Ahninnen und Ahnen in deutschen Landen wie selbstverständlich geboren und aufgewachsen, hatten geheiratet, hatten glänzende Geschäfte gemacht und schwere Pleiten einstecken müssen, hatten sich gezankt und geliebt, hatten Kinder bekommen und ihre Toten begraben.

Selbstverständlich!, Rahel schüttelt den Kopf, nichts ist selbstverständlich. Nicht mehr. Wir lebten in Deutschland, denkt sie, als sie die Tür zum Klassenzimmer öffnet – aber damit ist jetzt Schluss.

Was uns das Patriarchat verschweigt

Mit Auguste Hahn aus Frankfurt, so die Legende, kam die Hässlichkeit in die Familie Feuchtwanger. Mütter flüsterten es ängstlich ihren Töchtern ins Ohr, und die Worte hallten fortan nicht nur in den Köpfen der jungen Mädchen wider, sondern schwirrten emsig durch die guten Stuben der Familie und die Gassen Münchens. Väter und Söhne feixten bei einer Maß Bier, witzelten über die *schiache* Auguste – ja, eine Augenweide sei sie nicht gerade gewesen. Der arme Jacob Löw Feuchtwanger! Von Generation zu Generation gab man diese Geschichte weiter, wie eine teure Brokattischdecke mit einem hartnäckigen garstigen Fleck, den auch die entschlossenste Wäscherin nicht auszubürsten imstande war. Ein kleiner Makel in der sonst so ruhmreichen Geschichte der Feuchtwangers, schließlich stieg man im Laufe des 19. Jahrhunderts zu einer bedeutenden Unternehmerfamilie in der herausgeputzten Residenzstadt München auf und zählte noch im Laufe der ersten Hälfte des 20. Jahrhunderts unangefochten zur Hautevolee der dortigen jüdischen Gemeinde. Und doch gab man die Anekdote unermüdlich zum Besten, eine Anekdote auf Kosten einer Frau wohlgemerkt. Und zwar keiner unwichtigen. Ganz im Gegenteil.

Auguste Feuchtwanger geht es damit wie vielen Frauen in der Geschichte. Man verschleiert ihre Leistungen, macht sie lächerlich, lässt ihren Beitrag einfach unter den Tisch fallen oder schreibt sie ganz aus den Chroniken heraus. Frauen tauchen über viele Jahrhunderte in den Quellen kaum auf, Unternehmen laufen nicht auf ihren Namen, Familien auch nicht. Manchmal könnte man fast meinen, Geschichte, auch Familiengeschichte, würde von Männern und von Männern allein geschrieben werden.

Wenn man etwas über die andere Hälfte der Menschheit erfahren möchte, jene fünfzig Prozent, die nicht im Dreiteiler, mit Hut, Stock und Monokel daherkamen, sondern im Laufe der letzten zweihundert Jahre mit langem Rock, an dessen Zipfel nicht selten mindestens ein Kleinkind hing, mit elegantem Kleid und aufwendiger Aufsteckfrisur oder mit provokanter Marlene-Hose, knallrotem Lippenstift und keckem Bubikopf, muss man schon sehr genau hinschauen, muss Überliefertes hinterfragen, lieb gewonnene Storys und Gerüchte auf den Kopf stellen und kräftig schütteln, muss hineinhorchen in das sich überlagernde Stimmengewirr aus den letzten Jahrhunderten. Und man muss seinen Blick auf Lebenswelten richten, die die »große« Geschichte lange als unwürdig betrachtet und daher geflissentlich übergangen hat. Themen wie Schwangerschaft und Geburt, Kindererziehung und Haushalt, Menstruation und Wechseljahre, Liebe und Partnerschaft – all das bestimmte den Alltag der Menschen oft viel unmittelbarer als ein entfernter Friedensschluss, ein nach langem Ringen geschlossenes Konkordat oder ein neuer König auf dem Thron. Und doch machen wir immer wieder die Erfahrung, dass derlei Themen, gerade wenn sie aus dem weiblichen Erlebens- und Erfahrungsbereich stammen, wenn überhaupt, nur mit sehr spitzen Fingern angefasst werden, während man sich nicht scheut, noch den hundertsten Soldatenstiefel, den abgelegensten Schlachtenverlauf und den abseitigsten Reichstagsbeschluss akribisch zu notieren und hingebungsvoll zu interpretieren.

Vor allem aber muss jeder und jede, der oder die sich auf die Spur der Frauen macht, das Schweigen identifizieren und benennen. Ganz auffällig nämlich ist, was im Zusammenhang mit der guten Auguste – wie auch immer es um ihre äußerliche Attraktivität nun bestellt sein mochte – beschwiegen wurde. Tatsache ist, dass Jacob Löw Feuchtwanger aus dem provinziellen Fürth ohne die Frankfurter Bankierstochter wohl kaum eine Chance gehabt hätte, sich im aufstrebenden München niederzulassen, geschweige denn ein eigenes Geschäft zu eröffnen. Augustes Mitgift, die familiären und geschäftlichen Verbindungen, die sie in die Ehe einbrachte, und auch ihr Know-how schufen zweifellos das Fundament für den glänzenden Aufstieg der Familie. Von wegen der arme Jacob Löw Feuchtwanger!

Wie aber erklärt man sich dieses chronische Kleinreden, ja zuweilen das hartnäckige Verschweigen des Beitrags der Frauen und das nonchalante Übersehen weiblicher Lebenswelten in weiten Teilen der Geschichtsschreibung? Nun, das Patriarchat hat uns mindestens fünf Jahrtausende lang seinen Stempel aufgedrückt und steckt uns noch immer in den Knochen. Was Männer für wichtig hielten, wurde politisch verhandelt, in den Kirchen gepredigt, in Liedern und Gedichten besungen, in Romanen beschrieben – und es ging in die Geschichte ein. Epen, Chroniken und Geschichtsbücher berichteten von Helden, erklärten die (Männer-)Welt und sorgten so dafür, dass diese nicht infrage gestellt wurde.

Es ist kein Geheimnis, dass der Blick des Berichtenden das Berichtete ganz maßgeblich prägt, das fängt schon bei der Auswahl des Themas an. Die eigenen Zeitumstände, die eigene Biografie und das eigene Geschlecht bestimmen ganz unübersehbar unseren Zugriff auf ein Thema. Deshalb wurden Kriege im männlichen Narrativ lange als bloße Abfolge von Schlachten erzählt, während man das Leid der Zivilbevölkerung, der Frauen und Kinder, ausblendete. Und deshalb schrieben männliche Historiker traditionell gern Abhandlungen über große Männer. Man erhoffte sich vielleicht – bewusst oder unbewusst –, dass deren Glanz ein wenig auf einen selbst abstrahlte. Die Bedeutung eines Bismarck, eines Churchill, eines Adenauer wertete auch den Biografen auf, so wohl die Strategie der Autoren.

Kein Wunder also, dass die lange übersehene und beschwiegene Hälfte der Menschheit in Literatur, Film und – ja – auch in der Geschichtsschreibung, erst dann so richtig in den Blick gerät, wenn es ausreichend Frauen gibt, die ihre Geschlechtsgenossinnen auf die Agenda setzen. Gerade beim Thema Familiengeschichte tappten wir lange in die immer gleichen Klischee-Fallen. Höchste Zeit also, lieb gewonnene und eingefahrene Seh- und Hörgewohnheiten gegen den Strich zu bürsten.

Überspitzt gefragt: Was wollte uns das Patriarchat verschweigen? Nun, seit Abrahams Zeiten spricht alle Welt vom Erzvater, was aber, wenn in Wahrheit die Erzmutter die Fäden zusammenhielt? Im Anfang waren Auguste, Fanny, Hanna …

Im fränkischen Jerusalem

Ganz Europa schaute in diesem Frühjahr 1770 nach Paris beziehungsweise zunächst mal nach Wien. War es wirklich wahr, dass die beiden mächtigsten europäischen Herrscherhäuser, die sich seit Jahrhunderten in herzlicher Feindschaft gegenübergestanden hatten, ihre Kinder vermählten? Waren Furcht und Abscheu der Österreicher gegenüber dem kriegerischen Fritz in Potsdam wirklich groß genug, ihre Tochter dem Franzosen an den Hals zu werfen? Sicher, bereits einige Jahre zuvor hatten die beiden mächtigsten Frauen Mittel- und Westeuropas, Maria Theresia von Österreich und Madame de Pompadour, die langjährige Mätresse des französischen Königs Ludwig XV., mit dem sogenannten *Renversement des Alliances* eine diplomatische Zeitenwende angestoßen und eine Annäherung zwischen den Habsburgern und den Bourbonen angebahnt. Aber dass man sowohl in Wien als auch in Paris bereit war für eine royale Ehe auf allerhöchster Ebene, erstaunte doch.

Zwischen dem preußischen König, Friedrich dem Großen, der aus seinem tiefen Unbehagen gegenüber Frauen im Allgemeinen und erfolgreichen Frauen im Besonderen kein Geheimnis machte, und Maria Theresia herrschte von jeher keine Zuneigung. Schließlich hatte Friedrich nach dem Tod von Kaiser Karl VI. dessen Pragmatische Sanktion, wonach seine älteste Tochter ihm auf dem Thron folgen sollte, in den Wind geschlagen und die junge Herrscherin brutal angegriffen. Hatte er aber gehofft gehabt, Maria Theresia würde sich überrumpeln und beklauen lassen, musste er bald einsehen, dass er in der Habsburgerin ein ebenbürtiges Gegenüber gefunden hatte. Die Wienerin lehrte ihn und ganz Europa in den Schlesischen Kriegen, dass das Habsburgerreich kein Selbstbedienungsladen war. Sicher, die Abneigung Maria Theresias gegenüber dem einzelgängerischen, schrulligen Preußen war nicht zu übersehen, aber die Feindschaft zu Frankreich reichte weiter zurück, war von Generation zu Generation weitergegeben worden wie die berühmte Habsburger Unterlippe.

Nun allerdings pfiffen die Spatzen in Paris und Wien von den Dächern, dass es bald ein neues glamouröses Königspaar geben würde, das die beiden vornehmsten Häuser Europas verbinden würde. Sollte Friedrich in seinem Möchtegern-Versailles in der brandenburgischen Steppe doch vor Zorn mit dem Militärstiefel auf den hübsch getäfelten Parkettboden stampfen. Sanssouci – im Gegenteil! Diese Heirat war für den Hohenzollern definitiv Grund zur Sorge.

Total überraschen konnten die Nachrichten von der anstehenden Vermählung der habsburgischen Erzherzogin Maria Antonia mit dem französischen Königssohn Ludwig August den Alten Fritz freilich nicht. »*Bella gerant alii, tu felix Austria nube* – Kriege führen mögen andere, du, glückliches Österreich, heirate« war nicht umsonst von jeher das Erfolgsrezept der österreichischen Dynastie. Ja, man hatte sich schon in den vorangegangenen Jahrzehnten durch Verträge und Ehen mit dem Hause der Bourbonen verbandelt, aber diese Partie war doch immerhin ein Coup, auf den bis vor Kurzem nicht viele gewettet hätten. Die Tochter der mächtigen Habsburgerin würde niemand Geringeres werden als die Königin von Frankreich.

Auch in der altehrwürdigen jüdischen Gemeinde von Fürth nahm man diese merkwürdige Verbindung höchster dynastischer Familien mit einigem Interesse zur Kenntnis. Man konnte nur mit dem Kopf schütteln. Der Bräutigam war nicht mal anwesend, als Erzherzogin Maria Antonia, von ihrer Familie liebevoll Antoine genannt, den langen von hohen gotischen Bögen überwölbten Gang der Wiener Augustinerkirche entlangschritt. Ganz allein stand sie vor dem goldenen Altar in der prächtigen, aber bitterkalten Kirche und gab ihr Ehegelöbnis ab. Das gerade mal vierzehnjährige Mädchen wurde anschließend durchs halbe Reich gefahren und bei Straßburg den Franzosen übergeben. Man könnte auch sagen: ausgeliefert.

Viele Fürther Jüdinnen und Juden, gerade die Hautevolee der Gemeinde, die sich zu einem beträchtlichen Teil aus Familien zusammensetzte, die rund einhundert Jahre zuvor aus Wien geflohen waren, sahen in arrangierten und strategischen Ehen durchaus das Mittel der Wahl, wenn es galt, eine junge Frau beziehungsweise einen jungen Mann unter den Traubaldachin zu bringen. Aber das Schicksal der blutjungen Habsburgerin, die zunächst wie ein Fremdkörper am Versailler Hof wirkte, bot doch Stoff für allerlei Klatsch und Tratsch. Maria Antonias Urgroßvater hatte die Juden einst aus Wien vertrieben, nun war Marie-Antoinette, wie sie inzwischen genannt wurde, in Paris selbst eine Unerwünschte, eine misstrauisch Beäugte, eine Fremde. Viele Fürther Juden gönnten es ihr wohl von Herzen.

Der Gedanke an Wien mit seinen pompösen Plätzen, den einschüchternden Palästen und Prachtbauten, seien sie zur Ehre Gottes oder zum Ruhme der Monarchie erbaut, jagte den Fürther Juden einen Schauer über den Rücken. Man hatte die Brutalität und Willkür der Habsburger schmerzhaft zu spüren bekommen. Viele Jahrzehnte lang hatten die sich ihren Luxus und ihre Kriege von jüdischen Hoffaktoren finanzieren lassen, doch als Unglück über das Land hereinbrach, war es nur zu bequem gewesen, den Juden die Schuld in die Schuhe zu schieben und sich auf diese Weise überaus lästiger Gläubiger zu entledigen.

Die Stadt Wien aber hat einen hohen Preis bezahlt für diesen blutigen *Braindrain*, das wenigstens tröstete die Exilierten. Die Juden waren verschwunden aus dem Herzen des Habsburgerreiches und mit ihnen ihr Know-how, ihre Kontakte, ihr Geld. Fürth dagegen erblühte seit dem Zuzug der Wiener, das konnte jedermann sehen. Die *Kehilla*, die jüdische Gemeinde, war beachtlich gewachsen. Hier gab es eine *Jeschiwa*, die in der gesamten jüdischen Welt hochgeschätzt wurde. Nicht nur aus dem Reich strömten Schüler an die fränkische Talmud-Hochschule, sondern auch aus Frankreich, Polen und dem Baltikum. Vor dem jüdischen Gericht, dem *Bet-Din*, wurden nicht nur kleine Streitereien der Hiesigen verhandelt, man suchte bei den Fürther Gelehrten auch Rat in brenzligen Präzedenzfällen von internationaler Bedeutung. Die ortsansässigen hebräischen Buchdruckereien versorgten Gemeinden weltweit mit biblischen Kommentaren und rabbinischen Schriften.

Die Stadt, in der die beiden Flüsse Rednitz und Pegnitz zusammenfließen, hatte von der Aufnahme der Wiener Juden zweifellos profitiert. Das mussten sogar die Christen einsehen. Und taten es auch. Die Stadt Fürth lag am Schnittpunkt dreier Interessenphären: der selbstbewussten freien Reichsstadt Nürnberg, die innerhalb ihrer Mauern zwar gern den Kaiser beherbergte, aber keine Juden duldete, des Markgrafen von Ansbach und des Dompropsts von Bamberg. Sie alle tolerierten die Ansiedlung von Juden in Fürth, die Bamberger förderten diese geradezu. Der Domprobst machte der jüdischen Gemeinde immer wieder großzügige Zugeständnisse. So durften sie selbst entscheiden, wer sich bei ihnen niederließ, sie hatten mit dem *Bet-Din* ihre eigene Gerichtsbarkeit, mit dem von ihnen selbstständig bestimmten Rabbiner ihren eigenen Geistlichen, ihren Friedhof, eigene Schulen, koschere Metzgereien und Bäckereien und selbstverständlich ein traditionelles Badehaus, eine *Mikwe*.

Den Titel »fränkisches Jerusalem« fand manche und mancher zwar etwas hochgegriffen, aber das Maß an Selbstbestimmung, das hier herrschte, war selten im Reich. Klar, der Bamberger und auch die feinen Nürnberger versuchten ihnen immer mal wieder reinzureden, aber am Ende ließ man die florierende *Kehilla* in Fürth doch meist ihr Ding machen. Die jüdischen Unternehmen waren ein nicht unbedeutender Wirtschaftsfaktor, die Gemeinde entsandte zwei Vertreter in den Stadtrat, und die Fürther Beiträge zum jüdischen Geistesleben konnten es mit Prag und Frankfurt spielend aufnehmen. Wie selbstbewusst die Juden in der Stadt auftraten, illustriert eine Begebenheit aus dem späten 17. Jahrhundert. Im Jahre 1693 beschwerte sich die jüdische Gemeinde, dass die Nachtwächter ihren allabendlichen Ruf mit den Worten »Ihr lieben Christen« einleiteten und die Juden damit ausschlossen, obwohl sie ebenso wie die Christen der Stadt an der Besoldung der Nachtwächter beteiligt waren. Der Protest war erfolgreich, und die Nachtwächter änderten ihren Ruf in »Ihr lieben Herren«. Was die Fürtherinnen – Jüdinnen und Christinnen –, die nun eindeutig nicht angesprochen waren, dazu sagten, ist leider nicht überliefert.[1]

Hanna und ihre Kinder

Nicht annähernd so spektakulär wie die Wiener Vermählung sorgte im ausgehenden 18. Jahrhundert eine anstehende Hochzeit, die sich etwa zeitgleich in Fürth anbahnte, ihrerseits für einigen Gesprächsstoff. Jakow Arieh ben Mosche Schulhof, so raunte die Bäckersfrau über die frisch gebackenen Brezeln und *Challah*-Brote hinweg, habe das große Los gezogen.

Dabei hatte alles zunächst einmal mit einer Tragödie begonnen. Wenige Monate zuvor war Schulhofs Frau Rebekka Sarah, Tochter des Mendel, im Kindbett gestorben. Keine Seltenheit in dieser Zeit. Nicht umsonst lautete ein zeitgenössisches französisches Sprichwort: »*Femme grosse a un pied dans la fosse*«, die schwangere Frau steht mit einem Fuß im Grab. Manchmal starb das Kind, manchmal die Frau, manchmal starben beide auf einen Schlag. Aber Jakow war jung, tüchtig und machte was her. Dass er sich wieder verheiraten würde, stand außer Frage. Witwer fanden meist schnell eine neue Frau. Das war oft schlicht eine Notwendigkeit, denn wenn eine Gebärende oder eine frisch Entbundene im Kindbett starb, wurden im Grunde drei »Stellen« vakant: die der Ehefrau, die der Mutter und die der Geschäftspartnerin. Die allermeisten Fürther Juden und Jüdinnen trieben Handel – mit Gold, Silber, Messing, Kupfer, Tuch oder Lebensmitteln, manche verliehen Geld, andere betrieben ein Handwerk mit dazugehörigem Ladengeschäft, wie besagte gut informierte Bäckersfrau. Allein um seine Kinderschar zu versorgen und den Laden am Laufen zu halten, musste sich so manch trauernder Witwer schnell wieder auf dem Heiratsmarkt umsehen.

Jakow Arieh ben Mosche Schulhof dürfte also erleichtert gewesen sein, als sich, recht rasch nachdem er seine Rebekka begraben hatte, eine neue Partie für ihn am Horizont abzeichnete. Und was für eine! Hanna Fränkel aus dem Wiener Fränkel-Clan, zweiundzwanzig Jahre alt, ausgestattet mit einer ordentlichen Mitgift und besten Kontakten in die vornehmsten Gemeinden des Reiches, sollte seine nächste Braut werden.

Die Fränkels, 1670 aus Wien vertrieben, waren eine der einflussreichsten jüdischen Familien am Ort und unterhielten sogar eine eigene Synagoge. Dass es Jakow Schulhof gelang, in diese altehrwürdige Familie einzuheiraten, spricht für den sozialen Status der Schulhofs und die Ambitionen des jungen Mannes. Die Schulhofs stammten nicht aus Wien, sondern aus dem kleinen Örtchen Feuchtwangen an der Sulzach, etwa eine Tagesreise von Fürth entfernt. Mitte des 16. Jahrhundert waren die Feuchtwanger Juden ausgewiesen worden, und viele fanden in Fürth Aufnahme. So wohl auch die Vorfahren Jakow Schulhofs.

Wie viele Juden in Fürth lebte die Familie rund um den Schulhof, also den Hof um die beiden großen Synagogen – auch *Schul* genannt. Feste Nachnamen gab es damals noch nicht, um aber Verwechslungen zu vermeiden, fügte man dem Vornamen meist den Namen des Vaters bei, also in Jakows Fall: Ben Mosche, Sohn des Mosche, und manchmal auch noch einen deutschen Namen, der die Person einem Beruf oder einem Ort zuordnete. Da aber immer mehr Juden am Schulhof wohnten und sich ebenfalls nach ihm benannten, ging Jakow Schulhof offenbar dazu über, sich nach dem Ursprungsort seiner Vorfahren zu benennen und wurde zu Jakow Feuchtwanger.

Der erste Feuchtwanger war geboren und damit auch der Stammvater jener Familie, die wir im Folgenden durch die Jahrhunderte begleiten wollen. Nicht weniger wichtig als der Stammvater aber war die Stammmutter: Hanna Feuchtwanger, geborene Fränkel. Im Gegensatz zur bereits erwähnten Marie-Antoinette, die mit ihrer Vermählung ihrer gewohnten Umgebung beraubt wurde und in einem fremden Land, an einem unbekannten Hof mit kompliziertem Protokoll und exotisch wirkenden Zeremonien ein völlig neues Leben beginnen musste, blieb Hanna auch als Frau Feuchtwanger mehr oder weniger die Alte. Sie wohnte weiterhin in ihrem Geburtsort, dort, wo sie alle Welt kannte und alle Welt sie kannte.

Wichtiger aber noch war, dass ihr Netzwerk bestehen blieb. Die engen Bande zu ihren Eltern, den Geschwistern, der erweiterten Familie – all das nahm sie mit in die Ehe, und all das verlieh ihr von Anfang an einen machtvollen Status. Ja, sie wurde die Frau des Jakow Feuchtwanger, aber sie blieb eine Fränkel-Tochter, während Marie-Antoinette das Schicksal ungezählter Frauen in der langen Geschichte des Patriarchats teilte. Ihre Herkunft stattete die Habsburgerin zwar mit Bedeutung aus, aber in der Welt von Versailles war sie allein und ihre natürlichen Verbündeten – Mutter, Geschwister, Onkel und Tanten, Freundinnen und Freunde – weit weg. Marie-Antoinette litt wie so viele Frauen in den letzten 5000 Jahren an den Auswirkungen der patrilokalen Kultur[2]: Die Frau zog nach der Hochzeit zur Familie des Mannes und verlor ihr ursprüngliches soziales Netz. Im Falle Marie-Antoinettes fällt das besonders auf. Zum einen, weil sie das Kind der wohl mächtigsten Frau Europas war, zum anderen, weil ihre Geschichte besonders dramatisch endete. Während ihre Herkunftsfamilie in Wien weiterhin das dynastisch-monarchische Leben pflegte, das Habsburger seit Jahrhunderten als gottgegeben betrachteten, wurde Marie-Antoinettes Welt in den 1790er-Jahren von der Revolution hinweggefegt, und sie starb unter der Guillotine.

Hanna Feuchtwanger dagegen konnte in Fürth den Grundstein zu einer Dynastie der anderen Art legen – sicher nicht vergleichbar mit den Habsburgern, nicht mal mit den Rothschilds, die sich etwa zur gleichen Zeit von Frankfurt aus ihren Weg an die Spitze des europäischen Finanzwesens bahnten –, aber doch zu einer bedeutenden Familie, die im Laufe der folgenden zweihundert Jahre erfolgreiche Kauffrauen, Bankiers, Ärztinnen, Wissenschaftler, Schriftsteller, Vordenkerinnen und Verleger hervorbringen sollte.

Der Fürther Kosmos war klein. Jede kannte jeden, und jeder kannte jede. Rund um den Schulhof brummte das jüdische Leben. *Jeschiwa*-Studenten eilten mit wehenden *Zizit*, Gebetsfäden, und bepackt mit dicken Folianten durch die Gassen, gegenüber der Neuschul lag die Rabbinerwohnung, hier suchte man Rat, wurden Besprechungen abgehalten, in den Läden ringsum wurden

Waren feilgeboten, man tauschte Geschäftliches aus oder hielt einen Tratsch. War das Leben im jüdischen Fürth ohnehin geprägt von großer Vitalität und Betriebsamkeit, so legte die Geschäftigkeit am Freitagmorgen noch einen Zahn zu. Dienstmädchen erledigten die letzten Einkäufe, das Haus wurde auf Vordermann gebracht, Essen gekocht und warm gestellt, Kauffrauen und -männer führten in aller Eile noch die letzten Gespräche der Woche, notierten, kalkulierten, bestellten Waren, lieferten Bestellungen aus, die Bäckersfrau verkaufte die letzte *Challah*, die Metzgersfrau die letzte Lammkeule und die letzten Hühnerherzen, dann schlossen sie die Läden, wischten hastig durch und machten sich rasch auf, den Schabbat in Empfang zu nehmen.

So hektisch der Freitag auch gewesen sein mochte, sobald die Dunkelheit herabzudämmern begann, schaffte sich eine gewisse Feierlichkeit Raum. Man schlüpfte in die guten Gewänder, und während die Männer in die Synagogen strömten, versammelten sich die Frau des Hauses, die älteren Mädchen und die kleineren Kinder in der guten Stube. Dort entzündete die Mutter die Kerzen und segnete ihr Haus und ihre Familie: »Gesegnet seist Du, Gott, unser Gott, König des Universums, der uns geheiligt hat durch Seine Gebote, und uns befohlen hat, das Licht des heiligen Schabbats zu entzünden.«

Während Männer im traditionellen Judentum eine Vielzahl von rituellen Aufgaben erfüllen müssen, haben jüdische Frauen lediglich drei zentrale religiöse Pflichten: das Entzünden der Schabbat-Kerzen, das peinlich genaue Einhalten der *Nidda*, der Reinheitsgebote nach Menstruation und Niederkunft, und das Verbrennen einer kleinen Menge des freitäglichen *Challah*-Teiges in Erinnerung an das Opfer im Tempel. Seit der Tempel zerstört worden war und die Juden in der Diaspora lebten, bildete das Haus das Zentrum der weiblichen Religiosität, während die Männer sich zum Gebet und Schriftenstudium in Stuben und Synagogen versammelten. Das Zuhause war die Sphäre der Frau. Sie war zuständig für den Frieden in der Familie. Das war keine Kleinigkeit, vor allem, wenn man bedenkt, dass die Herrin des Hauses meist eine enorme Doppelbelastung trug.

Es dürfte kein Zufall sein, dass den Frauen weniger zeitraubende, aber eben auch weniger prestigeträchtige *Mizwot*, rituelle und religiöse Aufgaben, übertragen wurden als den Männern. Das hat zum einen mit der Tatsache zu tun, dass auch das Judentum wie sämtliche monotheistische Religionen eine patriarchale Religion ist und den Mann für die Krone der Schöpfung hält – nicht umsonst dankt ein jüdischer Mann allmorgendlich im vorgeschriebenen Gebet Gott inbrünstig dafür, dass er nicht als Frau erschaffen wurde. Zum anderen aber waren die Verfasser der heiligen Texte wohl realistisch genug, um zu wissen, dass Frauen, die arbeiten, kleine Kinder versorgen, schwanger sind, sich um pflegebedürftige Alte kümmern, nicht noch vielfältige religiöse Pflichten befolgen können, die fest an bestimmte Tage oder Tageszeiten gebunden sind, ohne dass der Laden zusammenbricht.

Hanna Feuchtwanger zum Beispiel führte mit ihrem Mann gemeinsam die Handelsgeschäfte. Vermutlich hatten die beiden sich auf Silberwaren spezialisiert, gut möglich, dass sie nebenbei auch ein Geldwechselgeschäft betrieben. Das Portfolio jüdischer Kaufleute in Fürth und anderswo war oft breit gefächert. Sicher war Hanna der heiße Draht zum Fränkel-Clan, mit dem man geschäftlich und familiär verbandelt war. Außerdem gebar sie ihrem Mann in rund dreißig Ehejahren mindestens fünf Kinder. Genau wissen wir es nicht, denn die Namen von fünf Töchtern und Söhnen sind uns lediglich aus Unterlagen zu einer Erbauseinandersetzung aus dem Jahr 1818 überliefert, zwei Jahre vor Hannas Tod.[3] Es kann also gut sein, dass Hanna deutlich mehr als fünf Kinder geboren hat, die allerdings bereits als Säuglinge oder Kleinkinder starben.

In Zeiten hoher Kindersterblichkeit ist das gar nicht unwahrscheinlich. Gerade die Wochen direkt nach der Geburt waren heikel. Traditionell wurde für Säuglinge, die tot geboren wurden oder innerhalb der ersten dreißig Tage nach der Geburt starben, keine Trauerzeit gehalten. Dafür führten die Rabbiner durchaus religiöse Argumente ins Feld, tatsächlich hatte das aber auch ganz praktische Gründe. In Zeiten, in denen ein Drittel bis die Hälfte der Kinder starb, bevor sie zehn Jahre alt wurden, stellte der Tod eines Säuglings keine Ausnahme dar. Die vorgeschriebene jüdische Trauerzeit ist in verschiedene Phasen gegliedert und greift massiv in den Alltag der Familie ein. Es erwies sich wohl schlicht als nicht durchführbar, für jedes kurz nach der Geburt verstorbene Kind diesen Ausnahmezustand einzuläuten. Vermutlich dachten die Rabbiner auch, es wäre besser und weniger schmerzhaft für Mutter und Vater, möglichst rasch zum Alltag zurückzukehren.

Aber auch wenn die Kleinen die kritische Phase nach der Geburt überstanden hatten, waren sie nicht sicher. Sobald sie abgestillt wurden, in der Regel mit etwa achtzehn Monaten, lauerte erneut Gefahr. Der Übergang zu fester Nahrung wurde für viele Kleinkinder zur tödlichen Falle. Mangelnde Hygiene und der enge Kontakt zu Nutztieren brachten Durchfallerkrankungen, denen sie ohne die schützende Muttermilch nun mit voller Wucht ausgesetzt waren. Typhus, Ruhr und andere Durchfallerkrankungen, aber auch die gängigen Kinderkrankheiten wie Masern, Mumps oder Röteln rafften ungezählte Kinder hinweg. Ansteckende Infektionskrankheiten wie Scharlach, aber auch die Pocken raubten Familien nicht selten auf einen Schlag gleich mehrere Kinder.[4]

Wie wir sehen werden, haben wir es bei den Feuchtwangers der folgenden Generationen mit großen, kinderreichen Familien zu tun. In den Augen von Hannas Schwiegertöchtern, Enkelinnen und Urenkelinnen war Kinderreichtum ein Segen Gottes, zehn bis fünfzehn Söhne und Töchter waren keine Seltenheit. Und tatsächlich überlebten die allermeisten von ihnen ihre Kindheit. Warum das so war, wollen wir später ergründen. Das Leben dieser frühen Feuchtwanger-Frauen jedenfalls – so viel steht fest – war vom Zeitpunkt ihrer Hochzeit bis zu ihrer Menopause erfüllt von Schwangerschaft, Niederkunft, Kindbett, damit, Windeln zu waschen, zahnende Säuglinge in den Schlaf zu wiegen, zornige Kleinkinder zu beruhigen, Schulkinder zu ermahnen, Ordnung zu halten, Vorratskammern zu füllen, zu kochen und zu backen, Dienstboten anzuleiten – und neben alldem standen sie tagsüber im Kontor.

Eine gute Partie

Im Judentum, und nicht nur da, wurde die Geburt eines Sohnes traditionell gefeiert, während die einer Tochter weit verhaltener begangen wurde. Das reichte so weit, dass Hebammen in einigen Gemeinden ein deutlich höheres Honorar zu erwarten hatten, wenn sie einen Jungen entbanden. Perfidie des Patriarchats – als ob es in der Hand der Hebamme oder der Mutter gelegen hätte, welcherlei Geschlecht das Kind angehörte. Im ersten Buch Mose heißt es: »Seid fruchtbar und mehret Euch.« Zwar interpretieren die Gelehrten und Rabbiner von jeher diese Worte als Pflicht, mindestens eine Tochter und einen Sohn in die Welt zu setzen, wohl wissend, dass für den Erhalt der Menschheit eben beiderlei Geschlechter nötig sind, dennoch wird im Talmud konstatiert: »Glücklich jener, dessen Kinder männlich, wehe dem, dessen Kinder weiblich sind.«

Wehe, wie es der Talmud ausdrückt, beziehungsweise Sorgen konnten aber auch Söhne bereiten, das wusste Hanna Feuchtwanger nur zu gut. 1818, sie war inzwischen siebzig Jahre alt, ihr Mann Jakow bereits seit fast zehn Jahren tot, spürte sie wohl, dass ihr selbst die Kräfte schwanden. Noch stand sie als Chefin im Kontor, ihr jüngster Sohn Seligmann aber war schon zweiunddreißig Jahre und immer noch nicht unter der *Chuppa*. Wir wissen nicht, ob Seligmann längere Zeit aus Fürth weg war und anderswo gearbeitet hat oder ob er möglicherweise irgendwo im Reich bei einem renommierten Lehrer seine jüdischen Studien vorangetrieben hat. Jedenfalls tauchte er 1818 wieder in Fürth auf und wurde im »Matrikel der königlichen Regierung über saemmtliche Israeliten im Rezatkreise« als Händler mit altem Silber, Kupfer und Messing aufgeführt.[5]

Einiges deutet darauf hin, dass Hanna Feuchtwanger alle Hände voll zu tun gehabt hat, eine hervorragende Partie für ihren jüngsten Sohn zustande zu bringen, eine Partie, die den sozialen Aufstieg der Familie deutlich machen würde. Es war bereits von der Erbauseinandersetzung im Hause Hanna Feuchtwangers die

Rede gewesen. Wir können wohl annehmen, dass die Witwe sämtliche Ersparnisse zusammensuchte und möglicherweise auch Besitztümer veräußerte, um eine Ehe zwischen Seligmann und einer gewissen Fanny Wassermann möglich zu machen. Vermutlich fühlten sich Seligmanns Geschwister bei dieser Aktion übervorteilt und zogen deswegen vor Gericht. Dennoch gelang es Hanna, dreitausend Gulden zusammenzutragen, die Seligmann in die Ehe einbrachte. An der Partie hing einiges, denn Fanny war nicht irgendwer. Die Tochter des Tuchhändlers Amschel Elkan Wassermann hätte womöglich auch noch eine vielversprechendere Partie machen können als Seligmann Feuchtwanger aus Fürth. Durchaus denkbar, dass Hanna ihre Fränkelschen Kontakte beim Zustandekommen der Verbindung spielen ließ. Fannys Mitgift jedenfalls war nicht zu verachten: fünftausend Gulden und ein Brautgeschenk von weiteren fünfhundert Gulden. Zum Vergleich und zur sozialen Einordnung der Wassermanns und Feuchtwangers in dieser Zeit: Als Amschel Rothschild 1796 Eva Hanau heiratete, erhielt er als Hochzeitsgeschenk dreißigtausend Gulden in Form von Firmenanteilen von seinen Eltern.[6]

Es war also keineswegs so, dass nur die Braut Geld in die Ehe einbrachte, auch der Bräutigam benötigte ein gehöriges Startkapital. Beides floss in die Gründung der Familie und das gemeinsame Geschäft. In Zeiten, in denen Trennungen und Scheidungen schlicht keine Option darstellten, war eine Ehe für beide Partner eine Langzeitinvestition. Das Vermögen des Sohnes allerdings blieb in der Familie beziehungsweise Firma, während die Mitgift der Tochter in die Firma der Familie ihres Mannes floss. Wie streng hier allerdings unterschieden wurde, bleibt zumindest fraglich, denn wie wir im Falle der Feuchtwangers noch sehen werden, verwoben sich die verwandtschaftlichen Beziehungen über die Generationen zuweilen sehr eng: Cousins und Cousinen heirateten, Söhne wurden in die Lehre zu Onkeln väterlicher- und mütterlicherseits geschickt, Onkel, Vettern, Brüder und Schwiegersöhne wurden Teilhaber.

Dass sowohl die Familie als auch die Unternehmen von Ehemann und Ehefrau als gemeinsame Projekte begriffen wurden, zeigt Hannas Beispiel: Sie verfügte nach dem Tod ihres Mannes über das gemeinsame Vermögen. Während im bürgerlichen Zeitalter Ehefrauen und Mütter zuweilen einen Vormund an die Seite gestellt bekamen, wenn ihre Männer starben, weil man den Frauen nicht zutraute, Entscheidungen für Firma und Familie zu treffen, kann davon bei den frühen Feuchtwanger-Frauen keine Rede sein. Selbstverständlich saßen sie als Witwen weiterhin im Chefinnensessel, zuweilen nahmen sie sich auch einen ihrer Söhne als Geschäftspartner.

Mit der Eheschließung zwischen ihrem Sohn und der gut situierten Fanny schien für Hanna der perfekte Zeitpunkt gekommen, sich geschäftlich zurückzuziehen. Diese Hochzeit war ein beachtlicher Coup. Dass es der Witwe möglich war, diese Partie einzufädeln und zustande zu bringen, spricht für ihren Ehrgeiz, ihre soziale Stellung und wohl auch ihren Stolz. Sie selbst stammte aus der angesehenen Familie Fränkel, einstmals Wien, nun Fürth, und vermutlich war die Idee reizvoll, dass ihre Kinder, zumindest ihr Jüngster, in die jüdische Aristokratie Bayerns aufstiegen. Dort gehörten sie doch eigentlich hin!

Dass die Wassermanns nicht nur einen edlen, weit in die Vergangenheit reichenden Stammbaum vorweisen konnten, sondern auch eine Familie mit Zukunft waren, muss Hanna einigen Eindruck gemacht haben. Bis weit ins 17. Jahrhundert konnten die Wassermanns auf fromme und fleißige Ahninnen und Ahnen zurückblicken, die, ausgestattet mit Schutzbriefen der christlichen Herrscher, in verschiedenen bayerischen und fränkischen Städten lebten und arbeiteten. Ein Vorfahre Fannys, Simon Wassermann, hatte als einer von vier Juden das Recht erhalten, mit seiner Familie in Regensburg zu leben, obwohl Juden eigentlich seit dem 16. Jahrhundert aus der Stadt verbannt waren. Er durfte in seinem Haus auch Gottesdienste feiern. Die Familie muss über gehörige finanzielle Mittel verfügt haben, denn der gottesfürchtige Simon besaß eine eigene Tora-Rolle, eine Ausgabe der Mischna und des Babylonischen Talmud.[7]

Fannys Großvater Elkan wiederum unterhielt im 18. Jahrhundert im heimatlichen Harburg an der Wörnitz das Salzmonopol und erhielt darüber hinaus die fürstliche Lizenz, Salz aus den Minen in Reichenhall nach Harburg zu transportieren. 1792 wurde er zum »Salz-Faktor« ernannt. 1799, in dem Jahr, in dem Fanny geboren wurde, eröffnete ihr Vater Amschel Elkan Wassermann im nicht weit davon entfernten Wallerstein ein Geldwechsel- und Warengeschäft. Ein Jahr später wurde er als Schutzjude offiziell in Wallerstein aufgenommen und war dort fortan als Tuchhändler tätig. Sein Geschäft trug seit 1813 den Namen »A. E. Wassermann«, gelangte bald zu überregionalem Ansehen und verzeichnete enorme Umsätze. Sogar das Hoftheater in München orderte bei Wassermann Stoffe und Ellenware. Während der Napoleonischen Kriege lieferte die Firma Tuch und Stoffe an die bayerische Armee.[8]

Die treibende Kraft

Das einzige Foto, das wir von Fanny, Vögele genannt, besitzen, zeigt eine Frau von etwa sechzig Jahren. Sie sitzt auf einem reich verzierten Stuhl aus dunklem Holz. Ihr Gewand ist aus schwarzem, schwerem Satin – zu diesem Zeitpunkt ist sie bereits seit Längerem verwitwet –, lediglich weiße Blusenärmel und eine große weiße Schleife bilden einen hellen Kontrastpunkt. Ihr noch immer glattes Gesicht ist gerahmt von einer gerüschten Haube. Dennoch hat man nicht den Eindruck, es mit einem Hausmütterchen zu tun zu haben. Ganz und gar nicht. Fanny blickt direkt in die Kamera, kein Lächeln um den Mund, eher Entschlossenheit. Die schmale kleine Frau blickt auf ein arbeitsreiches Leben zurück, hatte sich aber noch längst nicht aufs Altenteil zurückgezogen. Ob sie zufrieden war mit all dem, was sie erreicht hatte? Mit dem Weg, den ihre Kinder einschlugen?

Als Fanny 1818 nach Fürth kam, fand in Aachen ein Kongress gekrönter Häupter statt. Franz I. von Österreich, Preußens Friedrich Wilhelm III., Russlands Zar Alexander I. und andere gekrönte Häupter berieten, wie den Ideen, die sich jene Revolution, die die arme Marie-Antoinette den Kopf gekostet hatte, auf die Fahne geschrieben hatte, beizukommen war. Überhaupt erholte sich die Welt nur langsam von den politischen und gesellschaftlichen Umwälzungen der vorangegangenen Jahrzehnte. Es schien, ganz Europa, auch die süddeutschen Lande, die die Feuchtwangers seit Jahrhunderten Heimat nannten, waren durch die Napoleonischen Kriege einmal kräftig durcheinandergeschüttelt worden, und nun versuchten kleine und große Herrscher, wie bei einem vertrackten Puzzle, verzweifelt die alte Ordnung wiederherzustellen. Aber irgendwie wollte nichts mehr zusammenpassen.

Bayern, erst seit 1806 Königreich, erhielt in diesem Jahr eine neue Verfassung, und München wurde Sitz des Bayerischen Landtags. Parallel zu den politischen Neuerungen, griff eine ungekannte Begeisterung für Naturwissenschaften und Technik um sich. In London erschien Mary Shelleys Roman *Frankenstein oder Der moderne Prometheus,* zunächst übrigens anonym, denn wer wollte schon die Gruselgeschichte einer Frau lesen? Ein Jahrhundert, gekennzeichnet von wissenschaftlicher Neugier und Experimentierfreude, begann. Ein Jahrhundert übrigens auch, das die Geburt einer Bewegung sehen würde, die der ungeheuerlichen Forderung nach Gleichstellung der Geschlechter Gehör verschaffen sollte. Mary Shelleys Mutter Mary Wollstonecraft hatte schon 1792 die Schrift *Verteidigung der Rechte der Frau* veröffentlicht. Ein Jahr zuvor hatte die Französin Olympe de Gouges die revolutionären Kampfgenossen mit ihrer *Erklärung der Rechte der Frau und Bürgerin* gegen sich aufgebracht, in der sie »Freiheit, Gleichheit, Brüderlichkeit« auch für ihre Schwestern und sich in Anspruch nahm. 1793 starb sie unter der Guillotine. Das anbrechende bürgerliche Zeitalter würde sich in den folgenden Jahren viel einfallen lassen, die Ideen Wollstonecrafts und de Gouges' vergessen zu machen. Aber der Geist war aus der Flasche.

Wie viel Fanny von alldem mitbekam, ist fraglich. Sie stammte aus einem begüterten Haus. Vermutlich konnte sie sowohl Jiddisch als auch Deutsch lesen und schreiben. Aber wahrscheinlich beschränkte sich ihre Lektüre neben privater und geschäftlicher Korrespondenz und Geschäftsbüchern auf religiöse Erbauungsliteratur, Gebetbücher und *Tehillim,* Psalmen. Fromme jüdische Kreise, auch die Wassermanns und Feuchtwangers, waren zu Beginn des 19. Jahrhunderts politisch eher konservativ. Man erhoffte sich zwar eine Besserstellung der Juden im Reich, träumte zuweilen vielleicht sogar von bürgerlicher Gleichstellung. Zugleich witterte man aber auch Gefahr im Zusammenhang mit der Diskussion um die Emanzipation der Juden, wurde von christlichen Reformern doch vielfach gefordert, dass die jüdische Minderheit sich dafür mehr oder weniger vollständig zu assimilieren habe. Das wiederum war traditionellen Juden – und die überwiegende Mehrheit der Fürther Jüdinnen und Juden hätte sich wohl zu Beginn des 19. Jahrhunderts als solche bezeichnet – ein Gräuel. Eine Orgel in der Synagoge, ein predigender Rabbiner auf der Kanzel, womöglich mit schwarzem Talar und Beffchen, das war mit den Feuchtwangers, den Fränkels, den Wassermanns nicht zu machen. Die Tatsache, dass sich der Staat im Laufe dieser Restaurationsjahre immer dreister in Angelegenheiten einmischte, die eigentlich nur die jüdische Gemeinde selbst angingen, machte vielen Sorge. Erst wurde das jüdische Gericht, *Bet-Din,* abgeschafft, dann verlangte man, dass Rabbiner nicht nur eine religiöse, sondern auch eine akademische Ausbildung erhielten und ein staatliches Diplom vorweisen konnten. Jahrhundertelang hatte man seine Gelehrten aus den exquisitesten *Jeschiwot* Europas geholt, nun wollten einem bayerische Beamte erklären, wer der Gemeinde Trost und Segen spenden sollte. Verrückte neue Zeiten!

Aber nicht nur die Anzeichen einer vorrückenden Modernisierung stellten Fanny vor erhebliche Herausforderungen, auch ihre persönliche Situation veränderte sich schlagartig und von Grund auf mit der Eheschließung. Die Verhältnisse, die sie in Fürth erwarteten, waren deutlich bescheidener als ihr Zuhause in Wallerstein. Noch hielt ihre Schwiegermutter Hanna das Zepter in der Hand, und die junge Frau musste sich in den neuen Haushalt einfügen. Hinzu kam, dass ihrem Ehemann ganz offenbar der rechte Biss fehlte. Sicher, er war ein hochgeachtetes Mitglied der Gemeinde, ein überaus frommer Mann. Aber man konnte nicht gerade behaupten, dass er einen ausgeprägten Ehrgeiz an den Tag legte. Das dürfte Fanny schnell gemerkt haben, denn sie war nicht nur seine Ehefrau, sondern auch seine Geschäftspartnerin. Von ihrem Vater und ihren Brüdern war Fanny anderes gewohnt, und dieser permanente Vergleich war ihr wohl Ansporn und Quell von Unzufriedenheit zugleich. Samuel Wassermann führte die Geschäfte in Wallerstein, später in Bamberg, geschmeidig und geschickt, sein Wohlstand und Ansehen wuchsen stetig. Um die Jahrhundertmitte gründete er die Privatbank A. E. Wassermann, die schnell überregionale Bedeutung errang, während Fanny in einem kleinen Silberwarenladen in Fürth saß.

Die Familienhistorie besagt, dass Seligmann, der in der Fürther Gemeinde auch als *Mohel,* als Beschneider, tätig war, sich mehr für seine Talmud-Studien interessierte als fürs Geschäft. Hatte er genug eingenommen für die Woche, schloss er den Laden und beugte sich über seine großen, ledergebundenen Folianten. Dann konnte es sogar vorkommen, dass er Kunden nach Hause schickte, die an die Tür klopften. Als einmal an einem Dienstag ein junges Paar zu ihm kam, um Hochzeitsringe zu kaufen, entgegnete er ihnen: »Seid mir's *mochel,* ich hab schon meine *Jezues* für diese Woche verdient – kommt nächste Woche wieder!«[9]

Die Kinder der rasch wachsenden Familie schliefen in schubladenartigen Kojen, die allabendlich herausgezogen wurden. Das Kinderzimmer war zu Beginn des 19. Jahrhunderts in breiteren Bevölkerungsschichten ohnehin noch unbekannt, und diese Art der Raumbeschaffung, gerade bei kinderreichen Familien, war in Fürth und vielen beengten jüdischen Gemeinden sicher nicht unüblich, aber für Fanny symbolisierten derlei Zustände dennoch eine Art sozialen Abstiegs. Man erzählte sich in der Familie, dass die Matriarchin – immerhin Tochter eines über die Grenzen Bayerns hinaus renommierten Tuchhändlers – das gute Kleid aus schwarzer Seide, das sie 1818 aus Wallerstein mitgebracht hatte, ihr Leben lang zu besonderen Anlässen trug, möglicherweise auch auf der bereits beschriebenen Fotografie. Es braucht nicht viel Fantasie, sich vorzustellen, dass Fanny die Eingewöhnung in Fürth nicht ganz leichtgefallen sein dürfte.

Man kann nur darüber mutmaßen, in welchem Ausmaß Fannys Vater dem gelehrten Schwiegersohn finanziell unter die Arme griff – vermutlich durchaus spürbar – und wie sehr es vor allem an Fanny hing, dass der Laden lief – vermutlich ebenfalls erheblich. Wie viele andere jüdische Geschäftsfrauen war Fanny Feuchtwanger das, was wir heute eine *working mom* nennen würden. Nur zehn Monate nach der Hochzeit erblickte die erste Tochter, Minna, das Licht der Welt. Da war Fanny zwanzig Jahre alt. Bis zu ihrem zweiundvierzigsten Geburtstag gebar sie achtzehn Kinder, von denen fünfzehn das Erwachsenenalter erreichten. Etwa alle fünfzehn Monate ein Kind – das bedeutet, dass Fanny in der Regel wieder schwanger wurde, wenn ihr Jüngstes gerade mal ein halbes Jahr alt war. Das wiederum deutet darauf hin, dass sie ihre Kinder nicht selber stillte, denn vielfach verhindert das Stillen zumindest für eine gewisse Zeit eine erneute Schwangerschaft. Zudem war es im beginnenden 19. Jahrhundert durchaus üblich, sich eine Amme ins Haus zu holen, gerade für Geschäftsfrauen.

Der enge Takt, in dem Fanny ihre Söhne und Töchter gebar, legt auch nahe, dass sie schnell schwanger wurde und keine Fehlgeburten erlitt. Schwere Schwangerschaften und Fehlgeburten konnten der Gesundheit einer Frau massiv zusetzen, ja, sie in Lebensgefahr bringen. Die bereits erwähnte Madame de Pompadour in Versailles, die mit der Habsburgerin Maria Theresia eine französisch-österreichische Annäherung angebahnt hatte, erlitt während ihrer Zeit als Favoritin des Königs mehrere Fehlgeburten, die die ohnehin angeschlagene Frau zusätzlich schwächten. Sie starb mit nur dreiundvierzig Jahren am Palmsonntag 1764.

Eine robuste Konstitution konnte man sich also ganz offensichtlich nicht kaufen, aber einige Faktoren ließen sich doch steuern. So merkwürdig es klingt: Viele jüdische Frauen wurden wohl durch eine uralte biblische Vorschrift geschützt, die erst mal durchaus misogyn daherkommt. Während der Menstruation, aber auch nach Abgängen, Fehlgeburten und Niederkünften gelten Frauen als »unrein«. Die biblischen Regularien bezüglich der *Nidda* und der *Taharat-ha-Mischpacha*, der sogenannten Familienreinheit, schreiben in dieser Zeit strengste Enthaltung vor. Erst wenn die Frau nicht mehr blutet, darf sie die *Mikwe* besuchen, und erst wenn sie die rituelle Reinigung durchlaufen hat, darf sie wieder mit ihrem Mann das Bett teilen. Vor mehreren Tausend Jahren und ohne eine Ahnung zu haben von Bakterien und Viren hatten die Autoren des biblischen Buches Levitikus, auf das die Regeln rund um die *Nidda* zurückgehen, damit eine Art Lebensversicherung für Frauen geschaffen. Während viele Christinnen, die relativ rasch nach der Niederkunft wieder mit ihrem Mann schliefen, Opfer von Infektionen wurden, die im schlimmsten Fall ihr Leben kosteten, waren Jüdinnen mindestens sechs Wochen nach der Geburt ihres Kindes geschützt. Interessant übrigens, dass die moderne Medizin frischgebackenen Müttern heute ebenfalls empfiehlt, mit dem Sex zu warten, bis der Wochenfluss gänzlich abgeklungen ist, also in der Regel vier bis sechs Wochen nach der Niederkunft.

Die Levitikus-Autoren, sehr wahrscheinlich Jerusalemer Priester – also natürlich durch die Bank Männer –, vergaben zwar mit dem Begriff »unrein« ein unschön klingendes Etikett, bewahrten aber unzählige Frauen davor, zu früh wieder Geschlechtsverkehr zu haben. Ob wir uns das so vorstellen dürfen: Die Jerusalemer Priester kannten ihre Geschlechtsgenossen so gut, dass sie wussten, der sicherste Weg, eine Frau nach der Geburt zu schonen, war ein göttliches Verbot? Nur wenn man eine Frau zur »Unreinen« stempelte, konnte man sicher sein, dass ihr Mann seine Finger von ihr ließ? Wir wissen nicht, was genau hinter der Vorschrift steckt, Tatsache aber bleibt, dass Jüdinnen seltener im Kindbett starben als Christinnen, denn erst wenn die Gebärmutter sich wieder zusammengezogen hatte, die Blutungen völlig und dauerhaft versiegt waren und man die Gelegenheit gehabt hatte, die *Mikwe* zu besuchen, durften die Ehebetten wieder aneinandergerückt werden.[10]

Diese Regelung gab Frauen übrigens auch einen gewissen Spielraum, denn wer außer ihnen selbst wusste Bescheid über die Beschaffenheit ihres Ausflusses. Fühlten sie sich nach einer Geburt oder auch nach ihrer Menstruation nicht in der Lage oder Stimmung, mit ihrem Mann zu schlafen, konnten sie das rituelle Bad ein wenig aufschieben. Diese Praxis haben jüdische Frauen durch die Jahrhunderte übrigens auch genutzt, um eine erneute Empfängnis zu verhüten. Normalerweise ist es Zeit für das rituelle Bad, wenn die Menstruation vorüber ist und die Frau im Anschluss mindestens sieben Tage kein Blut mehr ausgeschieden hat. Dieser Zeitpunkt, also rund elf bis zwölf Tage nach dem Beginn der Periode, fällt ziemlich genau mit dem nächsten Eisprung zusammen. Wenn eine Frau also Sex während ihrer fruchtbarsten Zeit vermeiden wollte, zögerte sie das Tauchbad einfach ein wenig hinaus.

Fanny Feuchtwanger selbst machte von derlei Verhütungsmethoden offenbar kaum Gebrauch, denn ihre fruchtbaren Jahre waren erfüllt von Schwangerschaften. Dass fünfzehn ihrer achtzehn Söhne und Töchter ihre Kindheit überlebten, spricht sowohl für Fannys robuste Kondition als auch für den trotz aller Bescheidenheit wohl relativ komfortablen Lebensstandard. Weder Erwachsene noch Kinder mussten Hunger leiden, ja, die Schwangere bekam ausreichend vitamin- und nährstoffreiche Speisen auf den Tisch, man leistete sich eine gesunde und verlässliche Amme, die vermutlich bei der Familie oder in unmittelbarer Nachbarschaft wohnte, und auch die Kleinkinder waren durch ausreichende und ausgewogene Mahlzeiten geschützt gegen Mangelerkrankungen und einigermaßen gewappnet gegen Infektionskrankheiten.

Drei Söhne der Feuchtwangers starben dennoch im Kleinkindalter. Fannys und Seligmanns zwölftes Kind, ein Söhnchen namens Joseph, starb mit nur zehn Monaten. Wird ein Kind in orthodoxen Kreisen Joseph genannt, ist das meist ein Signal, dass diesem Kind noch weitere folgen sollen, denn dem biblischen Patriarchen Jakob wurden von seiner Lieblingsfrau Rachel nach dem Sohn Joseph noch weitere Kinder geboren. So war es auch bei Seligmann und Fanny. Sohn Amson war schon unterwegs, kam nur zwei Monate nach dem Tod seines Bruders zur Welt und sollte das Erwachsenenalter erreichen. Zwei weitere Söhne aber verloren die Feuchtwangers, vermutlich an Kinderkrankheiten. Mumps, Masern, Röteln und Scharlach konnten gerade für die Kleinsten gefährlich werden.

1841 wurde den Feuchtwangers schließlich ihr Benjamin geboren, da war Fanny zweiundvierzig Jahre alt. Auch hier war die Namenswahl kein Zufall. Nach Benjamin war Schluss. Genau wie bei Jakob und Rachel in der Bibel. Dieser jüngste Sohn der Familie war damit genau zwanzig Jahre jünger als der älteste Sohn Jacob Löw. Ebenjener junge Feuchtwanger, der wenige Jahre später die bereits erwähnte Auguste Hahn heiraten würde.

Doppelbelastung

Sieht man sich die fünfzehn überlebenden Feuchtwanger-Kinder an, kommt man nicht umhin festzustellen, dass sich hier anscheinend vor allem Fannys Erbe durchgesetzt hat. Sämtliche Feuchtwangers dieser folgenden Generation blieben fromm und hielten das Andenken an ihren Vater, der 1850 starb, hoch. Aber gerade die ersten Söhne, Jacob Löw, Elkan, Moritz und David, entwickelten sich zu erfolgreichen Geschäftsmännern. Fanny Feuchtwanger dürfte ihre Söhne mit mehr oder weniger sanftem Druck in diese Richtung gelenkt haben. Jacob Löw wurde im Alter von dreizehn Jahren, kurz nach der Bar-Mizwa, zu Fannys Bruder Samuel geschickt, wo er seine kaufmännische Ausbildung erhielt. Einige Jahre später folgte ihm Moritz. Das war damals durchaus üblich. In jüdischen Familien war diese Art von Familienanschluss in der Lehrzeit noch wichtiger als für Nicht-Juden, musste doch sichergestellt werden, dass die gerade mal dreizehn- oder vierzehnjährigen Knaben nicht auf die schiefe Bahn gerieten, sondern in einem guten jüdischen Zuhause untergebracht waren, wo sie täglich beteten, Talmud lernten, koscher aßen und den Schabbat hielten.

Die Firma A. E. Wassermann zunächst in Wallerstein, dann in Bamberg, später sogar mit Filiale in Berlin, verlegte sich im Laufe des 19. Jahrhunderts vollständig auf Finanzgeschäfte und gehörte bald zu den angesehensten Privatbanken Deutschlands. Dass es dem jungen Jacob Löw 1850 gelang, in die wohlhabende Familie Hahn einzuheiraten und damit eine enge Verbindung zum gut vernetzten und erfolgreichen Frankfurter Bankhaus L. A. Hahn zu knüpfen, war zweifellos den guten Kontakten der Wassermanns zu verdanken. Auch für ihren Sohn Moritz konnte Fanny eine aussichtsreiche Partie arrangieren. Er heiratete 1857 Henriette Schwarzschild, die Tochter des Frankfurter Bankiers Seligmann Schwarzschild. Als Henriette und Moritz unter die *Chuppa* traten, war Seligmann Feuchtwanger bereits sieben Jahre tot. Fanny, wahrscheinlich mit einiger Unterstützung ihrer Brüder, muss beträchtliche Energie aufgewendet haben, um ihren beiden Söhnen derart vorteilhafte Ehen zu ermöglichen.

Fürth war nie der Nabel der Welt gewesen, Mitte des 19. Jahrhunderts aber war es nicht mal mehr der Nabel der jüdischen Welt im Königreich Bayern. Die Söhne, so viel stand fest, mussten über den Tellerrand schauen, sollten sie nicht wie ihr Vater in der fränkischen Provinz versauern, während andere junge jüdische Männer in Berlin, Frankfurt, Hamburg oder München investierten und Erfolge feierten. Fanny führte währenddessen die Geschäfte in Fürth, unterstützt von ihren jüngeren Söhnen Gabriel und Benjamin. Aus dem Jahr 1859 liegt uns ein Schriftstück vor, in dem sie bestätigt, dass Gabriel ab 1854 »in meinem Geschäft thätig war«.[11] »Meinem Geschäft« – Kein Zweifel, sie war die Chefin. Sie überlebte ihren Mann um fünfundzwanzig Jahre, in denen sie das Unternehmen am Laufen hielt, Aussteuern für ihre Töchter zusammentrug, ihren Söhnen zu einer passenden Lehrstelle verhalf, Ehen anbahnte und die Geschäftsgründungen ihrer Kinder begleitete und unterstützte.

Während ihre ältesten Söhne in alle Welt ausschwärmten, blieben Fannys älteste Töchter, Minna, Hanna und Regine, bei der Mutter in Fürth und heirateten vor Ort. Gerade Regine war ihr im Geschäft und Haus eine große Hilfe. Sie heiratete erst mit achtundzwanzig Jahren, was darauf hindeutet, dass ihre Mutter zu dieser Zeit ihre ganze Energie und auch reichlich Kapital in das Zustandekommen der Partie zwischen Jacob Löw und der wohlhabenden Bankierstochter Auguste Hahn gesteckt hat. Von der Verbindung hing einiges ab, dafür mussten alle Opfer bringen. Ihr Wissen um Buchführung und Handelsangelegenheiten kam Regine später als verheiratete Frau sehr zugute, denn ihr Mann sollte in geschäftlichen Dingen kein allzu glückliches Händchen haben.

Im Oktober 1852 heiratete Regine den Fürther Kaufmann Hayman Ellern, der zunächst beim Bankhaus I. E. Wertheimer beschäftigt war, das nach dem Tod des Gründers Isaac Emanuel Wertheimer von dessen Witwe Isabella geführt wurde. Regine brachte eine Mitgift von 6000 Gulden mit in die Ehe, die es ihrem Mann ermöglichte, nur wenige Monate nach der Hochzeit nach Wien zu ziehen, wo er auf den aufstrebenden Textilienhandel mit dem Balkan setzte. Leider liefen die Geschäfte nicht so, wie Hayman sich das erhofft hatte, sodass er seine Familie nicht nachkommen lassen konnte. Zu unsicher waren offenbar die Erfolgsaussichten des neuen Geschäfts. Regine hatte sich derweil in Fürth nicht nur um die stetig wachsende Kinderschar zu kümmern, sondern führte auch die Bücher. Die Doppelbelastung muss für die junge Frau enorm gewesen sein. Alle ein bis zwei Jahre gebar sie ein Kind und hatte sich obendrein mit Kunden und Gläubigern herumzuschlagen. Die Tatsache, dass ihre Mutter und ihre Schwestern in der Nähe waren, half ihr im Alltag, dennoch stieß Regine immer wieder an ihre Grenzen. In einem erhalten gebliebenen Schreiben an ihren Mann berichtet sie: »Diese Woche, lieber Hayman, sind die Geschäftsbriefe nicht sehr angenehm. Was wird wohl da zu machen sein? Ich versichere Dich, dass mich diese Angelegenheiten ganz missgestimmt machen. Ich zähle nicht nur die Tage, wirklich die Stunden bis wir uns wiedersehen. Es ist doch viel angenehmer, wenn man nur seine Ansichten theilen kann, als alles in sich vergraben lassen.«

Doch ihr Mann ließ auf sich warten. Die Fernbeziehung war, je länger sie andauerte, immer schwerer zu ertragen. Regine schickte flehende Worte nach Wien: »… ich bitte Dich, lieber Hayman, sehr, schreibe mir doch, wie lange Du noch gedenkst dort zu bleiben. Ich lebe da doch (…) so im Traum, bald denke ich, Du kommst recht bald, dann umschwebt mich wieder ein trüber Gedanke, der mir zuruft, es dauert noch lange und dabei vergehen Wochen – erfülle mir doch meine Bitte!« Auch die Kinder vermissten ihren Vater. Regine berichtete ihrem Mann regelmäßig über die Entwicklung der Kleinen. Der anderthalbjährige Albert schüttele, so schrieb sie einmal nach Wien, heftig mit seinem kleinen Köpfchen, bis der ganz rot werde, wenn man ihn frage, ob der Papa im Kontor sei.

Ob die Situation irgendwann so unerträglich wurde, dass man sich entschloss, die Familie trotz ökonomischer Unsicherheit nach Wien umzusiedeln, oder ob die Geschäfte zwischenzeitlich besser liefen, bleibt unklar. Jedenfalls lebten auch Regine und ihre Kinder spätestens ab 1864 in der Hauptstadt des Habsburgerreiches. Hier wurde auch Regines siebtes Kind, die kleine Jenny, im Oktober 1864 geboren – das erste Kind, das Regine ohne den Beistand von Mutter und Schwestern bekam. Ihre Schwester Berta in Fürth, die nur wenige Monate zuvor ebenfalls ein Töchterchen entbunden hatte, schrieb ihr, wie sehr sie Regine in Fürth vermisse: »Wie oft habe ich mir nur ein Stündchen bei Dir zu sein gewünscht.«[12]

Interessant ist, dass sich die beiden Frauen in ihrem Briefwechsel auch darüber austauschten, dass sie ihre Babys selbst stillten. Das kam damals groß in Mode, während Ammen im Laufe des 19. Jahrhunderts zunehmend in Verruf gerieten, denn das bürgerliche Zeitalter schrieb sich ein neues Mutterideal auf die Fahnen. Es existiere eine einzigartige enge, natürliche Bindung zwischen Mutter und Kind wurde nun propagiert. Dem Kind selbst die Brust zu geben, wurde zur Ehrensache erhoben, während es einer jungen Frau böse Blicke einbrachte, wenn sie eine Amme anstellte. Der Kampf um die Zeit und den Körper der Frau war schon damals Gegenstand heftiger Diskussionen, die vor allem von Männern geführt wurden. Im großen Stil damit begonnen hatte Rousseau, aber er war nur der Erste in einer langen Reihe von Ärzten, Philosophen, Pädagogen, Juristen, Theologen, die Mutterglück versprachen im Gegenzug dafür, dass die Frau sich voll und ganz dem Kinde verschrieb. Mehr und mehr setzte sich die Ansicht durch, dass die Mutterschaft das höchste Gut sei, das eine Frau erstreben könne, und dass in allererster Linie sie zuständig sei für das Gedeihen der Kinder. Mutterliebe zu empfinden wurde obligatorisch.[13]

Was für viele jüdische und nicht jüdische Geschäftsfrauen selbstverständlich gewesen war und ihnen die Arbeit in Kontor, Laden, Werkstatt und Haus erheblich erleichtert hatte – das *Outsourcen* des Stillens –, galt plötzlich als Makel. Dem Kind selbst die Brust zu geben dagegen war in bürgerlichen Kreisen nun Ausdruck vollständiger Hingabe. Berta schrieb begeistert an ihre Schwester Regine: »Gerne entnehme ich aus denselben (deinen Zeilen, H. S.), dass Du wieder so gut stillen kannst. Jetzt kann ich auch aus Erfahrung sagen, dass das Selbststillen ein ganz anderes ist.«[14] Auch Regine und Berta verinnerlichten also die Beschwörung der Mütterlichkeit, und sehr wahrscheinlich genossen sie diese innigen Momente mit ihren Babys. Gleichzeitig aber stellte dieser neue Anspruch an Mütter eine erhebliche Belastung dar. Wir dürfen nicht vergessen, dass Regine und wahrscheinlich auch Berta neben Schwangerschaften, Kindererziehung und Haushalt auch noch einen Job im familieneigenen Geschäft hatten, der ihnen viel abverlangte.

Die bürgerliche Glorifizierung der Mutterrolle fällt übrigens mit dem Zeitpunkt zusammen, zu dem Frauen mehr und mehr in den privaten Raum abgedrängt wurden, ja dem Zeitpunkt, zu dem man überhaupt erst begann, konsequent zwischen privat und öffentlich zu unterscheiden. Regine Ellern und ihre Schwestern und Schwägerinnen lebten quasi am Schnittpunkt eines weiblichen Rollenwechsels. Ihre Mütter waren noch selbstverständlich tätige Unternehmerinnen gewesen und hatten ihre Hauptaufgabe keineswegs allein in der Kindererziehung gesehen – was natürlich nicht bedeutet, dass sie ihre Kinder nicht geliebt oder die Zeit mit ihnen nicht geschätzt hätten. Regines, Bertas und Augustes Töchter wiederum ermöglichte der wachsende Wohlstand bereits ein bürgerliches Leben, das ihnen zwar weniger arbeitsreiche Tage und mehr Zeit und Muße für die Aufzucht der Kinder und die Pflege eigener Interessen bescherte, sie in gewissem Sinne aber auch entmachtete und ins Haus verbannte. Regine und ihre Generation standen dazwischen und litten unter den Ansprüchen, die die alte und die neue Welt an sie stellten. Die wirtschaftlichen Verhältnisse erforderten ihre rege Mitarbeit im Betrieb, während die Moden und Ideale des bürgerlichen Zeitalters ihre Rolle als Frau und Mutter mit neuer Bedeutung aufluden, der sie nun zudem gerecht werden mussten.

Regine konnte sich am Zusammenleben mit ihrem Mann in Wien nur kurze Zeit erfreuen, denn nur drei Monate nach der Geburt ihrer Tochter Jenny starb sie im Januar 1865 in Wien. Ihrem Mann Hayman gelang es anschließend nicht, eine neue Ehefrau und Stiefmutter für seine sieben Kinder zu finden. Auch das spricht für seine desolate wirtschaftliche Lage. Regines Kinder mussten erneut ihre Koffer packen und kehrten zurück nach Franken. Dort wuchsen sie bei ihrer Großmutter Fanny und ihren Tanten und Onkeln auf. Regines Sohn Ignaz, der später seine Fürther Cousine Clara Feuchtwanger heiratete, schrieb seiner Braut in einem Brief aus dem Jahr 1886, wie sehr die gemeinsame Großmutter ihn geprägt habe. Alles, was er im Leben erreicht habe, verdanke er ihr. Bis zu ihrem Tod war Fanny die unangefochtene Matriarchin der Familie, die ihren Enkelkindern beim Abschied segnend die Hand aufs Haupt legte.[15] Das enge Netz der Familie erwies sich in derlei Notlagen als absolut belastbar.

Bavaria lässt grüßen

Während seine Schwester Regine in Wien kein Glück fand, ließen sich die Dinge für Jacob Löw Feuchtwanger in München deutlich besser an. Fannys Erstgeborener bildete quasi die Vorhut beim Aufbruch der Feuchtwangers aus Fürth und wurde zum erfolgreichen Vorbild, dem später zahlreiche Geschwister, Cousins und Cousinen nacheiferten. In den Vierzigerjahren des 19. Jahrhunderts wagte er den Sprung in die bayerische Residenzstadt, die in früheren Zeiten deutlich weniger bedeutend gewesen war als die schicke große Schwester des fränkischen Fürth, die freie Reichsstadt Nürnberg. Nun aber blühte München auf. Bayern war erst seit knapp vier Jahrzehnten ein Königreich, aber es fand erkennbar Gefallen daran. Seit 1825 saß Ludwig I. auf dem Thron. Der Monarch schwärmte für Griechenland und liebte die Kunst. Unter seiner Ägide entstanden Museen, Kunstsammlungen, eindrucksvolle Denkmäler und prächtige klassizistische Bauten.

Ludwig I. verstand, dass seine Bayern, gerade jene, die erst seit Kurzem dem Königreich zugeschlagen worden waren, noch auf der Suche nach einer gemeinsamen Identität waren. *Mia san mia*, aber wer sind wir eigentlich? Was hatten Fränkinnen, Schwaben, Oberpfälzerinnen, Nieder- und Oberbayern überhaupt gemeinsam? München als Isar-Athen war ein Anfang, eine Landeshauptstadt, die die Menschen in Staunen versetzte, aber es blieb doch eher ein Elitenprojekt. Mit dem Oktoberfest, das durch Ludwigs Hochzeit mit Therese von Sachsen-Hildburghausen etabliert worden war und seither alljährlich die Massen anzog, holte er die Bayerinnen und Bayern schon eher ab.

In der Regierungszeit von Ludwig I. verwandelte sich nicht nur München zur Großstadt und Kunstmetropole, ganz Bayern wurde ein heftiger Innovationsschub verpasst. Der Ludwig-Donau-Main-Kanal sollte den Handel ankurbeln und die süddeutsche Schifffahrt auf Vordermann bringen, und zwischen Nürnberg und Fürth ächzte ab 1835 die erste Lokomotive durchs Land. Mehrfach täglich konnte Fanny Feuchtwanger die zwischen Nürnberg und Fürth pendelnde, dampfspeiende »Adler« in den Bahnhof hereinschnaufen sehen. Die Geschwindigkeit war schwindelerregend, der Lärm ohrenbetäubend. Die »Adler« brachte den Fürtherinnen und Fürthern die Moderne direkt vor die Haustür.

Mit einem Schlag war das eitle, für Juden und Jüdinnen einstmals unerreichbar wirkende Nürnberg nur noch einen Katzensprung entfernt. Einerseits erweiterte sich über Nacht der Radius der Menschen, andererseits machte diese Beschleunigung klar, dass Zeit Mangelware war. Hatten früher lediglich an den Kirchtürmen große Uhren geprangt, tickten nun in Wohnstuben mächtige mechanische Wanduhren, flüsterten in den Westentaschen kleine goldene Uhren den Kaufleuten erbarmungslos ein: Zeit ist Geld. Dieses Motto hetzte die Leute fortan durch die Tage und Wochen. Mehr und mehr übernahmen Fahrpläne und Werksuhren die Herrschaft. Der Rhythmus des Lebens änderte sich spürbar.

Als Auguste nach ihrer Hochzeit mit Fannys ältestem Sohn Jacob Löw Feuchtwanger im Jahr 1850 nach München kam, hatte eine weitere Frau einen wichtigen Auftritt in der aufstrebenden Residenzstadt. Sie trug nicht wie Auguste sittsames Kleid und Haube, nein, ihre Arme waren nackt und ihr Haar offen. Ihren Oberkörper bedeckte ein Bärenfell, das von einem groben Gurt um die Taille gehalten wurde, in ihrer linken erhobenen Hand hielt sie triumphierend einen Lorbeerkranz, in der rechten ruhte ein Schwert. Ihr zur Seite saß ein Löwe, der allerdings eher wie ein braver deutscher Schäferhund wirkte und so gar nicht die Ehrfurcht gebietende Aura des Königs der Tiere ausstrahlte. Ganz klar: Die Hauptperson war Bavaria.

Die knapp zwanzig Meter hohe Statue aus Bronze wurde zum Oktoberfest des Jahres 1850 eingeweiht, ebenso wie die Ruhmeshalle, vor der sie auf der Theresienwiese im Münchner Westen bis heute emporragt. Weibliche Symbolgestalten – und durchaus auch lebendige Frauen – werden häufig durch Zuschreibungen von außen bestimmt. Zumindest erhoben durch die Geschichte hindurch Männer immer wieder diesen Anspruch. Bavaria ging's genauso: Zwei Männer, der Architekt Leo von Klenze und der Bildhauer Ludwig Schwanthaler, gerieten sich über den wahren Charakter der legendären Dame sogar regelrecht in die Haare. Sollte man sie sich als griechische Amazone vorstellen mit hochgeschnürten Sandalen und schlichtem Leinenkleid, oder war sie nicht eher eine romantische Germanin, ein bisschen wild und vor allem freiheitsliebend?

Stichwort Bärenfell und Löwe mit Schäferhundmentalität – die Bavariastatue, die Auguste dann bei ihrem ersten Oktoberfest auf der Münchner Theresienwiese zu Gesicht bekam, war nicht die klassische griechische Schönheit, die sich von Klenze erträumt hatte, sondern eine Germanin mit eher rauem Charme, wie Schwanthaler sie imaginierte. Wir wissen nicht, wie die Frankfurterin Auguste Feuchtwanger diese Bavaria sah, fühlte sie sich von ihrem zum Gruß erhobenen Lorbeerkranz herzlich willkommen geheißen, oder fremdelte Auguste mit ihr ebenso wie mit dem herben Charme der Bajuwarinnen und Bajuwaren? Für die Hessin war die Münchner Deftigkeit, der ausgestellte Katholizismus mit seinen unzähligen Kirchen, Festen und Prozessionen und die im Frühjahr bedrohlich anschwellende Isar, die geradewegs aus den Gebirgen der Umgebung wild in die Stadt rauschte, zumindest gewöhnungsbedürftig.

Und klar ist auch: Sowohl Auguste als auch Jacob Löw Feuchtwanger wurden in München nicht mit offenen Armen begrüßt. Jüdisches Leben in Fürth und auch in Augustes Heimatstadt Frankfurt war zwar über die Jahrhunderte auch immer wieder bedroht gewesen, aber es war doch seit vielen, vielen Generationen selbstverständlich gewesen. In der Stadt an der Isar war das anders. Zwar siedelten sich die ersten Jüdinnen und Juden wohl bereits kurz nach der Gründung der Stadt um die Mitte des 12. Jahrhunderts hier an, allerdings wurden sie im Laufe des 15. Jahrhunderts aus ganz Altbayern vertrieben, so auch im Jahr 1442 aus München. Erst im beginnenden 19. Jahrhundert durften sich wieder erste jüdische Familien hier niederlassen, allerdings nur wenn die Stadt sich etwas von ihnen versprach. Zum Beispiel Kredit für die Wittelsbacher oder wirtschaftliche Impulse durch innovative Geschäftsideen. In München führte man damals Diskussionen, die ein wenig an heutige Debatten zum Thema Migration und Zuwanderung erinnern, nur scheute man sich damals nicht, auszusprechen, worauf es den Stadtherren ankam: Jeder Fremde, der sich innerhalb der Stadtmauern ansiedelte, musste ein Gewinn für die Kommune sein, und zwar ein erheblicher.

Die Stadt hatte sich ein ausgeklügeltes System einfallen lassen, um auch wirklich nur jene jüdischen Familien anzuziehen, die ihr von Anfang an von Nutzen sein würden. Das Auswahlverfahren war knallhart, und klar ist, dass Jacob Löw Feuchtwanger nicht den Hauch einer Chance gehabt hätte, sich an der Isar anzusiedeln, wenn die Mitgift seiner Frau nicht erheblich Geld in seine Kasse gespült hätte. Das bayerische Judenedikt von 1813 verhängte nämlich eine fixe Matrikelzahl, die die Anzahl der im Ort geduldeten Juden streng regelte. Lediglich einundsechzig jüdische Familien durften demnach in München leben. Wollte man als Ortsfremder eine Genehmigung zur Ansässigmachung bekommen, musste man warten, bis ein Münchner Jude verstarb oder wegzog, dann hatte man die Chance, dessen frei gewordene Matrikelzahl zu erwerben. Daneben gab es die Möglichkeit, sich »über die Matrikelzahl« anzusiedeln. Dies aber gelang nur jenen, die über erhebliches Kapital verfügten. Die Tatsache, dass Jacob Löw Feuchtwanger letztere Variante wählen konnte, zeigt, dass die Familie durch die Verbindung zu den Wassermanns und den Hahns in eine neue Liga des Wohlstands und der Wirtschaftskraft aufgestiegen war. Jetzt wurden die Feuchtwangers auch für die Stadt München interessant.

Bereits seit den Vierzigerjahren des 19. Jahrhunderts arbeitete Jacob Löw Feuchtwanger in der »Geldverwahrungsrechnungsstube« eines gewissen Isidor Neustätter. Und der war niemand Geringeres als ein Vetter Fanny Feuchtwangers, deren Tante Miriam im ausgehenden 18. Jahrhundert einen gewissen Mendel Neustätter geheiratet hatte und mit ihm nach München gezogen war, wo der überaus fromme Mendel Mitgründer des orthodoxen Synagogenvereins Ohel Jakob wurde. Von Ohel Jakob werden wir noch viel hören, denn im »Zelt Jakobs« im Münchner Stadtteil Lehel sollten sich Generationen von Feuchtwangers versammeln, bis die Synagoge 1938 in Flammen aufging. Neustätters Geschäft florierte um die Jahrhundertmitte und hatte unter allen Wechselstuben das höchste Steueraufkommen in der Stadt.

Aber die Feuchtwangers brachten nicht nur wirtschaftliche

Expertise nach München, sondern auch das, was die aufstrebende Residenzstadt in diesen Jahren nötig brauchte – Kapital. Stolze dreißigtausend Gulden konnten Auguste und Jacob Löw Feuchtwanger bei ihrer Ansiedlung vorweisen, von denen übrigens achtzehntausend Gulden die Braut in die Ehe gebracht hatte. Und noch etwas hatten sie im Gepäck: attraktive Verbindungen zum wichtigsten Bankenplatz des Reiches – Frankfurt.

»Meine Beziehungen in Frankfurt a/M. zu dem Bankhause meines Schwiegervaters, Herrn L. A. Hahn, und zu jenem des Herrn S. M. Schwarzschild, Schwiegervaters meines Bruders, erleichtern meine Transactionen mit diesem Handelsplatze, und lasse ich meinen Committenten, die sich desselben bedienen wollen, diese Begünstigungen gerne zu Statten kommen«, schrieb Jacob Löw Feuchtwanger 1857 etwas umständlich in einem Werbebrief an potenzielle Geschäftspartner.[16]

Himmel und Erde im Gleichgewicht

Man ahnt es: Die Ehen der Feuchtwangers auch dieser Generation waren keine Liebesheiraten. Der Bund zwischen Mann und Frau war eine viel zu ernste Sache, als dass man sich dabei von einem so flüchtigen Zustand wie dem Verliebtsein hätte leiten lassen dürfen. Man gründete gemeinsam nicht nur eine meist kinderreiche Familie, sondern baute zusammen auch ein Wirtschaftsunternehmen auf oder leistete seinen Beitrag in einem bereits bestehenden Familienbetrieb. Scheidungen durfte es da nicht geben, nicht nur aus sozialen und religiösen Gründen. Eheleute, Eltern, Schwiegereltern, Brüder, Onkel und Schwager waren nicht nur Verwandte, sondern auch Geschäftspartner. Nein, Himmel und Erde durften keinesfalls aus dem Gleichgewicht gebracht werden. Eine Trennung würde nicht nur eine Familie auseinanderreißen, sondern auch Wirtschaftsunternehmen in den Abgrund stürzen und das Wohlergehen der Nachkommen gefährden.

Das heißt natürlich nicht, dass Jacob Löw und Auguste nicht Zuneigung, vielleicht sogar irgendwann Liebe füreinander empfunden haben. Es heißt nur, dass Liebe oder Verliebtsein keine Rolle gespielt haben bei der Heirat der beiden. Da kam es auf gänzlich andere Faktoren an: Ist die Braut beziehungsweise der Bräutigam ähnlich fromm wie die Familie, in die sie beziehungsweise er einheiratet? Verfügt die Familie über einen tadellosen Ruf? Welche wirtschaftlichen Interessen teilen die beiden Familien? Bestehen bereits familiäre oder geschäftliche Beziehungen?

Familiäre Bande und die Besinnung auf dieselben spielten eine herausragende Rolle im Leben der Feuchtwangers. Selbstverständlich hatten Fanny und Seligmann Feuchtwanger ihren Erstgeborenen nach dessen väterlichem Großvater Jacob Löw genannt. Der Zweitgeborene wiederum trug den Vornamen von Fannys Vater: Elkan. Jenes Mädchen, das nach dem Tod von Seligmanns Mutter Hanna geboren wurde, bekam den Namen der Großmutter, um deren Andenken zu ehren. Interessant ist, dass im Laufe des 19. Jahrhunderts die Namen der Ahninnen und Ahnen häufig nur noch als zweite oder dritte Vornamen gebraucht wurden, weil man auch bei den Feuchtwangers davon abkam, den Kindern hebräische oder jiddische erste Vornamen zu geben. Von nun an finden wir weniger Löws, Elkans und Amschels und mehr Sigberts, Ludwigs und Lothars, weniger Hannas, Vögeles und Sprinzeles und mehr Isabellas, Hermines und Paulas.

Dass Jacob Löw und Auguste Feuchtwanger ihren Erstgeborenen weder Seligmann nach Jacob Löws Vater noch Löb Amschel nach Augustes Vater nannten, zeigt, dass man den Söhnen in den Fünfzigerjahren des 19. Jahrhunderts selbst in einer streng orthodoxen Familie wie den Feuchtwangers keine allzu traditionell klingenden Namen mehr verpasste. Man strebte aus der Enge Wallersteins und Fürths in die Weite der Großstadt München.

Im Revolutionsjahr 1848 löste König Maximilian II. seinen Vater Ludwig I. ab. Während im März dieses Jahres die Jugend und viele aufgeschlossene Bürger in deutschen Landen offen für liberale, demokratische und nationale Ideen Partei ergriffen und den Kräften der Restauration mutig die Stirn geboten hatten, war der alte, kunstliebende bayerische König gewissermaßen über seinen zweiten Frühling gestolpert. Eine *Amour fou* mit der Tänzerin Lola Montez wuchs sich zur Staatsaffäre aus, an deren Ende Ludwig I. nur noch abtreten konnte.

Als Auguste Feuchtwanger, frisch vermählt, nach München kam, zog für einen Moment ein reformerischer Frühlingshauch durchs Land. Kurz machte sich unter den bayerischen Juden eine gewisse Euphorie breit, bereiteten der neue König und sein Kabinett doch ein Gesetz zur Judenemanzipation vor. Die Hoffnung auf bürgerliche Gleichstellung allerdings zerschellte am heftigen Widerstand konservativer Kreise und weiter Teile der Bevölkerung. Die Judenmatrikel, die den Juden gerade in München, aber auch in anderen Städten wie Nürnberg und Bamberg das Leben schwer machten, blieben bestehen. Jüdische Existenz blieb erklärungsbedürftig und kostenpflichtig. Die Reaktion hatte noch mal die Oberhand gewonnen. Das diskriminierende Matrikelgesetz blieb in Kraft, und das strikte Konzessionsrecht knebelte den Geschäftssinn der Kaufleute und fesselte ihre Innovationskraft.

Vom Optimismus des Frühjahrs 1848 war schon bald nicht mehr viel übrig, da konnte Bavaria noch so siegesgewiss den Lorbeerkranz in die Höhe recken, Auguste musste sich an den extremen Minderheitenstatus der Juden in München erst mal gewöhnen. Zwar war jüdisches Leben in ihrer Heimatstadt Frankfurt auch quälender Gängelung und behindernden Vorschriften unterworfen, bis 1796 hatten die jüdischen Familien in Frankfurt sogar in einem Getto leben müssen, das nachts abgeschlossen wurde. Dennoch existierte seit dem Mittelalter mehr oder weniger ununterbrochen eine stolze und mehrere Tausend Mitglieder umfassende Gemeinde, während in München nur ein paar Dutzend jüdischer Familien lebten. Und diese Münchner Juden waren im Grunde noch gar keine »echten« Münchner. Den Einheimischen galten sie zweifellos als *Zugroaste*, als Zugereiste, denn sie alle waren noch mehr oder weniger fremd in der Stadt. Augustes jüdische Nachbarinnen, Geschäftspartner, Verwandte sprachen meist noch die Mundart ihrer Herkunftsorte, vor allem Fränkisch und Schwäbisch, kaum einer oder eine von ihnen war in München geboren. Eine ganz eigene urbane jüdische Identität, wie Auguste das aus Frankfurt kannte, gab es hier noch gar nicht. Die Familie Feuchtwanger, so viel sei hier schon mal verraten, sollte in den folgenden Generationen das ihre dazutun, dass sich das rasch änderte.

Der Grundstein für die Etablierung der Familie in München und ihren wachsenden Wohlstand wurde 1857 gelegt, als Jacob Löw Feuchtwanger zusammen mit seinem Bruder Moritz das private Bankhaus J. L. Feuchtwanger, prominent platziert in der Theatinerstraße, eröffnete. Der sieben Jahre jüngere Moritz hatte wie Jacob Löw das Finanzwesen von der Pike auf bei der mütterlichen Verwandtschaft in Wallerstein gelernt und im Jahr der Firmengründung, wie bereits erwähnt, Henriette Schwarzschild geheiratet. Moritz' Braut stammte ebenfalls aus Frankfurt, und es dürfte für Auguste eine große Erleichterung gewesen sein, mit Henriette nun eine Verbündete im noch fremden München zu haben, die sie seit Kindertagen kannte und mit der sie überdies auch verwandt war, denn auch Augustes Großmutter väterlicherseits war eine geborene Schwarzschild.

Im Zusammenhang mit der armen Marie-Antoinette war bereits von patrilokaler Kultur die Rede gewesen. Diese hat sich, seitdem Menschen in patriarchalen Strukturen leben, allzu oft zum Nachteil von Frauen ausgewirkt. Frauen verließen ihre Herkunftsfamilie und landeten in einer Stadt oder Gegend, die ihnen fremd war, und in einer Familie, in der die Machtverhältnisse längst eingespielt waren. Die junge Braut musste sich nicht immer in den Fängen der sprichwörtlichen bösen Schwiegermutter wiederfinden, die neue Umgebung konnte aber durchaus einschüchternd wirken. Ihrer gewohnten und vertrauten Netzwerke beraubt, nahm die Braut oft erst mal eine wenig machtvolle Position im familialen System ein, während die Position des Mannes gestärkt wurde. Er hatte einen klaren Startvorteil, kannte er doch die Verhältnisse vor Ort und sämtliche Beteiligte von Geburt an und war mit ihnen blutsverwandt. Nicht wenige

Frauen litten darunter, dass geliebte weibliche Vertrauenspersonen wie Mütter, Schwestern oder Tanten nach der Heirat oft weit weg lebten. Auch Augustes Herkunftsfamilie war nach ihrem Umzug nach München mehrere Tagesreisen entfernt, da bedeutete die Ankunft einer alten Bekannten wie Henriette ein Stück vertrauter Welt.

Dass die Gründung der Bank und die Hochzeit zwischen Moritz und Henriette auf ein und dasselbe Jahr fiel, ist übrigens mit Sicherheit kein Zufall. Die Verbindung mit Henriette und damit dem angesehenen Bankhaus Schwarzschild brachte Kapital und wertvolle Connections, die für die Feuchtwanger'sche Geschäftsgründung den letzten Ausschlag gaben. Die Schwarzschilds gehörten, wie die Hahns, zu den angesehensten und wohlhabendsten jüdischen Familien der Mainmetropole. Die Familie lebte dort seit dem 16. Jahrhundert. Henriettes Vater Seligmann besaß nicht nur ein international bestens vernetztes Bankhaus, er zählte auch zu den Gründungsvätern der orthodoxen israelitischen Religionsgesellschaft der Stadt.[17]

Mit der Aufklärung kamen im Laufe des 19. Jahrhunderts immer mehr Juden und Jüdinnen von der althergebrachten Art, ihre Religion zu leben, ab. Einige ließen sich taufen oder kehrten der Religion als solcher den Rücken, andere sahen die Rettung in einer Reform des Judentums. Viele Traditionen wurden über Bord geworfen, dafür passte man sich in einigen Aspekten mehr und mehr dem Protestantismus an. Plötzlich wurde in Synagogen auf Deutsch gepredigt, donnerte eine Orgel weihevolle Hymnen, trugen Rabbiner einen Talar. All das war den Schwarzschilds und auch den Feuchtwangers ein Graus. Je mehr und entschlossener die jüdische Gemeinde am Ort sich auf den Reformweg machte, desto stärker wuchs der Widerstandsgeist der Traditionalisten, die nach und nach eigene Vereine und Gesellschaften gründeten, eigene Beträume einrichteten, eigene Rabbiner anstellten, später sogar eigene Synagogen und Schulen bauten. In Frankfurt wirkte seit 1851 Rabbiner Samson Raphael Hirsch, der in der zweiten Jahrhunderthälfte in strenger Abgrenzung zur Mehrheitsgemeinde eine moderne Orthodoxie prägen sollte.

Tora im Derech Erez, so lautete Hirschs Schlagwort – man sollte als frommer Jude, als fromme Jüdin bewusst Teil des Landes sein, in dem man lebte, durchaus aktives Mitglied der jeweiligen Gesellschaft, all das allerdings in vollem Einklang mit den Lehren der Tora. Moderne Wissenschaft, aber auch die umgebende Kultur sollten angenommen und aufgenommen werden, während zugleich an der Frömmigkeit keinerlei Abstriche gemacht werden durften. Man war Deutscher, Frankfurter und zugleich frommer Jude oder im Falle der Feuchtwangers: selbstbewusste Jüdinnen und Juden, stolze Bayerinnen und Bayern und überzeugte Deutsche.

Die Schwarzschilds waren entschiedene Anhänger der Hirsch'schen Orthodoxie und hätten sich in keiner liberalen Synagoge blicken lassen. Die Vorstellung, dass eines ihrer Kinder in eine Familie einheiraten könnte, die sich zur liberalen Mehrheitsgemeinde bekannte, ließ sie erschaudern. Dass man sich Moritz Feuchtwanger als Bräutigam für Tochter Henriette ausguckte, beweist, dass die Feuchtwangers hinsichtlich *Jichus* – also Herkunft –, aber auch hinsichtlich ihres Grades und ihrer Ausprägung an Frömmigkeit mit den Schwarzschilds in einer Liga spielten.

Die wagemutige Frau

Wer aber bürgte Seligmann Schwarzschild und seiner Frau Clara dafür, dass ihre Tochter Henriette in eine Familie nicht nur von tadellosem Ruf und ausreichend wirtschaftlichem Ehrgeiz hineinheiratete, sondern auch gewährleistet war, dass die junge Frau ihre Kinder gemäß denselben streng orthodoxen Regeln großziehen konnte, mit denen sie selbst aufgewachsen war? Nun, Fanny Feuchtwanger war eine verlässliche Garantin. Sie galt weit über die Grenzen von Fürth hinaus als *Eschet Chajil.* Der Begriff ist über zweitausend Jahre alt und stammt aus dem biblischen Buch der Sprüche Salomos. Die Luther-Bibel spricht von der »tüchtigen« Frau, Rabbiner Simon Bernfeld wählte für seine Übersetzung zu Beginn des 20. Jahrhunderts die Formulierung

»ein braves Weib«, man könnte aber mit einigem Recht auch mit »wagemutige« Frau übersetzen.

Die *Eschet Chajil* wurde im 19. Jahrhundert und bis in unsere Tage als Preisung der jüdischen Hausfrau und Mutter ausgelegt, aber wenn wir uns die Textstelle genau ansehen, im Kontext der biblischen Zeit, dann ist das Bild um einiges facettenreicher. »Sie ist wie ein Kaufmannsschiff; ihre Nahrung bringt sie von ferne«, heißt es da. »Sie trachtet nach einem Acker und kauft ihn und pflanzt einen Weinberg vom Ertrag ihrer Hände.« Da wird keine brave, aufs Private zurückgezogene Hausfrau beschrieben, sondern eine knallharte Geschäftsfrau, eine die investiert, die das Feld bestellt, die kalkuliert, für die Zukunft plant, die ein Haus mit Angestellten führt, die kauft und verkauft. Aber auch eine, die ihrem Haus wahrhaft vorsteht, die alle im Blick hat, für alle sorgt und von allen geachtet wird. Kurz, eine echte Matriarchin. »Kraft und Würde sind ihr Gewand«, geht die Preisung der idealen Frau weiter, »und sie lacht des kommenden Tages. Sie tut ihren Mund auf mit Weisheit, und auf ihrer Zunge ist gütige Weisung. (…) Ihre Söhne stehen auf und preisen sie.«[18]

Der Begriff *»chajil«* hat im Hebräischen einen durchaus militärischen Klang. *Chajal* beziehungsweise *Chajelet* bedeutet Soldat beziehungsweise Soldatin. *Eschet Chajil* also lediglich als "tüchtige Frau" zu übersetzen scheint zu kurz zu greifen. Tüchtig klingt sehr nach fleißiger Arbeitsbiene, die *Eschet Chajil* ist, wie wir gesehen haben, aber viel mehr. Sie ist tätig, geht ein Risiko ein, sie ist unerschrocken, sie ist mächtig. Fanny Feuchtwanger hat nicht nur die Partien ihrer Söhne eigefädelt, sie stand mit ihrer Person und ihrer Herkunft für tadellose Frömmigkeit, aber durchaus auch für weltliche Klugheit. Zweifellos erhoben sich ihre Söhne für sie und priesen sie, um es mit den Worten Salomos zu sagen.

Fanny war noch in eine Welt hineingeboren worden, in der es um sie herum eigentlich nur eine Variante von Jüdischkeit gegeben hatte – jene, die von der jeweils vorhergehenden Generation an die nächste weitergegeben worden war: Am heiligen Schabbat wurden keine Geschäfte gemacht, selbstverständlich hielt man sich an die Speisegesetze und ließ den Kindern, vor allem den Söhnen, von früh an eine fundierte jüdische Erziehung zuteilwerden. Im Laufe des 19. Jahrhunderts aber bekam diese überlieferte jüdische Welt, wie erwähnt, nach und nach Risse. Die Religion erklärte vielen Menschen nicht mehr die Welt. Der Glaube an Gott und – fast noch schlimmer – die jüdische Praxis gerieten ins Wanken. Man suchte nach Erklärungen und Wahrheiten auch abseits von Tanach und Talmud, konsultierte nicht mehr länger nur weise Männer, die seit Menschengedenken eine elaborierte Gelehrsamkeit von einem Jahrhundert ins nächste gerettet hatten, sondern suchte Antworten bei der Wissenschaft und beim säkularen Staat. In einer solchen Welt, in der alte Gewissheiten schwanden, war es schwer, Kinder zu guten Jüdinnen und Juden zu erziehen, das wusste Fanny ebenso gut wie die Schwarzschilds. Die wichtigste Voraussetzung, dass es eben doch gelang, war der richtige Heiratspartner. Nur wenn Braut und Bräutigam in dieser Sache am gleichen Strang zogen, hatte man den Hauch einer Chance.

Als Henriette 1857 nach München kam, war die Spaltung ihrer Heimatgemeinde Frankfurt schon weit fortgeschritten. Die kleine Münchner *Kehilla* dagegen hielt damals noch zusammen. Mehr schlecht als recht sah man über wachsende Differenzen hinweg, auch weil in der Stadt ohnehin so wenige jüdische Familien lebten. Über die folgenden Jahre aber wuchs die jüdische Gemeinde, und damit eskalierten auch die Auseinandersetzungen zwischen den einzelnen Fraktionen. Sowohl Auguste als auch Henriette hatten in ihrer Heimatstadt erlebt, dass derlei Kämpfe um den richtigen Weg zum Seelenheil durchaus robust ausgetragen wurden. Sie hatten gesehen, wie immer mehr Familien vom althergebrachten Weg abkamen, und waren dabei gewesen, als ihre Väter und Mütter über Methoden nachsannen, wie man den Herausforderungen der Moderne begegnen konnte.

Im Gegensatz zu Frankfurt, wo es orthodoxen Juden möglich war, aus der großen Gemeinde auszutreten, war dies in München nicht erlaubt. In Altbayern, wo die katholische Kirche über Jahrhunderte sämtliche anderen Glaubensrichtungen mit viel Weihrauch, unzähligen Marterln, Bildstöcken und Kapellen, mächtigen Prozessionen und gewaltig-pompösen Kirchenbauten verdrängt hatte, akzeptierte man mit Müh und Not *eine* jüdische Gemeinde, aber um Himmels willen nicht auch noch mehrere Grüppchen unterschiedlicher Spielart. Es durfte immer nur eine einzige Gemeinde am Ort geben, und wie die ausgerichtet war, bestimmte die Mehrheit der in der Stadt lebenden Juden.

Egal, wie sehr die Feuchtwangers also den fortschrittlichen Ritus auch verabscheuten und den immer laxeren Umgang mit den überlieferten Traditionen verurteilten, sie mussten doch Mitglieder der Einheitsgemeinde bleiben. Aber man wusste sich zu helfen – auch dank der Erfahrungen, die Henriette und Auguste aus Frankfurt mitbrachten, und dank der Kontakte, die man zu den Schwiegerfamilien in Frankfurt pflegte. War man auch gezwungen, Gemeindemitglied zu bleiben und seine Kultussteuer an eine Institution zu zahlen, der man in Sachen Jüdischkeit und Gottesfurcht nicht über den Weg traute, konnte einen doch niemand daran hindern, einen eigenen Verein zu gründen. Der »Verein zur Förderung der jüdischen Wissenschaft« wurde 1891 offiziell ins Leben gerufen, aber man kann wohl davon ausgehen, dass sich jene Männer und Frauen, die sich strikt an die überlieferten Traditionen hielten, bereits in den 1860er-, 1870er- und 1880er-Jahren weiter und weiter von der Mehrheitsgemeinde entfernten und in separaten Gebetsstuben trafen.

Die jüdische Gemeinde in München wuchs stetig an im Laufe des späten 19. Jahrhunderts. Als endlich das Matrikelgesetz fiel, zog es mehr und mehr jüdische Familien vor allem aus Bayerisch-Schwaben und dem Fränkischen in die Residenzstadt. Viele von den Neuzugezogenen freuten sich über die neue Freiheit der Großstadt. Hier gab es im Gegensatz zu den Landgemeinden, aus denen sie vielfach kamen, weniger neugierige Nachbarn und kaum gestrenge Lehrer und Rabbiner, die einen auf Schritt und Tritt beobachteten. Die Neulinge tendierten oft eher zur progressiven Mehrheitsgemeinde oder wandten sich ganz vom Judentum ab.

Je vielfältiger und innovativer die Münchner Gemeinde aber wurde, so scheint es, desto rigoroser verteidigten die Feuchtwangers und andere orthodoxe Familien das Erbe ihrer Väter und Mütter. Aber sie spürten schmerzhaft, dass sie mehr und mehr zur Minderheit wurden. 1871 gingen die gemäßigten Liberalen bei den Wahlen zum Gemeindevorstand als Sieger hervor. Eine schwere Schlappe für die Orthodoxen. Zu *Pessach* 1876 erklang erstmals die Orgel in der Synagoge und markierte für alle donnernd hörbar das Ende der Koexistenz des orthodoxen und des reformerischen Flügels unter einem Dach.

Als sich die jüdische Gemeinde Ende der 1870er-Jahre daranmachte, eine größere Synagoge zu bauen, sahen die Frommen den Moment gekommen, ein Zeichen zu setzen. Man würde keinesfalls in einer Synagoge beten, die im neuromanischen Stil erbaut mit ihrem Kreuzrippengewölbe doch allzu sehr einer Kirche ähnelte. Während in der traditionellen *Schul* die *Bima,* der Ort also, an dem gemeinsam aus der Tora gelesen wird, in der Mitte des Raumes stand, positionierte sich der Vorbeter in der neuen Synagoge in der Herzog-Max-Straße an der nach Osten hin ausgerichteten Stirnseite und erinnerte damit unangenehm an einen Priester. Dass es auch hier eine Orgel gab und einen Chor wie in einer protestantischen Kirche, war keine Überraschung für die Feuchtwangers, vergällte ihnen den prächtigen Neubau aber vollends.

Für die Familie stand fest: Eine eigene Synagoge musste her. Das war allerdings leichter gesagt als getan, denn auch wenn sie die Hauptsynagoge nicht besuchte, musste sie doch weiterhin dorthin ihre Kultussteuern entrichten. Wollten die Feuchtwangers, Neustätters und ihre Gleichgesinnten also ein Gotteshaus und einen Rabbiner nach ihrem Geschmack, mussten sie privat zusätzlich eine Menge Geld aufbringen, um die Kosten zu bestreiten. Beachtliche Summen flossen fortan in den »Verein zur Förderung der jüdischen Wissenschaft«, kurz Ohel Jakob genannt. Den Feuchtwangers und einigen anderen Familien war ihre Orthodoxie lieb und teuer, und zwar im wahrsten Sinne des Wortes. Synagoge und Rabbiner – seit 1885 tat der gebürtige

Ungar Chanoch Heinrich Ehrentreu Dienst als Vereinsrabbiner – ließen sie sich eine Menge kosten. Ehrentreu, der in Pressburg die *Jeschiwa* besucht und in Heidelberg promoviert hatte – also über höchste geistliche wie weltliche Weihen verfügte –, sorgte nicht nur dafür, dass in der *Schul* alles so blieb, wie man es von jeher gewohnt war, er unterrichtete auch die Mitglieder seiner Gemeinde in *Mischna* und *Gemara*. Viele der Männer lernten täglich mit ihrem Rabbiner.

Und da sind wir bei einem wichtigen Punkt: Wie bei den Wirtschaftsunternehmen treten auch in Gemeindeangelegenheiten vor allem Männer ins Rampenlicht. Auf ihren Namen laufen nicht nur die irdischen Geschäfte, sondern, wenn wir es so nennen wollen, auch die himmlischen. Es ist Jacob Löw Feuchtwangers Name, der mit der Gründung des Synagogenvereins Ohel Jakob in Verbindung gebracht wird, und nicht der Augustes. Frauen durften weder für den Gemeindevorstand kandidieren noch überhaupt ihre Stimme bei den Wahlen abgeben, ja, sie durften bis 1908 weder Vereinen noch Parteien beitreten. Aus den Augen, aus dem Sinn – so lief es leider über weite Strecken auch in der deutsch-jüdischen Geschichtsschreibung. Manchmal bekommt man den Eindruck, in den während der zweiten Hälfte des 19. Jahrhunderts aufblühenden jüdischen Gemeinden im ganzen Reich hätten sich ausschließlich Herren getummelt. Man kann sich nicht retten vor Fotografien ambitionierter Unternehmer in edlem Zwirn, würdigen Honoratioren mit rauschendem Bart und Zwicker und streng dreinblickenden jüdischen Gelehrten – aber wo sind die Frauen?

Eines ist klar: So wenig die Unternehmen ohne den Beitrag, die Verbindungen, den Ehrgeiz und auch die Mitarbeit der Frauen hätten florieren können, so wenig hätte eine Ohel-Jakob-Gemeinde überhaupt entstehen können ohne die weiblichen Mitglieder dieses Kreises. Es ist bereits angesprochen worden, wie alle monotheistischen Religionen ist auch das Judentum geprägt durch patriarchale Strukturen. Nur Männer können Gelehrte, geistliche Richter und Rabbiner werden. Nur Männer werden angehalten, intensiv Tora und Talmud zu studieren. Und es braucht ausdrücklich zehn Männer, um einen *Minjan* zu bilden, das Quorum also, das einen ordnungsgemäßen Gottesdienst überhaupt erst ermöglicht. Auch auf Gemeindeebene wirkten die Frauen vielfach im Hintergrund und wurden im Laufe des 19. Jahrhunderts mit zunehmender Verbürgerlichung sogar noch weiter aus der Öffentlichkeit verdrängt. Aber der Verein Ohel Jakob, der seit 1892 über eine eigene Synagoge in der Kanalstraße verfügte, war weit mehr als ein Ort, an dem Männer zum Beten zusammenkamen. Ohel Jakob war ein Mikrokosmos, in dem jüdisch-orthodoxes Leben gedeihen konnte. Die prominentesten Familien – die Feuchtwangers, die Merzbachers, die Neustätters und die Fränkels – waren vielfach verbunden, durch die geteilte Frömmigkeit und die finanziellen Herausforderungen, die sich daraus ergaben, durch gemeinsame Geschäfte und vor allem durch Familienbande.

Das Zentrum der religiösen Sphäre der jüdischen Frau war seit der Zerstörung des Tempels in Jerusalem knapp zweitausend Jahre zuvor das Haus. Natürlich waren die Ohel-Jakob-Familien stolz auf ihre neue Synagoge, und auch die Frauen und Kinder besuchten diese am Schabbat und den Feiertagen, aber Herzstück des Gemeinschaftslebens war und blieb die Familie. Der gegenseitige Besuch der erweiterten Verwandtschaft am Freitagabend oder am Samstag war fester Bestandteil des Alltags. Und dieses unsichtbare Netz, das die verschiedenen Zweige der Familie zusammenhielt, wurde vor allem von den Frauen gewebt. Sie organisierten die Zusammenkünfte, sorgten für einen festlich geschmückten und reichlich gedeckten Tisch. An der Familientafel wurden Geschäfte angebahnt, Allianzen geschmiedet, Partien eingefädelt.

Den Ohel-Jakob-Kreis verband ein ausgeprägtes Elitebewusstsein. Man hielt sich streng an die Gebote und schickte die Kinder von früh an zum jüdischen Privatlehrer, der sie in Hebräisch und Aramäisch unterrichtete. In allen lebenswichtigen Angelegenheiten – wenn's ans Heiraten oder ums Geschäft ging etwa – blieb man unter sich. Funktionierende Ehen und florierende Unternehmen schufen die Grundlage für das Überleben, das wussten die Väter und Mütter nur zu gut. Und im Mikrokosmos der eigenen und erweiterten Familie nahmen Frauen eine wichtige *Gate Keeper*-Funktion ein.

Unterm Hochzeitsbaldachin

Um keine falsche Sentimentalität aufkommen zu lassen: Die Feuchtwanger-Frauen dieser Generation haben dem höheren Ziel des Zusammenhalts der Familie und auch dem Erhalt der Familienunternehmen so manches Opfer gebracht. Hin und wieder haben sie auch das persönliche Glück ihrer Kinder dafür hingegeben. Augustes und Jacob Löws Sohn Max beispielsweise heiratete im Jahr 1891 Auguste Hirsch aus Mannheim. Bereits auf der Hochzeitsreise stellte er fest, dass seine Frau psychisch erkrankt war, sie litt unter wahnhaften Störungen. Man muss sich den verunsicherten jungen Mann vorstellen, der bereits in den Flitterwochen ahnen konnte, welch hartes Leben da auf ihn zukommen würde an der Seite einer Schwerkranken. Hatte er aber gehofft, die Familie würde ihm einen Weg aus dieser verzweifelten Lage bahnen und die Auflösung der Ehe in Betracht ziehen, hatte er sich getäuscht. Seine Mutter ließ ihn umstandslos wissen, dass eine Trennung keine Option sei, und tröstete ihn mit den Worten, es werde schon besser werden. So musste die Ehe bis zu Max' Tod 1923 halten.[19]

Auch einige von Max' Geschwistern hatten wenig Glück bei der Partnerwahl. Seine Schwester Paula heiratete Mordechai Schragenheim aus Verden, von dem man in der Familie munkelte, er sei ein Lebemann und habe die wenig attraktive junge Frau vor allem des Geldes wegen genommen. Schwester Hermine ehelichte einen Juden vom Land und zog mit ihm in sein Dorf, wo sie kreuzunglücklich war. Aufgewachsen im aufstrebenden München mit seinen Theatern, Museen und Geschäften, fand sie sich nur schwer in den sehr einfachen Verhältnissen zurecht, die ihr Mann Anselm ihr im schwäbischen Ichenhausen bieten konnte. Einmal packte sie derartige Verzweiflung, dass sie ihre beiden kleinen Söhne nahm und mit ihnen zu ihrer Schwester Isabella und deren Mann nach Karlsruhe floh. Doch auch für Hermine wurde keine Ausnahme gemacht. Sie musste nach Ichenhausen zurückkehren. Augustes und Jacob Löws Jüngste Recha schließlich heiratete 1891 den Bierstädter Lederhändler Willy Mayer. Aber auch sie fand kein Glück. Der Mann war zu ernst, zu asketisch für die dreiundzwanzigjährige Münchner Bankierstochter.[20]

Recha, Paula, Hermine und auch der arme Max wurden wie ihre Vettern und Cousinen dieser Generation noch nach überlieferter Sitte verheiratet. Die Eltern tauschten sich aus mit Verwandten, Nachbarn, Geschäftspartnern, um einen geeigneten Bräutigam beziehungsweise eine geeignete Braut zu finden, manchmal wurde auch eine professionelle Heiratsvermittlerin, eine *Schadchanit,* hinzugezogen. Hatten die Eltern sich jemanden ausgeguckt, wurde zur »Brautschau« eingeladen. Dann tauchte zum Schabbat-Essen oder bei sonstiger passender Gelegenheit ein junger Mann auf und besah nicht nur selbst eine mögliche Zukünftige, sondern wurde seinerseits von dieser und vor allem deren Eltern in Augenschein genommen. Wenn es zu einer derartigen Begegnung kam, waren die harten Fakten bereits abgeklopft: Aus welcher Familie kommt der Bewerber? Was hat er in Sachen Ausbildung, Vermögen, Verbindungen vorzuweisen? Ist er fromm genug? Die »Brautschau« diente einem ersten persönlichen Kennenlernen, man beschnupperte sich, ohne dass irgendwer erwartet hätte, dass der Blitz einschlug. Oft endete eine solche »Brautschau« mit einer Verlobung, entweder an Ort und Stelle oder kurze Zeit später.

Auguste und Jacob Löw Feuchtwangers älteste Tochter Anna, geboren 1851 in München, wurde 1868 als Siebzehnjährige mit ihrem Onkel verheiratet. Ihre Mutter rief ihr eines Morgens zu, sie solle sich rasch hübsch anziehen, sie werde noch am selben Tag verlobt. Das Mädchen gehorchte und band sich eine frische, weiß gestärkte Schürze um. Auf die naheliegende Frage, wer denn der Kandidat sei, bemerkte die Mutter nur geheimnisvoll, das werde Anna gleich sehen. Schon fuhr der Wagen vor. Staunend beobachtete die Feuchtwanger'sche Kinderschar, Anna vorneweg, dass Onkel Benjamin, der jüngste Bruder ihres Vaters, über den Hof kam.[21] Nur zehn Jahre war Benjamin, Fannys Letztgeborener, älter als seine Braut, und er war gemäß traditioneller Logik der perfekte Kandidat. Zum einen konnten Jacob Löw und Auguste sich sicher sein, dass ihre Tochter einen gottesfürchtigen Mann bekam. Zum anderen blieb das Geld in der Familie, denn Annas Mitgift kam dem Feuchtwanger-Unternehmen in Fürth zugute. Außerdem wurde durch diese Verbindung der Familienzusammenhalt bekräftigt, und die Bande zwischen München und Fürth wurden gestärkt. Solche Verwandtenehen, also Verbindungen zwischen Nichten und Onkeln, Cousinen und Cousins, waren gar nicht so selten, gerade weil sie viele Vorteile boten.

Bis weit in die Mitte des 19. Jahrhunderts und darüber hinaus war es für die Feuchtwanger-Kinder völlig normal, auf diese Weise unter die *Chuppa,* den Traubaldachin, zu kommen. Hier und da konnte man wohl als Sohn oder Tochter schon Vorlieben und Bedenken äußern, auch persönliche Neigungen wurden durchaus berücksichtigt, wenn es sich einrichten ließ. Sicher wurden manche Verbindungen auch abgeblasen, wenn man bei der ersten Zusammenkunft merkte, dass die Chemie so gar nicht stimmte.

Rahel Straus, die 1905 allerdings schon unter gänzlich anderen Bedingungen in die Familie Feuchtwanger einheiratete, berichtet von der Verlobung ihrer Mutter Ida um 1870 herum. Ein reisender Händler, der regelmäßig am Schabbat bei ihrer Familie in Posen zu Abend aß, war angetan von der jungen, noch unverheirateten Frau und berichtete dem ebenfalls unverheirateten Rabbiner seiner Heimatgemeinde in Ungarn von ihr. Offenbar berichtete er derart begeistert von Ida Löwenfeld, dass der junge Mann sich nach Posen aufmachte, um sich selbst ein Bild zu machen. Kaum in der Stadt, wurde er zu den Löwenfelds zum Abendessen eingeladen. Idas Vater war sehr für die Verbindung. Seine Tochter war bereits Mitte zwanzig und damit mehr als bereit für die Ehe. Sie hatte – für die damalige Zeit sehr ungewöhnlich – darauf bestanden, das Lehrerinnen-Examen zu machen und der Vater hatte sie darin zwar unterstützt, die Sorge aber, dass seine Tochter das werden könnte, was man damals einen Blaustrumpf nannte, dürfte Viktor Löwenfeld dennoch geplagt haben. Außerdem war dieser Ungar geradezu ein Traumkandidat. Nicht, dass Gabor Goitein aus einem begüterten Haus kam, aber dafür konnte er auf eine lange Ahnenreihe großer Gelehrter verweisen. Er hatte Esriel Hildesheimers *Jeschiwa* in Eisenstadt besucht und ganz im Sinne von Samson Raphael Hirschs *Tora im Derech Erez* auch weltliche Fächer studiert und an der Universität Tübingen promoviert.

Während Vater Löwenfeld also beim Gedanken an Rabbiner Goitein ins Schwärmen geriet, blieb Ida zunächst auf Distanz. Als der junge Mann eintraf und an der prächtig gedeckten Schabbat-Tafel Platz nahm, machte die selbstbewusste Ida keineswegs Konversation mit ihm, versuchte auch nicht, ihn zu beeindrucken, vielmehr beobachtete sie ihn im Stillen. Goitein, völlig entmutigt, beschloss am folgenden Tag, schleunigst aus Posen abzureisen. Doch so ganz wollte er seine Waffen noch nicht strecken. Zumindest verabschieden wollte er sich und ließ sich beim »Fräulein Löwenfeld« melden. Die war gerade dabei, die frisch gewaschenen Vorhänge zu bügeln, und sah auch keine Notwendigkeit, diese Tätigkeit zu unterbrechen. Zunächst stand Goitein ein wenig linkisch herum, dann aber entspannten sich beide, während Ida weiterbügelte, und begannen, sich zu unterhalten, ohne Druck und ohne ein Dutzend Augenpaare, die auf sie gerichtet waren. Am Ende des Vormittags waren nicht nur die Vorhänge aufgehängt, es wurde auch eine Verlobung verkündet.

Ida zog mit ihrem Mann zunächst nach Aurich, wo dieser seine erste Stelle antrat. Dass sie einen eigenen Beruf gelernt hatte, sollte ihr später zugutekommen. Aber erst mal übernahm sie einen Job, der zwar ihre gesamte Zeit und Energie beanspruchte, allerdings nicht entlohnt wurde: Sie wurde Rabbinerfrau. Die *Rebbetzin* nahm in der jüdischen Gemeinde traditionell eine wichtige Rolle ein. Vielleicht vergleichbar mit der Pfarrersfrau bei den protestantischen Christen, übernahm sie bestimmte Aufgaben in der Gemeinde. Im 19. und bis weit ins 20. Jahrhundert hinein, zum Teil bis zum heutigen Tag, bekleidet sie im Grunde eine öffentliche Funktion, bekommt aber kein eigenes Gehalt. Sie gibt Rat, soll ein Vorbild für alle Frauen und Mädchen der Gemeinde sein, unterstützt Gemeindemitglieder und führt nicht zuletzt ein stets offenes Haus. Die Rabbinerfrau ist im Grunde die klassische *Eschet Chajil.*

Ida und vor allem der lebhafte Ungar Gabor hatten zunächst Mühe mit den ostfriesischen Gepflogenheiten und dem doch etwas gedämpften Temperament der Nordlichter. Regelmäßig kamen ehrwürdige Mitglieder der Gemeinde ins Rabbinerhaus zum Tee. Schweigend starrten die wortkargen Männer eine Stunde lang in den flackernden Kamin. Das Feuer knisterte, die silbernen Löffelchen in den Teetassen klimperten, aber eine Unterhaltung wollte nicht recht aufkommen. Man konnte den Kandiszuckerstückchen dabei zusehen, wie sie sich auflösten. Das junge Paar hatte manchmal Mühe, angesichts der Absurdität der Situation nicht die Beherrschung zu verlieren. Wenn die Honoratioren samt Gattinnen aufgebrochen waren, prusteten Ida und Gabor los.[22]

Dem Ohel-Jakob-Rabbiner Heinrich Ehrentreu, ebenfalls aus Ungarn stammend, fiel die Eingewöhnung an seiner neuen Wirkungsstätte wohl etwas leichter als den Goiteins, schließlich hielt sich München für eine lebenslustige und aufgeschlossene Stadt mit vielfältigen kulturellen Reizen. Allerdings starb 1892, nur wenige Monate nach der feierlichen Einweihung der orthodoxen Synagoge, Ehrentreus Frau, vermutlich im Kindbett. Der Witwer blieb mit zwei kleinen Mädchen allein zurück. Diese Tragödie bot allerdings die Möglichkeit, die Verbindung Ehrentreus zu den Feuchtwangers und damit zu Ohel Jakob durch einen ehelichen Bund zu stärken. Zu Beginn des Jahres 1894 heiratete der vierzigjährige Gelehrte die einundzwanzigjährige Jettel Feuchtwanger. Jettel war eine Enkelin Fanny Feuchtwangers aus Fürth, Tochter von Jacob Löws Bruder Julius. Die junge Frau wurde die

Rebbetzin des Ohel-Jakob-Kreises und landete im Schoß der Münchner Familie.

Sowohl die Ehen zwischen Anna und Benjamin Feuchtwanger, als auch jene zwischen Ida Löwenfeld und Gabor Goitein sowie Jettel Feuchtwanger und Heinrich Ehrentreu hielten ein Leben lang und scheinen für alle Beteiligten einigermaßen funktioniert zu haben, zumindest wissen wir nichts Gegenteiliges. Dennoch begann das traditionelle *Matchmaking* in der zweiten Hälfte des 19. Jahrhunderts selbst in orthodoxen Kreisen Risse zu bekommen. Auch junge Männer und Frauen im frommen städtischen Milieu gingen ins Theater, lasen die deutschen Klassiker, die Literatur des Sturm und Drang, die Romantiker. Das Freundschaftsideal, aber auch die Idee, dass es irgendwo die eine Person gab, die für einen bestimmt war, sowie die umwerfende Vorstellung, dass man sich Hals über Kopf verliebte – all das schwirrte auch durch die Köpfe und Herzen von immer mehr Feuchtwanger-Söhnen und -Töchtern, bestimmte, was diese von ihren Zukünftigen erwarteten, und bereitete den Eltern und Großeltern jede Menge Kopfzerbrechen.

Im Sommer 1943

Jerusalem

Die Sonne ist untergegangen, längst hat der Muezzin zum letzten Gebet des Tages gerufen. Ein weiterer heißer Sommertag ist vorbei. Die Tage werden schon spürbar kürzer, aber die Sonne hat noch nichts von ihrer Kraft eingebüßt. Es wird noch Wochen dauern, bis der erste Regen fällt. Wenn wir Glück haben, denkt Rahel, noch vor den hohen Feiertagen. Sie sehnt sich nach einem kühlen Tag mit Regen und Wind, nach richtigem Sauwädda, *wie ihre Kindheitsfreundin Lore in breitestem Badisch zu sagen pflegte. Einem Tag, an dem man mit gutem Gewissen im Bett bleiben konnte. Eingekuschelt in eine dicke Decke mit einem ebenso dicken Buch.*

Sie liebt Jerusalem mit seinen pastellfarbenen Abenden, die judäischen Berge eingetaucht in spektakuläres Rosa, sanftes Apricot und glühendes Gelb, den Duft der Pinien, die nimmermüden Schwalben, die sich in den blauen Himmel emporschwingen, bis die Sonne mit einem Schlag untergeht, als hätte jemand das Licht ausgeknipst. Die Sommerabende in München erscheinen im Vergleich dazu endlos. Nachdem die Arbeit in Praxis und Haushalt getan war, ist Rahel damals oft mit den Kindern in den Englischen Garten geradelt. Man spürte mehr, dass der Tag sich dem Ende entgegenneigte, als dass man es sah. Die Sonne hatte sich zwar schon auf den Weg gemacht, aber noch strahlte sie unvermindert und verabschiedete sich dann auch nur zögernd, als wollte sie den Tag aus-

kosten bis zur letzten Minute, wohl wissend, dass der Herbst nur allzu schnell vor der Tür stand. Bis zehn Uhr abends konnte man im schwächer werdenden Licht auf den gemütlichen Bierbänken am Chinesischen Turm sitzen und eine Maß Bier und eine Brezn genießen, ohne eine Kerze zu entzünden.

Die lange Dämmerung, wie Rahel sie in Erinnerung hat, war etwas Wunderbares, die harten Konturen des Tages wurden allmählich weicher, die Feierabendstimmung tat ein Übriges. Man kam mit wildfremden Leuten ins Gespräch, prostete sich zu. Oben am dunkelblauen Himmel sammelten sich die Krähen, die den Tag in den verschiedenen Stadtvierteln verbracht hatten. In riesigen Schwärmen kreisten sie über dem königlichen Garten, um die Nacht im Schutz der Gemeinschaft zu verbringen. Wenn es dann endgültig dunkel war, fuhr man kichernd mit dem Radl heim, holperte über Wurzeln und Steine und suchte die richtige Abzweigung. Stockduster war es schließlich, aber Rahel hätte den Weg nach Hause auch blind gefunden. Die nahe Isar und die großen dunklen Bäume verströmten angenehme Kühle, und Rahel mahnte die Mädchen, ihre Strickjoppen anzuziehen, über die sie zu murren begannen, sobald sie den Park verließen und die Pflastersteine der Stadt die tagsüber gespeicherte Wärme freigiebig ausströmten. »Ihr erkältet euch!«, rief Rahel, wenn ihre Töchter sich die Jacken vom Leib rissen, und kam doch auch selbst ins Schwitzen.

Natürlich hatte es auch in Oberbayern Sauwädda gegeben. Bei Regen im Bett bleiben mit einem Buch, war aber meist nicht drin gewesen. München war meine erfüllteste Zeit, denkt Rahel. Die Kinder waren klein, Eli rund um die Uhr beschäftigt in Kanzlei oder Gemeinde, die Praxis war gut besucht, mehrmals im Monat hielt sie Vorträge über Empfängnisverhütung, über die Gesundheit von Babys und Kleinkindern, über die Rechte von Frauen, über den Zionismus. Heute weiß Rahel nicht mehr, wie sie all das unter einen Hut gebracht hat. Der Tag muss achtundvierzig Stunden gehabt haben.

Und dann die Familie, dieser Feuchtwanger-Clan! Sie wird nie vergessen, wie sie damals nach München gezogen ist, frisch verheiratet. Sie hatte sich auf einen ruhigen Schabbat mit ihrem Ehemann gefreut. Als dieser, kurz nachdem sie die Augen aufgeschla-

gen hatte, die Liste aller Anverwandten runterrasselte, die man an diesem Samstag besuchen musste, hat sie sich die Decke übers Gesicht gezogen und wäre am liebsten liegen geblieben.

Nicht wenige der alten Tanten und Onkel Elis hatten sich vermutlich gewundert angesichts der Wahl ihres Neffen. Eine Ärztin! Noch dazu eine Zionistin! Aber dann hatten sie Rahel doch mit offenen Armen aufgenommen. Vor allem Elis Vetter August, Hausarzt und Geburtshelfer alter Schule, hatte ihr zu Beginn wirklich geholfen, beruflich Fuß zu fassen. Nur zwei weitere Ärztinnen hatte es in München gegeben, als Rahel 1905 an die Isar gekommen war, dementsprechend skeptisch reagierten die männlichen Chefs und Kollegen. Aber Rahel war seit der Universität an kritische Blicke und bissige Kommentare gewohnt.

Dank Vetter August bekam Rahel bald eine Stelle in der Poliklinik, Sprechstunde von acht bis eins, danach Hausbesuche. Sie muss lächeln, wenn sie an August denkt. Er sang von Herzen gern, war ein frommer Mann. Wenn er am Schabbat zu einem Kranken gerufen wurde oder zu einer schweren Geburt, fuhr er mit der Droschke oder dem Auto, auch wenn er damit gegen die Feiertagsruhe verstieß, denn es ging darum, schnell Hilfe zu leisten. Den Rückweg aber, wenn es keine Eile mehr hatte, legte er zu Fuß zurück. »Das ist Pikuach Nefesch, *Rahele«, sagte er und sah sie ernst an. Vor die Wahl gestellt, die Schabbat-Ruhe zu halten oder ein Leben zu retten, war das Leben zu retten. Keine Frage.*

August lag jetzt auch schon seit fünf Jahren in seinem Grab am Zionsberg, ganz in der Nähe des alten König David. Es ist Rahel ein Trost, dass August mit seinen Kindern und Enkeln noch rechtzeitig nach Jerusalem gelangte und sie ihm seine Freundlichkeit von damals vergelten konnte. Sie, die schon länger im Land war, konnte bei vielen Kleinigkeiten behilflich sein und über das erste, schlimmste Heimweh hinwegtrösten. August war freilich zu alt, glich zu sehr einer riesigen Münchner Rosskastanie in den Isarauen, als dass er noch zwischen all den Zedern und Pinien Jerusalems Wurzeln hätte schlagen können.

Rahel stellt ihre Teetasse auf die Spüle. Zeit, ins Bett zu gehen. Bevor sie das Licht im Wohnzimmer löscht, wirft sie einen letzten

Blick auf die vielen Schwarz-Weiß-Fotografien, die auf dem zierlichen Kirschholztischchen stehen, das sie aus München gerettet hat. Aus kleinen und großen Rahmen blicken die Vorfahrinnen und Vorfahren sie an – ernst, frisch frisiert und im guten Anzug beziehungsweise besten Kleid. Nackte Babys auf plüschigem Schaffell, Jungs im Matrosenanzug, kleine Mädchen mit großen Hüten. Bildet sie sich das ein, oder schauen einige von ihnen sie fragend an, als wüssten sie sich keinen rechten Reim darauf zu machen, wie sie hierhergekommen sind, in dieses merkwürdige Stückchen Land, das eine so große Bedeutung hat und doch so provinziell wirkt, so ärmlich, so improvisiert. Was soll das hier sein, eine jüdische Heimstatt? Wer hat hier überhaupt das Sagen? Die Briten? Oder die vornehmen muslimischen Familien Jerusalems oder Jaffas in ihren prächtigen Villen im maurischen Stil? Oder diese Pionierinnen und Pioniere mit ihren braun gebrannten Gesichtern und kurzen Hosen?

Wenn Rahel das Foto ihres Vaters ansieht, ist sie sich fast sicher, dass er Antworten von ihr fordert. Die Haare mit Pomade gebändigt, der Bart ordentlich gestutzt, dunkler Anzug, weißes Hemd mit Vatermörderkragen und großer dunkler Schleife, die goldene Uhr in der Westentasche, steht er da, ein Buch in der Hand, und blickt an ihr vorbei. Gabor Goitein hat Erez Israel *geliebt, seit er denken konnte. Aber* Erez Israel *und* Yerushalajim *blieben für ihn spirituelle Sehnsuchtsorte – »Vergesse ich dein, Jerusalem …«*

Rahel kann sich nicht an ihren Vater erinnern, er starb plötzlich und unerwartet, bevor sie Erinnerungen von ihm speichern konnte. Nur sechs Jahre hatte der Vater Zeit gehabt, um die Adass-Jeschurun-Gemeinde in Karlsruhe zu prägen, um den Gemeindemitgliedern den Weg zu weisen in diesen verrückten neuen Zeiten, in denen Rauch speiende Eisenbahnen plötzlich weit entfernte Städte verbanden, in denen des Nachts elektrische Leuchten selbst finsterste Gässchen erhellten, in denen man Menschen nicht mehr mühevoll mit Ölfarbe für die Nachwelt abpinseln musste, sondern innerhalb von Minuten naturgetreue Porträts für die Ewigkeit festhalten konnte. Die Menschen waren wie im Rausch, so vieles schien plötzlich möglich. Die Ingenieure, Chemiker, Mediziner gaben ein rasantes Tempo vor. Wo aber blieb Gott bei alldem?

Gabor Goitein starb 1883, dreizehn Jahre bevor Theodor Herzls Der Judenstaat *erschien, vierzehn Jahre bevor in Basel der erste Zionistische Kongress tagte, fünfzig Jahre bevor seine Tochter Rahel, die ihn kaum kennenlernen konnte, mit ihren Kindern Deutschland den Rücken kehrte und sich in Rechavia niederließ. Und nun steht er hier, in einem einfachen dunklen Holzrahmen neben seiner Frau Ida, die ihn um achtundvierzig Jahre überlebte.*

Rahel streicht mit den faltig gewordenen Händen, die unzählige Babys in diese grausame und wunderbare Welt gebracht haben, über ein Foto, das ihre Mutter als kleines Mädchen mit geflochtenen Zöpfen zeigt. Ida Löwenfeld war ein Kind der Revolution und hat doch zum Glück diesen letzten unheilvollen deutschen Umsturz nicht miterleben müssen, denkt Rahel. Die Mutter war geboren worden, als die Deutschen begannen, für Demokratie und Nationalstaat auf die Straße zu gehen. Das Wochenbett in jenem März 1848 hatte im Keller gestanden, damit Mutter und Neugeborenes ungestört blieben vom Aufruhr auf der Straße. Als man im Frühjahr 1933 in Deutschland wieder auf die Straßen ging – diesmal allerdings nicht mit Rufen nach Demokratie und Freiheit, sondern unter frenetischen Jubelrufen nach einem »Führer«, nicht mit den stolzen Farben Schwarz-Rot-Gold, sondern mit einer leuchtend roten Flagge, in deren Mitte ein riesiges schwarzes Hakenkreuz auf weißem Grund prangte –, lag Ida Löwenfeld-Goitein bereits anderthalb Jahre unter der Erde, ihr Haupt gebettet auf die letzten handschriftlichen Notizen ihres Mannes, die sie ein Leben lang aufbewahrt und sorgsam gehütet hatte.

Genug der Erinnerungen für heute. Rahel zieht die Jalousien zu. In der Nachbarwohnung weint ein Baby. Leise ist zu hören, wie die Mutter es zu beruhigen sucht. Ein Wiegenlied erklingt. Welche Sprache ist das? Polnisch? Ukrainisch? Russisch? Auch dieses Kind ist hineingeboren in unruhige Zeiten. Aus dem nationalsozialistischen Umsturz ist längst ein Weltenbrand geworden. Kaum ein Land ist unberührt von diesem Krieg. Aber kein Volk leidet wie unseres, denkt Rahel. Die Nachrichten sind niederschmetternd. Es scheinen kaum mehr Juden in Deutschland zu leben. In den Osten deportiert, heißt es. Verwandte, Freunde, Nachbarn, von denen es seit Monaten kein Lebenszeichen mehr gibt. Die Gemeinden sind aufgelöst, die Synagogen seit dieser schrecklichen Nacht im November 1938 ohnehin zerstört, aufgegangen in Flammen.

Erst letzte Woche hat Rahel ihren Vetter Martin Feuchtwanger getroffen. Den eleganten, gut aussehenden Martin, der in seinen besten Zeiten zwischen Halle, Berlin und Paris gependelt ist. Der in einer schicken Villa residierte mit Dienstmädchen, Köchin und Fahrer. Martin, der 1939 gerade noch aus Prag rausgekommen ist und inzwischen eine kleine Pension in Tel Aviv betreibt, um es über die Runden zu schaffen. Der Herr Verleger, der nun Frühstück zubereitet für ehemalige Richter, Rechtsanwälte, Unternehmer, die selbst nicht wissen, woher sie das Geld für die Unterkunft nehmen sollen.

Martin hatte in München immer ein wenig im Schatten seiner beiden älteren Brüder Lion und Ludwig gestanden. Rahel hatte ihn zwischenzeitlich aus den Augen verloren, aber hier in Palästina findet man sich wieder. Verbunden durch eine gemeinsame Geschichte, ein geteiltes Schicksal. »Von wem hast du gehört?«, »Welche Neuigkeiten hast du?« – so beginnen die Unterhaltungen dieser Tage unter den Olim Chadaschim. *Aber selbst unter diesen Neueinwanderern aus Deutschland gibt es eine gewisse soziale Leiter, selbst hier in diesem Land der Pionierinnen und Pioniere sind nicht alle gleich. Rahel, die als überzeugte Zionistin nur wenige Monate nach Hitlers Aufstieg zum Reichskanzler nach Jerusalem kam, steht in der Hierarchie höher als Martin, der in allerletzter Minute mit einem seeuntauglichen Wrack ankam, von den Franzosen gerade noch rechtzeitig aus dem Mittelmeer gefischt worden ist und erst einige Zeit in einem Lager im Libanon hausen musste, bevor er ins Land gelassen wurde. Während Rahel große Teile ihrer Ersparnisse, geliebte Möbelstücke und Erinnerungen mit auf die Schiffspassage nahm, konnte Martin lediglich sein Leben retten. Seine Konten, seine gesamten Besitztümer, auch die Bücher sind in Europa zurückgeblieben. Und seine Schwester.*

Schmal ist er geworden, denkt Rahel, schüttelt die Samtkissen auf und faltet die Zeitung zusammen, die noch ausgebreitet auf dem Sofatischchen liegt. Kein Wunder, die Strapazen und Ängste der letzten Jahre sitzen ihm in den Knochen. Und die Sorgen sind nicht vorbei, sie setzen ihm weiter zu, Tag und Nacht. Rahel hat dieses Mal gar nicht erst nach Bella gefragt. Wenn Martin Neuigkeiten hätte, hätte er sie ohnehin sofort geteilt. Immer wieder erzählt er von der letzten Begegnung mit ihr, und Rahel kann nichts weiter tun als zuhören. Bella war nie so extrovertiert wie ihre Schwestern Henny und Medi, die Rahel aus diversen zionistischen Münchner Gruppen kannte. Beide hatten flammende Zionisten geheiratet und waren noch vor der verhängnisvollen Wahl im Januar 1933 nach Palästina ausgewandert, während Bella sich bis zu deren Tod um die alte, pflegebedürftige Mutter gekümmert hat. Als es im Laufe der Dreißigerjahre in München zu brenzlig wurde, folgte sie ihrem Bruder, erst nach Halle, dann nach Prag.

Doch auch hier holten die Nazis das Geschwisterpaar ein. Als die Deutschen sich schließlich die gesamte Tschechoslowakei unter den Nagel rissen, hat Rahel atemlos vor dem Radioapparat gesessen. Würde die Welt dem Treiben Hitlers jetzt endlich ein Ende machen? All das Gerede davon, den Diktator durch Entgegenkommen zu besänftigen, hatte sich doch als feiges Manöver entpuppt, als hasenherzige Bereitschaft, Mitteleuropa zu opfern – und damit auch die Menschen, die hier lebten, jene eingeschlossen, die am gefährdetsten waren: die Juden. In Jerusalem hatte an diesem Märztag die Frühlingssonne das erste Mal im Jahr so richtig gezeigt, was in ihr steckte, aber in Prag waren die menschenleeren Straßen vereist gewesen, als die deutschen Panzer- und Wagenkolonnen auf den Hradschin hinauffuhren. Die Pragerinnen und Prager gingen in Deckung. Es war ein grauer, finsterer Tag in ihrer stolzen Stadt.

Noch jetzt, im sicheren Jerusalem, bekommt Martin regelmäßig rote Flecken am Hals und zittrige Finger, wenn er von seinen fieberhaften Versuchen berichtet, nach der sogenannten »Zerschlagung der Rest-Tschechei« seine Ausreise vorzubereiten. Alles schien eingefädelt, als plötzlich die Vorladung der Gestapo kam, die die Listen der Ausreisewilligen geprüft hatte. Einen ganzen Tag lang wurde er im Palais Petschek verhört. Die verzweifelte Bella wurde schier verrückt vor Sorge. Doch nach stundenlangem Verhör ent-

ließ man Martin mit der Auflage, Prag schnellstmöglich Richtung Palästina zu verlassen. Nichts lieber als das, dachte Martin und schloss seine Schwester in die Arme. Die wollte in Prag noch rasch ein paar Dinge ordnen und dann nachkommen. Ein fataler Entschluss, wie sich erweisen sollte.

Was war mit Bella geschehen? Wo war sie jetzt? Diese Fragen umschiffen Martin und Rahel weiträumig, wenn sie sich treffen. Sprachlos sitzen sie dann im »Café Ta'amon« in der King George Street und rühren in ihrem schwarzen Kaffee, als würden sie am Grund der feinen Porzellantässchen Antworten auf ihre bangen Fragen finden.

Rahel schaltet das Radiogerät ein, die letzten Nachrichten des Tages. Wahrscheinlich würde sie besser schlafen, wenn sie auf dieses Ritual verzichtete. Aber seit sie allein lebt, sind die Stimmen der Nachrichtensprecher zu vertrauten Verbündeten gegen ihre Einsamkeit geworden. Der Palestine Broadcasting Service *versorgt sie mit Neuigkeiten aus dem britischen Mandatsgebiet und aus aller Welt. Seriös und scheinbar unbeteiligt, berichtet der Sprecher auf Englisch von den neuesten Entwicklungen an den verschiedenen Fronten. Die Deutschen verlegen dieser Tage fieberhaft Truppen aus dem Osten nach Süden, um die Alliierten, die im Juli auf Sizilien gelandet sind, auf ihrem Marsch nach Rom zu bremsen. Mit einem schnellen Durchmarsch der Amerikaner und Briten gen Norden, auf den Rahel hofft, wird es wohl nichts. Dafür scheinen die Deutschen an der Ostfront zunehmend in Bedrängnis zu geraten. Die Sowjets setzten ihnen mit ihrer Sommeroffensive heftig zu.*

Hitler muss besiegt werden. Rahel merkt, wie ihre Gesichtsmuskeln sich jedes Mal anspannen bei dem Gedanken. Je länger dieser Krieg dauert, je mehr Zeit man den Nationalsozialisten gibt, Menschen zu deportieren – weiß Gott, wohin und zu welchem Zweck –, desto weniger wahrscheinlich ist es, jene wiederzufinden, von denen seit Jahren jedes Lebenszeichen fehlt.

Ob Bella untertauchen konnte? Schon in großer Bedrängnis, hat sie 1938 noch einen hilfsbereiten Rabbiner geheiratet, um die tschechoslowakische Staatsangehörigkeit zu bekommen. Der Rabbi ist ein guter Mensch, denkt Rahel, aber was nutzt diese Ehe? Die Deutschen hassen Jüdinnen mit tschechoslowakischen Papieren genauso wie jene mit deutschem Pass, da hat sie keinen Zweifel.

Bevor sie das Licht abdreht, gilt ihr letzter Blick wie immer ihrem Mann. Eli sieht sie an. Er steht nicht in dem bunten Reigen von Fotos im Wohnzimmer, sondern in einem schmalen goldenen Rahmen auf ihrem Nachttischchen. Du hast mich in einem ganz schönen Schlamassel zurückgelassen, sagt Rahel zu ihm, heute ungnädiger als sonst. Und nicht zum ersten Mal denkt sie, dass sie sich damals hätte durchsetzen müssen, als noch Zeit gewesen ist. Sie hätte mutiger sein sollen, für sie beide.

Berlin

Lilly hat ihr wieder eine kleine Liebesbotschaft auf dem Badezimmerspiegel hinterlassen. Ein knallrotes Herz, hingemalt wie von einem Teenager mit dem teuren korallenroten Lippenstift. Eigentlich ein süßer Tagesbeginn, aber Felice hat Kopfschmerzen. Barfuß schlurft sie in die Küche, wirft sich im Vorbeigehen einen Morgenmantel über. Sie ist allein in der Wohnung. Auch recht. Zeit, die Gedanken zu ordnen. Aber erst mal Kaffee. Oder das, was heute so als Kaffee durchgeht. Widerliches Gebräu. Milch ist auch keine mehr da. Dafür ein Stück Gugelhupf, Reste vom Wochenende.

Felice schaltet das Radio an. Der »Volksempfänger«, denkt sie und zieht eine Grimasse. Nur dass ich zu diesem Volk gar nicht mehr gehöre. Aber was soll's? Auch dieses Volk empfängt dieser Tage nur noch schlechte Nachrichten. Noch sagt's keiner so deutlich, aber es liegt in der Luft, da kann der Radiosprecher noch so schnarrend die neuesten Entwicklungen von der Front vortragen. Glorreiche Siege allerorten, was sonst? Komisch nur, denkt Felice, dass immer mehr Nachbarinnen Schwarz tragen, dass die alte Frau Fritsche von gegenüber in Tränen ausbricht, sobald man nur grüßt, letzten Monat hat sie Nachricht bekommen, dass auch ihr zweiter Sohn gefallen ist.

Die Schlacht bei Kursk war ein Reinfall, da könnt ihr hier dröhnen, wie ihr wollt, murmelt Felice, sucht einen Sender mit Musik und schneidet sich noch ein Stück Kuchen ab. Der Sonne, die bereits hoch am Himmel steht, ist der Frontverlauf herzlich egal. Ich schenke euch den schönsten Sommer, aber wenn ihr lieber Krieg macht, euer Problem!, scheint sie zu rufen und Felice würde es ihr am liebsten gleichtun. Krieg Krieg sein lassen und die Welt vergessen. Das Hämmern in ihrer Schläfe lässt etwas nach. Ihr Vater hatte doch recht, etwas im Magen hilft immer.

Was soll sie mit diesem Tag anfangen? Je länger der Krieg dauert, desto mehr hat sie das Gefühl, dass ihr Zeit gestohlen wird, ihre beste womöglich, schließlich ist sie einundzwanzig. Dann wieder denkt sie, dass sie froh sein muss um jeden Tag, an dem sie hier in Ruhe leben kann, überleben kann. Jeder weitere Tag bringt sie der Freiheit näher. Die Deutschen sind angezählt. Das ist klar. Aber gerade das macht es ja so schwierig, eine Entscheidung zu treffen. Und dann diese verflixte Beziehungskiste. Lilly ist bald eine freie Frau, frei für sie. Aber Felice selbst ist nicht frei. Sie ist eine Untergetauchte, eine Unsichtbare, eine Abhängige.

War die Liebe immer schon so kompliziert? Auf langen Bahnreisen, wenn Felice und ihrer Schwester Irene langweilig war oder wenn sie abends noch nicht schlafen wollten, haben sie ihre Mutter angebettelt, ihnen die Geschichte zu erzählen, wie sie und Papa sich kennengelernt haben. Die Story war umso süßer, weil sie so unendlich traurig begann.

Die Erzählung der Liebesgeschichte folgte stets dem gleichen Ritual. Irene und Felice fragten ungläubig: War Papa wirklich schon mal verheiratet? Ja, nickte die Mutter dann und begann zu berichten. Albert Schragenheim war bereits verwitwet, als er Erna kennenlernte. Seine erste Frau war ganze vier Wochen nach der Hochzeit gestorben. Die beiden kleinen Mädchen erschauderten regelmäßig an dieser Stelle der Geschichte. Aber es war ein wohliger Schauder, denn sie wussten ja bereits, was als Nächstes kam.

Alberts erste Frau war seine Cousine Felice gewesen, die Tochter von Onkel Max, wie Albert selbst aus dem Feuchtwanger-Clan.

Über Max' Frau hat man in der Familie immer betreten geschwiegen, sie litt an einer unheilbaren Geisteskrankheit. Hatte der plötzliche Tod der Cousine wirklich mit dem mysteriösen Leiden ihrer Mutter zu tun gehabt, oder hatten Felice und Irene sich das nur irgendwie zusammengereimt? So oder so: Nach dieser unglücklichen ersten Braut hatte Albert Jahre später seine zweitgeborene Tochter benannt. Dass sie den Namen einer Toten trug, gruselte die kleine Felice eine Zeit lang. Aber dann freundete sie sich nach und nach mit dem Gedanken an. Der Name Felice war ein Auftrag – sie würde für zwei glücklich sein.

Und auch ihr Vater hatte ja das Glück gefunden. 1916, mitten im Krieg, heiratete er Erna Karewski, eine Kollegin, Zahnärztin wie er. Aber erst mal musste Albert, Ali genannt, wieder an die Front. Das Hochzeitsfoto zeigt den Vater in Uniform, Erna in einem dunklen Kleid mit weißem Spitzenkragen, die vollen, dunklen Haare elegant hochgesteckt. Im März 1916, da waren die beiden zwei Monate verheiratet, erhielt Erna eine Postkarte ihres Mannes aus Sofia: »Erna! Laß mich hier draußen in der Fremde um Dich kämpfen! – Ich will Dir dann daheim eine Welt bauen voller Glück und Liebe und voller Sonnenschein. Dein Ali«[23]

Die Mutter machte an dieser Stelle immer eine kleine Pause. Dann nahm sie ihre Mädchen in die Arme und drückte sie fest, wie um zu beweisen, dass Albert sein Versprechen wahr gemacht hatte. Glück, Liebe und Sonnenschein – wo ist das alles geblieben?, denkt Felice. Und wo sind sie alle hin? Mutter und Vater, ihre Schwester Irene. Sie hat das Gefühl, der letzte Mensch in Berlin zu sein. Als hätten alle diesen stinkenden, hässlichen Planeten verlassen und sie zurückgelassen. Wie immer, wenn sie sich selbst leidtut – und sie hat weiß Gott genug Grund dazu –, blinzelt sie die Tränen weg und versucht, einen Plan zu machen. Aber gerade das ist ja so schwer. Wie soll man bitte schön planen, wenn einem jeden Moment eine Fliegerbombe auf den Kopf fallen, wenn jede Minute die Gestapo vor der Tür stehen kann, wenn man nicht weiß, ob man die Flucht wagen soll oder es weiser ist, hier in Deckung zu bleiben?

Oh, wie sie sich wünscht, wieder die kleine Felice auf dem Schoß ihrer Mutter zu sein, wieder die Sicherheit zu haben, dass alles gut ausgeht. Die Liebesgeschichte ihrer Eltern hat sie als kleines Mädchen verzaubert. Heute hat sie einen bitteren Beigeschmack. Wie sollte es auch anders sein?, denkt Felice. Sie ist erst einundzwanzig, und doch scheint ihr die Kindheit eine ganze Welt entfernt.

Trotzig fast, um sich selbst zu trösten und zu beweisen, dass auch früher nicht alles golden war, ruft sie sich ihre Großmutter in Erinnerung. Paula Schragenheim wohnte nur ein paar Häuser weiter. Dem Allmächtigen sei Dank, starb sie früh genug, denkt Felice. Ihr wurde kein »J« in den Pass gestempelt, sie durfte ihren zweiten Vornamen Perl behalten und wurde nicht zwangsweise zu Sarah.

Felice erinnert sich gut an den Tag, an dem die Großmutter starb. Ein sonniger Mittwoch Anfang September 1935. Der fromme Teil der Familie bestand darauf, Schiwa *zu sitzen für die alte Paula, die noch in eine Zeit hineingeboren worden war, in der es beständig aufwärtsging. Sie und ihre Geschwister waren in München in weit größerem Wohlstand aufgewachsen als die Eltern. Noch als alte Dame hat sie sehr lebhaft von den Theater- und Opernbesuchen erzählt. Ihr Vater Jacob Löw Feuchtwanger, so betonte Paula und machte eine wichtige Miene, sei ein begabter Bankier und hoch angesehener Bürger der Stadt gewesen, der viel Mühe darauf verwendete, sich das Fränkisch ab- und das Oberbayerisch anzugewöhnen, während ihre Mutter Auguste im Herzen immer Frankfurterin blieb. Paula und ihre Geschwister liebten München und redeten in breitester Mundart. Am Schabbat putzte sich die Familie heraus und spazierte durch den Hofgarten zur Synagoge. Hin und wieder traf man bei der Gelegenheit Mitglieder der königlichen Familie und machte einen artigen Knicks. Man leistete einen Beitrag, war stolz auf die Stadt. Erhobenen Hauptes sagten die Feuchtwangers von sich, sie seien zuallererst Juden, dann Bayern, dann Deutsche. Die dunklen Zeiten schienen vorbei. Man musste sich nicht verstecken.*

Hast du eine Ahnung, Großmutter!, denkt Felice und schaltet das Radio ab, aus dem nun wieder eine scheppernde Triumphmeldung tönt, untermalt von schneidiger Marschmusik. Die Stadt München mit ihren vielen prächtigen Kirchen, reichen Museen und derben, aber herzlichen Menschen erschien in den Erzählungen der Großmutter geradezu märchenhaft – heiter und unbeschwert. Vielleicht waren die späten Erinnerungen der Großmutter an ihre bayerische Kindheit und Jugend aber auch deswegen derart rosig, weil eine unglückliche Ehe sie ans andere Ende des Reiches katapultiert hat.

Während der siebentägigen Trauerzeit besuchte Felice mehrfach das Haus der Großmutter. Nicht, dass sie es gern tat, aber sie stellte es auch nicht groß infrage. Tanten, Onkel, Cousinen und Vettern hatten sich hier versammelt, es ging zu wie in einem Taubenschlag. Es gab jede Menge zu essen, aber nur ein Thema. Während sie auf niedrigen Schemeln und Hockern saßen, einen voll beladenen Teller auf den Knien balancierend, diskutierten sämtliche Erwachsene über die neuesten Schikanen, die sich die Nazis ausgedacht hatten. Während des Reichsparteitags in Nürnberg waren neue Gesetze erlassen worden, die die Juden zu Bürgern zweiter Klasse erklärten. Das »Gesetz zum Schutze des deutschen Blutes und der deutschen Ehre« verbot Ehen und Sex zwischen Juden und »Ariern«. »Deutsches Blut«, »Deutsche Ehre« – Felice merkt, wie ihr Mund schmal wird. Wie lächerlich das Ganze war, wo die Nazis, die zu Tausenden in Nürnberg zusammenströmten, sich dort aufführten wie eine Horde durchgedrehter Wildsäue. Zumindest berichteten das die Tanten und Onkel aus Nürnberg und Fürth, die das Spektakel regelmäßig aus nächster Nähe erleben mussten.

Während die alte Paula auf dem jüdischen Friedhof ihren Frieden hatte, zerbrachen sich ihre Kinder, Enkel, Nichten und Neffen die Köpfe darüber, wie es weitergehen sollte. Was bedeuteten diese neuen Regelungen im Einzelnen? Wie streng würden sie durchgesetzt? Zwei Tanten gerieten sich fast in die Haare darüber, ob sie ihre Dienstmädchen nun entlassen mussten oder nicht, denn die neuen Gesetze erlaubten es Juden nicht länger, weibliche Angestellte unter fünfundvierzig Jahren im Haus zu haben. Aber all diese Fragen schnurrten am Ende zusammen auf die eine große Frage: Bleiben oder gehen?

Trotz der so vertrauten Räume mit ihren hohen, stuckverzierten Decken und den Flügeltüren aus würdig gealtertem Eichenholz fühlte Felice sich beim Schiwa*-Sitzen verloren zwischen all den Menschen, die sie kaum kannte. Eine entfernte Cousine erzählte mit ausladenden Armbewegungen von ihrer bevorstehenden Aus-*

wanderung nach Palästina. »Alija, *Felice, das nennt man* Alija«, *belehrte sie Felice. Monate hatte die Cousine schon auf einem Bauernhof irgendwo in Brandenburg zugebracht, wo junge Jüdinnen und Juden unter zionistischer Anleitung auf ein Leben als Bauern vorbereitet wurden. Felice hatte die Augen verdreht. Wäre doch ihr Vater bei ihr!*

Felice hört Schritte im Treppenhaus und zuckt zusammen. Sie entspannt sich erst wieder, als sie sicher ist, dass niemand vor ihrer Wohnungstür stehen geblieben ist, sondern die Stufen ins nächste Stockwerk erklommen werden. Diese ständige Alarmbereitschaft ist ermüdend. Vielleicht könnte sie deshalb andauernd schlafen. Jene siebengescheite Cousine ist längst in Palästina, irgendwo in der Nähe von Petach Tikwa am Mittelmeer. Felice stellt sie sich als feiste Bäuerin vor, mit karierter Bluse und Schürze aus grobem Leinen. Sie könnte sie sich auch als attraktive Pionierin mit Shorts und langen sonnengebräunten Beinen vorstellen, aber irgendwie will sie ihr das nicht gönnen. Sie hat es rechtzeitig aus Deutschland rausgeschafft, da muss sie zumindest ertragen, in Felices Fantasien ein biederes hühnerfütterndes Hausmütterchen zu sein und keine sexy Zionistin mit Flinte im Arm.

Felice muss grinsen. Siehste! Hat schon ein bisschen geholfen. Sie tut sich schon nicht mehr ganz so sehr leid wie noch vorhin. Großmutter Paula, bei aller Frömmigkeit, konnte auch ganz schön giftig sein. Wenn sie beispielsweise von ihrem Mann erzählte. Kein nachweislich böses Wort kam je über ihre Lippen, aber die Art, wie sie Anekdoten aneinanderreihte, bestimmte Passagen betonte, andere Details wegließ, wie sie die Augenbrauen hob, die schmalen Lippen schürzte, ließ doch durchblicken, dass Mordechai Schragenheim schuld war an ihrem persönlichen Unglück und dass er womöglich noch reichlich mehr auf dem Kerbholz hatte.

Felice hat Fotos von ihm gesehen. Ein schöner Mann, das muss sogar sie sagen. Und einer, der wusste, wie man es sich gut gehen ließ, was ja erst mal nicht unsympathisch ist. Unverzeihlich aber für Paula: Dieser Mordechai hat sie rausgerissen aus ihrem schönen München und gen Norden verschleppt. In die Provinz. Paula hatte nicht gewusst, dass eine Landschaft derartig flach sein kann. Nichts als Kühe und Backsteinhäuser. Die schmucklose, freudlose Gottesfurcht der eingeborenen Protestanten hatte nichts gemein mit der lebenslustigen Volksfrömmigkeit Münchens, die manchmal an Scheinheiligkeit grenzte, der man aber nicht recht böse sein konnte. Die Münchner waren wahre Meister darin, fünfe grade sein zu lassen, und das war eine wertvolle Qualität, wie der armen Paula auf dem platten Land erst so richtig bewusst wurde.

Mordechai, so stellte sich schon bald nach Paulas Ankunft heraus, fand die Mitgift seiner Braut wohl weit attraktiver als diese selbst, was an sich schon ein herber Schlag war, aber es wäre Paula weit leichter gefallen, sich damit zu arrangieren, wenn sie in ihrer geliebten Heimatstadt hätte bleiben können. Stattdessen saß sie da oben im Hannoverschen, wo ihr jedermann fremd war, alle anderen sich aber seit Menschengedenken zu kennen schienen. Da war es auch kein Trost, dass es einigen ihrer Geschwister nicht viel besser ging in ihren Ehen. Aber immerhin überlebte Paula den hallodrihaften Mordechai um fast zwanzig Jahre und genoss das Witwenleben im flirrenden Berlin, in das sie später zog.

Sich anziehen oder zurück ins Bett – vor diese schwierige Wahl gestellt, schneidet sich Felice noch ein Stück Kuchen ab. Bald ist alles vertilgt. Der Kleine wird nicht zufrieden sein, wenn heute Nachmittag nichts mehr übrig ist für ihn. Felice schiebt den Gedanken beiseite. Es sind noch ein paar Eier da. Macht sie ihm eben einen Eierkuchen.

Alle haben sich rechtzeitig aus dem Staub gemacht, denkt Felice. Ihre Mutter, aber auch ihr Vater, ihre Großmutter und die bedauernswerte erste Frau ihres Vaters, Felice, ihre Namensvetterin, ohnehin. Würde diese andere Felice hier mit ihr in der Küche sitzen, sie würde nicht verstehen, wo sie hineingeraten ist, und sich wohl lieber gleich wieder in ihr gepflegtes Grab mit den verschnörkelten, efeubewachsenen Säulen legen. Zwanzig Jahre war die andere Felice alt, als sie starb. Ich bin einundzwanzig, denkt Felice, immerhin um ein Jahr habe ich dich schon überlebt. Aber ob ich für uns beide glücklich sein kann?

Teil II

Hausherrinnen

Im Herbst 1943

Pacific Palisades

Endlich spürt sie das rauschende Wasser um sich. Die Kälte umströmt sie und nimmt ihr für einen Moment den Atem. Ein paar Möwen schreien vorwurfsvoll zu ihr herab, als würden sie fragen, wo Marta so lange geblieben sei. Sie nimmt einen tiefen Atemzug, füllt ihre Lungen mit salziger Meeresluft und taucht ab. Wellen rollen über sie hinweg, sie schwimmt gegen sie an. Ihre Beine stoßen sich ab, weg von der Küste, ins Weite. Der Pazifik ist in Aufruhr, der Herbst bringt ihn jedes Jahr durcheinander. Lichtstrahlen tanzen durch die blau-grüne Schwerelosigkeit. Ihre Arme und Hände sehen unter Wasser ganz blass aus, dabei ist ihre Haut von all der Gartenarbeit goldbraun. In München hat ihr Aussehen ihr immer etwas Fremdländisches, Exotisches verliehen, hier in Kalifornien dagegen fällt sie kaum auf.

Sie kommt wieder an die Oberfläche, blinzelt in die Sonne. Es ist schon später Nachmittag, aber sie hat sich fest vorgenommen, ihre übliche Strecke zu schwimmen, sie will so weit hinaus, bis die Palmen an der Küste winzig erscheinen wie diese albernen Schirmchen aus buntem Papier, die man sich hier neuerdings in die Longdrinks steckt. Die Sonne strebt schon zügig Richtung Horizont, als würde sie von einem unsichtbaren Magneten angezogen.

Marta wäre gern viel früher gekommen, aber Katia Mann wollte heute einfach nicht aufbrechen. Die Arme! So viele Kinder, so viele

Sorgen. Marta hört sich gern an, was sie auf dem Herzen hat, aber ob sie wirklich guten Rat geben kann, bezweifelt sie. Eine Möwe kreischt. Marta blickt zurück zum Strand. Sie hat schon knapp dreihundert Meter zurückgelegt, inzwischen hat sich das Meer beruhigt, hier draußen liegt es glatt vor ihr. Ab hier wird sie in regelmäßigen Zügen vorankommen. Der Rhythmus beruhigt sie, manchmal stellt sie sich vor, ein Ruderboot zu sein. Sie ist alles in einer Person: Boot, Ruderin, Paddel und Schlagfrau, die das Tempo vorgibt.

Wie es wohl ist, denkt sie, wenn die eigenen Kreise andauernd gestört werden von den Bedürfnissen und Krisen anderer, und seien es die eigenen Kinder? Katia, diese Frau mit so viel Intellekt und Witz, lebt nur für ihre Familie, sie wird getrieben von einer Horde der Ihren, in der sich jeder nur um sich dreht. Wie kann man da jemals in ruhiges Fahrwasser kommen?, fragt sich Marta, während eine kühle Strömung an ihrem Bauch und den Beinen entlangstreicht.

Mir reicht schon Lion, denkt sie ohne einen Anflug von schlechtem Gewissen. Das Schicksal wollte es, dass sie zu zweit blieben, obwohl es anfangs ganz anders ausgesehen hat. Marta hatte das Leben in sich gespürt, hatte die Hand auf ihren wachsenden Bauch gelegt, der irgendwann nicht mehr zu verbergen gewesen war. Weder vor der eigenen Mutter noch vor den ungnädigen Augen Johanna Feuchtwangers.

Marta merkt, wie ihre Arme langsam träge werden. Vielleicht ist es doch Zeit umzudrehen. In einer halben Stunde wird es dunkel sein. Den Weg durch die Felsen hoch zur Villa kennt sie inzwischen im Schlaf, aber sie muss auf jeden Fall noch bei Tageslicht an den Strand zurückschwimmen. Wenn sie darüber nachdenkt, findet Marta es immer noch bemerkenswert, dass das Kind, das überhaupt erst dazu geführt hat, dass sie sich auf diese zutiefst bürgerliche und altmodische Institution der Ehe eingelassen hat, schließlich nur ein Schatten geblieben ist. Geboren unter demselben Himmel, begraben in fremder Erde. Sie hatte den Kampf der kleinen Marianne damals nur durch einen Nebel wahrgenommen, schwebte selbst zwischen Leben und Tod. Um ihr hohes Fieber zu senken, badeten die Pflegerinnen sie in eiskaltem Wasser, kaum frisch aufgezogen, mussten die Laken ihres Bettes schon wieder gewechselt werden, weil sie sie in kürzester Zeit nass geschwitzt hatte. Wie jung sie damals war, Anfang zwanzig, fast selbst noch ein Kind.

Endlich macht sie kehrt, wechselt die Blickrichtung. Die Sonne, die sie nun im Rücken hat, färbt sich orangerot und taucht die Küste, auf die Marta zuschwimmt, in goldenes Licht. Wie wäre ihr Leben verlaufen, hätte sie wie Katia Mann ein Sextett an Kindern bekommen oder wie Lions Mutter Johanna ganze neun? Als die kleine Marianne geboren wurde und gleich darauf starb, war noch alles möglich, im Kleinen wie im Großen. Eine andere Ära, eine friedlichere Welt. Aber sicher auch nicht gänzlich heil.

Wieder blitzt die dicke Zauberin, die Marta seit vielen Jahren in Träumen heimsucht, vor ihren Augen auf. Marta sieht sie glasklar vor sich, mehr Todesengel als Lebensretterin, aber wer kann das schon so genau auseinanderhalten? Derart verunsichert stand Marta damals im Halbdunkel des Treppenhauses, in dem es nach Knoblauch und Zwiebeln roch, dass sie rasch noch mal ängstlich den Zettel überprüfte, den der Apotheker in Monte Carlo ihr geheimniskrämerisch zugesteckt hatte. Doch! Die Adresse war korrekt. Sie trat ein, ließ ihren Blick durch den kleinen, mit allerlei Tand vollgestopften Raum gleiten, sah die fleckigen Tücher, die braune Flasche mit der Jodtinktur. Durch die Ritzen der Fensterläden drang messerscharf die gleißende Mittagssonne, Staubpartikelchen tanzten hektisch durchs Zimmer, dabei war es eigentlich Zeit für die Siesta. Genauso schmuddelig wie die Absteige, in der sie ihre Kundinnen empfing, war die Frau, die ihr nun knapp zunickte. Die Verzweiflung ließ vielen einfach keine Wahl. Wer würde sich schon freiwillig in die Hände dieser Quacksalberin begeben? Aber das Risiko, zum Arzt zu gehen, war einfach zu groß, auch für Marta. Obwohl sie streng genommen lediglich seinem Rat folgte. »Werden Sie bloß nicht gleich wieder schwanger!« – Ja, leichter gesagt als getan. Als ob das allein ihre Sache wäre!

Der Gang zur Engelmacherin war nötig gewesen, das weiß Marta heute so sicher wie damals, sie durfte es nicht noch mal drauf ankommen lassen. Von Kindheit an plagte sie die Angst, im Kindbett zu sterben. Sie war das erste Mal davongekommen, ob sie es ein zweites Mal schaffen würde, stand in den Sternen. Damals hat sie nicht groß an die Zukunft gedacht. Ob das Leben ihr weitere Kinder bescheren würde, wer konnte das schon sagen? Mit Anfang zwanzig liegt so unendlich viel Zeit vor einem. Unter der Sonne Monte Carlos schmolz ohnehin alles Planen dahin. Wie einfach es war, sich treiben zu lassen, hinaus in die Welt. Erst mal weiter nach Rom, wo der Anblick der erhabenen Ruinen der Stadt sich für immer in ihnen festsetzte.

Die Idee zum Josephus-Roman, an dessen drittem Band Lion gerade sitzt, kam ihm dort. Ein Jude in Rom, ein Mensch, gestellt zwischen Herkunft und Assimilation, ein Mann, der aus dem Vollen schöpft und am Ende mit leeren Händen dasteht. Immer wieder kehrt Lion zu diesem Punkt zurück: Wer negiert, wer er ist, begibt sich in tödliche Gefahr. Süß Oppenheimer und Josephus litten beide unter demselben Komplex. Sie wollten mitmischen, vergessen, woher sie kamen, und auch die anderen vergessen machen. Aber weder konnten sie es selbst vergessen, noch wollten es die anderen vergessen. Das Ende ist bekannt.

Von Rom hatte sie ihr Weg an Pompeji vorbei südwärts nach Amalfi geführt. Dort hatte die Affäre zwischen Marta und dem Meer begonnen. Aus dieser Affäre ist inzwischen eine echte Ehe geworden. Sie sind unzertrennlich. Die letzten zehn Jahre haben sie zusammen verbracht, und wenn es nach Marta geht, dann werden sie nie mehr auseinandergehen. Die Küste rückt näher. Arme und Beine brennen, und doch kostet Marta jeden Zug aus. Das Meer ist ihr ein vertrauter Gefährte geworden. Von dem Moment an, an dem sie in einer kleinen süditalienischen Grotte ihren Fuß ins erfrischende Nass gesetzt hat, wusste sie, dass der Ozean und sie füreinander gemacht waren. Lion und sie waren verschwitzt gewesen von ihrem Besuch in der kleinen Stadt, die wie ein Schwalbennest an der Steilküste klebte. Amalfi mit seinen prächtigen Kirchen und bunten Häusern, seinen verwinkelten Gässchen und schattigen Plätzen hatte Lion und sie bezaubert und erschöpft. Marta hatte sich auf dem Spaziergang zur Küste Erfrischung erhofft, aber in

Wahrheit war es viel mehr als das: Das erste Meeresbad ihres Lebens elektrisierte sie geradezu.

In wenigen Metern wird Marta wieder Grund unter ihren Füßen spüren. Die kalifornische Sonne hat die grelle Härte des Tages längst eingetauscht gegen eine süße orangefarbene Wärme. Marta sieht ihr Handtuch und ihre geflochtene Korbtasche im Sand liegen. Noch mal kehren ihre Gedanken ins Europa des Jahres 1912 zurück, in eine Welt, die noch Kaiser, Könige und Zaren kannte und keine Ahnung hatte von den Hitlers, Mussolinis und Stalins, die noch in der Bedeutungslosigkeit verborgen waren, in der sie besser geblieben wären. Die Hochzeitsreise mit Lion hatte mit einer Katastrophe begonnen, aber nachdem sie Marianne zur ewigen Ruhe gelegt hatten und Marta wieder einigermaßen zu Kräften gekommen war, begann ihr gemeinsames Leben.

Marta trocknet sich rasch ab. Die Sonne flimmert dem Horizont entgegen und hat ihre Kraft fast eingebüßt. Marta fröstelt, schlüpft rasch in ihre kurze Hose und ihre Bluse. Sie ist ganz allein hier. Nur die Möwen leisten ihr Gesellschaft. Lion sitzt oben in ihrem Haus sicher noch an seinem Schreibtisch und tüftelt an einer besonders kniffeligen Passage. Heute Morgen hat er ihr wie immer das gestern Geschriebene vorgelesen, und sie hat ihm ein paar kritische Bemerkungen nicht ersparen können. Jedes Mal ist er anschließend grantig und frotzelt sie noch Stunden später. Er ist und bleibt eben ein Gscheidhaferl, der Lion. Damit hat er früher schon seine Geschwister narrisch gemacht. Aber seine ambitiöse Mama hat eben etwas ganz Besonderes aus ihm machen wollen, und das ist er ja auch geworden – wenn auch vielleicht nicht ganz so, wie Johanna Feuchtwanger seligen Angedenkens es sich ausgemalt hatte, damals am feschen St.-Anna-Platz. Jedenfalls sieht der große Schriftsteller am Ende meist doch ein, dass Marta recht hat. Und manchmal gibt er es sogar zu. Sie ist gespannt, ob er ihre Anregung aufgenommen hat. Sie wird es erst morgen Vormittag erfahren. Den Teufel wird sie tun, ihn heute Abend danach zu fragen.

Sie überquert die Straße. Es gibt kaum Verkehr. Kein Wunder! Das Benzin ist rationiert, und wer siedelt sich schon so weit außer-

halb der Stadt an? Kann uns nur recht sein, denkt Marta. Es verirren sich immer noch genügend Besucherinnen und Besucher zu uns. Lion schimpft manchmal, dass er gar nicht zum Arbeiten kommt. Dabei hat sie ja den Aufwand mit der ganzen Bagage. Sie steht stundenlang in der Küche, weil die Leute aus Santa Monica, Hollywood und Beverly Hills allein für ihre Brezen und den herzhaften Heringssalat herpilgern. Na ja, vielleicht nicht nur dafür, aber Marta würde doch wetten, dass die kulinarischen Genüsse und ihre Qualitäten als Gastgeberin einen mindestens ebenso wichtigen Anreiz bieten wie die Präsenz des berühmten Autors. Sie nimmt die Abkürzung über die Felsen hinauf, setzt ihre Schritte sicher und fest. Bloß nicht aus Versehen auf eine Giftschlange treten! Aber eigentlich fürchtet sie sich nicht vor der Dunkelheit und auch nicht vor dem Getier, das sich in den Hecken und Sträuchern verbirgt. Nein, die wirklich gefährlichen Schlangen lauern nicht in Pacific Palisades, sie kriechen durch die alte Heimat, halten sie fest im Würgegriff. Marta zieht das Tuch fester um sich. Die Nacht ist kühl. Über ihr leuchtet der Abendstern am hellblauen Himmel. Der Ruf eines Nachtvogels durchdringt die Stille. Keine Angst vor Schlangen!, denkt Marta und beschleunigt ihren Schritt.

Eine Frage der Praxis

In den 1870er-Jahren rückte die Welt näher. Nicht nur die deutschen Lande, die sich nun daranmachten, ein Nationalstaat zu werden, mit Kaiser, Fahne und allem, was dazugehörte, sondern auch ehemals weit entfernte Weltgegenden kamen plötzlich in Reichweite. Der 1869 eingeweihte Suezkanal verband das Mittelmeer mit dem Roten Meer und bot eine formidable Abkürzung. Nun gelangte man nach Asien, ohne die gefährliche Umrundung des afrikanischen Kontinents wagen zu müssen. Die Europäer zog es in fernste Länder, und da sie in der Lage waren, überall ihren Fußabdruck zu hinterlassen, taten sie genau das.

Zunächst waren es vor allem die Abdrücke feiner Herrenschuhe, die zu ehrgeizigen und geschäftstüchtigen Kaufleuten gehörten, dann auch zu fleißigen Forschern, die mit einer Mischung aus Neugier, Herablassung und Größenwahn neue Territorien samt dazugehörigen Menschen, Flora und Fauna vermaßen und katalogisierten, und schließlich wimmelte es von klobigen Soldatenstiefeln, die sich die fremde Erde untertan machen wollten. Ein wahrer Raubzug begann, und wie immer bei lukrativen Raubzügen geriet man rasch in eine Art Wettrennen. Die Europäer landeten zu Hunderten, ja Tausenden in ihnen fremden Ländern und Regionen. Sie setzten sich fest und zogen Grenzen, als wären sie auf eine Art namen- und geschichtsloses Atlantis gestoßen. Das Einzige, was zählte, war, dass man als Erster seine Flagge in den Boden rammte.

Auch das Deutsche Reich wollte sich seinen »Platz an der Sonne« sichern und scherte sich nicht darum, dass es an diesem Platz schon eine ganze Welt gab, die dadurch für immer verschwand. Man verpasste Orten preußisch klingende Namen, als wären dort zuvor leere Flecken auf der Landkarte gewesen, baute burgengleiche Kirchen und Verwaltungsgebäude, als stünden sie am Rhein oder an der Elbe und nicht im südlichen Afrika, und verschiffte ungeniert Reichtümer, als wären diese herrenlose Fundstücke.

Während sich viele Bayerinnen und Bayern nach der Reichsgründung 1871 noch ein wenig zierten, war der neue Kaiser doch ein Preuße und damit erst mal skeptisch zu betrachten, schauten andere Zeitgenossinnen und Zeitgenossen schon deutlich weiter über den bajuwarischen Tellerrand hinaus. Einer von ihnen war David Feuchtwanger, elftes Kind Fannys und Seligmanns, geboren 1832. Das elterliche Geschäft und das fränkische Fürth wurden dem umtriebigen Feuchtwanger-Sohn bald zu eng. Er interessierte sich für den Handel mit Lebensmitteln und Agrarprodukten, lernte fernab von der Familie und kam bis nach Ägypten, wo vor allem der Anbau von Baumwolle boomte. Rahel Straus erinnert sich an David Feuchtwanger als einen echten Mann von Welt, den Strömungen der Gegenwart gegenüber äußerst aufgeschlossen. War er in München, im Kreis der Brüder, so hielt er sich an die Regeln, die die Orthodoxie vorgab, befand er sich aber auf Reisen, ließ er Schabbat Schabbat sein und aß, was ihm auf den Teller kam.[1] Auf einer Fotografie aus dem Jahr 1866, die ihn mit seiner Frau Fanny zeigt, blickt David ernst, aber zuversichtlich durch den goldenen Zwicker. Die längeren schwarzen Haare sind gescheitelt, der ebenso schwarze Vollbart sorgsam gepflegt. Seine Braut hat sich bei ihm untergehakt und trägt ein dunkles Kleid aus schwerem Stoff und eine blumengeschmückte helle Halbhaube, die unter ihrem Kinn artig von einer großen Schleife gehalten wird. Fanny war rund zwölf Jahre jünger als ihr Bräutigam und stammte aus der altehrwürdigen jüdischen Gemeinde im mährischen Holíč. Wir können davon ausgehen, dass David seiner Braut nicht nur einiges an Lebensjahren, sondern auch an Lebenserfahrung voraushatte.

1866, in dem Jahr, in dem David und Fanny in Mähren heirateten, tobte gerade noch der Deutsche Bruderkrieg, der der Reichseinigung von 1871 vorausging. Unter der Führung Habsburgs wehrten sich Bayern und einige weitere Königreiche und Fürstentümer gegen einen deutschen Nationalstaat unter Berlins Führung, mussten sich aber letztlich geschlagen geben. Davids Bruder Elkan kämpfte als Soldat in diesem Krieg und behielt nicht nur eine Verletzung an seiner Hand zurück, sondern auch eine lebenslange, tief sitzende Abneigung gegen alles Preußische. Die Textzeile des während des späten 19. Jahrhunderts in Mode kommenden »Liedes der Deutschen«, in der es heißt »Deutschland, Deutschland über alles« haben die Feuchtwangers ohnehin nie aus voller Kehle mitgesungen. Nicht nur, weil dieses Deutschland ihnen zu preußisch schien, sondern auch, weil das Judentum immer an erster Stelle stand. Darüber gab es nichts.

Näher als Berlin war den Feuchtwangers sowieso von jeher Jerusalem. Fanny Feuchtwanger und viele ihrer Söhne und Töchter pflegten eine tiefe Verbundenheit mit Zion, das für sie nicht nur ein spiritueller Ort aus längst vergangenen Zeiten war, sondern durchaus gegenwärtig, auf Landkarten zu finden, von echten Juden besiedelt. Regelmäßig spendete die Familie an die frommen Gemeinden, vor allem in Jerusalem, aber auch in Safed. In diesem hoch oben im Galil gelegenen Städtchen wirkten seit vielen Jahrhunderten ruhmreiche jüdische Gelehrte und Mystiker. Doch 1837 suchte ein schweres Erdbeben den heiligen Ort heim. Auch die Feuchtwangers griffen tief in die Tasche, um den bedrängten Glaubensbrüdern und -schwestern beizustehen.

Seit fast zwei Jahrtausenden wandten sich die Juden der Diaspora zum Gebet in Richtung Jerusalem. *Erez Israel* war Zentrum des jüdischen Kosmos. Die Erinnerung an die gemeinsame Herkunft aller Juden und die Hoffnung auf Rückkehr zu einem Zeitpunkt in der gemeinsamen Zukunft des jüdischen Volkes machten einen wichtigen Teil ihrer Liturgie und Gebete aus. Jedes Jahr zu *Pessach* erinnerte man sich kollektiv an den Auszug der Israeliten aus Ägypten, und jedes Jahr wurde mit dem Satz »*Ha schana haba b'Jeruschalajim*« der Wunsch nach Heimkehr ins Heilige Land bekräftigt. »Nächstes Jahr in Jerusalem« – lange bevor Zion durch Theodor Herzl und seine Mitstreiterinnen und Mitstreiter zur realen jüdischen Heimstätte werden sollte, war es den Feuchtwangers und vielen ihrer Glaubensbrüder und -schwestern eine seelische Heimstatt, ein integraler Bestandteil ihrer jüdischen Identität.

Aber eine Frau, ein Mann hat mehr als eine Facette: Zuallererst, so wurde in der Familie kolportiert, sei man jüdisch, dann bayerisch, dann deutsch. Eine entfernte Verwandte der Familie, Julie Meyer-Frank, erinnerte sich an den »Feuchtwanger-Clan« als durch und durch bajuwarisch: »Man muß nur einmal die Gebete in der oberbayerischen Aussprache des Hebräischen gehört haben, um zu wissen, wie sehr sie das waren. (...) Man ging auf die Keller, und trank sein Bier zum mitgebrachten Abendessen, kraxelte auf die Berge, kannte die Museen wie die eigene Wohnstube und es war ›unser München‹, in dem auch der Jude aus Berlin als Landfremder galt.«[2]

Das Bayerisch-Sein und das Jüdisch-Sein ließ sich für die Feuchtwangers sehr gut verbinden. Beides war weniger eine theoretische Angelegenheit mit Fahnen und Hymnen und einer fernen Hauptstadt, sondern manifestierte sich ganz konkret im Alltag, war sozusagen eine Frage der Praxis. Man konnte problemlos das bayerische Bier, die sanften Berge des Voralpenlandes und die Deftigkeit der Münchner Mundart lieben und zugleich den Wunsch hegen, dereinst beerdigt zu werden mit einem Säckchen Jerusalemer Erde unter dem Haupt.

1875, als das Deutsche Reich gerade mal vier Jahr alt war, starb Fanny Feuchtwanger im stolzen Alter von sechsundsiebzig Jahren. Die uralte, religiös motivierte Bindung der Familie zu Zion belegt ein Brief aus der Feder des Jerusalemer Oberrabbiners Avraham Ashkenazi an Fannys Sohn Jacob Löw Feuchtwanger, in dem er die Frömmigkeit der soeben verstorbenen *Eschet Chajil* pries.

Der Tod der Matriarchin markierte einen tiefen Einschnitt. Fanny war während der Napoleonischen Eroberungszüge geboren worden, hatte die Ära der Restauration durchlebt, hatte junge Männer in der Revolution von 1848 Fahnen schwingen, Soldaten in Kriege ziehen und schließlich den preußischen König zögerlich die Kaiserkrone entgegennehmen sehen. Noch war nicht klar, wie das neue Zeitalter, das nun begann, heißen würde. Aber so hoch man die Erinnerung an die Stammmutter in der Familie auch in Zukunft halten würde, die Ära Fanny Feuchtwangers war vorüber.

Drei Kaiser und ein Prinzregent

Der Sieg gegen Frankreich und die Proklamation des Deutschen Reiches 1871 bescherten der frisch geschlüpften Nation einen wahren Wirtschaftsboom, der auch die Feuchtwangers in Aufbruchsstimmung versetzte. Elkan und der einstige Weltenbummler David, die wie ihre Brüder Jacob Löw und Moritz in München ihr Glück versuchten, gründeten nun ihrerseits ein eigenes Unternehmen. Allerdings verließen sie die eingetretenen Pfade und schlugen neue ein. Es gab bereits zwei erfolgreiche Bankhäuser in der Familie, eins in München, eins in Fürth und natürlich die aufstrebende Privatbank Wassermann, die von Fannys Neffen in Bamberg, später mit Hauptsitz in Berlin, geführt wurde. Elkan und David dagegen brachen mit der Familientradition und verlegten sich auf ein Feld, das im ausgehenden 19. Jahrhundert in Mode kam: die Lebensmittelindustrie. Man tat sich mit Ingenieuren zusammen, die den technischen Part übernahmen, und erwarb in Haidhausen, rechts der Isar, eine Fabrikanlage für 15 000 Mark.[3]

Bereits seit einiger Zeit wurde europaweit an Rezepturen für Kunstbutter gearbeitet, die eine Alternative zur Butter aus Kuhmilch sein sollte. Was die Kunstbutter gerade in jüdisch-orthodoxen Kreisen attraktiv machte, war die Tatsache, dass sie nicht auf Milch basierte, sondern auf Öl. Margarine ist *parve,* also neutral, kann sowohl mit Käse als auch mit Wurst genossen werden. Bei ihren frommen Glaubensbrüdern und -schwestern rannten die Feuchtwangers mit ihrem neuen Produkt also offene Türen ein. Orthodoxe Kreise allein waren aber natürlich nicht verantwortlich für den Erfolg, den das Unternehmen schon bald verzeichnen konnte. Die Margarine hatte auch für Nicht-Juden mehrere Vorteile: Zum einen war sie kostengünstig herzustellen und zum anderen deutlich länger haltbar, konnte über weite Strecken transportiert und exportiert und im Kriegsfall auch ohne großen Aufwand zu den Soldaten ins Feld geschickt werden. Bald schon expandierten die Feuchtwangers, so gab es Filialen in

Rumänien, den Niederlanden und Ägypten, wohin David nach wie vor gute Kontakte hatte.

Es ist kein Zufall, dass die Gründung der Firma E. Feuchtwanger in die zweite Hälfte der 1880er-Jahre fiel. Just zu diesem Zeitpunkt heirateten die beiden ältesten Söhne des Firmengründers Elkan Feuchtwanger, Sigmund und Louis. Und diese Partien konnten sich sehen lassen. Ja, sie statteten Elkan und seine Söhne nicht nur mit dem nötigen Kapital aus, sondern bescherten ihnen zudem wichtige Kontakte hinein in die Welt des Lebensmittelhandels. Sigmund Feuchtwanger heiratete 1883 Johanna Bodenheimer, Tochter von Herz und Katharina Bodenheimer aus Darmstadt. Herz Bodenheimer war nicht nur ein angesehenes und zahlungskräftiges Mitglied der örtlichen jüdischen Gemeinde, sondern auch ein sehr erfolgreicher Importeur von Kaffee und Tee mit eigener Rösterei sowie Händler landwirtschaftlicher Produkte. Laut Marta Feuchtwanger, die 1912 in die Familie einheiratete, war Bodenheimer derart wohlhabend, dass er jedes seiner Kinder mit einer Mitgift von einer Million Mark ausstatten konnte.[4] Und um die Verbindung zu den Bodenheimers doppelt stark zu machen, verheirateten die Feuchtwangers auch noch ihren zweitgeborenen Sohn Louis mit einer Bodenheimer-Tochter. Nur wenige Monate nachdem die Verbindung zwischen Sofie und Louis zustande gekommen war, erstand Elkan 1888 das Fabrikgelände in der Grillparzerstraße. Hier wurden fortan nicht nur Kunstbutter, sondern auch Öl und Seife hergestellt.

Das Jahr 1888 war ohnehin ein bewegtes. In Bayern war zwei Jahre zuvor der »Märchenkönig« im Würmsee ertrunken, und da auch Ludwigs Bruder Otto nicht in der mentalen Verfassung war, das Königreich zu führen, hatte Prinzregent Luitpold die Regierungsgeschäfte übernommen. Für die Bayerinnen und Bayern sollte unter dem aufgeschlossenen und kunstliebenden Luitpold eine Periode wachsenden Wohlstands beginnen, München erblühte. Aber erst mal machten wildeste Gerüchte um den Tod des verschwenderischen Ludwig II. und seinen Bruder die Runde.

Hatte der »spinnerte König« sich das Leben genommen? War er ermordet worden?

Und als endlich ein wenig Ruhe eingekehrt war im Süden, wurde das Deutsche Reich als Ganzes erschüttert vom Tod gleich zweier Kaiser. Im Frühjahr starb nach langem Siechtum der greise Wilhelm I. Die damals achtjährige Rahel Straus erinnert sich, wie der Direktor ihrer Schule zu ihnen auf den Pausenhof trat und einige Worte mit dem Turnlehrer wechselte. Die Männer wirkten angefasst. Als sie genauer hinsah, erkannte sie, dass die beiden Tränen in den Augen hatten. Da erhob der Direktor die Stimme: »Geht alle still nach Hause, die Schule ist geschlossen, unser guter, alter Kaiser ist tot!« In den folgenden Tagen gab es eine Trauerfeier im schwarz abgehängten Turnsaal. Jeder Schüler, jede Schülerin legte schweigend eine blaue Kornblume vor der weißen Büste des Monarchen nieder. »Wenn ich einmal soll scheiden, so scheide nicht von mir …«, erklang aus allen Kehlen, und auch die Schülerinnen und Schüler waren ganz ergriffen ob des Todes des fernen Hohenzollern.[5]

Im ganzen Reich wurden landauf, landab Trauerfeiern abgehalten, und doch hatten nicht wenige die nun folgende Thronbesteigung von Wilhelms Sohn Friedrich seit Langem herbeigesehnt. Von seiner Regentschaft versprach man sich einen echten Aufbruch, vor allem seine Frau Victoria, älteste Tochter Königin Victorias in London, liebäugelte mit liberalen Ideen. Vicky, wie ihre mächtige Mutter sie rief, hatte beträchtlichen Einfluss auf ihren Mann. Viel Zeit für Reformen aber blieb den beiden nicht, denn Friedrich III. starb nach nur neunundneunzig Tagen auf dem Thron.

Drei Monate nachdem Rahel und ihre Mitschülerinnen und Mitschüler den alten Kaiser beweint hatten, versammelten sie sich also erneut mit Trauerflor im Turnsaal. Die liberalen Kräfte in Deutschland sahen sich ausgebremst, denn Friedrichs Nachfolger, sein Sohn Wilhelm, hatte andere Pläne als die Eltern. Erst mal stellte er seine Mutter Victoria, »Kaiserin Friedrich«, wie sie sich nun nannte, politisch kalt. »Wir jüdischen Kinder erfuhren aus den Gesprächen mit den Erwachsenen, wie viele Hoffnungen, die sich an den Kronprinzen geknüpft hatten, durch den frühen Tod dieses Kaisers zunichte wurden«, berichtet Rahel Straus. Die Krönungsfeier für Wilhelm II. , ebenfalls in der Turnhalle, beeindruckte Rahel weniger.[6] Viele deutsche Juden waren ebenfalls skeptisch und trauerten lange um Kaiser Friedrich, dem man nicht vergessen hatte, dass er sich für die Gleichstellung seiner Untertanen unabhängig von ihrer Glaubenszugehörigkeit stark gemacht hatte. *Die Laubhütte*, Organ des bayerischen gesetzestreuen Judentums, druckte das von einem Leser verfasste Gedicht »Der Kaiser ist todt!«. Der Dichter rühmte die edlen Eigenschaften des Monarchen und beklagte dessen allzu frühen Tod. In einer Strophe des Gedichts heißt es:

Dir noch besond'rer Dank von uns als Juden,
Weil Du gesprochen, als Du nahmst das Reich:
»Da, als es galt, für's Vaterland zu bluten,
That Jeder seine Pflicht, d'rum sind mir gleich
Die Unterthanen all'.« – Dies Wort wird ewig bleiben.
Denn die Geschichte wird's mit gold'nem Griffel schreiben.[7]

Ein Haus führen

Während das sogenannte Dreikaiserjahr die Deutschen aufwühlte, versetzten die Heiraten Sigmunds und Johannas, sowie Louis' und Sofies die Feuchtwangers in die Lage, eine weitreichende Investition zu tätigen, die den Wohlstand der nächsten Generationen sichern sollte. Und offenbar befand auch Herz Bodenheimer den Businessplan seines Gegenschwiegers Elkan Feuchtwanger für solide, sonst hätte er ihm sicher nicht gleich zwei seiner Kinder zu Schwiegertöchtern gegeben.

Johanna und Sofie Bodenheimer kamen wie schon Auguste Hahn und Henriette Schwarzschild eine Generation zuvor als Ermöglicherinnen nach München – erst durch die Kontakte und das Kapital, die sie mitbrachten, konnten die ehrgeizigen geschäftlichen Pläne der Familie in die Tat umgesetzt werden. Und die Tatsache, dass die beiden Schwestern quasi im Doppelpack in München eintrafen, versetzte die jungen Frauen in eine deutlich stärkere Position, als wenn sie allein eingeheiratet hätten. Sie hatten eine Vertraute in der neuen Umgebung, die ihre Verbindung zur Herkunftsfamilie gleichzeitig auch nach außen sichtbar machte. Sie konnten gegenüber ihren Ehemännern und ihrem Schwiegervater mit der geballten Autorität auftreten, die ihnen die Abstammung aus einer großbürgerlichen Kaufmannsfamilie verlieh.

Johanna war zehn Jahre jünger als ihr Mann Sigmund, der, wie einst sein Onkel David, einige Jahre in Kairo verbracht hatte, wo er die dortigen Familiengeschäfte leitete. Sigmund hatte die Welt gesehen, wurde aber nur widerwillig Unternehmer. Die Ehe mit Johanna war nach allem, was wir wissen, zwar gesegnet mit neun Söhnen und Töchtern, aber nicht allzu glücklich. Von ihren Kindern und ihrer Schwiegertochter Marta wird Johanna Feuchtwanger als energische, ja strenge Frau beschrieben. Sie war es auch, die Mann und Kinder mit allem gebotenen Ehrgeiz antrieb. Die Familien Feuchtwanger und Bodenheimer investierten viel in Sigmund, das war ihm und allen Beteiligten ohnehin klar. Aber offenbar scheute Johanna sich auch nicht, ihren Mann gelegentlich daran zu erinnern. Durch die Verbindung mit der strebsamen Darmstädterin wurde Sigmund, der nicht nur die deutschen Klassiker liebte und sich für Theater und Kunst interessierte, sondern auch jüdische Gelehrsamkeit hochhielt, gewissermaßen auf die rechte Spur gesetzt. Das änderte aber nichts daran, dass er im Grunde wenig Interesse an der Fabrik im Besonderen und Wirtschaft im Allgemeinen hatte. Und auch, was sein unternehmerisches Talent betraf, hatte sein Sohn Martin durchaus Zweifel.[8]

Dennoch erwiesen sich das Fin de Siècle und auch die ersten Jahre des frisch angebrochenen 20. Jahrhunderts als überaus erquicklich für die Margarinefabrik, und die Erträge ermöglichten der Familie einen durchaus großbürgerlichen Lebensstil. Sigmund und Johanna lebten mit ihren neun Kindern in einer großen Wohnung am repräsentativen St.-Anna-Platz im Münchner Lehel. Direkt nebenan wurde in den 1880er-Jahren die stattliche

St.-Anna-Kirche im neoromanischen Stil erbaut, schräg gegenüber stand die prächtige Rokoko-Klosterkirche der Franziskaner. Oft machten sich die Feuchtwanger-Kinder einen Spaß daraus, die Gottesdienstbesucherinnen und -besucher zu beobachten: »Das war eine unserer wichtigsten Vergnügungen«, so Martin Feuchtwanger. Meist handelte es sich um ältere gebückte Frauen mit Kopftuch und Männer mit weißen Haaren und faltigen Gesichtern. Viele von ihnen kannten die Kinder gut. Sie wussten genau, wer aus lauter Gottesfurcht bereits viele Meter vor dem Kircheneingang den Hut abnahm und welche jungen Burschen ihre Kappe erst zückten, wenn sie bereits einen Fuß über die Schwelle gesetzt hatten, wer sich inbrünstig bekreuzigte und wer das Kreuz nur hastig andeutete. Wenn die große Hauptglocke der Kirche ertönte, erschauderte das ganze Viertel. Begegneten die Feuchtwanger-Kinder auf der Straße einem der Franziskanermönche, die mit ihren braunen Kutten und Sandalen in die Kirche schlurften, gaben sie ihm rasch schweigend die Hand, während ihre christlichen Spielkameraden noch ein »Gelobt sei Jesus Christus« murmelten. Dann strich der Mönch abschließend noch wohlwollend über den Scheitel des Kindes: »Christenbub oder Judenbub, das war kein Unterschied.«[9]

Das Bild, das Martin Feuchtwanger, aber auch andere Mitglieder der Familie in ihren Memoiren von der Prinzregentenzeit zeichnen, ist ein helles, freundliches. Natürlich muss man in Rechnung nehmen, dass viele dieser Erinnerungen Jahrzehnte später, auch unter dem Eindruck der späteren Ereignisse zu Papier gebracht worden sind. Nicht unwahrscheinlich, dass der etwas romantisierende Blick auf die Kindheit und Jugend vor dem Hintergrund der Katastrophe, die sich in den 1930er- und 1940er-Jahren ereignete, noch ein wenig goldener ausfiel. Die Jahre des ausgehenden 19. und beginnenden 20. Jahrhunderts waren in Bayern aber, das kann man wohl auch bei nüchternem Blick konstatieren, politisch relativ unaufgeregt. Die bayerischen Juden wurden 1871 wie die Juden im ganzen Reich zu gleichberechtigten Staatsbürgern, wobei Frauen, egal ob Jüdin oder Christin, natürlich längst noch nicht gleichgestellt waren, weder das Wahlrecht hatten noch zu den Universitäten oder Staatsdiensten zugelassen waren und nicht einmal Mitglied in Vereinen und Parteien werden durften. Aber wie gesagt, das war eine Frage des Geschlechts, nicht der Religionszugehörigkeit. Für eine kurze Zeit konnte in den jüdischen Gemeinden im Königreich Bayern und in ganz Deutschland das Gefühl aufkommen, man sei angekommen, wohlgelittener und willkommener Teil der Gesellschaft. Diese Idee beflügelte jüdische Bürgerinnen und Bürger gleichermaßen, die Zukunft ihrer Kinder erschien ihnen in prächtigen Farben, die Welt stand ihnen offen.

Sein Vater und »Lehrer Berger«, der Besitzer des Hauses, in dem die Feuchtwangers lebten, seien sich stets mit ausgesuchter Höflichkeit und Hochachtung begegnet, so Martin Feuchtwanger. »Wenn sie sich trafen, dann zogen beide den Hut tief voreinander: ehrenwerte, hochachtbare Bürger, Stützen des Staates und der Gesellschaft.«[10] Der Herr Oberlehrer hatte einen gepflegten Garten neben dem Haus, in dem er hingebungsvoll Blumen zog und Gemüse anbaute. Hin und wieder ließ er eines der Feuchtwanger-Kinder ein wenig helfen und erklärte bei der Gelegenheit den Unterschied zwischen der Raupe des Kohlweißlings und jener des Pfauenauges. Bei ihm lernte man auch, den Gesang der verschiedenen Vögel zuzuordnen, die im Schatten von Bergers Bäumen und Sträuchern zwitscherten. Im Volksschulalter spielten noch sämtliche Kinder des Viertels miteinander, Söhne und Töchter von Handwerkern, Beamten, Kaufleuten und Offizieren. Wenn es den Müttern wieder mal zu laut wurde im Hof, mahnten sie die Kinder abwechselnd zur Ruhe, »einmal die sanfte Frau des Obersten, einmal die vornehme Frau des Ministerialrats, einmal meine energische Mutter, einmal die gottergebene Frau des Beamten Käs. Dann ruhte der Lärm für eine halbe Minute, um alsdann desto wilder zu toben«. Martin Feuchtwanger meint, man habe damals keine Unterschiede gemacht zwischen jüdischen Kindern und christlichen. Die nicht jüdischen Kinder, mit denen die Feuchtwanger-Söhne und -Töchter spielten, hätten es weder lächerlich noch verächtlich oder absonderlich gefunden, dass die Feuchtwanger-Buben sich am Freitagnachmittag für die

Synagoge zu rüsten hatten: »Das musste eben so sein. Oder der Hugo hat jeden Mittwoch von zwei bis vier Uhr Konfirmationsunterricht. Oder die Walli ist jeden Montag im Katechismuskränzchen.«[11]

Johanna Feuchtwanger sah es nicht gern, wenn ihre Kinder zu anderen Leuten nach Hause gingen. Lieber schon hatte sie die Söhne und Töchter samt Spielkameraden in der Wohnung, selbst wenn das bedeutete, dass es gelegentlich etwas eng wurde. Martin Feuchtwangers Beschreibungen erinnern ein wenig an ein Wimmelbuch: neun Kinder plus allerlei Spielkameradinnen und -kameraden, die Dienstmädchen und die Köchin, Mariechen, die von der vielen Arbeit buckelig gewordene Näherin, und Herr Wetzlar, der geplagte Religionslehrer mit dem langen roten Bart. Außerdem kamen oft noch Arbeiter aus der Fabrik vorbei, wenn es etwas zu reparieren gab. Xaver, Seppl oder der Kutscher Peter, die bereits seit vielen Jahren bei den Feuchtwangers beschäftigt waren, kannten Sigmund Feuchtwanger bereits als Bub und duzten den Chef daher. Für Martin, Lion und ihre Geschwister waren sie absolute Respektspersonen.

Bei den Feuchtwangers, wie bei der benachbarten Ministerialrats- oder Offiziersfamilie, verließ der Vater morgens das Haus, kam lediglich zum Mittagessen und dann erst abends wieder heim. Eine gewisse Trennung zwischen privatem und öffentlichem Raum, zwischen Zuhause und Geschäft, gab es nun, im ausgehenden 19. Jahrhundert, also auch bei Kaufmanns- beziehungsweise Unternehmerfamilien. Allerdings muss man hinzufügen, dass der Haushalt, dem Johanna Feuchtwanger vorstand, selbst im Grunde einem kleinen Unternehmen glich und entscheidende und weitreichende geschäftliche Angelegenheiten, die die Firma betrafen, zweifellos weiterhin am Familientisch erörtert wurden. Nicht nur hatte Johannas Mitgift den Aufstieg der Feuchtwanger'schen Margarine zu landesweiter Bekanntheit erst möglich gemacht, wie sehr sie in die geschäftlichen Vorgänge involviert war, beweist auch die Tatsache, dass sie nach dem Tod ihres Mannes Inhaberin der Firma wurde und deren Kurs steuerte.

Aber jetzt sind wir vorausgeeilt. Noch machte sich Sigmund Feuchtwanger allmorgendlich auf den Weg ins Büro, während seine Frau daheim das Regiment führte. Ja, man kann es wohl so sagen: Wenn Sigmund der Präsident der Familie war, so war Johanna die Kanzlerin, die allererste Ministerin, diejenige, die für reibungslose Abläufe sorgte, die die Koalition zusammenhielt und gelegentlich auch in ihrem Sinne in Stellung brachte. Sie musste nicht nur Frieden stiften zwischen den Kindern, die aufgrund des Altersunterschiedes oder ihrer Neigungen und Interessen durchaus in verschiedene Richtungen strebten, in ihrem Haushalt tobte noch ein weiterer erbitterter Kampf. Die Näherin Marie, deren effiziente Arbeit Johanna überaus schätzte, lieferte sich einen Dauerkrieg mit Religionslehrer Wetzlar, der die Feuchtwanger-Kinder täglich mehrere Stunden in Hebräisch und Aramäisch unterrichtete.

Wetzlar, von den Kindern schlicht und respektlos Wetzilum genannt, war mit Flora, Tochter der bereits erwähnten Regine Ellern, verheiratet, die offenbar, wie schon ihre Mutter, einen Mann mit wenig wirtschaftlicher Fortune geheiratet hatte und zeit ihres Lebens auf die Gnade der großzügigen Verwandten angewiesen war. Wetzlar war Kantor der Ohel-Jakob-Gemeinde und nebenbei noch Juwelier. Doch selbst diese beiden Jobs reichten nicht, um die Familie über Wasser zu halten, deswegen unterrichtete er noch sämtliche Feuchtwanger-Buben tagtäglich in *Mischna* und *Gemara*. Er blickte ein wenig herab auf die wohlhabenden Mitglieder der Familie, die seiner Meinung nach zwar fromm taten, aber eigentlich Ignoranten waren. Wetzlar selbst stammte aus einer traditionsreichen Gelehrtenfamilie des Rheinlands und betrachtete die relativ junge Münchner Gemeinde im Grunde als unter seiner Würde. Nur, von Würde allein konnte er seine mit sechs Kindern gesegnete Familie nicht durchbringen. Es blieb ihm daher nichts anderes übrig, als die frechen Buben der angeheirateten Verwandtschaft ins Tora- und Talmudstudium einzuführen, auch wenn das, so fürchtete er, vermutlich vergebene Liebesmüh war. Es wäre dem guten Lehrer Wetzlar vermutlich ein Trost gewesen, wenn er noch mitbekommen hätte, dass doch so einiges an jüdischem Wissen bei den Feuchtwanger-Jungs auf fruchtbaren Boden gefallen ist. Und nicht nur das. Die Geschichte und die Traditionen des jüdischen Volkes sollten ihnen Halt geben in Zeiten der Not. Moses Wetzlar allerdings starb, bevor die Welt ins Wanken geriet.

Am St.-Anna-Platz Nummer zwei kämpften Wetzlar und Marie um nichts weniger als Territorium, eine äußerst knappe Ressource. Marie beanspruchte ein gewisses Zimmer der Wohnung, weil es hell genug war für ihre anspruchsvolle Arbeit, während Wetzlar für seine heilige Tätigkeit selbstverständlich ebenso diese beste Stube einforderte. Es brauchte einiges diplomatisches Geschick aufseiten der Hausherrin, den Konflikt zumindest einzufrieren. Die Kinder dagegen hofften immer darauf, dass es zum Äußersten kam, und Marie just in jenem Zimmer nähen musste, in dem ihr Unterricht stattfand, denn dann eskalierte der Streit derart, dass von Talmud-Studium nicht mehr die Rede sein konnte. Wie sehr auch die christlichen Hausangestellten der Feuchtwangers mit den strengen jüdischen Regeln, die im Hause galten, vertraut waren, zeigt, dass Marie dem überheblich dreinblickenden Lehrer einmal um die Ohren schlug, in seiner Bosheit sehe und höre er gar nichts mehr und habe nicht mal bemerkt, dass einer der Buben gerade einen Apfel gegessen habe, ohne »*Brocha*« zu machen, also ohne vorab den passenden Segensspruch gesagt zu haben.

Frömmigkeit wurde groß geschrieben bei den Feuchtwangers. Johanna wachte streng nicht nur über ihren Mann und ihre Kinder, sondern auch über sämtliche weitere Seelen ihres Haushalts. Sie hatte ein Auge darauf, dass die katholischen Dienstmädchen am Freitag kein Fleisch zu sich nahmen und am Sonntag regelmäßig die Messe besuchten. Schlampigkeit oder auch nur Nachlässigkeit in Fragen der religiösen Praxis ließ Johanna Feuchtwanger nicht durchgehen.

Allzu große Berührungsängste scheint es im Alltag weder von jüdischer noch von katholischer Seite gegeben zu haben. Sigmund Feuchtwanger sah es nicht gern, wenn seine Söhne und

Töchter Zeit mit jüdischen Kindern aus nicht orthodoxen Familien verbrachten, Kinder aus christlichen Häusern waren ihm dagegen willkommen. Martin Feuchtwanger berichtet, dass sein Vater ihn und seine Geschwister am Freitagnachmittag und am Ende des Schabbat segnete. Sprangen in der Wohnung auch christliche Freunde der Kinder herum, so legte er auch ihnen die Hand auf den Kopf und murmelte den hebräischen Segensspruch. Im Hause von Angelo Feuchtwanger, einem Vetter Sigmunds und Sohn von Jacob Löw und Auguste Feuchtwanger, arbeitete seit Jahr und Tag die resolute Niederbayerin Lina. Da Angelos Frau Fritzi oft krank war, war es Lina, die im Bankiershaushalt das gute und das schlechte Wetter machte. Einmal erwähnte Lina, der Pfarrer ihres kleinen Dorfes habe immer erzählt, Juden hätten Hörner und einen Schwanz. Die Feuchtwanger-Buben und -Mädchen waren entsetzt: »Aber wir sind doch Juden!«, riefen sie. »Aber nein. Ihr seid Israeliten! Juden gibt's nur noch in den Büchern. Und jetzt setzt euer Kapperl auf, es ist Zeit für's Nachmittaggebet.«[12]

Die Familie Feuchtwanger lebte in einer Umgebung, die noch stark geprägt war von katholischer Volksfrömmigkeit, die aber gleichwohl Raum ließ für Gottesfurcht anderer Couleur. Leben und leben lassen, scheint die *Liberalitas Bavariae* dieser Jahre ganz gut zu treffen. Wobei der fromme Jude, der am Schabbat mit Anzug und Zylinder in die Synagoge ging, dem frommen Münchner Nachbarn, der am Sonntag ebenso herausgeputzt in die Kirche spazierte, wohl näher war, als der Jude, der seinen Glauben aufgegeben hatte, der sozialdemokratische Arbeiter oder, Gott behüte, der kulturprotestantische Berliner.

All das bedeutete aber natürlich nicht, dass es keine Diskriminierung gab in dieser Zeit. Noch immer konnten Juden ganz offiziell weder Offiziere noch Richter, noch Professoren werden, von den unsichtbaren gesellschaftlichen Schranken einmal ganz abgesehen. Und selbstverständlich stießen die Feuchtwangers auch immer wieder hart auf die Realität weiterhin existierender antijüdischer und antisemitischer Vorurteile. Martin Feuchtwanger erzählt in seinen Erinnerungen von einem hässlichen Zwischenfall, der sich während des Oktoberfests zugetragen hat. Als kleiner Bub wurde er von seinem Onkel Louis zusammen mit den Geschwistern, Vettern und Cousinen auf diese urmünchnerische Festlichkeit mitgenommen. Die Kinder waren aufgeregt und überwältigt von Riesenrad, Luftschaukeln, Schaubuden und den Verkaufsständen mit Süßigkeiten. Bester Stimmung begab man sich in ein Bierzelt: »Auch Onkel Louis war lustig, sang und schwang den Bierkrug. Da kam ein junger, besoffener Mensch auf ihn zu, klopfte ihm auf die Schulter und rief: ›Bist auch da, alter Jud mit der krummen Nas, komm her, Prosit!‹ Der Onkel verfärbte sich, er war tief erschrocken, dass selbst der Besoffene nüchtern wurde und stotterte: ›Was hast denn? Ich hab dir doch nichts getan.‹« Zwar mischten sich die Umsitzenden ein und schalten den Betrunkenen für die »bodenlose Gemeinheit«, »einen Jud zu beschimpfen auf der Oktoberwiese«, doch Louis und die Kinder brachen bald darauf verstört auf.[13]

Im ausgehenden 19. und beginnenden 20. Jahrhundert aber konnten die Münchner Juden noch hoffen, dass derlei Zwischenfälle lediglich verblassende Überbleibsel einer eigentlich überwundenen Feindseligkeit und Einfältigkeit waren. Und die meisten beschlossen wohl, auf den Fortschritt zu hoffen, auf den sie in den letzten Jahrzehnten stets zählen hatten können. Die Stadt an der Isar und das ganze Königreich brachen auf in eine hellere Zukunft, und die Münchner Jüdinnen und Juden waren fest entschlossen, kräftig dabei mitzumischen.

Bayerisch-barocke Orthodoxie

Die Ärztin Rahel Straus, die 1905 bei den Feuchtwangers einheiratete, fand hier »selbst die orthodoxesten Juden (…) katholisch beeinflusst«, angesteckt von volksfrommer Freude an bodenständigem, lebendigem Brauchtum, Prozessionen und Bildern. »Es war mir neu und ungewohnt, in den frömmsten Häusern die Begeisterung für den *Simplizissimus* zu sehen oder für jede Frivolität, wenn sie im künstlerischen Kleid auftrat. Man ging zum

Rabbiner zum Lernen, aber schon im Frack, denn man ging von dort zur Redoute. (…) Auch das gesellige Leben Münchens war davon beeinflusst und freier und ungezwungener, als wir es von anderen Städten her gewohnt waren. Die lange Karnevalszeit dauerte vom 6. Januar, dem ›Dreikönigstag‹, bis zum Aschermittwoch. Mit den täglichen Künstlerbällen, den Ateliersfesten, den Redouten brachte sie eine Mischung aller Bevölkerungskreise mit sich, wie sie außerhalb des Fastnachtstreibens gar nicht möglich war.«[14]

Straus selbst stammte aus Karlsruhe, wo die Orthodoxie sich viel vehementer von weltlichen Vergnügungen fernhielt als die lebenslustigen Juden Oberbayerns. Ihr Schwiegervater, der Karlsruher Bankier Samuel Straus, errichtete bewusst eine Art Scheidewand zwischen sich und der christlichen Umwelt. Samuel Straus hatte, wie bereits erwähnt, im Jahr 1874 Isabella, eine Tochter von Jacob Löw und Auguste Feuchtwanger, geheiratet. Der Umzug von München ins eher provinzielle Baden allein mag der damals einundzwanzigjährigen Isabella schon schwergefallen sein, hinzu kam, dass sie ins Haus der gestrengen Schwiegermutter kam, in dem auch noch eine ältere, unverheiratete und geistig behinderte Schwester ihres Mannes lebte.

Isabella war in einem wohlhabenden, bei aller Frömmigkeit den schönen Dingen des Lebens doch zugeneigten Bankiershaushalt mit vielen Geschwistern und weitreichender Verwandtschaft im kunstliebenden München groß geworden und sollte fortan in einem Haus leben, in dem eine Frau das Zepter schwang, die aus einer völlig anderen Welt stammte. Gnendel war die älteste Tochter Seckel Löb Wormsers, des berühmten *Ba'al Schem* von Michelstadt, der ein hoch angesehener Weiser und verehrter Wunderrabbi gewesen ist. Im frühen 19. Jahrhundert pilgerten unzählige Frauen, die fürchteten, unfruchtbar zu sein, Jüdinnen und Juden mit schweren Krankheiten, mit Eheproblemen, und allerlei sonstigen Sorgen und Gebrechen in den finsteren Odenwald und suchten seinen Rat. Gnendel war also herangewachsen mit dem Ruhm ihres Vaters, aber ohne jeden Luxus, ja, die Familie lebte in größter materieller Bescheidenheit. Das prägte auch ihren Sohn Samuel, der diesen Lebensstil beibehielt, selbst als er längst erfolgreicher Bankier war.

Die asketische Kompromisslosigkeit der Schwiegermutter und die ernste Frömmigkeit ihres Mannes waren für Isabella zweifellos eine gewisse Herausforderung. Die junge Frau plagte aber zu Beginn ihrer Ehe noch anderer Kummer, denn Isabella wurde und wurde nicht schwanger. Erst drei Jahre nach ihrer Hochzeit kam ihre erste Tochter Judith zur Welt, die allerdings bereits im Alter von vier Jahren starb. Acht weitere Kinder gebar Isabella in den folgenden Jahren, aber nie kam sie ganz über den Tod der kleinen Judith hinweg.

Isabella selbst starb, da war sie noch keine vierzig. Im achten Monat schwanger, begab sie sich in der *Pessach*-Woche eines Abends auf einen kleinen Spaziergang mit ihrem Mann, als ihr plötzlich ein Blutgefäß am Bein riss. Das Paar, das in der Dunkelheit die Schwere der Verletzung wohl unterschätzte, kehrte nach Hause zurück und rief den Arzt. Aber Isabella hatte bereits zu viel Blut verloren und starb in derselben Nacht in den Armen ihres Mannes. Auch das Kind, das sie trug, war nicht mehr zu retten. In den folgenden Jahren zog sich Isabellas Mann Samuel noch mehr in sich und auf seine strenge Gottesfurcht zurück. Bei der Beisetzung seiner Frau rief er, dass er seine Söhne und Töchter lieber tot neben der Ehefrau im Grab liegen sähe, als dass er sie unfromm wüsste.

Rahel Straus kannte Isabella und Samuel seit frühester Kindheit, war quasi mit den nun halb verwaisten Straus-Kindern aufgewachsen. So war ihr auch ihr zukünftiger Bräutigam Eli von klein auf vertraut. Eli studierte später in München Jura, wurde dort Anwalt und holte schließlich auch Rahel nach Bayern. Aus Rahel Straus' Memoiren wissen wir viel über das Leben der Feuchtwangers im ausgehenden 19. und frühen 20. Jahrhundert. Ihr Blick von außen ist aufschlussreich. Sie entstammte selbst einer streng observanten Welt und betrachtete die besondere Melange aus bayerischem Barock und jüdischer Orthodoxie, die sie bei der Herkunftsfamilie Isabella Feuchtwangers vorfand, mit einigem Staunen und großer Sympathie.

Um die Feuchtwangers im Lehel läuteten Ehrfurcht einflößend die Glocken der St.-Anna-Kirche, huschten Mönche über den Platz, bekreuzigten sich beflissen Nachbarinnen und Nachbarn, wenn sie das Kruzifix passierten, und dennoch war das Viertel wohl mehr als jede andere Ecke in München eine jüdisch-orthodoxe Welt. Das Leben seiner jüdischen Bewohnerinnen und Bewohner war hier auf besondere Weise verwoben mit der christlichen und säkularen Umwelt und blieb doch als eigene Struktur erkennbar. Wie in einem Kaleidoskop fügte es dem Alltag eine weitere farbige Facette hinzu und veränderte damit das Bild.

Hier stand seit 1892 die *Schul* der Frommen, die Ohel-Jakob-Synagoge, die in bequemer Fußläufigkeit zu erreichen war, denn am Schabbat durfte man weder die Droschke benutzen noch weitere Strecken zu Fuß gehen. Und nicht nur freitags und samstags traf man sich hier, viele Männer der Familie kamen mehrmals die Woche und diskutierten Passagen aus Tora und Talmud im *Schi'ur* von Rabbiner Ehrentreu. Dass man nach diesen Lehrstunden auf dem Heimweg umstandslos noch auf eine Maß im benachbarten »Hofbräuhaus« vorbeischauen konnte, mag ein weiterer Anreiz gewesen sein. Am Samstag kehrte die Familie nach der Synagoge ebenfalls im »Hofbräuhaus« ein, allerdings artig auf Kaffee und Kuchen. Und da der Umgang mit Geld am Schabbat verboten ist, ließ man gewohnheitsmäßig anschreiben und beglich die Rechnung werktags. Man achtete die Schabbat-Ruhe und mischte sich dennoch unters Volk. So schafften es die Feuchtwangers mitten in einer nicht jüdischen bayerischen Welt, die man bis zu einem gewissen Grad als seine eigene betrachtete, bewusst Juden zu bleiben.

Die Feuchtwangers dieser Generation hatten harte Schädel. Und doch legten sie eine erstaunliche Kombination aus beharrlichem Festhalten an jüdischer Observanz und Flexibilität gegenüber der Umgebung an den Tag. Sigmund Feuchtwangers wertvolle und umfangreiche Bibliothek enthielt sowohl althebräische Werke, Manuskripte und Drucke als auch kostbare Ausgaben der deutschen Klassik, Romantik und des Biedermeier. »Er konnte uns Kindern am Mittag von der Verschiedenheit der Auslegungen von Hillel und Schamai erzählen«, so Martin Feuchtwanger, »und fünf Minuten später von der Tücke der Elisabeth gegenüber der Maria Stuart oder von den Schönheiten der Versunkenen Glocke. Altjüdische Gelehrsamkeit und neue deutsche Literatur in einem Topf.«[15]

Johanna und Sigmund Feuchtwangers Sohn Lion, der später weit über die Grenzen Bayerns berühmt werden sollte, betonte, dass seine Familie »Deutsch mit dem gleichen breiten, kräftigen bayerischen Akzent« sprach »wie alle anderen« und dass man am Leben teilnahm, soweit das die jüdischen Bräuche zuließen. Der Vater und sämtliche Onkel und Tanten, so berichtet auch Lions Bruder Martin, hätten Münchnerisch gesprochen. Da hieß es nicht »Halte deinen Mund«, sondern »Halt d'Goschen«, und nicht: »Was gibt's heute Schönes zu speisen?«, sondern »Was hammer denn heit zum Essen?«. Lion Feuchtwanger, der 1906 einige Zeit in Berlin studierte, fiel der Abschied aus der Reichshauptstadt nicht sonderlich schwer. Im Zug zurück nach Bayern habe sich seine Laune schlagartig gehoben, so berichtet er in seinem Tagebuch, als er »wieder süddeutsche Laute« vernahm. Er fuhr schnurstracks ins Münchner Faschingstreiben hinein, was ihn wohl noch zusätzlich aufheiterte.[16]

Eine urbayerische Einrichtung kam den Feuchtwangers übrigens sehr zupass. Von jeher ging man in München für exzellenten Biergenuss »auf den Keller«. Um den kostbaren Gerstensaft vor Sonne und Hitze zu schützen, hatten die bayerischen Wirte kellerartige Gewölbe angelegt, oft im Schatten hoher Rosskastanien. Aus diesen »Kellern« entstand schon bald die zünftige Tradition des Biergartens – einer zutiefst inklusiven Veranstaltung, denn man gesellte sich auf den einfachen Holzbänken auch zu Wildfremden und kam mit sämtlichen Schichten der Münchner Stadtgesellschaft ins Gespräch. Anders als im Wirtshaus konnte man zudem im Biergarten sein eigenes Essen mitbringen, was nicht nur ärmeren Leuten, die sich den angebotenen Steckerlfisch oder das braun gebrutzelte Henderl nicht leisten konnten, zugutekam, sondern auch orthodoxen Juden, die sich an die

Speisegesetze hielten. Da Bier koscher ist, konnten die Feuchtwangers, die diese bayerische Spezialität ebenso schätzten wie ihre Landsleute, eine kühle Maß genießen und dabei ihre eigenen koscheren Speisen verzehren. So saß man am Franziskanerkeller auf der Isarhöhe oder auf der Schwanthalerhöhe, aß seinen Radi, ein Stück koscherer Wurst mit Brezen und genoss den Blick in die Weite, bei Föhn bis zur Zugspitze.

Aber auch abseits des Biergartens gehörte ein frisch gezapftes Bier für die Feuchtwangers zu einer vollständigen Mahlzeit dazu. Bevor's zu Tisch ging, drückte man einem der Kinder ein paar Groschen in die Hand und schickte es ins benachbarte Wirtshaus, um Vater und Großvater eine Maß zu holen. Die *Pessach*-Woche, in der nichts Gesäuertes, also auch kein Bier, genossen werden durfte, war für zahllose fromme Juden eine wahre Kasteiung. Sobald die Feiertage vorüber waren, begab man sich ins Wirtshaus, wo nach einwöchiger Abstinenz Bier und Brezen umso besser schmeckten.

So wie die bierfreie *Pessach*-Woche zum Jahreszyklus gehörte, war auch die Sommerfrische fester Bestandteil des Feuchtwanger'schen Kalenders. Jedes Jahr, wenn es heiß wurde in der Stadt und die langen Schulferien anstanden, brachen die verschiedenen Zweige der Familie in ihre jeweiligen Sommerdomizile auf. Johanna und die Kinder verbrachten einige Wochen in Starnberg oder in Kochel, während Sigmund nur an den Wochenenden aus München angereist kam. Auf zwei oder drei große Wagen wurden Essgeschirr, Kochgerät, Bettzeug und allerhand andere unabkömmliche Dinge verladen. Dann setzte sich die Prozession in Bewegung. Ein paar der größeren Kinder durften in den Gespannen, gezogen von schweren Rössern, die sonst die Margarine-Fracht der Fabrik kutschierten, mitfahren. Sie genossen die unbeschwerte Reise aufs Land und scherzten mit Seppl oder Xaver, den Arbeitern ihres Vaters, die die Wagen lenkten. Die Mutter und die jüngeren Geschwister reisten mit der Bahn hinterher.

Auf dem Lande folgte das Leben einem anderen Takt. Man musste nicht repräsentieren, die Kinder durften die Natur genießen und blieben verschont von der eisernen Disziplin der Schule und dem nie zufriedenzustellenden Wetzilum. Und selbst die »strenge Mutter schraubte ihre Strenge um zwei Punkte zurück«. Die Familie bezog ein großes Bauernhaus, und die Feuchtwanger-Kinder verbrachten viel Zeit mit den acht Töchtern der Bauersleute, lernten den Unterschied zwischen Hahn und Kapaun, Pferd und Maulesel, Ochs und Stier. Die Bauernmädchen wiederum erfuhren alles über das Leben von Lion, Martin und ihren Geschwistern in der Stadt. Lehrer Wetzlar wäre stolz gewesen, denn »zuletzt konnten die acht Bauerntöchter wie wir auch die Namen der zwölf Söhne Jakobs herunterleiern: Ruben Simeon Levi Juda Dan Naphtali Gad Asser Issachar Sebulon Joseph Benjamin«.[17]

Zurück in München, gingen für die Kinder nicht nur die Strapazen der Schule und des täglichen Religionsunterrichts wieder los, auch Mutter Johanna musste nun wieder ohne alle Abstriche die Rolle der vornehmen Dame und zugleich der unermüdlichen Managerin eines großen Haushalts übernehmen. Und schon schraubte sie ihre Ansprüche wieder hoch. Die Tochter aus gutem Hause konnte nicht aus ihrer Haut und legte an alle, sich selbst eingeschlossen, höchste Standards an. Ihre Zugehörigkeit zur Oberschicht zeigte sie durch demonstratives Abstandhalten zu den Dienstboten. Vertraulichkeiten jeglicher Art gegenüber dem Personal waren ihr zuwider, und sie bläute auch den Kindern ein, niemals zu vergessen, dass sie zu den Herrschaften gehörten und sich nicht mit Köchin, Kutscher oder Dienstmädchen gemein machen durften.

Marta Feuchtwanger zufolge dominierte Johanna ihren Mann und ihre Kinder ohne viele Worte. Wenn sie ärgerlich war, presste sie die Lippen aufeinander, und ein Blick in ihre Augen verriet, dass nun nicht mit ihr zu spaßen war. Sigmund hatte großen Respekt vor seiner Frau und versuchte stets, es ihr recht zu machen. Nur wenn die Mutter gar zu sehr zankte, erinnert sich Martin Feuchtwanger, sah man am Zucken der Augenlider seines Vaters, wie sehr er unter ihrer Unzufriedenheit litt.[18]

Kinderlosigkeit und andere Krisen

Um keine Missverständnisse aufkommen zu lassen, es ist keinesfalls so, als hätten in der Familie immer die Frauen den Ton angegeben. Bei Angelo Feuchtwanger sagte, neben der durchsetzungsstarken, bereits erwähnten Niederbayerin Lina, unangefochten der Hausherr, wo es langging. Angelo war Auguste und Jacob Löw Feuchtwangers Zweitgeborener, ihr ältester Sohn Siegfried erkrankte bereits als junger Mann schwer und kam für die Geschäftsnachfolge nicht infrage. Wie schon sein Vater vor ihm wurde auch Angelo im Alter von dreizehn Jahren, kurz nachdem er *Bar-Mizwa* geworden war, in die Lehre geschickt. Er verbrachte mehrere Jahre bei seinen Verwandten mütterlicherseits in Frankfurt und lernte bei seinen Onkeln Hahn von der Pike auf das Bankgewerbe. Zu Angelos Eltern in München kam unterdessen wenig später sein Großvetter Oscar in die Lehre. Oscar Wassermann sollte in der ersten Hälfte des 20. Jahrhunderts einer der wichtigsten Bankiers des Kaiserreiches und der Weimarer Republik werden, von 1912 bis 1933 saß er im Vorstand der Deutschen Bank. Eine Ausbildung im Bankhaus J. L. Feuchtwanger bereitete also durchaus auf eine außerordentliche Karriere vor.

Angelo Feuchtwanger folgte der Familientradition, kehrte 1874 nach erfolgreichen Lehrjahren bei den Hahns nach München zurück und arbeitete als Juniorchef unter seinem Vater. Neben der Vermögensverwaltung investierte die Bank in dieser Zeit in die bayerische Textil- und Maschinenindustrie, blickte aber auch weit über den süddeutschen Tellerrand hinaus und engagierte sich für Eisenbahnprojekte in der Türkei und Südamerika. Bezeichnend ist die Tatsache, dass die Bank es stets ablehnte, Geschäfte mit Russland oder Rumänien zu machen, weil sie die antijüdischen Ausschreitungen in diesen Ländern und den zum Teil staatlich praktizierten Antisemitismus verurteilte.

1883 heiratete Angelo die aus Eisenstadt im Habsburgerreich stammende Fritzi Spitzer. In der recht verschlafenen kleinen

Stadt mit langer jüdischer Geschichte wirkte um diese Zeit einer der Vordenker der Neo-Orthodoxie, Rabbiner Esriel Hildesheimer. Eisenstadt beherbergte eine sehr alte Synagoge, und am Schabbat wurden an beiden Enden des jüdischen Viertels Ketten gespannt, die den sonst regen Geschäftsverkehr während des Ruhetags aussperrten. Die Spitzers zählten zu den hoch angesehenen Mitgliedern der Gemeinde. Die Verbindung war also eine durchaus passende, auch wenn Fritzis Vater nicht Bankier, sondern Tuchhändler war.

Fritzi hatte es nicht leicht in dieser Ehe, zeigte sich ihr Mann doch oft ruppig und jähzornig. Sie selbst war nicht gerade von robuster Gesundheit und gebar doch fünf Kinder, bevor sie mit nicht mal fünfzig Jahren einem Lungenleiden erlag. Rahel Straus erinnert sich ihrer als liebevolle und hilfsbereite Frau, die immerzu vermitteln musste zwischen ihrem strengen Mann und ihren Kindern, von denen besonders die beiden jüngsten Söhne, Theodor und Jacob Leo, sehr zart waren und besonderer Pflege bedurften.[19]

Als sein Vater Jacob Löw Feuchtwanger 1890 starb, übernahm Angelo die Leitung des Bankhauses, doch auch sein Bruder Lothar arbeitete nach der Lehre im Familienunternehmen und war seit 1888 Teilhaber. Und noch ein weiterer Bruder, der 1862 geborene Eduard, beteiligte sich an den Geschäften. Letztgenannter scheint allerdings die demonstrative Umsicht, die sein Vater und seine Onkel jahrzehntelang an den Tag gelegt hatten, in den Wind geschlagen zu haben. Er strebte nach dem schnellen Geld, offenbar durchaus ermuntert von seiner Frau Helene. Eduard überredete die Familie zu riskanten Investitionen und erlitt prompt Schiffbruch, woraufhin die Bank im ausgehenden 19. Jahrhundert in eine schwere Krise geriet.

Als Auguste Feuchtwanger 1896 starb, konnte sie nur hoffen, dass es den Söhnen gelingen würde, das Unternehmen, das sie mit ihrem Mann mit harter Arbeit aufgebaut hatte, einigermaßen unbeschadet ins neue Jahrhundert zu führen. Mithilfe der Familie in Fürth und deren Bankhaus sowie der Familie Straus in Karlsruhe, vor allem dem unermüdlichen Engagement Eli Straus',

Augustes ältestem Enkel, gelang es die J. L. Feuchtwanger Bank zu retten. Eduard aber warf seinen Brüdern in den folgenden Jahren, auch als es längst aufwärtsging, vor, nicht entschieden genug ins Risiko gegangen und daher selbst für das Unglück verantwortlich gewesen zu sein. Der Streit zwischen den Brüdern lastete schwer auf der Familie. Eduard wurde auch nicht versöhnlicher, als seine Frau ihn schließlich für einen christlichen Ingenieur verließ. Damals eine Ungeheuerlichkeit in der Familie und ein veritabler Skandal.

Das Konzept des Familienunternehmens wurde traditionell von vielen jüdischen Familien favorisiert, weil man vermeintlich wusste, wen man sich in den Laden holte. Eduards Beispiel zeigt, dass auch der eigene Bruder die Geschäfte in Gefahr bringen konnte, aber alles in allem beweist die Beinahepleite der Bank auch, wie verlässlich das familiale Sicherheitsnetz auch in diesen Tagen noch war. Die Feuchtwangers in Fürth, allen voran Tante Anna und Onkel Benjamin, die Strausens und vermutlich auch die Hahns und Wassermanns sprangen ein, als die J. L. Feuchtwanger Bank ins Trudeln geriet, letztlich hing das Schicksal zu vieler der Ihren an dieser Firma.

Dass gerade der Fürther Familienzweig bei der Rettung der J. L. Feuchtwanger Bank voranging, ist kein Wunder, schließlich verbanden Jacob Löws und Augustes Tochter Anna und deren Mann Benjamin die Feuchtwangers in Franken und jene in Oberbayern. Als die junge Frau im Jahr 1868 ihren Onkel heiratete, hatte sie als Mitgift einen hübschen Betrag im Gepäck, der substanziell zum Ausbau des Bankhauses Gebrüder Feuchtwanger in Fürth beitrug. Als später das Münchner Bankhaus in die Krise schlitterte, war der Zeitpunkt gekommen, sich erkenntlich zu erweisen.

Anna blieb ihren Brüdern in München stets eng verbunden. Das mag auch daran gelegen haben, dass sie zumindest die jüngeren von ihnen mit aufgezogen hat. Als älteste Tochter Augustes hatte Anna schon als Kind und Jugendliche einen beachtlichen Beitrag an Kleinkinderbetreuung und Haushaltsarbeit zu leisten.

Wenn die Mutter auf Reisen oder im Kontor war oder mal wieder im Wochenbett lag, übernahm Anna den Haushalt. Einmal ertappte sie die Amme, die sich beim vermeintlichen Stillen jedes Mal auffallend lange mit dem Baby einschloss, dabei, wie sie dem Säugling die Flasche gab statt die Brust. Noch am selben Abend wurde die Amme entlassen, denn das Fläschchen konnte auch die große Schwester geben. Immer wieder gab es auch Zoff mit der Köchin, die keine Befehle von dem kleinen Mädchen entgegennehmen wollte.

Während die Buben der Familie nach der Volksschule begannen, eine Handelsschule zu besuchen, beziehungsweise zu den Onkeln in die Lehre geschickt wurden, lernten die Mädchen alles, was sie wissen und können mussten, zu Hause. Einen Beruf zu ergreifen war damals für Frauen unüblich, ja geradezu eine Extravaganz. Die Feuchtwanger-Töchter wurden von ihren Müttern, Tanten und Großmüttern darin unterwiesen, wie man ein Haus führte und Kinder großzog, und einige von ihnen arbeiteten durchaus auch in den Büros der Familienunternehmen, allerdings ohne formelle Ausbildung. Bevor den Feuchtwangers endgültig der Sprung ins gehobene Wirtschaftsbürgertum gelang, brauchte man jede Hand und jeden Kopf und konnte es sich nicht leisten, dass sich die Töchter mit Ballett- oder Französischunterricht langweilten, bis sie »weggeheiratet« wurden.

Rahel Straus meint, Anna Feuchtwanger sei trotz der Verantwortung, die sie von klein auf trug, noch ein rechtes Kind gewesen, als sie ihren Onkel geheiratet habe und da sie selbst keine Kinder bekommen habe, sei sie auch zeitlebens ein wenig kindlich geblieben.[20] Während ihre Schwestern und Schwägerinnen meist schon wenige Monate nach ihrer Vermählung freudig verkündeten, dass sie guter Hoffnung seien, müssen gerade die ersten Jahre ihrer Ehe für Anna eine ziemliche Tortur gewesen sein, wenn sie allmonatlich feststellen musste, dass es wieder nicht geklappt hatte. Im ausgehenden 19. Jahrhundert hatten die Feuchtwangers in der Regel noch große Familien, wenn auch nicht mehr ganz so kinderreich wie noch eine oder zwei Generationen zuvor.

In orthodoxen Kreisen wurde und wird Kinderlosigkeit als

großes Unglück betrachtet. Nicht umsonst handeln viele der bewegendsten biblischen Geschichten von Frauen, die vergebens auf Nachwuchs warten: Sarah, die erst als sehr alte Frau Mutter wird; Hanna, die Gott im Tempel inbrünstig um einen Sohn anfleht; Rachel, die ihre Schwester Lea glühend um deren zahlreichen Nachwuchs beneidet. Verzweifelt ruft Rachel ihrem Mann Jakob zu: »Schaffe mir Kinder, wenn nicht, so sterbe ich«. Woraufhin dieser entgegnet: »Bin ich doch nicht Gott, der dir deines Leibes Frucht nicht geben will.«[21] Damit ist klar, wer Leibesfrucht gewährt oder verweigert – niemand anders als Gott selbst. Höher kann man die Sache nicht hängen. Daher auch die brutale Konsequenz: »sonst sterbe ich«. Die persönliche Katastrophe in Rachels Worten ist heute noch so spürbar wie vor über zweieinhalb Jahrtausenden, als dieses Ehedrama niedergeschrieben wurde. Unklar ist, ob Rachel meint, dass es für sie keinen Grund gibt, weiterzuleben, wenn sie keine Kinder hat, oder ob es ihr um etwas anderes, Grundlegenderes geht. Wenn sie keine Söhne und Töchter in die Welt setzt, hat sie auch keine Nachkommen, in denen sie fortlebt, sie stirbt dann nicht nur, sie stirbt quasi aus. Der hebräische Begriff, der in der Bibel für eine kinderlose Frau gebraucht wird, ist *akarah.*[22] Wörtlich übersetzt bedeutet das »entwurzelt«. Was dahintersteckt, ist klar: Eine Frau ohne Nachkommen ist nicht Teil eines kräftigen Stammbaums, sie gleicht vielmehr einem entwurzelten Baum, der keinen Halt hat und keinen Halt gibt, einem Baum, der dazu verdammt ist zu verkümmern.

Abgesehen von dem Kummer, keine eigenen Söhne und Töchter zu haben, hatte Kinderlosigkeit für Frauen lange Zeit auch ganz konkrete soziale Folgen. Dem jüdischen Gesetz zufolge sollte eine Ehe, die zehn Jahre lang ohne Kinder blieb, geschieden werden, sodass beide Partner in einer neuen Verbindung noch einen Versuch unternehmen konnten, Vater beziehungsweise Mutter zu werden. In der Realität wurde in der Vergangenheit aber allzu oft die Frau für Kinderlosigkeit verantwortlich gemacht, und während der Mann meist reelle Chancen hatte, eine neue Frau zu finden, galt die unfruchtbare oder vermeintlich unfruchtbare Frau als Ausgestoßene.

Eine Scheidung indes scheint bei Anna und Benjamin Feuchtwanger nicht zur Diskussion gestanden zu haben. Die katastrophalen Folgen einer Trennung bei derartig starker Vermengung familiärer und wirtschaftlicher Interessen, wie wir sie bei den Feuchtwangers und vielen anderen jüdischen Familien finden, wurden bereits beschrieben. Es konnte nicht in ihrem Interesse sein, diese Ehe, die nicht nur Generationen, sondern auch zwei verschiedene Familienzweige verband, zu lösen.

Unfruchtbarkeit, so viel wird klar, quälte Frauen in allen Zeiten, in durch und durch patriarchalen Gesellschaften aber, in denen der Wert einer Frau auch daran bemessen wurde, wie viele Stammhalter sie gebar, und Kinder als göttlicher Segen interpretiert wurden, erlebte man sie geradezu als Stigma. Wir wissen nicht, ob Anna und Benjamin ihre Kinderlosigkeit als ein solches erlebten und ob ihre Unfruchtbarkeit eventuell auch ein Resultat ihrer engen Verwandtschaft war. Aber gerade weil sie keine eigenen Kinder hatten, fühlten sich Anna und Benjamin besonders eng verbunden mit den Nichten und Neffen und nahmen einige von ihnen unter ihre Fittiche. Die beiden galten im ausgehenden 19. Jahrhundert als Haupt der Familie.

Ein Haus in Jerusalem

Besonders in Sachen Frömmigkeit waren Anna und Benjamin vielen in der Familie ein Vorbild. Bereits vor 1900 wagten die beiden eine Überfahrt nach Palästina, damals noch Teil des Osmanischen Reiches. Die Reise war an sich schon bemerkenswert, die zionistische Bewegung lag quasi noch in der Wiege, wurde sorgsam genährt und gehegt von Theodor Herzl und seinen Mitstreiterinnen und Mitstreitern, die in den jüdischen Gemeinden des Kaiserreichs mit großem Misstrauen beäugt wurden. Im Jahr 1896 war Herzls Schrift *Der Judenstaat* erschienen, ein Jahr später trat in Basel der erste Zionistische Kongress zusammen. Eigentlich hätte dieser übrigens in München abgehalten werden sollen, doch während die bayerische Staatsregierung der Durchführung des Zionisten-Treffens keineswegs ablehnend gegenüberstand, wehrten sich die führenden Männer der jüdischen Gemeinde mit Händen und Füßen dagegen und eröffneten deutschlandweit eine antizionistische Kampagne. Eine Erklärung gegen den Kongress wurde nicht nur von liberalen und konservativen Rabbinern unterzeichnet, sondern auch von vielen Vertretern der Orthodoxie. Zum einen warf man den Zionisten Eingreifen in die messianische Verheißung vor, zum anderen beschuldigte man sie der mangelnden Loyalität gegenüber dem deutschen Vaterland. Die Feuchtwangers zählten zu den wenigen Unterstützern des Kongresses, standen damit allerdings auf verlorenem Posten.

Anna und Benjamin waren keine Zionisten im modernen Sinn, aber sie hegten eine innige Zionsliebe, die immer auch verbunden war mit Wohltätigkeit für jene Juden, die im Heiligen Land lebten und durch ihre Präsenz die Erinnerung an die lange jüdische Geschichte vor Ort hochhielten. Während ihrer Reise machten Anna und Benjamin Pläne für ein Haus, das sie anschließend am damaligen Deutschen Platz im jüdischen Teil der Jerusalemer Altstadt, dem heutigen Batei Mahase Square, errichten ließen. Von der wunderschönen Terrasse des »Feuchtwanger Hauses« blickte man bis zur *Kotel*, der Klagemauer, und hinunter bis ans Tote Meer. Am Deutschen Platz ließen damals verschiedene wohlhabende jüdische Familien aus Deutschland und Holland Häuser für wohltätige Zwecke bauen und zeigten damit auch ihre Verbundenheit mit *Erez Israel*. Die Tatsache, dass die Feuchtwangers wie die Rothschilds, die Montefiores und andere orthodoxe Familien in Jerusalem Eigentum erwarben und dort investierten, gibt uns einen kleinen Einblick in ihre Finanzen. Sie spielten sicher nicht in derselben Liga wie die Rothschilds, die zu diesem Zeitpunkt bereits europaweit agierende Großunternehmen unterhielten, hatten offenbar aber doch ausreichend Mittel, um ein derartiges Projekt zu finanzieren und zu betreuen.

Aber Anna und Benjamin Feuchtwanger waren nicht das einzige Paar, das damals Palästina bereiste. Um die Zeit, zu der die Feuchtwangers in *Erez Israel* unterwegs waren, statteten auch

Kaiser Wilhelm II. und Auguste Viktoria dem Osmanischen Reich einen Besuch ab. 1898 machten sie Visite in Konstantinopel, Beirut, Haifa, Jaffa und auch Jerusalem, wo sie der feierlichen Einweihung der Erlöserkirche beiwohnten. In unmittelbarer Nähe der altehrwürdigen Grabeskirche und aus dem berühmten sandfarbenen Jerusalemer Kalkstein errichtet, fügt sie sich farblich in ihre Umgebung ein und ragt mit ihrem mächtigen Turm doch dröhnend wie eine preußische Trutzburg aus der Silhouette der Heiligen Stadt. Die Hohenzollern weckten in Hochzeiten des europäischen Kolonialismus mit ihrer Präsenz nicht von ungefähr Erinnerungen an mittelalterliche Herrscher und längst vergangene Kreuzfahrerzeiten. Auch auf dem Ölberg, wo einst Jesus über Jerusalem geweint haben und nach seiner Auferstehung in den Himmel gefahren sein soll, ließen Wilhelm und Auguste Viktoria ein Spital und eine Kirche bauen. Der Stil der Himmelfahrtskirche wurde wilhelminisch-neobyzantinisch genannt, was sich irgendwie widersprüchlich anhört, aber wohl den imperialen Anspruch des Kaisers unterstreichen sollte. Das Osmanische Reich war bereits am Schwächeln, und es konnte, Wilhelms Meinung nach, nicht schaden, eine stattliche preußische Standarte zu hissen auf einem Gebiet, das von jeher hart umkämpft war.

Ebenfalls eine Standarte gedachte übrigens Theodor Herzl in Palästina zu hissen, allerdings nicht die preußische, sondern die zionistische, und es traf sich gut, dass die junge Bewegung seit wenigen Monaten eine solche besaß. Gehalten in Blau und Weiß erinnert sie an einen jüdischen Gebetsschal, in dessen Mitte ein *Magen David,* ein Davidstern, prangt. Die Frage war, ob man die Interessen der beiden Flaggen, die der Hohenzollern und der Herzls, irgendwie unter einen Hut bringen konnte. Für einen sehr kurzen Moment sah es tatsächlich so aus. Herzl traf den Kaiser wenige Tage nach der Einweihung der Erlöserkirche in Jerusalem mit hohen Erwartungen, denn der Kaiser hatte ihm vorab durchaus Hoffnung gemacht. Die Gründe, warum Wilhelm sich zunächst für ein deutsches Protektorat einer jüdischen Ansiedlung in Palästina erwärmt hatte, waren allerdings von Beginn an zwielichtig und in jedem Fall auch antisemitisch motiviert gewesen. Und nach einer Unterredung mit dem Sultan in Konstantinopel wurde dem Preußen schnell klar, dass die Osmanen ein derartiges Arrangement niemals dulden würden. Er machte einen Rückzieher und ließ Herzl auflaufen.

Während Herzl das Heilige Land in den folgenden Tagen fluchtartig verlassen musste, weil ihm die Spione des Sultans auf den Fersen waren, und er desillusioniert nach Wien zurückkehrte, verlief die Rückreise der Feuchtwangers weit unspektakulärer. Mit der Balfour-Erklärung würde eine europäische Großmacht erst neunzehn Jahre später ihr O.k. zur Errichtung einer jüdischen Heimstätte geben, und es sollte dann noch weitere einunddreißig Jahre dauern, bis der jüdische Staat tatsächlich das Licht der Welt erblickte. Das »Feuchtwanger Haus« aber beherbergte in den folgenden Jahrzehnten Rabbiner und religiöse Studenten aus ganz Europa, die sich zum Studium oder auf Pilgerfahrt in Palästina aufhielten. Das Haus war Stein gewordener und mit Leben erfüllter Ausdruck der tiefen Zionsliebe der Familie.

Als Benjamin Feuchtwanger im Sommer 1906 starb, kehrte seine fünfundfünfzigjährige Witwe nach München zurück und übernahm in ihrer Heimatstadt die Rolle der Matriarchin. Mithilfe ihres Bruders Angelo und ihres Neffen Eli machte sie ein Testament, das die Einrichtung eines Fonds vorsah. Statt den Nachlass für die Nichten und Neffen in viele Teile zu zerstückeln, sollte der Familienfonds allen zugutekommen, die seine Unterstützung benötigten, als Zuschuss beim Studium, als Beihilfe zur Verheiratung der Töchter oder in sonstigen Notfällen. Anna starb im Oktober 1915, das Deutsche Kaiserreich befand sich im Kriegszustand, ganz Europa lag in den Gräben, die Tage des Osmanischen Reiches waren gezählt. In den folgenden Jahren aber wurde rege Gebrauch gemacht vom Familienfonds, der von Angelo und August Feuchtwanger sowie Eli Straus verwaltet wurde.

Im Herbst 1943

Jerusalem

Vor zwanzig Jahren brannte Smyrna. Immer wenn das neue jüdische Jahr beginnt, wenn in Jerusalem nach einem langen Sommer der erste Regen fällt, muss Rahel daran denken. Der Große Krieg war gerade überstanden, und nach Revolution und Gegenrevolution kehrte in München wieder ein bisschen Ruhe ein. Zu sehr waren alle damit beschäftigt gewesen, den politischen Unruhen und der wüsten Inflation zum Trotz Essen auf den Tisch zu bringen, als dass man seinen Blick allzu sehr in andere Weltgegenden hätte schweifen lassen. Rahel erinnert sich noch sehr genau, wie sie das Foto der brennenden Stadt in der Zeitung gesehen hat. Smyrna – das klang märchenhaft, nach einer reichen, stolzen Metropole. Der Gedanke an die Kirchen, Moscheen und Synagogen, die da in Flammen aufgingen, hatte ihr einen Stich ins Herz versetzt. Noch mehr aber hatte sie das Leid der Menschen betrübt, Tausende und Abertausende auf der Flucht. Männer, Frauen und Kinder, die die Hafenstadt als ihre Heimat begriffen hatten und nun nur noch auf ein rettendes Schiff warten konnten. Und so viele warteten vergebens.

Irgendetwas ist passiert, denkt Rahel, irgendetwas stimmt nicht mit diesem Jahrhundert. Sitzen wir denn jetzt alle für immer auf gepackten Koffern? Sie horcht auf. Ist das ein Wimmern? Sie will kein Licht im Flur machen, obwohl es draußen schon finster gewor-

den ist. Leise tastet sie sich voran in ihr Schlafzimmer, wo der kleine Eli in seiner Wiege liegt. Sie atmet auf. Das Kind schläft tief und fest. Endlich! Lange genug hat es wieder gedauert. Sein kleines Gesicht sieht entspannt aus, aber die beiden Händchen sind zu winzigen Fäusten geballt. Da – wieder ein leises Muckern. Merkwürdig, denkt Rahel, wie man immer wieder vergisst, was für seltsame Laute kleine Babys von sich geben. Rahel lächelt und schleicht sich raus. Bloß nicht auf die lockere Holzdiele im Flur treten, die sonst markdurchdringend knarzt und den Kleinen womöglich aufschreckt. Sie verharrt kurz am Treppenabsatz. Im ersten Stock ist es ruhig. Gut! Bella schläft hoffentlich auch. Die jungen Frauen meinen, Wochenbett bräuchte es nicht mehr. Die Wahrheit aber ist, dass diese erste Zeit nach der Geburt eines neuen Menschleins heilig ist. Der Körper und die Seele brauchen diese Karenzzeit, um sich zu regenerieren. Das hat Rahel »ihren« Schwangeren immer wieder gepredigt, und nun kann sie ihrer Tochter nur denselben Rat geben.

Der kleine Eli ist Rahels zweites Enkelkind, und selbstverständlich hat Bella ihren ersten Sohn nach ihrem verstorbenen Vater benannt. Es ist Rahel Freude und Schmerz zugleich. Sie geht in die Küche und setzt Wasser auf. In den letzten Tagen ist es draußen ungemütlich geworden. Der Jerusalemer Sandstein vermag in der Sommersonne magisch zu glühen. Man kann sich problemlos vorstellen, dass sich genau hier König David in die schöne Batseba verguckt hat. Nun sind die Gebäude unter dem Regen schmutzig grau geworden. Der kleine Kohleofen in der Küche hat Mühe, in Gang zu kommen. Rahel bleibt neben dem Herd stehen wie eine Wächterin, auf dass kein Kesselpfeifen noch sonst ein Ungemach den Schlaf des Kleinen stören möge. »Fürwahr, nicht schläft, noch schlummert der Hüter Israels«, denkt Rahel. Sie war die Hüterin so vieler Häuser, aber die ständige Wachsamkeit hatte sie müde gemacht.

Ihre Gedanken wandern zurück zu jenem Spätsommer 1923. Sie waren damals froh, dass der »kranke Mann am Bosporus«, wie man das Osmanische Reich despektierlich nannte, seinem langen Leiden erlegen war. Der Krieg hatte ihm den Rest gegeben. Nur wenn dieses innerlich ausgehöhlte Riesenimperium endgültig auf der Landkarte verblasste, würde es Platz geben für einen jüdischen Staat, das sah Rahel wie die meisten Zionistinnen und Zionisten glasklar. Das Foto von Smyrna aber ließ Rahel nicht los. Sie fühlte die Hitze, war geblendet von den Flammen, hörte die Schreie. Über Jahrhunderte hatten hier Griechen, Türken, Armenier, Levantiner und Juden zusammengelebt, hatten Geschäfte gemacht, im Hafen Ware verladen, starken Kaffee getrunken, im Schatten der Jasminbäume zuckersüße Knafeh *verspeist und den Blick in die Ferne schweifen lassen. Sie alle hatten die Stadt als die ihre betrachtet, doch gemäß der Logik, der die große Politik neuerdings folgte, konnte sie nur einem gehören.*

Rahel kann sich gut daran erinnern, wie das Beispiel Smyrnas sie mit Grauen erfüllt hat. Was dort passiert, schoss ihr damals durch den Kopf, kann auch anderswo passieren. Sie wünschte, die letzten zwanzig Jahre hätten sie eines Besseren belehrt, aber das Gegenteil ist der Fall. Die Deutschen treiben es gerade auf die Spitze mit ihrem Volkswahn. Alles, was nicht bis in die letzte Verästelung des Stammbaums »urdeutsch« ist, wird herausgerissen aus der Scholle. In einer Welt, in der Schutz nur genießt, wer der staatlichen Definition des Bürgers entspricht, denkt Rahel, bleibt uns nichts anderes übrig, als einen eigenen Staat aufzubauen. Wie schnell einem Bürgerrechte abhandenkommen können, haben wir in den letzten zehn Jahren lernen müssen. Aber seit sie jenes Foto des brennenden Smyrna gesehen hat, kann sie nicht umhin, sich zu fragen, was Jerusalem blüht, wenn die Welt ihren Blick abwendet. Die Griechen, die Armenier, die Levantiner in Smyrna hatten auf die Schutzmacht England gehofft – was hat es ihnen genutzt? Und sie waren immerhin Christen gewesen. Wer aber schützt die Juden?

Rahel nimmt den Kessel vom Herd und brüht sich einen starken Tee auf. Draußen ist es dunkel geworden. Sie schiebt den Auflauf in den Ofen, Bella wird hungrig sein, wenn sie aufwacht. Stillende Mütter sind gefräßig und ungeduldig, das weiß Rahel aus eigener Erfahrung.

Als sie im Sommer 1933 mit ihren Kindern fortging aus der Heimat, stand außer Frage, dass Palästina ihr Ziel sein würde. Auch damals schon glühte das brennende Smyrna in Rahels Hinterkopf. Was, wenn es in Jerusalem zu einer solchen Katastrophe kommen würde, wenn das Zusammenleben von Juden, Muslimen, von Römisch-Katholischen, Protestanten, Armeniern, Kopten und Griechisch-Orthodoxen ebenfalls bald der Vergangenheit angehören würde? Und wie viele Katastrophen kann eine Frau gleichzeitig jonglieren? Dass es in Deutschland keine Zukunft gibt, dass der europäische Kontinent für Jüdinnen und Juden zur Todesfalle geworden ist, darüber kann kein Zweifel bestehen. Was Palästina betrifft – nun, da kann man nur beten.

Im ersten Stock hört sie Schritte. Bella scheint wach zu sein. Auf Zehenspitzen schleicht Rahel zurück zum Schlafzimmer. Bald wird die durchdringende Stimme des Muezzin erklingen, der zum Abendgebet ruft. Sie öffnet die Tür einen Spaltbreit – Eli atmet regelmäßig und schläft noch immer tief. Vorsichtshalber schließt sie leise die Tür. Sie erinnert sich so gut an ihre Zeit als junge Mutter. Wenn ihre Erstgeborene, Bella, krank war, hielt sie es häufig nicht aus allein daheim mit dem Kind. Wie oft suchte sie Trost und Rat bei Tante Fritzi. Wie oft lud sie sich selbst dort zum Essen ein, erleichtert, ihre Sorgen mit einer erfahrenen Mutter und der nicht minder routinierten Lina zu teilen. In Gesellschaft dieser beiden gestandenen Frauen konnte sie aufatmen.

Onkel Angelo und Tante Fritzi und auch sie selbst und ihr Mann Eli waren nicht reich gewesen, aber es hatte ihnen materiell nie an etwas gemangelt. Das Leben in Deutschland war lange Zeit durchaus komfortabel gewesen. Rahel sieht sich in ihrem Wohnzimmer um, viele geliebte Möbelstücke stammen noch aus ihrer alten Wohnung in der Widenmayerstraße, ja, der Raum atmet eindeutig Münchner Luft. Und doch ist jetzt so vieles anders. In diesem Provisorium von einem Land ist das Leben nicht leicht, es fehlt praktisch an allem. Wer wie ich mit deutscher Bürokratie und Ordnung groß geworden ist, kann sich manchmal nur die Haare raufen, denkt Rahel. Aber eines ist auch klar: Es ist hier so viel leichter, Kinder zu aufrechten Jüdinnen und Juden zu erziehen. Alles ist so selbstverständlich. In Deutschland stach man ständig heraus, musste sich immerzu erklären, musste fortwährend seine Loyalität unter Beweis stellen. Anders als sie und ihre Generation wird ihr kleiner Enkel keine Balance finden müssen zwischen seiner Nationalität und seiner Religionszugehörigkeit.

In Deutschland waren wir Deutsche und Juden. Und eigentlich, denkt Rahel bis heute, ist es uns gar nicht schlecht gelungen, beides unter einen Hut zu bringen. Wir lebten in Deutschland mit allem, was dazugehört, gleichzeitig war unsere Welt eine jüdische. Wenn Rahel sich an ihre Sukkot-*Feiern am Starnberger See zurückerinnert, geht ihr immer noch das Herz auf. Mitten im schönsten Alpenvorland hatten sie im Garten ihres Häuschens eine festliche Laubhütte errichtet. Und die Sterne, die sie am nächtlichen Himmel sahen, hätten ebenso jene Sarahs und Abrahams, Rebekkas und Isaaks, Rachels und Jakobs sein können. Jeden Herbst verbrachten sie mit den Kindern die Festwoche auf dem Land. Die Hektik Münchens ließen sie hinter sich, erfreuten sich an den Bergen, dem See, ernteten Birnen und Äpfel und genossen die letzten Spätsommertage.*

Doch just in jenem September, in dem Smyrna in Flammen aufging, türmten sich auch für die Strausens Rauchwolken am Himmel auf, erste Vorboten, die erst Jahre später zu einem bedrohlichen Feuersturm werden sollten. In jenen Spätsommertagen störte ein Telefonanruf die feierliche Stimmung. Sigbert wollte sie warnen. »Ihr müsst sofort zurückkommen nach München.«

Auch Rahels treue Freundin Trude riet zur Vorsicht. Auf dem Land sollten sie nicht bleiben, aber für Eli sei es besser, auch die Münchner Wohnung zu meiden.

»Warum?«, entgegnete Rahel und schob ängstlich nach. »Ist an eine Bartholomäusnacht gedacht?«

»Es gibt viele, die glauben, eine Heldentat zu begehen, wenn sie einen Juden erschießen«, erwiderte Trude nur, und Rahel schauderte.

Kaum in München angekommen, organisierte Rahel eine Unterkunft für Eli außerhalb der Stadt. Die größeren Kinder brachte sie bei christlichen Freundinnen unter, ihren Jüngsten nahm die Hausmeisterin zu sich. Rahel war allein mit dem christlichen Dienst-

mädchen in der Wohnung, als um Mitternacht die Klingel ertönte. Mit den schlimmsten Befürchtungen öffnete sie die Tür – und ihr Mann stand vor ihr. »Hast du wirklich geglaubt, ich werde dich allein lassen?«[23]

Diese Nacht verlief ruhig, doch nur wenige Wochen später nahmen die dunklen Ahnungen Gestalt an. Das Verrückte ist ja, denkt Rahel, dass wir gar nicht wussten, wovor wir uns fürchteten. Es war wie mit einem Raubtier, das irgendwo in der Wildnis lauert. Du malst es dir in den schrecklichsten Farben aus, aber wenn du es erblickst, ist es dennoch tausendmal grässlicher. In diesem Herbst 1923 fletschte es seine Zähne zum ersten Mal.

Wie konnten wir glauben, dass die Bestie von allein wieder verschwinden würde, jetzt, wo sie unsere Angst gerochen hatte? Diese Frage beschäftigt sie noch immer mehr als alle anderen. Wieso hat Eli so lange gezögert? Auch diese Frage stellt sich Rahel zum millionsten Mal. Und wiederum zum millionsten Mal gibt sie sich selbst die Antwort: Die Gegenwart ist so stark, sie kann einem die Sinne vernebeln. Sie kann einen einlullen und festhalten im Augenblick, der ja immer ausgefüllt ist mit unendlich vielen Kleinigkeiten. Man braucht Fantasie, um sich ihr zu entreißen und in die Zukunft zu sehen. Man braucht Fantasie, um sich die Zukunft mit all ihren Schrecken, aber auch all ihren Chancen vorzustellen.

So viele sind ihrer fehlenden Fantasie aufgesessen, so viele haben zu lange ausgeharrt, während die Bestie in aller Ruhe zum Sprung ansetzte. Erst letzte Woche hat Rahel den unermüdlichen Sigbert getroffen, der im Alter seiner Mutter Fritzi immer ähnlicher wird. Die Sorgenfalten in seinem schmalen Gesicht sind hier in Palästina noch tiefer geworden. Bis vor Kurzem hat die Bank versucht, alle Hebel in Bewegung zu setzen, um Unglückliche aus Deutschland rauszuholen, doch die Zeit ist abgelaufen. Es gibt keine Rettung mehr, nicht mal für jene mit Geld. »Keine Neuigkeiten von Felice?« Rahel biss sich auf die Zunge und bereute sofort ihre Frage. Eine Antwort war gar nicht nötig, Sigberts Blick genügte. Schnell wechselten sie das Thema, sprachen über Sigberts Sohn Walter, der inzwischen auch ins Bankgeschäft eingestiegen war, und über Rahels frisch geborenes Enkelkind. Aber der Gedanke an Albert Schragen-

heims Jüngste ließ sie nicht los. Rahel erinnert sich gut an den freundlichen Mann mit der Nickelbrille, einen Großvetter Elis und einen der wenigen frühen Zionisten der Familie in Berlin. Felice und ihre Schwester könnten jetzt in ihrem Haus in der Nähe von Haifa sitzen und wären zusammen und in Sicherheit. Wenn Albert nur nicht so früh gestorben wäre …

All diese »Was wäre, wenn?« sind so erschöpfend. Das Leben eines Menschen passiert unzählige Kreuzungen und Weggabelungen, aber heutzutage, denkt Rahel, kann einmal falsch abbiegen über Leben und Tod entscheiden, und zwar nicht nur für sich selbst, nein, für die ganze Familie. Die Last ist manchmal kaum zu tragen.

Im Flur hört sie Schritte, die Holztreppen knarzen protestierend. Rahel öffnet die Ofentür und wirft einen prüfenden Blick auf die Kasserolle. Die Küche füllt sich mit dem tröstlichen Duft von Hühnereintopf. Rahel dreht sich um, in der Küchentür steht ihre Tochter mit dem kleinen Eli auf dem Arm, der sie mit seinen murmelrunden blauen Augen ansieht, als sähe er sie zum ersten Mal.

Schofar-Töne aus den Wolken

Sein Vater, so erinnert sich Martin Feuchtwanger, sei vom Gendarm, vom Kirchendiener und vom Postmeister stets ehrfurchtsvoll gegrüßt worden. Er habe als kleiner Junge nicht recht begriffen, warum das so war und warum der Vater wiederum nur lässig an seine Hutkrempe griff und ein beiläufiges »Grüß Gott« erwiderte.[24] Die Feuchtwangers gehörten zu den geachteten Honoratioren der jüdischen Gemeinde, aber auch innerhalb der christlichen Mehrheitsgesellschaft genossen sie hohes Ansehen. Man traf sie in feiner Abendgarderobe in der Oper, auf eine frisch gezapfte Maß im Hofbräuhaus oder eine zünftige Brotzeit im Biergarten, und ihre Söhne besuchten selbstverständlich das Wilhelmsgymnasium, in das auch die städtische Elite ihre Kinder schickte – Adel, Offiziere, hohe Beamte.

Die jüdische Orthodoxie im Deutschen Kaiserreich hatte also wenig Berührungsängste im Hinblick auf die sie umgebende Welt, hielt sich nicht abseits, wie wir das zum Teil heute von ultraorthodoxen Gruppen in den USA oder auch in Europa kennen. Was ihre unternehmerische Tätigkeit betraf, ihre Teilnahme am kulturellen Leben der Stadt, so mischten sie sich ohne Bedenken unters Volk. Anders sah es aus, wenn es um die »intime Kultur«[25] ging – da blieben fromme Familien noch bis ins 20. Jahrhundert hinein dezidiert unter sich und bildeten einen ganz eigenen Mikrokosmos. Die Feuchtwanger-Kinder wuchsen heran im Ohel-Jakob-Kreis, einer relativ geschlossenen jüdischen Welt, wo jeder jede und jede jeden kannte. Wirklich innige Beziehungen existierten fast ausschließlich innerhalb der großen Familie oder mit den befreundeten orthodoxen Familien wie den Fraenkels, den Merzbachers, den Ehrentreus. Hier suchte man sich seine Spielkameraden, hier fand man nicht selten den Partner fürs Leben und jenen fürs Geschäft.

Die Angelegenheiten der Nicht-Juden dagegen wurden traditionell aus einer gewissen Distanz betrachtet, sie wurden nicht selten als *Gojim Naches* bezeichnet, in die man sich besser nicht einmischte. Sosehr man sich im bunten Leben der Stadt München zu Hause fühlte, sosehr man bemüht war, mit den Nachbarn am St-Anna-Platz gute Beziehungen zu pflegen, so sehr war man sich doch auch des eigenen orthodoxen Judentums bewusst und wusste, welche sozialen Grenzen dieses setzte. »Für meinen Vater«, so schreibt Martin Feuchtwanger, »war die jüdische Religion die Welt. Orthodox zu sein, den Zaun nicht zu durchbrechen, hielt er für seine selbstverständliche Pflicht.«[26]

Im Laufe des späten 19. Jahrhunderts stiegen die Feuchtwangers ins wohlhabende Wirtschaftsbürgertum Münchens auf. Auffallend allerdings ist, dass dieser Wohlstand nicht offensiv zur Schau gestellt wurde. Ihr Lebensstil war alles andere als protzig. Ja, man leistete sich von den Früchten der Arbeit eine »standesgemäße« Wohnung im Stadtteil Lehel mit Dienstmädchen und Köchin, man fuhr im Sommer aufs Land und spazierte am Wochenende mit den Kindern in bester Festtagsgarderobe durch den Hofgarten, aber Extravaganzen oder Luxus sucht man bei den Feuchtwangers dieser Generationen vergebens. Das hat mehrere Gründe.

Zum einen galt gerade im gesetzestreuen Judentum lange die Devise, möglichst eine *low profile*-Strategie zu verfolgen, sich nicht zu sehr zu exponieren, schon gar nicht mit Reichtum, aber auch nicht durch ein Mitmischen beispielsweise in politischen Angelegenheiten, die nicht dezidiert jüdisch waren. Keinem Mitglied der Familie beispielsweise wäre es im Laufe des 19. Jahrhunderts in den Sinn gekommen, für ein städtisches Amt oder eine politische Partei zu kandidieren. Die jahrhundertealte Erfahrung, dass ein Jude, eine Jüdin auch immer *pars pro toto* wahrgenommen wird, hatte sich ihnen eingeprägt. Seit mittelalterlichen Tagen vermied man es, aufzufallen – angenehm oder unangenehm –, denn das konnte Unheil bringen, über den Einzelnen, schlimmer aber noch, über die ganze Familie, ja, die gesamte Judenheit.

Zum anderen steckten die Feuchtwangers und andere fromme Familien substanzielle Summen nicht nur in ihre orthodoxen Separatgemeinden, sondern auch in die Unterstützung jüdischer

Wohltätigkeits- und Hilfsorganisationen. Eine, die ihnen besonders am Herzen lag, war der Verein *Schomrei Schabbat*, der Glaubensbrüdern und -schwestern helfen sollte, den Schabbat zu halten. *Schomrei Schabbat* war vor allem eine Arbeitsvermittlung, zugleich aber auch eine Art Versicherungskasse. Es sollte alles getan werden, dass fromme Jüdinnen und Juden nicht in die Gefahr gerieten, das Gesetz zu brechen, etwa weil sie für Nicht-Juden tätig waren, die sie zwangen, auch am Samstag im Laden zu stehen oder sonstwie Dienst zu tun.

Am Schabbat sollte alles Tagwerk ruhen, allerdings stellte dieses Gebot Unternehmer zuweilen vor nicht unbedeutende Herausforderungen. Eine Fabrik, wie jene, die die Feuchtwangers unterhielten, konnte man nicht für zwei Tage stillstehen lassen. Um die Schabbat-Ruhe nicht zu brechen, »verkaufte« Sigmund Feuchtwanger die Fabrik daher jeden Freitag für die symbolische Summe von einer Mark an seinen christlichen Buchhalter und kaufte sie am Samstagabend wieder zurück.

Die Woche hatte einen klaren Anfang und ein klares Ende. Nach einem arbeitsreichen, besonders hektischen Freitagmorgen, an dem die Stube auf Hochglanz geputzt und eilig feinste Speisen zubereitet worden waren, brachen die Männer und Söhne am späten Nachmittag oder frühen Abend in die Synagoge auf, während die Frauen und Töchter den Schabbat zu Hause in Empfang nahmen. Das anschließende Mahl brachte die ganze Familie und oft auch einige Gäste an den Tisch. Am Samstagmorgen machten sich alle auf zur *Schul,* und man verbrachte den Vormittag im Ohel-Jakob-Kreis. Man betete, lauschte den Worten der Tora – und tauschte Neuigkeiten aus, bahnte Ehen an, knüpfte Kontakte.

Während der Schabbat Ordnung in den Alltag brachte, gliederten die hohen Festtage das Jahr. Sosehr die Familie den Starkbieranstich zu Beginn der katholischen Fastenzeit begrüßte, im März fähnchenschwingend den Geburtstag des Prinzregenten feierte, sich freute, wenn im Sommer die Biergartensaison eröffnet wurde, und alljährlich dem Oktoberfest entgegenfieberte, ihr Jahr wurde doch bestimmt vom jüdischen Kalender. »Von Kindheit an wusste ich es nicht anders, als dass Gott der Herr der Welt ist«, erinnert sich Martin Feuchtwanger. »Mit Feuereifer haben wir Kinder alles beobachtet, mitgemacht, mitgehalten, mitgefastet, uns mitgefreut. Der Freitagabend war ein Fest, eine heilige Handlung. Wenn die Tora-Rolle am Sabbat ›ausgehoben‹ wurde, war man feierlich gestimmt.« An Jom Kippur beobachteten die Kinder, wie der Vater sein weißes Sterbegewand an- und die Schuhe auszog, wie die gesamte Gemeinde auf den Boden fiel und mit der Stirn den Boden berührte, »dann zitterte man vor Ehrfurcht. Die Schofartöne schienen aus den Wolken, von Gott selbst zu kommen.« Rahel Straus erinnert sich, dass sie und ihre Geschwister an diesem Tag allein im Haus blieben, während die Mutter ganz früh am Morgen schon in die Synagoge ging, auch sie ganz in Weiß gekleidet, obwohl sie sonst ihr Witwengewand niemals ablegte. Als Rahel zwölf Jahre alt wurde, begann sie selbst an diesem höchsten Feiertag zu fasten und in die Synagoge zu gehen.

Auch das *Pessach*-Fest im Frühling begingen die Kinder alljährlich mit großem Eifer. Nicht nur musste die Wohnung auf Hochglanz geputzt werden, keinerlei *Chametz*, sauerteighaltige Lebensmittel, durfte mehr zu finden sein. Danach ging es ans Mazzebacken. »Und wir waren stolz«, erinnert sich Rahel Straus, »wenn unsere Körbe voll Mazzoth zur rechten Zeit fertig waren (…) Jeder Tag näher zum Fest brachte neue aufregende Dinge: das Toweln im Synagogenhof, das Kaschern, das Glühen des Herdes und dann am Erew Jontev die friedvolle Stille, neues Geschirr in der Küche und auf dem Tisch (…) überall neue Decken, alles strahlte frisch und rein.«[27] Beim Seder-Abend, dem ersten Abend des *Pessach*-Fests, spielen Kinder ohnehin die Hauptrolle, sie stellen die entscheidende Frage: Wie unterscheidet sich dieser Abend von allen anderen Abenden? *Pessach* ist für das kollektive Gedächtnis des jüdischen Volkes von großer Bedeutung. Der Auszug aus Ägypten, das geteilte Meer, der Aufbruch ins Gelobte Land, all das zeugte in den Augen der Frommen von der Gegenwart Gottes und seinem besonderen Bund mit Israel. In größter Not war der Herr den bedrängten Hebräern damals zu Hilfe geeilt und hatte die Truppen des Pharao vom Meer verschlingen lassen, deswegen durfte man auch gegenwärtig und in Zukunft mit seiner Unterstützung rechnen – diese Lektion brannte sich den Kindern ein und begleitete sie, wie wir noch sehen werden, ein Leben lang, selbst jene, die als Erwachsene mit der Orthodoxie brachen.

Mit großer Vorfreude erwarteten die Feuchtwanger-Kinder vor allem die fröhlichen Feiertage wie Purim und Chanukka. An Purim wurden sie reich beschenkt mit Marzipanfiguren und Schokolade. Auch an Chanukka gab es Geschenke, reichlich Lebkuchen, und jedes Kind hatte seinen eigenen kleinen Leuchter. An den Nachmittagen und Abenden wurde gespielt, und zur Freude der Kinder waren auch Mutter und Vater mit von der Partie.

Wenn eine Brit-Mila, eine Beschneidung, oder eine Bar-Mizwa anstand, dann verwandelte sich die Mutter in eine Zeremonienmeisterin. Bis zu hundert Angehörige waren geladen. »Auf den langen Tischtafeln sah man Weinkaraffen, Silber, Kristall, Blumen und Torten, Schalen mit Obst und Konfekt, Salm [Lachs] und Geflügel und Makronentorte, die Männer im Frack, die Frauen in großer Toilette, die Kinder in Matrosenanzügen«, so Martin Feuchtwanger, »Ich habe als Kind immer gedacht, selbst der König könne seine Hoftafel nicht so schön, vornehm und feierlich gestalten wie meine Mutter unsere Festtafeln.«[28]

Kein wichtiger Anlass im Leben, der nicht aufgeladen gewesen wäre mit religiöser Bedeutung, keine Hochzeit, keine Niederkunft, keine Beschneidung, keine Bar-Mizwa, keine Beerdigung, die nicht eingebettet gewesen wäre in ein reiches Set von Traditionen. Rahel Straus erinnert sich an die Sitte der »Holigrasch«. Wenn eine Frau nach der Geburt eines Mädchens das erste Mal wieder in die Synagoge ging, dann kamen an diesem Schabbatnachmittag alle Kinder der Familie und Nachbarschaft, hoben die Wiege in die Höhe und riefen: »Holigrasch, wie soll's Kindle heißen?« Dann nannte die Mutter den Namen des Töchterchens, und die Kinder bekamen Tüten voll Zuckerzeug.[29] Möglicherweise war Holigrasch eine Art Entschädigung, weil für Mädchen kein großes Fest ausgerichtet wurde wie für Jungen zur Beschneidung am achten Tag nach der Geburt. Der Holigrasch-Brauch hat erst mal keine tiefer gehende religiöse Bedeutung, hängt aber doch eng mit jüdischen Vorschriften zusammen. Es war bereits die Rede davon, dass eine Frau, die frisch entbunden hatte, nicht in die Synagoge gehen durfte. Erst wenn sie wieder die *Mikwe* besucht hatte, in der Regel nach sechs Wochen, kam sie wieder in die *Schul.* Der Begriff Holigrasch stammt vermutlich aus dem Französischen. »*Haut la crèche*«, »Hoch die Wiege«, war Ausdruck überbordender Freude. Die Rückkehr der Frau in die Gemeinschaft nach Geburt und Wochenbett wurde heiter begangen, nicht zuletzt, weil alle wussten, dass Schwangerschaft und Niederkunft eine besondere und eine besonders gefährliche Zeit waren. Bei der Holigrasch feierte man nicht nur das neue Menschlein, sondern auch die Mutter, die überlebt hatte.

Jüdisches Wissen wurde den Feuchtwanger-Kindern schon an der Wiege gesungen. Die Jungs erhielten ab dem fünften Lebensjahr Religionsunterricht, lernten Hebräisch und Aramäisch. Ob auch einige der Mädchen in den Genuss dieser Stunden kamen, ist nicht klar, aber durchaus möglich. Rahel Straus beispielsweise lernte bereits als Fünfjährige das *Alefbet* in der »hebräischen Schule«. Auch sie erinnert sich, inklusive einer guten Portion Nostalgie, an die Feiertage. Nie habe sie so schlechte Noten gehabt wie in den Wochen zwischen dem jüdischen Neujahrs- und dem Laubhüttenfest. Die Schule lief dann nur nebenbei, kam man nach Hause, flog der Ranzen in die Ecke, und man rannte in die Laubhütte, die *Sukka*, um beim Schmücken zu helfen.[30]

Das tägliche Leben der Kinder war von früh an bestimmt von Traditionen und Regeln, denen schon ihre Eltern, Großeltern, Urgroßeltern gefolgt waren. Das gab Halt und Verwurzelung. Als Erwachsene erlebten die Angehörigen der Generation Martin Feuchtwangers und Rahel Straus' das dichte Gewirr aus Vorgaben und Gesetzen zum Teil durchaus als einengend. Die dauernde soziale Kontrolle eines allwissenden Familienkollektivs konnte auch lästig sein, als Kinder aber genossen sie offenbar das Gefühl des Aufgehobenseins.

In mehr und mehr jüdischen Häusern gab es im ausgehenden 19. und beginnenden 20. Jahrhundert in der Weihnachtszeit einen Christbaum und Geschenke für die Kinder. Mit der Säkularisierung und der Verbürgerlichung gingen bei einem beträchtlichen Teil der deutschen Jüdinnen und Juden Traditionen und jüdisches Wissen verloren, jüdische Feiertage wurden durch christliche ersetzt. Kinder, die so aufwuchsen, hatten oft nur eine vage Vorstellung von dem, was es eigentlich bedeutete, Jude beziehungsweise Jüdin zu sein. Ihr Jüdisch-Sein kam ihnen oft erst in schmerzhaftem oder unerfreulichem Zusammenhang zu Bewusstsein, zum Beispiel, wenn sie von christlichen Schulkameradinnen oder -kameraden ausgeschlossen und gehänselt wurden oder Prügel bezogen.

In Feuchtwanger'schen Häusern dagegen konnte man lange nach einem Weihnachtsbaum, Adventskranz oder Rauschgoldengel suchen. Unter keinen Umständen hätten Johanna und Sigmund oder Fritzi und Angelo derlei unter ihrem Dach geduldet. Ganz im Gegenteil, die Familie traf sich an Heiligabend regelmäßig zu einem demonstrativ profanen Vergnügen – sie spielten Karten. Die Feuchtwanger-Kinder wurden von klein auf zu selbstbewussten Jüdinnen und Juden erzogen. Selbstbewusst in zweierlei Hinsicht: Zum einen gab man ihnen eine felsenfeste Verankerung im Judentum, das mit tiefer Bedeutung gefüllt war. Die Söhne und Töchter der Familie wussten, was es bedeutete, Teil des jüdischen Volkes zu sein. Von früh an übernahmen sie einen unverzichtbaren Part bei sämtlichen religiösen Festen. Ihre Eltern befolgten streng die biblische Aufforderung: »Und du sollst sie [die Worte des *Schma'Israel*, des jüdischen Glaubensbekenntnisses] deinen Kindern einschärfen und sollst davon reden, wenn du in deinem Hause sitzest und wenn du auf den Wegen gehst, wenn du dich niederlegst und wenn du aufstehst.« Das vermittelte nicht nur ein wohliges Zugehörigkeitsgefühl, sondern auch ein gewisses Elitebewusstsein. Man zählte zum Kreis der Auserwählten, zu denjenigen, die es besonders genau nahmen mit der Frömmigkeit, während man auf viele Mitglieder der liberalen jüdischen Gemeinde herabblickte. Mit einigem

Naserümpfen sprach man in der Familie von den »Drei-Tage-Juden«, die sich nur an den hohen Feiertagen in der Synagoge blicken ließen, die die hebräischen Texte und Gebete nicht mehr verstanden und an Ostern lieber Eier suchten, als an *Pessach* den letzten *Chametz*-Rest in der Wohnung aufzuspüren. Den Feuchtwangers war ihr Judentum zuallererst Quelle der Selbstversicherung, ja des Stolzes – auch wenn sie im Laufe ihres Lebens aufgrund ihres Jüdisch-Seins Ausgrenzung und Leid erfuhren.

Die Feuchtwanger-Kinder waren aber noch in einer weiteren Hinsicht selbstbewusste Jüdinnen und Juden – sie waren sich sehr bewusst, jüdisch zu sein und von anderen als jüdisch wahrgenommen zu werden. Allein durch die Tatsache, dass sie nur koscher aßen, sich an die Schabbat-Ruhe hielten, am Samstag zwar zur Schule gingen, aber weder schreiben noch ihren Schulranzen tragen durften, verschmolzen sie nie so ganz mit ihrer Umgebung. Auch Martin, seine Schwestern, Brüder, Vettern und Basen wurden hin und wieder angefeindet, bekamen antijüdische und antisemitische Sprüche zu hören. Und auch sie litten darunter. Aber es erstaunte sie nicht, dass die christliche Umgebung nicht vergaß, dass sie Juden waren – sie selbst taten es ja auch nicht –, auch wenn es unverständlich und verletzend blieb, dass sie deswegen schlecht behandelt wurden.

Auch im ausgehenden 19. Jahrhundert und zum Teil bis ins 20. Jahrhundert hinein erklärte ihre Religion den Feuchtwangers die Welt. Von Kindesbeinen an beobachteten die Söhne und Töchter der Familie ihre Eltern, Großeltern, ihre Tanten und Onkel. Männer und Frauen hatten unterschiedliche Aufgaben und Sphären, und doch erfüllte beiderlei Geschlecht unverzichtbare Vorbildfunktionen für die nächste Generation. Judentum war den Feuchtwangers nicht ein Baustein ihres Daseins, nicht eine Facette ihrer Identität von vielen, vielmehr war es die Luft, die sie atmeten.

Im Herbst 1943

Berlin

Das Porträt des »Führers« an der Wand sticht ihr mindestens ebenso in die Augen wie der Geruch von Bohnerwachs in der Nase.Sie schlägt den Völkischen Beobachter *auf, blättert lustlos drin herum, blickt ein weiteres Mal auf die Uhr. Jetzt ist Lilly schon mehr als eine Viertelstunde da drinnen. Anwälte eilen die langen Gänge entlang und mit fliegenden Roben an Felice vorbei. Frauen und sehr wenige Männer stehen fröstelnd vor Sitzungssälen und warten, bis sie aufgerufen werden. Was sind das für Zeiten, denkt Felice, in denen der Bund fürs Leben ohne anwesenden Bräutigam geschlossen wird und Ehen in Abwesenheit des Ehemannes geschieden werden? Obwohl – ein Grinsen huscht über ihr Gesicht – wer braucht schon Männer? Wir jedenfalls nicht, weder für Eheversprechen noch für Eheleben. Eine Tür wird aufgerissen, eine zarte Blondine stakst auf zittrigen Beinen heraus und schnieft in ihr Taschentuch. Ein alter Mann mit krumm gearbeitetem Rücken, vermutlich ihr Vater, blickt beschämt zu Boden. Noch immer kein Zeichen von Lilly. Man sollte meinen, Felice hätte in den letzten Jahren das Warten gelernt.*

Lillys Mann Günter, in wenigen Minuten hoffentlich Ex-Mann, ist auch unabkömmlich an der Front. Ganz allein steht die Geliebte jetzt da drinnen vor dem Scheidungsrichter. Wie grausam, denkt Felice, die sie gern begleitet hätte. Aber das geht natürlich nicht. Im

Grunde ist es ein Wahnsinn, dass sie überhaupt in diesem Gebäude ist, das quasi tapeziert ist mit Hakenkreuzflaggen und in dem um jede Ecke ein fies dreinschauender Adler lugt, dass sie vorhin über den Alexanderplatz geeilt ist, mit hochgestülptem Kragen und ohne gelben Stern, dass sie nachher ein Bouquet roter Rosen in Fräulein Schulzes Blumenladen holen wird für Lilly.

Letzte Nacht ist sie wieder hochgeschreckt aus einem Traum. Sie hatte einen riesigen Kreuzer gesehen, voll beladen mit Menschen und Fracht, weißer Dampf war aus dem Kamin aufgestiegen, Frauen, Männer und Kinder hatten an der Reling gestanden und gewinkt, Trauer, aber auch Erleichterung auf ihren Gesichtern. Auch Felice hat ihr blau-weiß kariertes Taschentuch in die Luft gehoben – aber als sie sich umsah, merkte sie plötzlich, dass sie nicht an der Reling stand, sondern mutterseelenallein im Hafen. Als das Schiff sich in Bewegung gesetzt hat, war sie aufgewacht, starr vor Schreck. Selbst die regelmäßigen Atemzüge der schlafenden Lilly konnten sie nicht beruhigen.

Wieder und wieder sucht sie die Erinnerung heim. Wie geordnet damals noch alles war, denkt sie, keine Fliegerangriffe, keine Bunkernächte, keine Lebensmittelmarken. Damals dachte man, es könne nicht viel schlimmer werden. Mannomann, lagen wir falsch, überlegt Felice. Sie sieht Mulle vor sich, wie sie in ihrem Schlafzimmer mit den geblümten Vorhängen vor riesigen Schrankkoffern stand, sortierte, bündelte, packte. Das fahle Herbstsonnenlicht, das durch die hohen Flügelfenster hereinfiel, ließ die Staubkörnchen tanzen. Felice hat den Duft noch in der Nase. Das teure Parfum, das Papa seiner jungen Frau Jahre zuvor aus Paris mitgebracht hatte. Papa war längst nicht mehr, aber das Eau de Toilette umschwebte Mulle noch immer, erinnerte Felice wieder und wieder daran, wieso diese Frau überhaupt Teil ihres Lebens war und warum sie nun neben ihr stand und ebenfalls ihre Habseligkeiten zusammensuchte.

Alles war vorbereitet. Onkel Sigbert hatte bestätigt, dass auf einem Konto ihres Namens in seiner Bank in Tel Aviv der erforderliche Geldbetrag liege. Die Engländer sichern sich ab, sagte Mulle, sollen ja nicht Hinz und Kunz nach Palästina kommen. Dank Felices Vater und seinen zionistischen Neigungen und dank der Frömmigkeit eines Großteils der Familie gab es diesen Rettungsring. Das Haus am Carmel war zwar wieder perdü, aber mit dem Geld konnte man schon was machen. Nur weg, hatte Mulle gesagt, und Felice hatte genickt. Aber je länger sie darüber nachdachte, desto weniger behagte ihr der Gedanke, mit der ungeliebten Stiefmutter diese Reise ins Ungewisse anzutreten. Mulle war nicht ihre Familie. Ihre Eltern waren tot, ihre Schwester hatte sich nach England abgesetzt. Sie hatte nichts mehr, was einem Elternhaus auch nur nahegekommen wäre. Am ehesten noch bei »Mutti« und den Freunden und Freundinnen hier in Berlin.

In Palästina dagegen kannte sie niemanden, und mit Mulle war kein Staat zu machen. Klar, da sprangen jede Menge Feuchtwangers rum. Ein paar von denen kannte sie noch von gemeinsamen Ausflügen und Treffen hier in Berlin. An diesen Onkel Sigbert konnte sie sich recht gut erinnern. Nicht unsympathisch, ihrem Vater nicht unähnlich. Mit einer sehr interessanten Frau, Rebekka. Allerdings hatte die sich als Tänzerin einen Künstlernamen zugelegt: Rhea Glus. Angeblich hatte sie in Tel Aviv ein Studio für Körperkultur aufgemacht. Was immer das genau bedeutete. Felice wurde ohnehin nicht recht schlau aus diesem Zweig der Familie. Irgendwie ziemliche Provinzler, die derart breit Dialekt sprachen, dass man Mühe hatte, zu folgen. Dabei auf eine Art jüdisch, wie Felice das aus Berlin gar nicht kannte. Hier gab es die frommen Juden aus dem Osten, die man auf den ersten Blick erkannte, und die alteingesessenen Juden, die kaum mehr Umstände machten angesichts ihres Jüdisch-Seins, bis Hitler sie daran erinnerte. Diese Münchner Feuchtwangers dagegen waren beides: fromm und alteingesessen. Komische Melange.

Diese Mischpoke war immer ganz wild aufs Wandern, so richtige Bergfexe. Angeblich fahren sie jetzt auf den Golanhöhen Ski. Felice kann das kaum glauben. Aber inzwischen erscheint ihr das Leben außerhalb Deutschlands ohnehin unwirklich und geradezu märchenhaft. Früher war Felice mit ihren Eltern und Irene öfter im böhmischen Johannisbad beim Skifahren. Sie erinnert sich noch immer lebhaft daran, wie der Wollpullover mit den lustigen Streifen gekratzt hat, vor allem wenn er nass wurde, weil sie mal wieder den Schnee geküsst hatte. Irene hatte denselben, nur ein paar Nummern größer. Ein Weihnachtsgeschenk von der Großmutter. In Johannisbad hat Vati ein Foto geschossen von Felice und Irene im Partnerlook und eine Postkarte daraus machen lassen, die sie dann nach Berlin geschickt haben, zusammen mit tausend Umarmungen. Diese unbeschwerten Tage in den Winterferien zählen zu Felices liebsten Kindheitserinnerungen. Und sie hat sich damals gar nicht dumm angestellt. Wer weiß, denkt Felice, und wieder heitert sich ihr Gesicht für einen Moment auf, vielleicht wäre aus mir eine zweite Leni Riefenstahl geworden. Eine Frau kämpft gegen die Naturgewalt – als Kind war Felice fasziniert gewesen von den melodramatischen Bergfilmen vor bombastischer Kulisse. In Johannisbad war es natürlich weniger spektakulär gewesen als auf dem Piz Palü, doch mit ein bisschen kindlicher Fantasie ging alles. Aber nun war nüscht mehr Skifahren, weder in Böhmen noch in der Schweiz oder auf dem Golan.

Rebekka und Sigbert Feuchtwangers einziger Sohn Walter, wenige Jahre älter als Felice, ist auch so ein super Sportler. Der hat es im Übrigen schlau angestellt. Der hat sich bereits 1932 auf einer Palästina-Reise ein Visum besorgt. Daheim in München, hat er dann einfach gesagt, er habe seinen deutschen Pass verloren und hat prompt einen neuen bekommen. Seit dem Moment war er allzeit zum Absprung bereit. Ausgestattet mit zwei Pässen, einem mit, einem ohne palästinensisches Visum, konnte er jederzeit gehen, was er natürlich längst auch getan hat. Felice hat zwischenzeitlich die üblichen Horrorgeschichten gehört, Walter habe im Kibbuz Typhus und Malaria aufgeschnappt. Aber inzwischen arbeitet er in der Bank, die sein Vater und seine Onkel nach Münchner Vorbild in Tel Aviv aufgezogen haben.

Wieder fliegt eine Tür auf und spuckt einen Schwarm Menschen auf den Flur. Felice blickt auf, einer der Saaldiener sieht sie an, seine wasserblauen Augen fixieren sie regelrecht. Ein Hundertfünfzigprozentiger, das sieht man schon am mit dem Lineal gezogenen

Seitenscheitel. Wird er misstrauisch?, fragt sich Felice und versucht, sich möglichst treudoof im Völkischen Beobachter *zu vertiefen. Der Seitengescheitelte dreht ab und verschwindet im Gerichtssaal. Vielleicht war sein Blick gar nicht bohrend, sondern stumpfsinnig, beruhigt sich Felice. Aber sie ist ständig auf der Hut. Walter dagegen kann frei atmen. Sogar salzige Meeresluft.*

Man braucht gar nicht drum herumreden, sie hat den Absprung nicht geschafft, und mit dem heutigen Tag ist sie hier geradezu festbetoniert. Lilly hat sich scheiden lassen – für sie! Sie sind jetzt zu zweit, nein, eigentlich zu sechst, die Kinder nicht zu vergessen! Und doch hat Felice oft das Gefühl, allein auf der Welt zu sein. Als hätte sie eine unheilbare Krankheit, während Lilly und der Rest kerngesund sind. Lilly nimmt Rücksicht, hilft, wo sie kann, aber letztendlich steckt sie nicht in Felices Haut. Manchmal verzettelt sie sich derart in ärgerlichem Kleinkram und Eifersüchteleien, dass Felice der Verdacht kommt, dass Lilly nicht in vollem Umfang erfasst, wie es um die Frau an ihrer Seite steht.

Aber auch wenn Lilly nicht wäre, gäbe es kein Zurück mehr. Felice sieht aus dem Fenster. Es hat begonnen zu regnen, die Wolken hängen tief. Zementgrauer Himmel über Berlin. Die Stadt ist ein Gefängnis geworden, nicht mal der Blick nach oben lässt einem die Illusion, dass es ein Fünkchen Hoffnung gibt.

Wieso dauert das so lange? Wieder zückt Felice die Uhr. Ist der Richter etwa misstrauisch geworden? Hat Günter seine Drohung wahr gemacht? Felice ist unentschlossen, vielleicht sollte sie doch in einem der Cafés rund um den Alexanderplatz warten. Aber was, wenn Lilly aus dem Gerichtssaal kommt, und sie ist nicht da? Sie verwirft den Gedanken. Ständig diese Entscheidungen. Dabei hat sie die weitreichendste ohnehin bereits getroffen. Schon vor drei Jahren. Käte hat die Welt nicht mehr verstanden, als sie sich allein auf dem Dampfer gen Nahost wiederfand. Felice hat das Heilige Land ganz profan in den Wind geschrieben und die Amerika-Karte gezogen, schließlich warf sich ihr Onkel in Chicago so ins Zeug für sie. Und die Aussicht auf die Neue Welt war so viel verlockender als ein Neustart mit Mulle in Palästina. Ja, mit ihrem Vater und ihrer Mutter hätte die Sache anders ausgesehen oder mit Irene. Aber mit der »bösen Stiefmutter« Orangen pflücken! Mulle ist also allein gefahren. Sollte sie doch. Diese Brücke war verbrannt.

Die Tür gegenüber wird aufgerissen, und Felice rutscht vor Schreck der Völkische Beobachter *vom Schoß. Lilly tritt auf den Gang und wirft ihr einen vielsagenden Blick zu. Es ist geschafft. Günter sind sie los. Jetzt sind sie eine Familie. Alles, was ich noch habe, denkt Felice. Sie lächelt Lilly an. Doch der Anwalt, der seinen Arm zu einem zackigen Hitlergruß in die Höhe reißt, holt sie sofort auf den Boden der Tatsachen zurück. Ihre Umgebung ist mörderisch; wenn die Menschen um sie herum wüssten, was es mit ihr auf sich hat, würde es ihr an den Kragen gehen. Dieses Gefühl nimmt ihr fast die Luft. Sie möchte am liebsten weglaufen. Nur wohin? So oder so muss sie ihrer Braut jetzt erst mal Rosen kaufen. Auf zu Fräulein Schulze!*

Teil III

Pionierinnen

Zu Jahresbeginn 1944

Badger Pass, Yosemite National Park

Alles um sie herum ist offen, unendliche Weite. Wie unterschiedlich Berge sein können. Wenn Marta an die Alpen denkt, wird ihr das Herz schwer. Aber die Freundlichkeit, die dieser Pass hier ausstrahlt, tröstet sie. Jedes Mal, wenn sie herkommt, ist es, als würde er sie willkommen heißen, als würde sich ein Kreis schließen.

Es ist noch klirrend kalt an diesem Januarmorgen. Die Sonne hat es nicht eilig. Im Schnee sind deutlich Tierspuren zu erkennen. Irgendein Fuchs oder Kojote hat heute Nacht sein Glück versucht, aber der Schneehase war schneller. Als Marta das erste Mal hier war, war auch sie auf der Flucht, hat Haken geschlagen, ist um ihr Leben gerannt. Und dieser Berg hat sie gerettet.

Ausgebrannt und ausgehungert war sie an einem trüben Novembertag 1940 in New York angekommen. Da war der Krieg bereits ein Jahr alt. Die Deutschen schwelgten im Überschwang und überzogen Europa mit einem Blitzkrieg, der nicht zu stoppen schien. Lion erwartete sie ungeduldig am Quai, überfiel sie mit Terminen, Fragen zu seiner Arbeit, Plänen für die nächsten Monate. Er brachte sie in ihre neue Bleibe, ins Hotel St. Moritz. Ausgerechnet St. Moritz! Und auch dort gab es keine Pause, keine Erholung. Viele alte Bekannte traf man hier wieder, nicht wenige genauso verstört und entkräftet wie Marta selbst, etliche waren noch viel schlimmer dran. Am schmerzhaftesten aber war die Feststellung, dass so viele fehl-

ten. Und die schlechten Nachrichten rissen nicht ab. Jeden Morgen erwachte Marta im Bett ihres schicken Hotelzimmers mit Blick auf den Central Park zu neuen Schreckensmeldungen. Schon im Aufzug lief man in Leidensgenossinnen und Weggefährten hinein: die Werfels, Remarque, Otto Klemperer. Und sofort ging es los. Wer wusste von wem? Wer hatte ein Lebenszeichen bekommen von einem der Unglücklichen?

Aber dann kam der Winter nach New York. Plötzlich war er da. Stahlblauer Himmel, strahlendes Weiß. Der Schnee gab dieser unerträglich unermüdlichen Stadt einen gnädigen Dämpfer. Er verschluckte den Schmutz der Straßen und weckte mit seiner Eiseskälte in Marta eine brennende Sehnsucht. Seit vielen Jahren war der Winter ihr Refugium. Eigentlich hatte sie gedacht, der Abschied von Europa wäre auch ein Abschied von den Bergen und dem geliebten Skifahren gewesen. Die Nationalsozialisten hatten den Kontinent in ein Schlachtfeld verwandelt und Marta auch die Alpen gestohlen. Adieu, St. Anton, Pfiat di, Tirol! Aber als sie durch die zauberhaft weiße Pracht im Central Park stapfte, jeder knirschende Schritt unter ihren Pelzstiefeln ließ ihr Herz hüpfen, bekam sie den Gedanken einfach nicht aus dem Kopf, ihren Geburtstag im Januar wieder in den Bergen zu verbringen. Schließlich war es ein ganz besonderer.

Ein halbes Jahrhundert – das klang einschüchternd und für eine Dame nicht gerade schmeichelhaft, aber konnte man unter den gegebenen Umständen nicht froh sein, wenn man ihn erleben durfte. Bellas Gesicht tauchte vor ihrem inneren Auge auf. Und das so vieler anderer, deren Schicksal ungewiss oder eben grausam gewiss war. Da rauschte ein Pferdeschlitten an ihr vorbei, die Glöckchen am Geschirr der Pferde klingelten fröhlich und rissen sie aus ihren Gedanken.

In diesem Moment beschloss sie, das Angebot ihres alten Skilehrers anzunehmen und ihn in Kalifornien zu treffen. Luggi Foeger hatte dem von Hitlers Getreuen besetzten Österreich den Rücken gekehrt und eine Skischule im Yosemite National Park eröffnet. Warum nicht?, dachte Marta. Lion wird enttäuscht sein, aber meinen Geburtstag, den Beginn eines neuen Lebens auf einem neuen

Kontinent, muss ich auf meine Weise feiern. Jedes Jahr seither ist sie im Winter hierhergekommen, und die Heilung hat begonnen.

Eine Gruppe fröhlich lärmender Studentinnen schnallt sich die Bretter an, winkt Marta zu. Noch hängen tiefe Wolken am Himmel, aber laut Wetterbericht soll es im Laufe des Vormittags aufreißen. Marta schraubt die Thermoskanne zu und verstaut sie im Rucksack. Den Morgen hat sie wie immer mit einem Müsli begonnen, wie sie es aus der Schweiz kennt. Haferflocken, Apfelstückchen, Rosinen, Nüsse und Milch, denn Joghurt scheint man hier nicht zu kennen. Viele Winter hat Marta früher im Berner Oberland verbracht. Die Täler tief und eng, die Berge steil und schroff.

Sie schaut hinüber zum mächtigen El Capitan und den Sequoia-Bäumen, die hier wie angewurzelte Riesen seit Urzeiten stehen – vor dem Hintergrund der gigantischen Kulisse des Yosemite erscheinen Marta St. Anton oder Wengen wie putzige Modelleisenbahnlandschaften. Die unberührte Natur, die sie hier umgibt, nimmt ihr den Atem. Die nächste größere menschliche Ansiedlung ist viele Meilen weit entfernt. Dafür schauen regelmäßig wilde Tiere vor ihrem Hüttenfenster vorbei. Nachts hört man Kojoten heulen. Mit dem Müsli-Schüsselchen in der Hand hat sie heute bei Sonnenaufgang ein Reh beobachtet, das durch den tiefen Schnee stakste.

Die Studentinnengruppe ist bereits ein gutes Stück aufgestiegen. Die jungen Frauen sehen aus wie eine Karawane, die sich auf unsichtbaren Spuren ihren Weg durch den Schnee bahnt. Ein bisschen beneidet Marta die jungen Frauen. Sie dürfen lernen, Bücher wälzen, Theorien aufstellen. Für die allermeisten Frauen aus Martas Generation dagegen, sie selbst eingeschlossen, war ein Hörsaal so unerreichbar wie ein fremder Planet. Dabei hätte sie damals gern studiert, aber ihre überängstlichen Eltern hätten das niemals zugelassen.

Marta atmet tief ein, lässt die kalte Luft durch ihre Lungen strömen. Es wird Zeit aufzubrechen. Zum Glück ist ihre Kondition besser als befürchtet. Es ist, als würde das Gebirge ihr neue Lebenskraft einflößen. Wenn sie ihre Felle aufzieht und die Ski anschnallt, findet sie Ruhe, dann ist sie für einen Moment versöhnt mit der Welt. Was ja eigentlich völlig unmöglich ist. Die Welt ist in einem Zustand der totalen Unversöhnlichkeit.

Sie versteht die jungen Leute, die sich wie sie in den einfachen Hütten eingemietet haben, und auch die wohlhabenden Paare aus San Francisco und Sacramento, die im eleganten Hotel nebenan logieren. Sie wollen das Leben genießen. Immer wieder fragen sie Marta, ob sie am Abend nicht mit zum Tanzen kommen möchte. Marta weiß das zu schätzen, aber wie könnte sie tanzen gehen? Zu viele Fragen sind beunruhigend offen, zu viele Schicksale hängen in der Luft. Nein, sie bleibt abends in ihrer Hütte. Allein mit ihren Gedanken.

Marta erinnert sich, wie alles begonnen hat. Lion und sie haben es seit München kommen sehen. Damals im November 1923, als Hitler meinte, er müsse es dem »Duce« gleichtun. »Marsch auf die Feldherrnhalle« – dass ich nicht lache, denkt Marta. Als die ersten Schüsse fielen, haben sie geschaut wie ein Eichkatzerl, wenn's blitzt, und haben sich in die Büsche geschlagen! Aber den Münchner Juden ist in dieser Novembernacht der Schreck in die Knochen gefahren und hat sie im Grunde seither nie mehr verlassen. Gemeindevorstände, die sich in ihren Wohnungen verbarrikadiert haben. Verängstigte Familienväter, die fürchteten, abgeholt zu werden. Frauen mit schmalen Lippen, die entschlossen die Fäuste in die Hüften stemmten. Mütter, die ihre verschreckten Kinder in die Arme nahmen. Der Spuk war schnell vorbei. Aber die Angst blieb. Aus gutem Grund, wie sich zehn Jahre später herausstellen sollte. Der Hitler-Putsch war nur eine bizarre Vorschau gewesen auf das, was im Januar 1933 kommen sollte.

Marta war wie immer um diese Zeit in St. Anton. Hier konnte sie einfach nur das »Käppli« sein. Sie liebte das einfache Zimmer, das sie regelmäßig in einem Bauernhaus bezog. Großartige Natur, reichlich Sport, nette Gesellschaft. Viel mehr brauchte sie nicht. Lion meldete sich sporadisch, war ja auch weit weg in den USA, auf Promo-Tour. Aber keine Bange, sie unterhielt sich hier gut. Mit ihrer weißen Baskenkappe bretterte sie die Pisten hinab. Hin und wieder musste sie lästigerweise auf die lahme Leni warten. »Käppli, kümmere dich mal um die Leni, die kommt nicht recht mit«, rief ihr der Skilehrer zu. Immer wieder wollte der sie in die erste Gruppe stecken, aber in der waren nur Männer. Sie hatte wirklich keine Lust darauf, immer die Letzte zu sein. Lieber war sie die Beste in der zweiten Gruppe, auch wenn das bedeutete, dass sie Leni mitschleppen musste. Leni, die regelmäßig fast ohnmächtig wurde, wenn sie ins Schwärmen über Hitler geriet. Alle Welt dachte, was für eine fantastische Athletin und Skiläuferin sie sei – Pfeifendeckel!

Leni Riefenstahl, denkt Marta und setzt einen Ski vor den anderen, während die Wolken sich langsam verziehen und die Sonne sich am endlosen Himmel breitmacht. Um das Leben so vieler Menschen, die Martas Weg gekreuzt und begleitet haben, sorgt sie sich. Um so viele bangt sie. Leni gehört nicht dazu. Die ist umjubelter denn je, dreht Filme für Hitlers Parteitage, für die Olympischen Spiele, zumindest prangt groß ihr Name auf den Machwerken.

»Hitler ist Reichskanzler« – diese Nachricht schlug 1933 in die Tiroler Idylle ein, alle Leichtigkeit war auf einen Schlag verschwunden. Bis zu dieser Minute hatte Marta nicht geglaubt, dass es so kommen würde. Hindenburg, dieser senile ostelbische Junker, war also doch eingeknickt. Was sollte nun werden? Lion würde bald zurückkehren nach Europa, aber keinesfalls nach Deutschland. Er war schließlich seit frühen Münchner Tagen einer von Hitlers Lieblingsfeinden. Als sie in Plymouth Abschied genommen hatten im vorangegangenen Herbst, hatten sie noch Hoffnung gehabt, dass der Spuk bald vorbei sein würde, nun war der schlimmste Albtraum wahr geworden.

Dann kam Lion mit dem Zug aus Paris in St. Anton an, und Marta musste sofort aus ihrer Kammer ausziehen und ins Hotel übersiedeln. Unter einem gewissen Komfortstandard machte es Lion nicht. Da war er, Schöngeist hin oder her, doch sehr bourgeois. Aber derlei triviale Alltagsfragen verblassten schnell, denn schon wenige Tage nach seiner Ankunft kam die Nachricht aus Berlin, dass ihr Haus im Berliner Grunewald von einem SA-Trupp ver-

wüstet worden sei. Der Gedanke an den massakrierten Garten, ihre gequälten Haustiere, den zu Tode erschreckten Hausmeister Hermann und die stets loyale Gertrud, die ihnen den Haushalt machte, dreht Marta noch heute den Magen um. Bücher, Manuskripte, das Auto, die Schreibmaschine – alles futsch.

Und selbst in St. Anton wurde es ungemütlich. Marta, die viel enger als Lion verbandelt war mit den Einheimischen und ihr Ohr überall hatte, war beunruhigt. Man flüsterte von deutschen Staatsbürgern, die durch Nazispione aufgespürt und gekidnappt würden. Dort, wo sie immer am glücklichsten gewesen war, fühlte sich Marta plötzlich nicht mehr sicher.

Die Sonne steht inzwischen hoch am Himmel, Marta zieht den dicken Wollschal ab, verstaut ihn im Rucksack und blinzelt den Hang hinauf. Die Studentinnen sind schon auf dem Weg nach unten und sausen an ihr vorbei. Sie rufen ihr zu, sie solle doch nachher auf einen Drink an die Bar kommen. Marta lächelt höflich. Was wissen die Mädchen schon von dem, was hinter ihr liegt? Sie ist mit dem Leben davongekommen. Doch so viele andere sitzen fest in der Hölle, die mal ihr Zuhause gewesen ist. Aber vielleicht wird sie nachher dennoch einen Grog nehmen im Hotel und den jungen Damen »Guten Tag« sagen. Sie muss an der Rezeption ein Telegramm für Lion aufgeben. Er wartet sicher auf Nachricht, wann sie in Pacific Palisades eintreffen wird.

Während sie einen Ski vor den anderen setzt und der Schnee unter ihr durch die wärmende Sonne weicher wird, sitzt ihr Mann in Kalifornien über dem dritten Band des Josephus. *Seit über zehn Jahren begleitet dieser unglücklich-zerrissene jüdische Historiker sie nun schon. Die schlimmsten Zeiten stand er mit ihnen durch, er war mit ihnen in Sanary-sur-Mer, in den Lagern in Les Milles, Gurs und San Nicolà, und inzwischen ist er mit ihnen in der Neuen Welt angekommen. Jerusalem samt Tempel sind zerstört, und auch die Diaspora ist in Lebensgefahr. Die neuen Römer sind tödlicher als irgendein Feind des jüdischen Volkes zuvor.*

Lion vergisst alles, wenn er schreibt. Sicher macht er weder Sport noch seine Spaziergänge. Wenn sie nicht da ist, fällt der Mann zu-

rück in ein Junggesellendasein, das er eigentlich seit Jahrzehnten hinter sich gelassen hat. Marta muss schmunzeln, wenn sie an seine winzige Bude in der Münchner Gewürzmühlstraße denkt. Sehr weit weg von seinen Eltern, die herrschaftlich am St.-Anna-Platz residierten, war er ja nicht gerade gekommen, auch wenn er immer betont hat, wie unabhängig er sei, wie sehr seine Eltern ihn bremsten und hineinzuziehen gedachten in eine zutiefst bürgerliche Welt. Aber immerhin hatte er in seinem Kammerl ein wenig Ruhe vor seiner meckernden Mutter, die ihn ständig mit Mädchen aus betuchten Familien verkuppeln wollte und davon träumte, dass er Professor wurde.

Ist beides nix geworden!, denkt Marta und lacht. Oh, das Gesicht der feinen Frau Feuchtwanger, als sie erfuhr, dass Marta schwanger war – unvergesslich! Es kommt ihr vor, als wäre das in einem anderen Leben gewesen. Die Prinzregentenzeit scheint Lichtjahre entfernt. Die Droschken, die über das Kopfsteinpflaster ratterten, die Glocken der St.-Anna-Kirche mit ihrer prächtigen Rokoko-Fassade, die Franziskaner-Mönche mit ihren braunen Kutten, die über den Hof huschten, das derbe Fluchen der Bierkutscher, die die schweren Holzfässer vom Wagen wuchteten und ins Wirtshaus am Eck schleppten. Gut, dass ihre und Lions Eltern nicht mehr mit ansehen müssen, wie SA-Truppen durchs Lehel marschieren. Es würde ihnen das Herz brechen.

Marta atmet tief durch und genießt den Blick. Sie hat den Gipfel erklommen. Ich fühle mich nicht wie fünfzig, sondern wie hundert, denkt sie und lächelt, aber ich kann noch jeden Berg erobern. Mit einer schwungvollen Drehung wirft sie sich in den Hang, dass der Schnee staubt. Käppli kann's noch!

Die Welt neu beginnen

Hätte ich dich nicht geheiratet, warf Rahel Straus ihrem Mann regelmäßig an den Kopf, wäre ich eine berühmte Frau geworden. Eli entgegnete darauf stets gelassen, dann solle sie Gott danken, denn vielleicht habe er sie vor einer bitteren Enttäuschung bewahrt. Diese Frotzelei unter Eheleuten wurde in heiterem Ton ausgetragen, war überwiegend scherzhaft gemeint, aber ein Fünkchen Ernst war schon dabei, denn Rahel Straus war sich bewusst, dass sie im Berufsleben nicht so loslegen konnte, wie sie sich das eigentlich wünschte. Gern hätte sie sich stärker chirurgisch weitergebildet, hätte bei dem Gynäkologen Dr. König in Freiburg mehr über die »schmerzlose« Geburt gelernt, eine Idee, die unter Geburtshelfern und -helferinnen damals heiß diskutiert wurde. Aber Rahel hatte fünf Kinder und einen viel beschäftigten Mann. Das Gestellt-Sein zwischen Familie und Erwerbsarbeit kostete sie viel Kraft und bescherte ihr die eine oder andere schlaflose Nacht. Weder wollte sie auf ihren Beruf verzichten noch auf das Glück, Kinder zu haben. Rahel Straus litt unter der Doppelbelastung, unter der auch heute viele Frauen und mehr und mehr Männer leiden. Die Vereinbarkeit von Familie und Karriere beziehungsweise Familie und Beruf war, wie sie sagte, eine schwere, immer neu zu erlernende Kunst.[1]

Wie wir gesehen haben, waren die Frauen der Familie Feuchtwanger auch im ausgehenden 18. und im Laufe des 19. Jahrhunderts am Unterhalt der Familie beteiligt gewesen. Sie standen nicht nur großen, kinderreichen Haushalten vor, sie arbeiteten mit im Büro, führten Bücher, erledigten Korrespondenz, hielten allein die Stellung, wenn ihre Männer geschäftlich unterwegs waren. Als Witwen waren sie, wie Hanna und Fanny Feuchtwanger in Fürth, selbst Chefinnen und Inhaberinnen der familieneigenen Firmen. Im ausgehenden 19. Jahrhundert wurde das Geschäftliche auch bei den Feuchtwangers mehr und mehr aus dem privaten Bereich herausdefiniert. Zumindest nach außen hin. Die großbürgerlichen Wohnungen verfügten über zahlreiche Zimmer, einen Salon, eine große Küche, Vorratsräume und dergleichen mehr. Büro und Geschäftsräume der Bank beziehungsweise der Margarinefabrik aber befanden sich nun nicht mehr unter demselben Dach. Das bedeutet allerdings nicht, dass unternehmerische Angelegenheiten nun Männersache gewesen wären. Die intensive Verwobenheit von Familienangelegenheiten und wirtschaftlichen Interessen führte dazu, dass die Zusammenkünfte der Familie auch immer ein Stück weit Geschäftstreffen waren, bei denen die Frauen ein Wort mitzureden hatten, schließlich bildeten sie vielfach die Brücke zu anderen, zuweilen monetär potenteren oder besser vernetzten Familienzweigen.

Wie im 19. Jahrhundert gab es auch im beginnenden 20. Jahrhundert die mächtigen Witwen. Als Lions Vater Sigmund 1916 starb, wurde Johanna Feuchtwanger Inhaberin der Margarinefabrik. Das war im Kaiserreich keineswegs selbstverständlich. Im Jahr 1900 war das neue Bürgerliche Gesetzbuch (BGB) in Kraft getreten, das der aufkommenden Frauenbewegung zum Trotz und wohl auch als Reaktion auf sie die patriarchale Familie in Stein meißelte beziehungsweise in Gesetzestext goss. Ein für alle Mal sollte die Vorherrschaft des Mannes in der Familie festgeschrieben werden. Der Nationalstaat übertrug dem Mann nicht nur das familiale Entscheidungsrecht und die Autorität über die Kinder, er allein hatte auch das Sagen über die Finanzen der Familie, wohlgemerkt auch über das Vermögen seiner Frau. *Pater familias* über alles! Noch schlimmer aber als die Alleinherrschaft des *Pater familias* war es zuweilen, wenn dieser ausfiel. Denn wenn das männliche Familienoberhaupt starb, bekamen häufig nicht nur die Kinder einen Vormund, auch die Witwe rutschte auf der sozialen Skala noch eine Stufe tiefer und wurde vollends entrechtet. Oft durfte sie nicht einmal selbstständig ihre eigenen Söhne und Töchter erziehen, sondern bekam einen Verwandten an die Seite gestellt, einen Ersatzpatriarchen sozusagen. Kam sie aus einer Unternehmerfamilie, wurde ihr im Geschäft meist ein Schwager oder Onkel vor die Nase gesetzt. Frauen wurden auf diese Weise vielfach zu Bittstellerinnen degradiert, angewiesen auf die Gnade der männlichen Verwandtschaft.

Nicht so bei den Feuchtwangers. Mitten im Ersten Weltkrieg, in dem die Margarinefabrik nicht zuletzt wegen enormer Heereslieferungen florierte, übernahm Johanna die Führung der Geschäfte. Das Ideal der Chefin und Matriarchin, der wahren *Eschet Chajil,* hatte Fanny Feuchtwanger nachhaltig in den Köpfen der Söhne und Töchter, Enkel und Enkelinnen verankert. Die Familie war ein großer Dampfer, und zuweilen stand auch eine Frau auf der Brücke, so war es seit Jahr und Tag gewesen.

Aber um die Feuchtwangers herum änderten sich die Zeiten. Im beginnenden 20. Jahrhundert kamen in den Läden, Verwaltungen und Büros der größeren Städte neue, moderne Frauenberufe auf. Mehr und mehr junge Frauen gingen einer eigenen Berufstätigkeit nach. Frauen, die bislang als Dienstmädchen oder Köchin in Stellung gewesen waren, standen nun hinter Ladentheken, tippten in Windeseile seitenlange Texte, wurden von wichtig dreinblickenden Chefs zum Diktat gerufen, vermittelten als »Fräulein vom Amt« in den Telefonzentralen Gespräche im ganzen Reich. Frauen im ländlichen Raum oder aus proletarischen Schichten hatten ohnehin immer arbeiten müssen, nun aber strebten nach und nach Töchter aus bürgerlichen Familien in die Berufstätigkeit.

Auch einige Feuchtwanger-Frauen begannen um die Jahrhundertwende mit Tätigkeiten zu liebäugeln, die bei den Älteren der Familie für Stirnrunzeln und gehobene Augenbrauen sorgten. Es war das eine, wenn Ehefrauen und Töchter in den familieneigenen Unternehmen mitmischten, vielleicht sogar ihre eigenen kleinen Geschäfte führten, aber etwas ganz anderes, wenn sie einer Erwerbstätigkeit außerhalb der Reichweite ihrer Familie nachgingen, womöglich studierten. Nicht auszudenken, was das für Konsequenzen haben würde!

Rahel Straus, 1880 in Karlsruhe geboren, wuchs in einem Frauenhaushalt auf. Ihr Vater starb, als sie drei Jahre alt war. Keine Erinnerung ist ihr von ihm geblieben. Ihre Mutter Ida war von Anfang an die unangefochtene Autoritätsperson in ihrem kleinen Leben. Das Beispiel Ida Goiteins zeigt wie schon jenes Johanna Feuchtwangers, dass Witwen ein selbstbestimmtes Leben führen konnten, auch wenn Ida in weit weniger komfortablen Verhältnissen zurechtkommen musste als Johanna. Ob diese Frauen allerdings ihre eigenen Wege gehen konnten, hing häufig von der Bereitschaft der männlichen Verwandten ab, sie richtungsweisende Entscheidungen selbst treffen zu lassen. Das scheint sowohl bei den Feuchtwangers als auch den Goiteins der Fall gewesen zu sein.

Ida Goitein, geborene Löwenfeld, hatte, wie bereits erwähnt, in den späten 1860er-Jahren den ungewöhnlichen Entschluss gefasst, eine Lehrerinnenausbildung zu machen. In der Annahme, dass sie nicht heiraten würde, hatte sie beschlossen, in Zukunft selbst für sich zu sorgen, und die Pädagogik war eines der wenigen Felder, zu denen Frauen überhaupt einen gewissen Zugang hatten. Andere akademische Berufe, aber auch das Handwerk blieben in der zweiten Hälfte des 19. Jahrhunderts und bis ins 20. Jahrhundert hinein Männersache. Da hatte das weibliche Geschlecht nichts verloren. Mädchen und jungen Frauen aus Idas Schicht, die sich üblicherweise nicht als Mägde, Dienstmädchen oder Fabrikarbeiterinnen verdingten, blieb also keine große Auswahl.

Mit dem Lehrerinnendiplom in der Tasche hatte Ida schließlich, wie wir wissen, doch noch geheiratet und war Rabbinerfrau geworden, was im Grunde ein Vollzeitjob für sich war – und hatte sechs Kinder bekommen. Zwei kleine Söhne mussten Ida und Gabor Goitein im Säuglings- beziehungsweise Kleinkindalter begraben. Hermann war gerade drei geworden, als Scharlach im Rabbinerhaus grassierte. Ein Töchterchen nach dem anderen überstand die Krankheit, der einzige Sohn aber starb. Wenig später wurde Beni geboren, erlebte jedoch nicht einmal seinen ersten Geburtstag. Voller Gram angesichts des Todes seiner beiden Buben reiste Gabor Goitein zur Erholung nach Posen und sollte von dort nicht zurückkehren. Völlig unerwartet starb er 1883 mit gerade mal fünfunddreißig Jahren, und die junge Witwe stand allein da mit der Sorge um ihre vier Kinder.

Ida stammte aus einer Lehrerfamilie in Posen, ihr Vater hatte ein Pensionat geleitet. Bildung war neben Gottesfurcht die zweite tragende Säule des Elternhauses gewesen. Während der Vater ihre

Ausbildung gerade so toleriert hatte, durften Idas Brüder selbstverständlich studieren. Samuel Löwenfeld schrieb sich für Geschichte ein, wurde später Mitarbeiter Harry Breslaus und Theodor Mommsens in Berlin, promovierte in Göttingen und lehrte als Privatdozent. Sein Zwillingsbruder Raphael widmete sich der Slawistik, seine Leidenschaft jedoch gehörte dem Theater. Ende des 19. Jahrhunderts gründete er in Berlin das Schiller-Theater. Gerade dieser Onkel Raphael sollte im Leben Rahels eine schicksalhafte Rolle spielen.

Ab 1883 also musste Ida ihre vier überlebenden Kinder allein durchbringen. Sie hatte dazu ihre Mitgift und eine kleine Witwenrente. Natürlich wurde diskutiert, ob sie nach Posen zu ihrer Herkunftsfamilie zurückkehren sollte, sie aber entschied sich ganz bewusst dafür, in Karlsruhe zu bleiben und selbst für den Lebensunterhalt ihrer Familie zu sorgen. Ida blieb sich auch in dieser tiefen Krise treu. Ihre Ausbildung kam ihr nun zugute, sie nahm Schüler auf, die bei ihr Kost und Logis bekamen, und sie begann, Unterricht zu geben. Sie wollte nicht von ihren Brüdern abhängig sein und sich von niemandem reinreden lassen. Vielmehr gestaltete sie ihr Haus nach ihren Vorstellungen, erzog ihre drei Töchter und den jüngsten Sohn Ernst zu frommen jungen Menschen, die später in der Lage sein würden, eigene Wege zu gehen, Wege, die neu und revolutionär waren.

Die junge Witwe zahlte zweifellos einen beträchtlichen Preis für das hohe Maß an Autonomie, das damals auch in ihren Kreisen ungewöhnlich war. Ihr Leben war von morgens bis abends angefüllt mit Arbeit. Rahel Straus erinnert sich, dass sie ihre Hausaufgaben in der Küche machte, während die Mutter neben ihr Nudeln walkte oder Gemüse putzte, um pünktlich Essen für die Pensionäre auf den Tisch zu bringen, zu ihren Füßen spielte der kleine Bruder »Trommeln« und machte einen ungeheuren Radau. Ida litt sehr unter dem Verlust ihres Mannes, aber sie scheint sich arrangiert zu haben mit ihrem Schicksal und dem selbstbestimmten Leben durchaus auch Positives abgewonnen zu haben. Ihre nächsten männlichen Verwandten lebten viele Hundert Kilometer entfernt und waren mit ihrem eigenen Leben beschäftigt. Sicher gab es einen gewissen Grad an sozialer Kontrolle durch die jüdische Gemeinde vor Ort, aber als ehemalige Rabbinerfrau genoss sie hohes Ansehen und einen Vertrauensvorschuss, auf den sie, wie wir noch sehen werden, tatsächlich hin und wieder zurückgreifen musste.

Als 1893, wie bereits erwähnt, Idas Freundin Isabella Feuchtwanger-Straus völlig unerwartet starb, bat Isabellas Witwer Samuel sie, in sein Haus zu ziehen und sich um seine neun Kinder zu kümmern. Ida und ihre drei Töchter Gertrud, Emma und Rahel sowie ihr kleiner Sohn Ernst zogen also um ins vornehme Bankiershaus, das allerdings von Samuel und seinen Schwestern asketisch streng geführt wurde. Aber auch hier bestand Ida auf einer eigenen Wohnung. Straus zahlte ihr zudem ein Jahresgehalt von 600 Mark. Ihre Autonomie war Ida heilig. Zehn Jahre nach dem Tod ihres Mannes waren sie und ihre Kinder ein eingespieltes Team, und das sollte auch so bleiben. Die Anwesenheit eines gestrengen Patriarchen im Haus sollte ihre Kreise nicht stören.

Auch wenn sie jetzt im Hause Samuel Straus' wohnten, war und blieb Ida in der Familie Goitein diejenige, die den Kurs vorgab. Sie gestattete ihren eigenen Töchtern im Gegensatz zu anderen Eltern der Israelitischen Religionsgesellschaft die Teilnahme an Klassenfahrten. Rahel, Trude und Emma mussten sich zwar ihre eigenen koscheren Vesperbrote mitnehmen, genossen aber ansonsten diese Ausflüge in vollen Zügen und waren voll integriert in die Klassengemeinschaft. Und doch berichtet Rahel Straus von einer Art Doppelleben. Sie fühlte sich wohl in der Schule, war sich ihrer primären Zugehörigkeit zur jüdischen Gemeinde aber immer bewusst. Als die Tochter des örtlichen Pfarrers Rahel fragte, ob sie nicht ihre beste Freundin werden wolle, weil sie als belesene Pfarrers- und Rabbinertochter doch gut zusammenpassen würden, lehnte sie ab, weil ihre beiden Arme bereits vergeben seien an die beiden anderen jüdischen Mädchen in der Klasse. Ebenso entschieden schlug sie in der Weihnachtszeit die Angebote aus, beim Krippenspiel mitzumachen.

Samuel Straus wusste um Ida Goiteins tadellosen Ruf und traute ihr zu, seinen jüngeren Kindern, vor allem den Töchtern eine gute »Ersatzmutter« zu sein. Seit sie Witwe war, trug Ida Schwarz, besuchte weder Theater noch Konzerte. Wie sich herausstellen sollte, brachten ihre Erziehungsmethoden für Straus dennoch die eine oder andere Herausforderung mit sich. So erlaubte es Ida ihren eigenen und auch den Straus-Mädchen als heranwachsende junge Damen, allein das Haus zu verlassen. Diskussionsbedürftiger aber noch war ihre Offenheit gegenüber höherer Mädchenbildung. Die Idee, dass auch Mädchen ein Gymnasium besuchen könnten, kam gerade erst auf. Erste Vereine für Frauenbildung und Frauenstudium schossen im ganzen Reich aus dem Boden. Ihre entschiedenste Vorkämpferin Helene Lange, wie Ida Goitein im Revolutionsjahr 1848 geboren, kämpfte gegen preußische Windmühlen und harte Beamtenköpfe. Die männliche Bildungselite versuchte zunächst, die Anliegen der aufmüpfigen Frauen auszusitzen. Als das nicht funktionierte, verunglimpfte man sie als »Mannsweiber«, als »Blaustrümpfe«, dachte sich alle möglichen Märchen aus über angeblich für höhere Studien ungeeignete weibliche Gehirne, über den üblen Einfluss von Bildung auf die weibliche Natur und auf ihre Fähigkeit, hingebungsvolle Ehefrauen und Mütter zu werden. Aber Helene Lange ließ sich nicht entmutigen und startete mit Privatkursen. Im letzten Jahrzehnt des 19. Jahrhunderts konnten tatsächlich in den ersten deutschen Staaten Erfolge vermeldet und Mädchen-Gymnasien gegründet werden.

Ida Goitein, die in ihrem Leben die Erfahrung gemacht hatte, dass ein eigener Beruf ein selbstbestimmtes Leben möglich machte, wollte auch ihren Töchtern diese Grundausstattung mitgeben. Ihre Älteste, Trude, machte, wie einst die Mutter, das Lehrerinnenexamen. Die zweitälteste Tochter, Emma, die von früh an eine außerordentliche künstlerische Begabung an den Tag legte, besuchte eine Kunstgewerbe-Schule. Und Rahel sollte Kindergärtnerin werden. Für die Mutter schien das eine gute Lösung zu sein, dauerte die Ausbildung doch nicht allzu lange, war also erschwinglich, und würde Rahel ein gewisses, wenn auch nicht berauschendes Einkommen bescheren, während sie sich zugleich auf ihre spätere Rolle als Mutter vorbereitete. Das Mädchen selbst

Fanny Feuchtwanger war die treibende Kraft, die die Familie zu Beginn des 19. Jahrhunderts auf Erfolgskurs setzte. Bis zu ihrem Tod 1875 war sie die unangefochtene Matriarchin. [1]

Die passende Partie: Johanna und Sigmund Feuchtwanger heirateten 1883. [2]

Die neun Kinder Johanna und Sigmund Feuchtwangers. [3]

Die beiden Nesthäkchen: Medi und Bubi. [4]

Marta Löffler wurde von ihren ängstlichen Eltern in Watte gepackt und entwickelte sich doch zu einer wagemutigen Frau. [5]

Marta Feuchtwanger war zeitweise ebenso umschwärmt wie ihr Mann. Aber sie war deutlich diskreter. [6]

Als die Zwanziger golden waren: *(v. l.)* Bertolt Brecht, Frank Warschauer, Lion Feuchtwanger und sein Schwager Eduard Diamant. In der Reihe vor ihnen sitzen *(v. l.)* Lions Schwester Franziska, Marianne Zoff und Marta Feuchtwanger. Berlin, 1923. [7]

Der Fels in seiner Brandung: Marta in Pacific Palisades mit Lion. [8]

Marta Feuchtwanger überlebte ihren Mann um fast drei Dekaden. Sie war ein Leben lang die Hüterin ihres Mannes und wurde nach seinem Tod auch zur offiziellen Kuratorin seines Werkes. [9]

Rahel Straus mit ihren beiden ältesten Töchtern Isa Bella *(rechts)* und Hannah, 1912. [10]

»Wir lebten in Deutschland« betitelte Rahel Straus ihre Memoiren, die sie in den frühen Vierzigerjahren zu schreiben begann. [11]

Jahrzehntelang war die Ohel-Jakob-Synagoge das Herz der orthodoxen jüdischen Gemeinde Münchens. Am 9. November 1938 ging sie zusammen mit weit über tausend anderen Synagogen in ganz Deutschland in Flammen auf. [12]

Erna und Albert Schragenheim heirateten mitten im Ersten Weltkrieg. Für Albert war es die zweite Ehe. Seine erste Braut, Felice, starb nur wenige Wochen nach der Hochzeit. [13]

Behütete Kindheit: Felice mit ihrer Schwester Irene und ihrer Mutter im Ostseebad Binz. [14]

Felice bei ihrer Einschulung, 1928. [15]

Bleiben oder Gehen? Felices Auswanderungsbemühungen brachen im Sommer 1941 in sich zusammen. [16]

Als Barbara Schrader lebte Felice Schragenheim als sogenanntes »U-Boot« in Berlin. [17]

Eines der letzten Fotos von Felice Schragenheim. Bei der Rückkehr von diesem Badeausflug an die Havel wartete die Gestapo auf sie. [18]

war von der Aussicht allerdings keineswegs begeistert. Sie fühlte sich ohnehin immer etwas zurückgesetzt, weil sie das Gefühl hatte, nicht anzukommen gegen die strebsame und vernünftige Trude und die überaus begabte und kreative Emma. Nun sollte sie auch noch Kindergärtnerin werden, was damals nicht viel mehr war als ein besseres Kindermädchen. Doch es nahte Rettung, denn im fortschrittlichen Baden öffnete 1893 ein erstes Mädchengymnasium seine Pforten, wenn auch als eine von einem Verein getragene Privatschule. Rahel konnte ihr Glück kaum fassen, als ihre Mutter sie fragte, ob sie aufs Gymnasium gehen wolle.

Was der Mutter eine vernünftige, zukunftsweisende Entscheidung zu sein schien, versetzte die Israelitische Religionsgesellschaft in helle Aufregung. »Ein Kind aus orthodoxem Kreise sollte solch neue Wege gehen!«, erinnert sich Rahel Straus. »Sie waren ja einiges gewohnt von unserer Mutter, die Tatsache allein, dass jede der Töchter auf einen Beruf vorbereitet wurde, war neu und revolutionär. Dass man aber das Allerneueste mitmachen musste, die Tochter ins Gymnasium schicken, das ließ die Wellen hochgehen.«[2] Ida Goitein allerdings war nicht aus der Ruhe zu bringen und meldete ihre Tochter mit Unterstützung von Rahels Lehrern im Gymnasium an.

Der Übertritt auf die höhere Schule fiel Rahel leicht, und sie fühlte sich ihren Schwestern ebenbürtig, hatte sie doch endlich auch etwas Eigenes, das nur sie auszeichnete. Einer ihrer Lehrer am Gymnasium unterhielt sich gern mit ihr und sagte ihr früh voraus, dass sie entweder Ärztin oder ein »Blaustrumpf« werden würde. Die Klasse war bunt zusammengewürfelt, es büffelten hier nicht nur Mädchen, sondern auch erwachsene Frauen, die nun endlich die Chance sahen, das Abitur zu machen. Was im ersten Schuljahr noch recht improvisiert war, geführt von einem Verein, dessen Hauptsitz gar nicht in Baden, sondern in Hannover lag, wurde mit jedem Schuljahr routinierter, und schließlich unterstellten die Behörden die Privatschule dem Ministerium. Die Anerkennung der Schule als staatliches Gymnasium brachte den Vorteil, dass die Schülerinnen aus Rahels Klasse nicht als sogenannte »Wilde« an ein fremdes Gymnasium geschickt wurden, um dort ihr Abitur zu machen. Vielmehr konnten die Frauen und Mädchen ihre Prüfungen in vertrauter Umgebung und bei den ihnen wohlbekannten Lehrern ablegen.

Rahel und ihre Mitschülerinnen waren die ersten Abiturientinnen in Baden und im ganzen Reich, und sie mussten eine Extraportion Biss mitbringen, um sich zu beweisen. Nicht nur hatten sie gehörig Stoff nachzuholen, den die Knaben, die von Anfang an ein humanistisches Gymnasium besucht hatten, ganz selbstverständlich vermittelt bekommen hatten, sie fürchteten zunächst auch jedes Schuljahr aufs Neue, dass der Verein, der die Schule unterhielt, nicht in der Lage sein würde, ein weiteres Jahr zu finanzieren. Die Mädchen und Frauen mussten ungeheuer motiviert sein, um sich unter diesen Umständen bis zum Abitur durchzuschlagen. Vor allem wenn man bedenkt, dass keine von ihnen so recht wusste, was mit dem Zeugnis am Ende anzufangen sein würde. An den Universitäten in Deutschland waren Studentinnen in diesen Jahren noch nicht zugelassen, hier und da durften sie den Vorlesungen zumindest als Hörerinnen beiwohnen. Zürich war eine Alternative, allerdings nur für jene, die es sich leisten konnten.

Aber Veränderung lag in der Luft. Für Rahel stand außer Frage, dass sie Medizin studieren wollte. Sie hatte auf dem Gymnasium mit ausreichend älteren Professoren und Schulräten Bekanntschaft gemacht, verschlossene Seminarraumtüren und hochmütig vom Katheter herabblickende Honoratioren schreckten sie nicht. Vielleicht war es ihrer Jugend geschuldet, vielleicht auch dem Vorbild ihrer zupackenden Mutter und ganz sicher der Hochschätzung für Bildung, die in ihrem Elternhaus herrschte: Die Aussicht, auf Jahre hinaus die einzige Frau im Raum zu sein, konnte sie nicht von ihrem Entschluss abbringen, Ärztin zu werden.

Rahel wollte die Welt neu beginnen. Und das in mehrfacher Hinsicht. Die junge Frau beschäftigte sich nicht nur intensiv mit den Fragen der Frauenbewegung, sondern war auch für den Zionismus entbrannt. Diese zwei essenziellen Standortbestimmungen – der Feminismus und das Eintreten für einen jüdischen Staat –

nahm sie ganz allein vor, unabhängig und zu Beginn durchaus auch in Widerspruch zu jenem jungen Mann, dem sie sich von früher Jugend an verbunden fühlte. Seit Rahel und ihre Familie bei den Strausens lebten, sah sie den Ältesten der Familie, Eli, regelmäßig, und nach und nach entstand eine enge Freundschaft. »Wir schlossen uns damals einander an«, schreibt sie Jahre später, »um uns nie mehr zu verlieren.« Allerdings war Rahel zu diesem Zeitpunkt erst fünfzehn, Eli siebzehn Jahre alt. Vor allem er drängte darauf, dass sie den Gedanken, ein gemeinsames Leben aufzubauen, besser noch unausgesprochen ließen. Vor beiden lagen noch Jahre der Schule und des Studiums. Sie beschlossen, sich erst mal aus dem Weg zu gehen, was leicht war, denn Eli begann gerade sein Studium in München und schlüpfte dort bei seiner Familie mütterlicherseits, den Feuchtwangers, unter. Rahel Straus erinnert sich, dass sie monatelang Groll gehegt habe gegen den ach so vernünftigen Eli. Im Nachhinein aber sah sie ein, dass dieser Schritt der richtige gewesen war, »hätten wir uns damals als verlobt betrachtet, nie wäre ich neben ihm, der eine so überragende Persönlichkeit war, zu einer eigenen Persönlichkeit herangereift. Ich wäre ein schwacher Abklatsch von ihm geworden, nichts weiter.« Das sind die Worte der reifen Frau, die auf ein erfolgreiches Leben zurückblickt und weiß, wie die Liebesgeschichte ausgegangen ist. Im Sommer 1899 dagegen war Rahel noch nicht so weit. Vielmehr wollte sie Eli beweisen, dass sie ihr Leben ohne ihn plante. Als sie endlich ihr Abitur in der Tasche hatte, liefen die beiden sich in Karlsruhe über den Weg, denn Eli hatte Semesterferien. Auf seine Frage, was sie denn nun studieren würde, erwiderte sie ungerührt: »Selbstverständlich Medizin!« Woraufhin er nur sagte: »Dann wirst du wohl nie heiraten!« Er hielt es für schlicht unmöglich, dass eine Ärztin eine Familie haben könnte. Derartige Erwägungen, konterte Rahel voll Trotz, seien ihr völlig gleichgültig. »Es war, bei Gott, nicht der Fall, aber das hätte ich kaum mir selbst eingestanden.«[3]

Fels in der Brandung war Rahel in diesen Jahren ihre beste Freundin Johanna Kappes, die nicht nur in Karlsruhe mit ihr zusammen Abitur gemacht hatte, sondern nun, wie sie, Medizin studieren wollte. Gleich fürs Wintersemester 1899/1900 schrieb sich Johanna Kappes ein, musste allerdings bei jedem Professor, dessen Vorlesung sie besuchen wollte, persönlich vorsprechen. Sie bekam tatsächlich die Genehmigung, als Hörerin teilzunehmen, berechtigt, ein Examen zu machen, war sie aber zunächst nicht. Das fand nicht nur Kappes unerträglich, sondern auch der Verein »Frauenbildung – Frauenstudium«, der sie unterstützte und dazu aufforderte, eine Petition an die Hochschule zu verfassen. Kappes setzte also ein Schreiben auf, das Wellen schlug und auch die Regierung in Karlsruhe erreichte. Und tatsächlich rangen sich die progressiven Badener zu einem gewagten Schritt in Richtung Zukunft durch und gestatteten es Frauen, sich zunächst an der Freiburger Universität, wenig später auch in Heidelberg, zu immatrikulieren. Johanna Kappes war somit eine der allerersten ordentlichen Studentinnen im ganzen Kaiserreich.

Damit hatte Johanna Kappes ihrer Freundin Rahel ein Semester voraus, denn trotz Rahels Entschlossenheit, sich für Medizin einzuschreiben, wurde erst mal nichts daraus. Zu ihrer großen Enttäuschung teilte die Mutter ihr mit, dass sie nur einem ihrer Kinder ein volles Studium finanzieren könne, und bei aller Aufgeschlossenheit fand Ida Goitein es offenbar entscheidender, ihrem Sohn Ernst, zwei Jahre jünger als Rahel, ein Jurastudium zu ermöglichen. Die Tochter musste verzichten. Für Rahel war lediglich ein schöngeistiges Studium möglich, viel kürzer und günstiger als ein Medizinstudium. Zähneknirschend schrieb sich die junge Frau also für Neuere Philologie, Englisch und Französisch ein.

Als Hörerin musste auch Rahel jeden einzelnen Professor besuchen und um Erlaubnis fragen, an seiner Vorlesung teilnehmen zu dürfen. Sie klapperte also die Büros einiger grau melierter älterer Herren in efeubewachsenen, ehrwürdigen Gebäuden ab und bekam schließlich wahlweise mit mildem Lächeln oder gestrenger Miene die Genehmigung. Die Erste zu sein stellte Rahel vor mannigfache Schwierigkeiten. So sollte sie während des Studiums bei ihrer Schwester Trude, die inzwischen mit dem Rabbiner Isak Unna verheiratet war, in Mannheim wohnen. Verbilligte Fahrkarten Mannheim–Heidelberg wurden allerdings nur an Studenten ausgegeben, eine Studentin hatte es schlicht noch nie gegeben. Die Herren Bahnbeamten waren ratlos. Viel Schreiberei war notwendig, aber am Ende bekam Rahel ihren Studentinnenfahrschein und konnte sich ins Studium stürzen.

Allein unter Männern war Rahel zunächst sehr schüchtern und zurückhaltend. »Ich kam mir immer klein und dumm vor gegenüber all den Anderen. Später begriff ich besser, wieso das kam. Die männlichen Kollegen trugen eine große Sicherheit zur Schau, auch wenn sie nichts wussten.«[4] Rahel fasste gerade den festen Vorsatz, sich mit dem geisteswissenschaftlichen Studium anzufreunden, als ein Brief ihres Onkels Raphael Löwenfeld sie erreichte. Der Bruder ihrer Mutter erkundigte sich, warum sie sich nun trotz ihrer vorherigen Bekundungen, Medizin studieren zu wollen, für die Philologie entschieden habe. Rahel antwortete rundheraus, dass die finanzielle Situation der Mutter kein Medizinstudium ermögliche. Zu Rahels großer Überraschung und Freude erbot sich daraufhin der Onkel, für ihr Studium aufzukommen. Zeitgleich wurde der von Johanna Kappes und ihren Mitstreiterinnen erkämpfte Erlass der badischen Regierung, wonach Studentinnen sich ordentlich immatrikulieren konnten, auch auf sämtliche Heidelberger Fakultäten, mit Ausnahme von Jura und Theologie, ausgeweitet.

Rahel hatte nun eine echte Wahl, aber sie wusste auch, dass es jetzt ernst wurde. Es war leicht gewesen, Eli entgegenzuschleudern, dass sie Ärztin werden wolle, solange klar war, dass das nicht Realität werden würde. »Jetzt, vor der endgültigen Entscheidung, klang dann doch Elis Wort mir sehr im Herzen nach: ›Eine Ärztin kann man nicht heiraten.‹ Ich war schließlich neunzehn Jahre und ich liebte ihn, trotz aller Abmachung.« Rahel hörte sich um im Kreis ihrer Kommilitonen. Auch sie hielten ein Medizinstudium für Frauen für »unweiblich«, ja »unmoralisch«, und versuchten, sie von dem Schritt abzuhalten. Trotzdem entschied sie sich, das Angebot des Onkels anzunehmen. Sie wusste sicher, dass sie Ärztin werden wollte. Auf so vieles andere im Leben hatte sie keinen Einfluss, aber diese Weiche konnte sie stellen.[5]

Gipserne Antike

Während Rahel Straus sich ihren Weg zu höherer Bildung mühsam erkämpfen musste, wurde von ihrem Freund Eli und seinen Vettern in Bayern geradezu erwartet, dass sie Abitur machten. Die Buben der Familie Feuchtwanger in München, die in den 1880er- und 1890er-Jahren geboren wurden, besuchten mehrheitlich das elitäre Wilhelmsgymnasium im Lehel. Hatten ihre Väter und Großväter noch nach der *Bar-Mizwa* die Schule beendet und als Lehrlinge bei verwandten oder bekannten Kaufmannsfamilien im Kontor erste Schritte Richtung Berufsleben unternommen, einige hatten auch schon Handelsschulen besucht, ermöglichte der beträchtlich gewachsene Wohlstand den Söhnen und Enkeln nun den Besuch des Gymnasiums und der Universität.

Lion Feuchtwanger und auch sein Bruder Martin berichten von der überaus ehrgeizigen Mutter, die höchste Erwartungen in sie setzte. Der Druck, gute Noten zu bekommen und akademisch zu reüssieren, war immens. Was den Feuchtwanger-Buben das Schülerleben zusätzlich schwer machte, waren erste Erfahrungen mit Ausgrenzung und Antisemitismus. Während in der Volksschule Religions- und Klassenzugehörigkeit offenbar noch keine große Rolle spielten – auf dem Pausenhof bolzte man gemeinsam, sprang Seil, kreischte lauthals bei »Wer hat Angst vorm schwarzen Mann?« –, änderte sich das auf dem Wilhelmsgymnasium radikal. Die Söhne hoher Beamter und Offiziere, die Sprösslinge alten Adels sowie die Junioren wichtiger Unternehmer grenzten sich untereinander ab, besonders ausgeprägt aber schien das Abstandhalten zu sein, wenn es um die jüdischen Mitschüler ging. Rahel Straus teilte mit ihren wenigen Mit-Gymnasiastinnen einen ausgeprägten Pionierinnengeist, der andere Unterschiede zwischen ihnen vergessen machte, das Münchner Wilhelmsgymnasium dagegen war eine altehrwürdige Einrichtung mit lange eingeübten Spielregeln und seit vielen Jahrzehnten etablierten Hierarchien. »Die Judenbuben blieben unter sich«, erinnert sich Martin Feuchtwanger. Sein älterer Bruder Lion berichtet davon, dass er sich am Gymnasium als Außenseiter fühlte. Die *Arba Kanfot,* die vier Schaufäden des kleinen Unterleibchens, das er und seine Brüder trugen, lugten stets unter ihren Hemden hervor und dokumentierten für alle sichtbar die Zugehörigkeit der Jungs zum orthodoxen Judentum.[6]

Obwohl er sich mit seinen Schulkameraden gut vertrug und obgleich »wir zu Hause unser Deutsch mit dem gleichen breiten, bayerischen Akzent« sprachen wie alle anderen, habe er sich, so Lion Feuchtwanger, von den andern »gründlich verschieden« gefunden. Das im Ohel-Jakob-Kreis so selbstverständlich gelebte Judentum manövrierte die Feuchtwanger-Kinder gegenüber ihren Mitschülern und Lehrern häufig ins Abseits. Wie sehr die antijüdischen Vorurteile der bayerischen Mehrheitsbevölkerung auch im ausgehenden 19. Jahrhundert noch von Motiven christlicher Judenfeindschaft bestimmt waren, illustriert ein Zwischenfall, den Martin Feuchtwanger in seinen Memoiren schildert. Martin und einige seiner Geschwister und Vettern verbrachten einen Sommernachmittag im Ungererbad, einem Freibad direkt am Nymphenburger-Biedersteiner Kanal. Sie turnten auf der Wiese, schwammen im Wasser und tobten bald mit einer anderen Gruppe etwas älterer Buben. Zwei der größeren Jungen packten plötzlich den viel kleineren Martin, tauchten ihn unter Wasser und riefen aus: »›Ich taufe dich im Namen des Vaters, des Sohnes und des Heiligen Geistes.‹« Die Fröhlichkeit und Harmlosigkeit des Spiels, so Martin Feuchtwanger, waren schlagartig vorbei.[7]

Ist in Rahel Straus' Erinnerungen an ihre Gymnasialzeit der Geist des Aufbruchs geradezu mit Händen zu greifen, schließlich war sie Teil eines unerhört revolutionären gesellschaftlichen Projekts, herrschten am Wilhelmsgymnasium, Lion Feuchtwanger zufolge, »Disziplin, Würde, gipserne Antike, Heuchelei«. In einer autobiografischen Notiz berichtet er, wie er als Gymnasiast anlässlich des Geburtstags des bayerischen Herrschers ein Theaterstück verfasst hat: »Ich erinnere mich gut, dass ich in sehr jungen Jahren zu irgendeinem Geburtstag des Landesherrn ein Festspiel schrieb, in genau gemessenen, konventionellen Rhythmen.

Etliche Schuljungen standen robust, linkisch und verlegen um eine Gipsbüste des Regenten (...) Alle fanden mein Festspiel sehr gut, es wurde in irgendeinem braven heimatkundlichen Journal abgedruckt, und ich bekam eine Krawattennadel oder etwas dergleichen als Zeichen der landesherrlichen Anerkennung.«[8]

Die Wertschätzung von Bildung hatte eine lange Tradition bei den Feuchtwangers. Wir erinnern uns, schon der alte Seligmann Feuchtwanger in Fürth leistete es sich in der ersten Hälfte des 19. Jahrhunderts, seinen Silberwarenladen zu schließen, wenn er genug für die Woche verdient hatte, und schickte sogar Kunden nach Hause, um sich anschließend seinem Talmud-Studium zu widmen. Von Lions Vater Sigmund wissen wir, dass er weit lieber in seiner gut bestückten Bibliothek saß und die Folianten wälzte, als sich im Kontor Zahlen um die Ohren zu schlagen. Bis ins späte 19. Jahrhundert aber zwangen die ökonomischen Gegebenheiten stets zu einer Art Mischkalkulation. Jüdische Studien, aber auch generelle Belesenheit und die Liebe für die Theater und Museen der Stadt nahmen einen hohen Stellenwert ein, aber der Brotberuf musste doch Vorrang haben. Ganz selbstverständlich wurden jeweils die ältesten Söhne Nachfolger ihrer Väter, hin und wieder, im Falle Hanna und Fanny Feuchtwangers etwa, auch ihrer Mütter. Neigung und Eignung durften keine große Rolle spielen. Sigmund übernahm die Margarinefabrik von seinem Vater Elkan. Angelo wurde Nachfolger seines Vaters Jacob Löw als Seniorchef der J. L. Feuchtwanger Bank. Da gab es keine Diskussion.

Eine Generation später sah das anders aus. Weder Lion noch die nächstälteren Brüder Ludwig, genannt Ludschi, oder Martin zeigten Ambitionen, dem Vater in der Leitung des Familienunternehmens zu folgen. In Lions Tagebüchern und autobiografischen Äußerungen finden sich keinerlei Hinweise darauf, dass die Möglichkeit überhaupt diskutiert wurde. Lion, Ludschi und Martin studierten in München und gönnten sich sogar einige Semester fernab in der Reichshauptstadt. Sie genossen in vollen Zügen die Freiheit, die die Großstadt brachte. In München war die Familie ja derart umfangreich vertreten, dass man überall damit rechnen musste, von neugierigen Augenpaaren erspäht zu werden. Hinzu kamen die übrigen Familien des Ohel-Jakob-Kreises, die Fränkels, die Merzbachers, die Ehrentreus, die Neustätters und wie sie alle hießen. Egal, welche Extratour man sich leistete, man konnte sicher sein, dass in kürzester Zeit sämtliche Anverwandten im Bilde waren. Lion Feuchtwanger beschreibt in seinen Tagebüchern immer wieder, wie einzelne Familienmitglieder ihn durch Anspielungen auf seine zahlreichen Liebschaften in Verlegenheit brachten. Eine sehr unangenehme Szene musste der junge Lion durchstehen, als sein Hausarzt und Großonkel Dr. August Feuchtwanger ihm im familiären Kreis das Ergebnis einer Untersuchung eröffnete: »August teilte gestern in Gegenwart Ludschis und der Eltern mit, ich hätte die Krätze. Peinlich und beschämend.«[9] Berlin war da eine willkommene Abwechslung und versprach die große Freiheit.

Überhaupt scheint das Studentenleben, ob in Berlin oder München, zumindest im Spiegel der Erinnerungen, recht erquicklich gewesen zu sein. Soweit es die Vorlesungen zuließen, traf man sich vormittags zum Frühschoppen. Den Nachmittag verbrachte man im Café. Tisch an Tisch saßen die Studenten, debattierten, spielten Karten und tranken Kaffee. Abends ging man auf Bälle, in Konzerte, ins Theater oder in die Oper. Und hin und wieder besuchten die Feuchtwanger-Söhne, angetan mit Frack und *Chapeau Claque*, sogenannte Lebemänner-Tanzlokale. Auch wenn sich die Mütter, Väter, Großmütter und Großväter der Familie pikierte Blicke nicht verkneifen konnten, so scheint es doch ab dem ausgehenden 19. Jahrhundert eine stille Übereinkunft gegeben zu haben, dass man den jungen Leuten eine gewisse Zeit des Sich-Ausprobierens gönnte. Den jungen Männern wohlgemerkt, bei den jungen Frauen wurden in Sachen Wohlerzogenheit immer noch strengere Maßstäbe angelegt.

Lion und sein Bruder Martin studierten Geschichte, Philologie und Philosophie. Während Martin seine Studien bald abbrach und als Volontär bei der *Saalezeitung* in Halle lieber direkt in die Praxis sprang, startete Lions akademische Karriere durchaus Erfolg versprechend. Er promovierte bei Franz Muncker über Heinrich Heines *Rabbi von Bacherach*. Seine Eltern, vor allem seine Mutter, entwickelten einen ausgeprägten Ehrgeiz und bearbeiteten ihn, dass er seine Universitätskarriere fortsetzte. So ein echter Literaturprofessor in der Familie – das wäre der endgültige Beweis für die Zugehörigkeit zum Bildungsbürgertum der Stadt. Das wog in den Augen Johanna Feuchtwangers offensichtlich schwerer als die Fortführung der Tradition, dass der Erstgeborene das Familienunternehmen übernahm.

In sein Tagebuch notierte Lion Feuchtwanger alsbald: »Nachmittags bei Muncker. Er war sehr liebenswürdig. Die Habilitation scheint schwer aber nicht unerreichbar.« Etwas später setzte Muncker seinem Schützling auseinander, dass dieser als Hochschullehrer die besten Aussichten hätte, allerdings nur unter der Bedingung, dass er sich taufen ließe. »Ich lachte schallend über diese Anregung«, so Feuchtwanger, »nahm es hin, dass ich es als Jude höchstens zum außerordentlichen Professor bringen konnte, und machte mich auf Munckers Betreiben und die dringlichen Bitten meines Vaters an die Ausarbeitung einer Habilitationsschrift.«[10]

Lion Feuchtwanger hat sich in seinen autobiografischen Äußerungen immer größte Mühe gegeben, den Bruch mit der Orthodoxie seiner Familie als besonders radikal darzustellen. Und tatsächlich hat er sich als erwachsener Mann nicht mehr an die vielen Bräuche und Regeln, auf die seine Großeltern und Eltern noch peinlich geachtet hatten, gehalten. Eine Konversion aber stand für ihn zu keinem Zeitpunkt zur Debatte. Das Judentum war und blieb konstitutiver Bestandteil seiner Identität, den er auch für die Aussicht auf eine ordentliche Professur nicht aufgab. Selbst lange nachdem Juden 1871 zu Staatsbürgern geworden waren, bestanden in verschiedensten gesellschaftlichen Bereichen noch unüberwindbare Hindernisse. Neben der alltäglichen Diskriminierung und den unsichtbaren gläsernen Wänden und Decken – gerade in der Studentenschaft und in den Burschenschaften gärten giftiges Ressentiment und ein sich modern gerierender Antisemitismus – gab es handfeste Regelungen, die Juden ganz gezielt von bestimmten Berufssparten fernhielten. Die höhere Beamten- und Offizierslaufbahn etwa blieb Juden in zahlreichen deutschen Staaten, auch in Bayern, bis zur Gründung der Weimarer Republik versagt.

Viele Juden wählten in diesen Jahren ganz bewusst die berufliche Selbstständigkeit. Weite Teile der Administration blieben ihnen verschlossen oder erschienen angesichts des grassierenden Antisemitismus als nicht sonderlich vertrauenserweckend. Auch eine Anstellung in einem nicht jüdischen Unternehmen galt etlichen als zu unsicher. Würden sie am Arbeitsplatz sicher sein vor Anfeindungen vonseiten der Kollegen sowie vor struktureller Diskriminierung? Und würden sie, so sie das wollten, auch weiterhin den Schabbat und die jüdischen Feiertage halten können? Die Unabhängigkeit als selbstständiger Jurist, Arzt oder Journalist schien da die bessere Wahl zu sein. Auch Lion Feuchtwanger hat die Aussicht, an der Universität ein Schattendasein zu führen und immer wieder gegen sichtbare und unsichtbare Mauern zu rennen, nicht gerade gelockt. Schon bald brach er seine Habilitationsschrift ab und verlegte sich auf den Journalismus und aufs Schreiben von Literaturkritiken.

Die Konkurrenz zwischen den Feuchtwanger-Brüdern war groß, der Umgang unter den Geschwistern insgesamt, sagen wir mal, deftig. Lion war kleiner und körperlich weniger robust als seine jüngeren Brüder und kompensierte sein Unterlegenheitsgefühl nicht selten mit Schlaumeierei, was ihn unter ihnen nicht eben beliebter machte. Sein Bruder Ludschi, der Zweitälteste der Familie, war nicht nur ein gut aussehender, groß gewachsener Bursche mit einem heiteren Zwinkern im Auge, sondern ein vielseitig interessierter junger Mann. Er hörte ebenfalls in München und Berlin Vorlesungen in den Fächern Jura, Nationalökonomie, Geschichte und Philosophie. Als Ludschi im Juli 1909 durchs Examen fiel, notierte Lion bissig in sein Tagebuch: »Ein nicht sonderlich gescheiter, aber sehr fleißiger Bursch. Ich gönn ihm das Pech.«[11]

Dennoch war Ludschi neben Lions Vetter Igo, mit dem er eng

befreundet war, derjenige in der Familie, der Lion zeitlebens am nächsten war. Man verkehrte in intellektuellen Kreisen, die sich zumindest stark überschnitten. Und sicher hielt Lion seinen Bruder in Wahrheit, zumindest in späteren Jahren, durchaus für einen »gescheiten Bursch«. Ludwigs wichtigste wissenschaftlichen Betätigungsfelder waren die politische Soziologie und das Judentum. Er war ein Polyhistor im wahrsten Sinne des Wortes. Nachdem er 1914 doch noch das Examen bestanden hatte, wurde er zur Rechtsanwaltschaft zugelassen und arbeitete ab 1915 als geschäftsführender Direktor in einem der ältesten und renommiertesten akademischen Verlagshäuser Deutschlands, dem Verlag Duncker & Humblot in München, band Autoren wie Werner Sombart, Arthur Spiethoff und Carl Schmitt an den Verlag.

Einen Verbündeten hatte Ludwig in seinem Bruder Lion, als er 1917 die Katholikin Lilli Eberl heiratete, die bereits einmal geschieden war und ein Kind in die Ehe brachte. Die Verbindung zwischen Ludwig und Lilli zeigt, wie sehr sich der Aktionsradius der Feuchtwanger-Söhne und -Töchter dieser Generation bereits ausgedehnt hatte. Lion, Ludwig und ihre Geschwister, Cousinen und Vettern ließen sich nicht mehr auf den Ohel-Jakob-Kreis beschränken. Sie gingen Bekanntschaften, Freundschaften, vereinzelt auch intime Beziehungen und Ehen mit Menschen ein, die sie weit abseits der Familie und des orthodoxen Kreises kennenlernten. Bezeichnend ist jedoch, dass Ludwig den Tod des Vaters 1916 abwartete, bevor er die Verbindung offiziell machte. Ludwig Feuchtwangers Ehe mit Lilli Eberl, die übrigens nach drei Jahren geschieden wurde, ist die erste interkonfessionelle Ehe bei den Feuchtwangers in München überhaupt.

Während Lion, Ludwig und Martin als junge Erwachsene zuweilen eine ziemliche Distanz zwischen sich und ihre Eltern brachten – räumlich, aber auch mental –, fühlte sich ihr Vetter Eli Straus stets viel stärker als Teil einer größeren Einheit: der Familie, der jüdischen Gemeinde, der Judenheit insgesamt. Aufgewachsen bei seinem strengen Vater, dem Bankier Samuel Straus in Karlsruhe, hatte Eli allzu früh seine lebenslustige Mutter

Isabella verloren. Als er zum Studium nach München ging, ließ er sein Herz zwar in Karlsruhe beziehungsweise in Heidelberg, denn dort studierte seine Freundin Rahel, aber er fand bei der Familie mütterlicherseits doch eine zweite Heimat und eine aufgeschlossenere und unbeschwertere Version von Frömmigkeit. Als ältester Sohn Isabellas und ältester Enkel Jacob Löw und Auguste Feuchtwangers übernahm der pflichtbewusste Eli früh Verantwortung. Er studierte fleißig Jura und war zudem eng eingebunden in die Belange der Familie und des Ohel-Jakob-Kreises. Es war bereits die Rede davon, dass er den Münchner Feuchtwangers in einer schweren wirtschaftlichen Krise zur Seite stand. Wie ernst er auch als junger Mann die Regeln nahm, die die Orthodoxie vorgab, zeigt eine Begebenheit aus seiner Studienzeit. Zwei Prüfungen des schriftlichen Staatsexamens fanden an einem Samstag statt. Um die Schabbat-Ruhe nicht zu brechen, gab Eli jeweils ein leeres Blatt ab und kassierte ein »ungenügend«, schloss aber insgesamt trotzdem mit einem »sehr gut« ab. Eigentlich wollte Eli Richter werden, allerdings schreckte er davor zurück, fürchtete, wegen seines Jüdisch-Seins immer wieder zurückgesetzt zu werden. Eli Straus wurde schließlich Compagnon in der Münchner Anwaltskanzlei Siegel, später eröffnete er ein gemeinsames Büro mit seinem Vetter Sigbert Feuchtwanger.

Jener Sigbert, vor allem aber sein älterer Bruder Igo wären eine Generation zuvor die natürlichen Nachfolger ihres Vaters Angelo gewesen, hatten aber offenbar andere Ambitionen. Die Erträge der J.L. Feuchtwanger Bank und die harte Vorarbeit ihrer Urgroßmutter Fanny hatten der Familie einen gehörigen Schub die soziale Leiter hinauf ins gehobene Bürgertum verpasst, der sie in die Lage versetzte, ihre Söhne studieren zu lassen, und diese nutzten die Chance, die sich ihnen bot. Igo, 1884 geboren und damit gleicher Jahrgang wie sein Vetter Lion, studierte Medizin und war später ein angesehener Lungenspezialist in München. Igo war Mitglied im Sportverein Bar Kochba und wie seine übrigen Geschwister überzeugter Zionist. Sein jüngerer Bruder Sigbert studierte Jura in München und wurde, wie gesagt, Compagnon seines Vetters Eli Straus.

Igos und Sigberts jüngere Brüder Theodor und Leo übernahmen später die Bank von ihrem Vater, allerdings nicht, ohne vorher ein Hochschulstudium abgeschlossen zu haben. Die beiden Buben waren in ihrer Kindheit recht kränklich gewesen und hatten ihren Eltern, vor allem ihrer an einer Lungenkrankheit leidenden Mutter Fritzi, große Sorgen bereitet. Als junge Männer scheint es ihnen aber gesundheitlich gut gegangen zu sein. Leo Feuchtwanger studierte Ökonomie in Zürich und München, promovierte über *Die Darlehenskassen des Deutschen Reiches* und arbeitete drei Jahre am Institut für Seeverkehr und Weltwirtschaft in Kiel, hoch im Norden und fernab der Familie.

Auch jene also, die die Familienunternehmen fortführten, die weiterhin die finanzielle Unabhängigkeit und die Zugehörigkeit der Familie zur Oberschicht der Stadt sicherten, holten sich im beginnenden 20. Jahrhundert vielfach ihre Expertise nicht mehr nur bei den Eltern, Großeltern, Onkeln und Schwagern, die gleichzeitig Geschäftspartner waren, sondern an der Hochschule.

Männerschreck

Während die jungen Männer der Familie im ausgehenden 19. Jahrhundert begannen, ihre weltliche Bildung zu vertiefen, Abitur zu machen, den Ohel-Jakob-Kreis anschließend, zumindest für ein paar Semester, zu verlassen und hinaus in die Welt zu ziehen, blieb Rahel Straus' Weg in dieser Frauengeneration eine Ausnahme. Die Feuchtwanger-Töchter besuchten in diesen Jahren meist die Volksschule und im Anschluss daran Institute für Höhere Töchter, wo Wert gelegt wurde auf Lektüre, Englisch, Französisch, Handarbeit und Musik.

Der Bankier Angelo Feuchtwanger etwa schickte seine gerade mal zwölfjährige Tochter Rosl nach dem Tod seiner Frau Fritzi auf ein Internat in der Schweiz. Marta Löffler, die 1912 Lion Feuchtwanger heiratete, ging auf die Privatschule Siebert in München, die auch einige Feuchtwanger-Mädchen besuchten. Marta berichtet, dass sie regelmäßig mit Kindern, selbst mit größeren

Jungs raufte, die ihr antisemitische Schimpfworte nachriefen. Auf einem Schulausflug hörte sie einmal zwei christliche Mädchen miteinander tuscheln. Die eine war am Nachmittag bei Henny Feuchtwanger, Lions kleiner Schwester, eingeladen und machte eine abfällige Bemerkung über Hennys Jüdisch-Sein. Da stellte Marta die beiden zur Rede, und es kam zu einem handfesten Streit. Auch Marta hätte übrigens gern Abitur gemacht und Medizin studiert, doch im Gegensatz zu Ida Goitein stellten sich ihre Eltern quer. Vor Martas Geburt hatten ihre Eltern mehrere Kinder an Typhus und Meningitis verloren und waren daher über die Maßen ängstlich, als ihnen im fortgeschrittenen Alter noch ein Töchterchen geboren wurde. Sie erlaubten der kleinen Marta kaum, mit anderen Kindern zu spielen, aus Angst, dass sie sich mit einer Kinderkrankheit oder Tuberkulose anstecken könnte. Auch als Heranwachsende hätten die Eltern das Mädchen am liebsten in Watte gepackt und von allen Gefahren ferngehalten. Ein Studium weitab der elterlichen Kontrolle kam überhaupt nicht infrage.[12]

Marta, 1891 geboren, hätte, wären ihre Eltern in dieser Frage progressiver gewesen, durchaus eine der ersten bayerischen Studentinnen werden können, denn ab 1903 waren Frauen auch hier an Hochschulen zugelassen. Die 1883 geborene Katia Pringsheim, spätere Mann, die im Exil zu einer guten Freundin Martas werden sollte, war im Jahr 1901 übrigens das erste Mädchen, das in München die Hochschulreife erlangte, allerdings als sogenannte Externe. Ihr überaus wohlhabender Vater, der Mathematik-Professor Alfred Pringsheim, ließ sie privat unterrichten, die Prüfung musste sie am Wilhelmsgymnasium ablegen. Das hochbegabte Mädchen bestand mit Bravour und begann an der Münchner Universität, an der ihr Vater lehrte, Vorlesungen in Mathematik, Physik, Philosophie und Kunstgeschichte zu hören.

Katia Pringsheim hatte beste Voraussetzungen, eine echte Erste zu werden und, wie Rahel Straus, als Frau die Möglichkeiten zu nutzen, die die anbrechende Moderne ihr bot. Eigentlich hatte sie es im Blut, war sie doch die Enkelin Hedwig Dohms, einer der wichtigsten feministischen Vordenkerinnen des Landes. 1904 allerdings trat ein junger Schriftsteller in ihr Leben, der sie um jeden Preis für sich gewinnen wollte. Thomas Mann machte mit Katia Pringsheim den Fang seines Lebens. Nicht nur stammte sie aus einer betuchten Familie und war mit ihren dunklen Haaren und unergründlichen Augen eine aparte Erscheinung, eine »morgenländische Prinzessin«, wie Else Lasker-Schüler sagte, Katia ließ sich auch auf ein Familienmodell ein, das ihr im Grunde nicht entsprach, dafür aber vor allem Thomas' Bedürfnisse ins Zentrum stellte. Katia Mann bekam im Laufe der ersten anderthalb Jahrzehnte ihrer Ehe sechs Kinder und trug die Last der Erziehungs- und Sorgearbeit stets fast ganz allein. Die Attitüde des Autors von *Joseph und seine Brüder* erinnert zuweilen selbst etwas an besagten Joseph, der in seinen Träumen sieht, wie Himmelskörper sich vor ihm verneigen. Wie der Mond und die Sterne jedenfalls drehten sich Katia und die Kinder in den folgenden Jahren um Thomas Mann. Vater, das Genie! Katia Mann aber wurde zur sprichwörtlichen »Frau an seiner Seite« und damit zur Traumfrau und zum Vorbild einer ganzen Generation von Literaten und Professoren, die sich hingebungsvoll ihrer Karriere widmeten und sich gleichzeitig mit einer großen Familie und einer klugen Frau schmückten, die selbst keinerlei berufliche, künstlerische oder akademische Ambitionen hegte, sondern ihre Aufgabe allein darin sah, ihrem Gatten die Trivialitäten und Hässlichkeiten des Alltags vom Halse zu halten.

Auch Rahel Straus berichtet übrigens davon, dass die Erziehung ihrer fünf Kinder fast ausschließlich in ihrer Hand lag. Und das, obgleich Rahel ihr Leben lang berufstätig war und als Ärztin eine eigene Praxis unterhielt. Aber wie kam es überhaupt dazu, dass Rahel doch noch Ehefrau und Mutter wurde, wo ihr doch alle prophezeit hatten, dass sie niemals heiraten würde, wenn sie sich wirklich dazu entschlösse, Medizin zu studieren? Nun, derjenige, auf den es ankam, ihre Jugendliebe Eli Straus, änderte während seines Studiums in München offenbar seine Meinung. Ob Rahels Kompromisslosigkeit und Entschlossenheit ihn beeindruckt haben oder ob die optimistischere und zukunftsfreudigere Atmosphäre im Münchner Lehel den Wandel bewirkte, ist schwer zu sagen. Jedenfalls scheinen seine Zweifel zwischen 1899 und 1901 weggeschmolzen zu sein wie der Schnee unter der Frühlingssonne im Karwendelgebirge, wenn die Schmelze die Isar in einen reißenden Fluss verwandelt, der sich mit unbändiger Kraft seinen Weg ins Tal bahnt.

Für die Verlobung seiner Schwester Fanny, die nach alter Sitte einen jungen Mann heiratete, den sie nur wenige Wochen zuvor bei der Brautschau zum ersten Mal gesehen hatte, kehrte Eli für ein paar Tage nach Karlsruhe zurück. In dem Moment, in dem er eintrat, so erinnert sich Rahel Straus später, sei es ihnen beiden klar gewesen: Sie gehörten zusammen. Zunächst hielten sie ihren Beziehungsstatus aber noch geheim und hätten sich vielleicht mit der Verlobung auch noch länger Zeit gelassen, wenn Elis Vater seinem Sohn nicht über die Chanukka-Tage 1901 recht nachdrücklich eine Partie mit einem Mädchen aus einer sehr wohlhabenden und angesehenen Frankfurter Familie nahegelegt hätte. Rahel hatte gerade ihr Physikum bestanden, auch Eli stand das Examen noch bevor, sie waren noch nicht so weit, ihr gemeinsames Leben zu beginnen, und doch wurden sich die beiden an einem kalten Wintertag fürs Leben einig. Seinem Vater gegenüber druckste Eli herum, fand immer neue Ausflüchte und war froh, als er nach den Chanukka-Feiertagen wieder nach München fahren konnte.

Einzig Elis Schwester Fanny hatten die beiden Verlobten eingeweiht, und genau die verplapperte sich, als sie den Vater wenig später an die Riviera begleitete. Natürlich war der Patriarch gekränkt, die Neuigkeiten nicht von seinem Erstgeborenen selbst zu hören. Nach dem ersten Ärger aber willigte er schriftlich ein – ein Zeichen dafür, wie sehr eine Verlobung zu Beginn des 20. Jahrhunderts, gerade in Kaufmannsfamilien, noch eine geschäftliche Angelegenheit war. Außerdem schrieb Samuel Straus auch einen Brief an Rahel und ihre Mutter. Um dem Brief zuvorzukommen, musste die junge Frau nun auch ihrer Mutter schleunigst die frohe Botschaft überbringen. Allerdings machten die Neuigkeiten Ida Goitein nicht ausschließlich froh, hatte sie doch in einem Eckchen ihres Herzens gehofft, dass Rahel ledig bleiben und ihr auf ihre alten Tage Gesellschaft leisten würde. Solange Idas Kräfte noch dazu gereicht hätten, hätte sie der Ärztin den Haushalt führen können und damit eine Aufgabe und ein Auskommen gehabt – so hatte Ida sich das wohl insgeheim vorgestellt. Nun aber verlor sie ihre Tochter an Eli und an München. Doch Ida kam rasch über ihre Enttäuschung hinweg und zog wenig später zu ihrer Tochter Trude, der Rabbinersfrau, nach Mannheim.

Eli stellte Rahels Entscheidung, Ärztin zu werden nie mehr infrage. Keine Rede mehr davon, dass man Ärztinnen nicht heiraten konnte. Bis es so weit war, vergingen allerdings fast vier Jahre, in denen Eli seine Referendariatszeit und Rahel ihr Studium beendeten. Inzwischen hatte sie sich gut eingelebt in Heidelberg. Zu Beginn war es nicht leicht gewesen. Als sie vor Studienantritt bei Professor Kehrer, dem bärbeißigen Dekan der medizinischen Fakultät, vorstellig wurde, hatte der ihr rundheraus abgeraten. Schon rein körperlich werde sie ein Medizinstudium niemals durchhalten, hielt er ihr entgegen. Sie protestierte, sie sei kerngesund und fest entschlossen, worauf er ihr die Hand gab mit den Worten: »Kind, ich meine es gut mit Ihnen und sage Ihnen darum ›Auf-Nimmerwiedersehen!‹« Schon stand sie wieder vor seiner Bürotür. Die Worte des Ehrfurcht einflößenden Mannes aber machten sie nicht irre, »im Gegenteil: Ich wollte es ihm, ich wollte es allen Männern zeigen«. Zwei Jahre später traf sie im Hörsaal erneut auf Kehrer, der erstaunt war, sie dort zu sehen. »Nun sind Sie doch gekommen, obgleich ich Ihnen Auf-Nimmerwiedersehen gewünscht habe.« Die beiden kamen ins Gespräch, und der Dekan wollte wissen, ob er nicht recht gehabt habe mit seiner Einschätzung, worauf Rahel nur erwiderte, dass es bis jetzt ganz gut gehe. »Es wird immer schwerer«, sagte er da, »und ich kenne die Frauen, das hält keine durch.« Die Kommilitonen verstummten, lauschten gebannt dem Schlagabtausch zwischen Professor und Studentin. »Ja, Sie kennen die Frauen«, konterte Rahel, »aber meist, wenn sie krank sind!«[13]

Kurz und gut: Rahel bahnte sich ihren Weg mit Beharrlichkeit,

Ruhe und Freundlichkeit. Ihr Erscheinungsbild war durch und durch bürgerlich, sie war wohlerzogen und hielt sich an viele gängige Umgangsformen und Codes. Aber sie ließ sich nicht ausgrenzen und abschrecken. Das muss ihr einiges abverlangt haben. »Drei Semester war ich unter den Kollegen das einzige weibliche Wesen, und rückschauend weiß ich erst, dass da ein Experiment mit mir gemacht wurde«, erklärte Rahel Straus viele Jahre später. Im Vergleich zu anderen Berichten erster Studentinnen klingen Rahel Straus' Erinnerungen an ihre Heidelberger Zeit überwiegend optimistisch und positiv. Während die spätere erste Bundesverfassungsrichterin Erna Scheffler und die FDP-Politikerin Marie-Elisabeth Lüders, die zu den ersten Juristinnen in Preußen zählten, schmerzhaft davon berichten, wie sie von männlichen Kommilitonen »ausgescharrt« wurden, also mit kollektivem Fußscharren im Hörsaal begrüßt wurden, scheint Rahel das erspart geblieben zu sein, vielmehr bemühten sich die Kommilitonen ganz besonders um sie. Auch das zeugt natürlich davon, dass sie als Exotin wahrgenommen wurde. Aber zumindest als eine, die nicht ausgegrenzt, sondern vielmehr verwöhnt wurde. »Nie brauchte ich ein Präparat zu holen, nie eine unangenehme Arbeit zu machen, das besorgte immer einer der Kollegen.«[14]

Die ersten Studentinnen waren immer und überall allein auf weiter Flur, schon von Weitem auszumachen, während die Herren Studenten nicht nur ohnehin die überwältigende Mehrheit ausmachten, sondern sich auch noch in Burschenschaften verbrüderten. Die wenigen Frauen dagegen hatten harte Kämpfe ausstehen müssen, um dorthin zu gelangen, wo sie nun waren. Nicht wenige waren darüber zu ausgesprochenen Individualistinnen geworden, die auf keinen Fall ihre Freiheit aufgeben wollten. Deswegen scheuten viele von ihnen sich zunächst, sich an eine Studentinnenorganisation zu binden, die ihnen dann womöglich wieder neue Vorschriften machte. Und so gründeten Rahel und ihre Kommilitoninnen eine eigene Studentinnengruppe, die sich nicht am Vorbild der Männer orientierte, sondern etwas ganz Neues sein wollte: »Man ›musste‹ gar nichts, man kam, wann man wollte, es gab keinen Commers [zeremonielles Zusammentreffen in Studentenverbindungen], nicht Fuchs noch Bursche, kein Examen, keine politische Richtung.« Alle Hörerinnen und Studentinnen konnten Mitglied werden, egal welcher Nation oder Religion sie angehörten. Heikler allerdings war die Frage, wie sich diese erste Akademikerinnengeneration gegenüber jenen Frauen verhielt, die jahrelange Vorarbeit geleistet hatten. Der Verein »Frauenbildung – Frauenstudium« hätte es gern gesehen, wenn die Studentinnengruppe sich als seine Jugendorganisation deklariert hätte, das aber wollten Rahel & Co. auf keinen Fall. Es kam sogar zu einem heftigen Wortwechsel zwischen Marianne Weber, der Vorsitzenden des Vereins, und Rahel Straus, die der bunt zusammengewürfelten Studentinnentruppe viele Semester lang vorstand.[15] Marianne Weber, zehn Jahre älter als Rahel, war ein ordentliches Studium noch verwehrt geblieben, sie hatte eine Schule für höhere Töchter besucht und anschließend als Hörerin in Freiburg Vorlesungen der Philosophie und Nationalökonomie besucht. 1893 hatte sie den Soziologen Max Weber geheiratet. Sie wurde im späten Kaiserreich eine der entschiedensten Kämpferinnen für die rechtliche Gleichstellung der Frau. 1919 sollte sie für die Liberalen in den badischen Landtag ziehen und als erste Frau in einem deutschen Parlament eine Rede halten.

Es spricht also durchaus für die Autonomie und den Eigensinn Rahels und ihrer Kommilitoninnen, dass sie sich dem Ansinnen dieser Ikone der deutschen Frauenbewegung und quasi einer der Riesinnen, auf deren Schultern sie standen, widersetzten. Ihr Ziel war es, ein neues Frauendasein aufzubauen, aber möglichst ohne einengende Dachorganisationen, sondern frei und unbelastet von der Vergangenheit. Sie lehnten auch dankend ab, als die »Freie Studentenschaft«, in der sich jene zusammentaten, die nichts zu schaffen haben wollten mit Mensur, Schmiss und Trinkgelagen bis zur Besinnungslosigkeit, ihnen anbot, sich bei ihnen einzugliedern. Rahel und ihre Mitstreiterinnen trafen sich einmal mit den Herren zu einem gemeinsamen Abend, der unter dem vielversprechenden Titel »Die Studentin« stand. Ein Kollege setzte ihnen bei der Gelegenheit »ganz wissenschaftlich« auseinander, dass studierende Frauen nicht nur geistig und seelisch verkümmern würden, sondern dass sie dabei auch äußerlich hässlich und auf Männer abstoßend wirken würden. Sein Referat war derart hanebüchen, dass die Frauen gar nicht erst versuchten, eine Diskussion zu beginnen. Rahel Straus scheint aber mit einem ausreichend robusten Selbstbewusstsein gesegnet gewesen zu sein, das es ihr ermöglichte, dennoch mit dem jungen Mann in Kontakt zu bleiben und ihm mit Freundlichkeit und Beharrlichkeit nach und nach die Angst vor dem »Männerschreck« zu nehmen. Zwei Jahre später hielt er erneut einen Vortrag über studierende Frauen – und siehe da! Nun war es reiner Lobgesang.[16]

Im Studentinnenverein machte Rahel Straus erste Gehversuche in Sachen Politik und öffentlichem Auftreten, sie lernte, Diskussionen zu leiten, Reden zu halten, Kompromisse zu finden. All das sollte ihr schon bald zugutekommen. Denn Rahel entsprach zwar – mit geflochtenen Zöpfen, langen Röcken, ihrer behüteten Kindheit und ihren tadellosen Manieren – auf den ersten Blick dem Bild, das die bürgerliche Gesellschaft sich von einem Mädchen aus gutem Hause machte, aber man sollte sich nicht täuschen lassen. Diese Frau hatte einen radikal neuen Blick auf die Welt.

Garten Eden

Rahel Straus' Zugriff auf das beginnende 20. Jahrhundert ist auch deswegen so spannend, weil sie ihre Beobachtungen aus einer multiplen Außenseiterinnenperspektive anstellte. Sie war als Frau an der Universität und später in der Männerdomäne Medizin eine Exotin, innerhalb der deutschen Mehrheitsgesellschaft gehörte sie als Jüdin einer Minderheit an und war in dieser jüdischen Minderheit als Vertreterin des orthodoxen Judentums und glühende Zionistin wiederum Teil einer winzigen Minorität. Rahel Straus, das kann man wohl mit Fug und Recht sagen, hatte keine Angst, immer wieder an geschlossene Türen zu klopfen und, nachdem sie eingelassen worden war, inmitten von Männern und Frauen, die einhellig anderer Meinung waren, eine neue Idee ins Spiel zu bringen. Das Raffinierte an ihr war, dass man zunächst keine Umsturzversuche vermutete.

Als Eli Straus 1905 seine frisch Angetraute nach München brachte, war die Familie entzückt. Ein Mädchen von allerbestem *Jichus,* also tadelloser Abstammung. Väterlicherseits aus einer angesehenen ungarischen Gelehrtenfamilie, mütterlicherseits aus der Posener Familie Löwenfeld, aufgewachsen in der überaus frommen Israelitischen Religionsgemeinschaft in Karlsruhe – ganz klar, all das sprach für sie. Rahel Straus ihrerseits war es zwar gewohnt, in einer eng verwobenen jüdischen Gemeinde zu leben, in der kaum etwas verborgen blieb, allerdings waren ihre Mutter, ihre Geschwister und sie selbst immer eine recht kleine verschworene Gemeinschaft gewesen. In München dagegen war man quasi nie allein. Die schiere Anzahl der an der Isar lebenden Feuchtwangers war beeindruckend. Die Familie ihres Mannes umgab sie tagein, tagaus wie der weiß-blaue Himmel, die Gespräche und Kommentare der zahlreichen Onkel, Tanten, Vettern und Basen in der noch ungewohnten oberbayerischen Mundart begleiteten sie wie das Rauschen der Isar und das nicht enden wollende Läuten der Kirchenglocken im Lehel. Die große Familie war umso spürbarer, als man in München, weit mehr als in Karlsruhe, Wert legte auf Geselligkeit und gemütliches Zusammensein. Von den obligatorischen Schabbat-Nachmittagen im Hofbräuhaus war bereits die Rede. Derart zünftige, zuweilen durchaus auch feuchtfröhliche Zusammenkünfte kannte Rahel nicht aus der gestrengen jüdisch-orthodoxen Gemeinde im protestantisch-nüchternen Karlsruhe.

Familienbande hielten die Welt der Feuchtwangers zusammen, aber wie viele Angehörige ihrer Generation erlebte Rahel sie auch als einengend und zuweilen als geradezu überwältigend. »Immerhin war der Zusammenhalt der Familie noch so stark«, schreibt sie in ihren Memoiren, »dass Eli halb im Spaß, halb im Ernst jeden Schabbat früh sagte: ›Heute müssen wir zu Onkel Moritz, Onkel David, Tante Sarah, Onkel Angelo, Onkel Lothar, und ich mir voll Schreck über diese lange Liste der notwendigen Besuche die Ohren zuhielt.«[17]

Zweifellos hoben einige Tanten und Onkel staunend die Augenbrauen, als sie erfuhren, dass Elis Braut studiert hatte und Gynäkologin war, die auch noch ernsthaft vorhatte, diesen Beruf in »ihrem« München auszuüben. Manche von ihnen mochten sogar die Stirn gerunzelt haben. Vermutlich vor allem dann, wenn die Rede darauf kam, dass die studierte Frau obendrein noch eine in die Wolle gefärbte Zionistin war.

Im Hause ihrer Mutter hatten Rahel und ihre Geschwister schon als Kinder erste Bekanntschaft mit der revolutionären Idee einer Rückkehr der Juden aus der Diaspora nach *Erez Israel* gemacht. Wie viele traditionelle Jüdinnen und Juden, wie übrigens ja auch zahlreiche Mitglieder der Familie Feuchtwanger in München, spürte Rahels Mutter eine tiefe Verbindung zum biblischen Zion. Das aber, was Rahel und ihren Bruder Ernst in den letzten Jahren des sich dem Ende entgegenneigenden 19. Jahrhunderts erfasste, war weit mehr als spirituelle Zionsliebe. Einige osteuropäische Studenten, die eine Zeit lang bei Ida Goitein in Karlsruhe untergeschlüpft waren, setzten die Geschwister geradezu in Brand für die Idee einer jüdischen Rückkehr ins Heilige Land in großem Stil. Da schwappten plötzlich uralte Gebete, Psalmen und Träumereien in die Gegenwart und fügten sich zusammen zu einer blühenden Zukunft. Der *Jischuw,* jüdisches Leben in Palästina also, so erklärten die Studenten, müsse systematisch aufgebaut werden. Vor allem Jüdinnen und Juden aus dem Zarenreich, die vor Pogromen in ihrer Heimat flohen, machten sich bereits an diese Pionierarbeit. Sie zogen nicht nach Jerusalem und Safed, wo seit Jahrhunderten die Juden Palästinas gelebt hatten, sondern gründeten Siedlungen am Mittelmeer und in Galiläa, legten Sümpfe trocken und versuchten sich am Aufbau der Landwirtschaft.

Rahel und ihr Bruder Ernst lauschten gebannt diesen ungeheuerlichen Berichten. Die Sehnsucht der beiden jungen Leute wurde aber nicht nur angefacht von den Erzählungen dieser frühen Zionisten. Zusätzliches Öl wurde durch Ereignisse in die Flammen gegossen, die den Goitein-Geschwistern mit großer Brutalität vor Augen führten, wie gefährdet die jüdische Minderheit nach wie vor war. Rund zwanzig Jahre nachdem die deutschen Juden im Zuge der Reichseinigung die volle rechtliche Gleichstellung erlangt hatten, ertönten aus dem niederrheinischen Xanten unheimliche Stimmen wie aus längst vergangener Zeit – verzerrt, dröhnend und bedrohlich. An einem Sommertag des Jahres 1891 wurde in einer Scheune die Leiche eines fünfjährigen Jungen mit durchgeschnittener Kehle gefunden, und als hätten die letzten hundertfünfzig Jahre Aufklärung, Emanzipation und Verbürgerlichung nicht stattgefunden, wurde reflexhaft ein Jude zum Schuldigen erklärt: der ehemalige Xantener Schächter Adolf Buschhoff. Schon zischelte man in Xanten und weit darüber hinaus das vernichtende Wort »Ritualmord«. Die Presse befasste sich reichsweit mit dem Fall, das Preußische Abgeordnetenhaus debattierte darüber, Antisemiten hetzten ungeniert und bedienten sich uralter blutrünstiger Klischees, um die deutschen Juden zu diskreditieren. Die Jüdinnen und Juden wiederum waren außer sich – es war, als hätte ein grauenhaftes, aus der Zeit gefallenes Seeungeheuer sie verschluckt und nicht in Ninive wieder ausgespien wie einst den Propheten Jona, sondern in düsteren mittelalterlichen Gassen, in denen sich vor Jahrhunderten ihre Ahninnen und Ahnen mit derlei Horrorgeschichten konfrontiert gesehen und unzählige ihr Leben gelassen hatten.

Nach vielen Monaten erhitzter Berichterstattung und eskalierender Hetze wurde Buschhoff am Ende zwar freigesprochen, doch die Mediendebatte und die politische Agitation der antisemitischen Akteure hatten den Bürgerinnen und Bürgern jüdischen Glaubens brutal vor Augen geführt, dass ihre Feinde zahlreich waren. Was aber wohl fast noch mehr schmerzte, war die Erkenntnis, dass kaum jemand ihnen zu Hilfe geeilt war. Es gab wenig öffentliche Widerrede gegen geifernde Antisemiten wie den evangelischen Theologen und Abgeordneten im Preußischen Abgeordnetenhaus Adolf Stoecker.

Ereignisse wie die Ritualmordvorwürfe in Xanten und wenig

später im westpreußischen Konitz rekurrierten auf tief verwurzelte Vorurteile und wurden instrumentalisiert, um die Juden aus der deutschen Gesellschaft herauszudividieren. Zwar bediente man sich Stereotypen, die einem altbekannten Antijudaismus entsprangen, bemühte sich aber zugleich im Lichte der wachsenden Wissenschaftsbegeisterung des ausgehenden 19. Jahrhunderts, zeitgemäß daherzukommen. Bevor das Jahrhundert endete, sah sich das deutsche Judentum mit einer doppelgesichtigen, tödlichen Judenfeindschaft konfrontiert – die eine hatte das Antlitz des wohlbekannten religiös gefärbten Ressentiments, die andere trug eine vermeintlich moderne Fratze und sprach nicht länger von »Jesusmördern«, sondern von der angeblichen Verderbtheit einer »jüdischen Rasse«.

Hatten die deutschen Juden nach der Reichseinigung 1871 noch an den Fortschritt geglaubt, waren sie sicher gewesen, dass ihre Kinder eine hellere Zukunft erwartete, so trat gegen Ende des Jahrhunderts vielfach eine gewisse Ernüchterung ein. Und selbst wenn sie über die Grenzen hinausblickten, fanden sie wenig Trost. Im Gegenteil. Ab 1894 erregte die sogenannte Dreyfus-Affäre die europäischen Gesellschaften. Dem aus dem Elsass stammenden jüdischen Offizier Alfred Dreyfus wurde in Paris nichts weniger vorgeworfen als Landesverrat. Anders als in Deutschland, wo sich zu dieser Zeit kaum ein nicht jüdischer Intellektueller öffentlich zur Idee der Emanzipation bekannte und damit den Juden beisprang, eilte mit Emile Zola in Paris immerhin ein bekannter französischer Schriftsteller zur Verteidigung Dreyfus'.

Dennoch führte die Affäre für nicht wenige Jüdinnen und Juden in Europa zu einer brutalen Desillusionierung. Der österreichisch-ungarische Journalist Theodor Herzl, der über den Fall berichtete, fiel angesichts der ungeheuerlichen Vorwürfe und des aufflammenden Antisemitismus vom Glauben an ein gleichberechtigtes Zusammenleben von Juden und Christen ab. Der Traum der Akkulturation war ausgeträumt. Und auch Rahels und Ernsts Zugehörigkeitsgefühl zu Deutschland bekam einen gehörigen Knacks. Als 1896 Herzls *Der Judenstaat. Versuch einer modernen Lösung der Judenfrage* erschien, verschlangen die beiden diese faszinierende Vision einer jüdischen Heimstätte.

Es war bereits die Rede davon, dass die jüdische Gemeinde in der bayerischen Residenzstadt sich mit Händen und Füßen gegen München als Treffpunkt für Herzl und seine Mitstreiterinnen und Mitstreiter wehrte. Die Wahl fiel daher auf das gar nicht so weit von Karlsruhe liegende Basel, wo man 1897 erstmals zusammenkam. Als Rahel und Ernst 1899 das Abitur in der Tasche hatten, konnte die Mutter einem von beiden eine Reise zum Dritten Zionistischen Kongress in Basel ermöglichen. Es wurde gelost, und Ernst erlebte im Sommer Theodor Herzl tatsächlich noch ganz aus der Nähe. Ein unvergessliches Erlebnis. »Ich habe den größten Juden seit Moses gesehen«, schrieb er seiner daheim gebliebenen Schwester. Als Rahel selbst sechs Jahre später das erste Mal nach Basel kam, lebte dieser moderne Prophet bereits nicht mehr. Seine Idee aber war quicklebendig und sollte in den folgenden Jahrzehnten, auch durch die gewaltigen geopolitischen Erschütterungen ausgelöst durch den Zusammenbruch des Osmanischen Reiches, zwei Weltkriege, einen Vernichtungsfeldzug gegen die Jüdinnen und Juden Europas und die Erosion des Britischen Empire, tatsächlich Realität werden.

Ein souveräner jüdischer Staat aber war im Jahre 1905, als Rahel Straus nach München kam, natürlich exotische Zukunftsmusik. Noch hielt sich die große Mehrheit der deutschen Juden an der errungenen rechtlichen Gleichstellung fest und hoffte inständig, dass es sich bei den Ereignissen in Xanten, Konitz und Paris um das letzte Aufbäumen eines eigentlich überwundenen Antijudaismus handelte. Rahel Straus wurde in der jüdischen Gemeinde an der Isar misstrauisch beäugt, als sich herumsprach, dass sie eine Anhängerin der Herzl'schen Idee war. In Bayern mochte man es handfest, für zionistische Träumereien hatte man, wie gesagt, nicht viel übrig, ja, man hielt sie geradezu für gefährlich.

Der Zionismus war ein Kind seiner Zeit, des Zeitalters des Nationalismus mit seinen scharfen Grenzen, die allerorten nicht nur geografisch gezogen wurden, sondern auch in den Herzen und Köpfen der Bürgerinnen und Bürger. Herzls Zionismus war geboren worden aus der Enttäuschung über einen neu aufflammenden Antisemitismus, der giftige Zweifel säte an der Zugehörigkeit der Juden zu einer inzwischen mehr und mehr völkisch definierten Nation. Herzl und seine Mitstreiterinnen und Mitstreiter beriefen sich nun ihrerseits auf eine eigenständige jüdische Volksidee. Die Münchner Juden und ihre Glaubensbrüder und -schwestern im ganzen Reich aber wehrten sich in ihrer überwältigenden Mehrheit gegen diese Idee, verstärke diese doch, so zumindest die Angst, noch die Zweifel ihrer nicht jüdischen Nachbarn an der jüdischen Integrationsbereitschaft.

Im Jahr ihrer Heirat reisten Eli und Rahel gemeinsam nach Basel. Es war nicht nur eine Zusammenkunft von Zionisten, sondern gewissermaßen ein Familientreffen. Auch Rahels Mutter, ihr Bruder Ernst, ihre Schwester Emma, die inzwischen eine erfolgreiche Malerin war, und deren italienischer Mann Bernardo Dessau sowie Elis jüngere Brüder Raphael und Gabor kamen in die Schweiz. Dieser Kongress sollte nicht nur für die zionistische Bewegung von elementarer Bedeutung sein, sondern auch ganz persönlich eine wichtige Weichenstellung für das junge Paar bringen.

In den Monaten zuvor war innerhalb der Bewegung leidenschaftlich darüber diskutiert worden, ob eine künftige jüdische Heimstätte auch an einem anderen Ort als Palästina liegen könne, klares Indiz, wie viel stärker der moderne Zionismus in seinen Anfängen ein säkulares nationales Projekt war als ein spirituell-religiöses. Uganda, so wurde vielfach argumentiert, wäre ein idealer Ort, an dem die verfolgten Juden der Welt einen Staat bauen könnten. In Basel allerdings wurde diese Option nach erbitterten Gefechten verworfen. Einzig in *Erez Israel,* so der Beschluss, könne die Zukunft liegen. Darüber hinaus wurde entschieden, dass umgehend mit der intensivierten Besiedelung begonnen werden solle. Noch war Palästina Teil des Osmanischen Reiches und niemand konnte sagen, wie lange der »kranke Mann am Bosporus« noch vor sich hinsiechen und was danach kommen würde. Aber die Zionistinnen und Zionisten beschlossen, nicht auf den Rest der Welt zu warten. Die letzten knapp zweitausend Jahre Diaspora hatten bewiesen, dass Kaiser, Könige, Kanzler und Präsidenten wenig taten zum Schutz der Juden, ja, im Gegenteil, die Vergangenheit hatte gezeigt, dass die Herrschenden sogar zuweilen vehement höchst persönlich gegen sie vorgegangen waren. Es war Zeit, die Angelegenheit selbst in die Hand zu nehmen. Mit einer ordentlichen Portion Chuzpe und unerschütterlicher Tatkraft ging man daran, Fakten zu schaffen. Politik wurde im Hier und Jetzt gemacht – und manchmal sah sie gar nicht aus wie Politik. Es scheint fast, als hätten einige der einflussreichsten Wegbereiter des Staates Israel die großen geostrategischen Gegebenheiten zunächst bewusst ausgeblendet und sich nur an der unmittelbaren Situation vor Ort orientiert, allen voran der Soziologe Arthur Ruppin.

1876 in Rawitsch geboren und in Magdeburg aufgewachsen, wanderte Ruppin gemeinsam mit seiner Frau Selma bereits 1908 nach Palästina aus. In Jaffa übernahm er die Leitung des Palästina-Amtes und war somit der offizielle Vertreter der Zionistischen Weltorganisation im *Jischuw.* Aber Ruppin war kein Bürokrat, der hinter dem Schreibtisch saß und Dokumente abstempelte, vielmehr zog er los und kaufte Land, das er wiederum an jüdische Siedler verpachtete. So entstand ab 1909 mit Tel Aviv eine jüdische Stadt neben dem alten Jaffa und 1910 mit der Siedlung Degania am See Genezareth der allererste Kibbuz. Ruppin wurde zum Begründer der jüdischen Siedlungsbewegung in Palästina, der heimlich, still und leise und von der osmanischen, später der britischen Führung weitgehend unbeachtet, elementare Grundlagen für eine spätere Staatsgründung schuf.

Einer von Ruppins Mitstreitern in Jaffa wurde zu Beginn des Jahres 1914 Rahels Bruder Ernst. Der Jurist und glühende Zionist arbeitete ein halbes Jahr im Palästinaamt, im Sommer trat er die Rückreise an. Den Abend vor seiner Abfahrt nach Deutschland verbrachte er im Hause Arthur Ruppins. Bei klarem Sternenhimmel genoss man die laue Julinacht und verabschiedete sich auf ein baldiges Wiedersehen. In Konstantinopel aber ereilte den jungen Mann die Nachricht, dass ein europäischer Krieg begonnen hatte. Es sollte keine weiteren lauen levantinischen Sommernächte mehr geben für Ernst Goitein.[18]

Das Leben im Palästina dieser Jahre war hart, die Infrastruktur abenteuerlich. Die Versorgungslage, die staubigen Straßen, die Hitze und die Mücken waren für Männer und Frauen, die den Komfort Berlins oder Münchens gewohnt waren, eine echte Zumutung. Ruppin selbst zahlte einen hohen Preis für seine Pionierarbeit, beziehungsweise eigentlich hat vor allem seine Frau den Preis bezahlt. Zur Geburt ihres ersten Kindes reiste Selma Ruppin im Sommer 1909 sicherheitshalber nach Berlin und kehrte mit dem kleinen Mädchen anschließend nach Jaffa zurück. 1912 war sie erneut schwanger. Als sich erste Anzeichen einer Vergiftung zeigten, konnte man ihr selbst am Jerusalemer *Schaare Zedek*-Krankenhaus, nicht helfen. Sie starb nach einer Totgeburt. Ob Selma Ruppins Kind im Mutterleib starb und der tote Fötus eine Blutvergiftung verursachte oder Selma eine Schwangerschaftsvergiftung erlitt, in deren Folge das Kind und schließlich auch die Mutter starben, ist nicht klar. Zur Ehrenrettung des *Schaare Zedek*-Krankenhauses, mit Sicherheit die erste medizinische Adresse im *Jischuw* und eine Gründung orthodoxer Juden aus Deutschland, an der übrigens auch Rahels Schwiegervater Samuel Straus maßgeblich beteiligt war, sei hier gesagt, dass eine Schwangerschaftsvergiftung, eine sogenannte Eklampsie, damals auch in den modernsten Großstädten Europas noch häufig tödlich war. Im Jahr 1905 erlitt Elis Schwester Fanny in Hamburg eine schwere Eklampsie. Sie konnte nur knapp gerettet werden, das Kind aber starb. Bis heute ist eine Schwangerschaftsvergiftung eine lebensbedrohliche Komplikation für Mutter und Kind.

Das entbehrungsreiche und einfache Leben, von dem viele Palästina-Reisende berichteten, konnte Rahel Straus aber nicht schrecken. Nachdem sich der bis dato skeptische Eli unter dem Eindruck der Diskussionen auf dem Kongress in Basel zum Zionisten gewandelt hatte, schöpfte Rahel Hoffnung. Sie war fest entschlossen, ihn für ein gemeinsames Leben im *Jischuw* zu gewinnen. Ganz entbrannt kamen beide aus der Schweiz zurück – und bissen mit ihren vorsichtigen Versuchen, die zionistische Idee auch in München zu etablieren, sauber auf Granit. Da war nichts zu machen. Lediglich eine Handvoll Studenten, die überwiegend aus Polen und Russland stammten, begeisterten sich für ihre Vorträge. Das Gros der Gemeinde aber und vor allem die Hautevolee konnte nur mit dem Kopf schütteln. Das Judentum national definieren – wäre ja noch schöner! Da hatte man Jahrzehnte damit zugebracht, die Christen davon zu überzeugen, dass man sich ausschließlich in Sachen Konfessionszugehörigkeit von ihnen unterschied, und jetzt kamen die Strausens daher und setzten den jungen Leuten Flausen ins Ohr.

Im Alltag der Gemeindearbeit waren Eli und Rahel Straus durchaus gern gesehen. Gerade Rahel engagierte sich leidenschaftlich bei der »Jüdischen Jugendhilfe«, die sich vor allem für den Aufbau eines Kindergartens und eines Horts einsetzte – damals enorm moderne Einrichtungen, die es Müttern kleiner Kinder ermöglichen sollten, arbeiten zu gehen und die Kinder gleichzeitig in guten Händen zu wissen. Außerdem hielt die Frauenärztin Vorträge über Hygiene und organisierte Abende für den Mädchenclub. Regelmäßig trafen sich hier junge Frauen, die meisten von ihnen arbeiteten in den neuen Frauenberufen als Verkäuferinnen oder im Büro, um zu diskutieren, zu lesen, zu spielen. Allerdings kam es schon bald zu einem unschönen Zusammenstoß mit dem Rabbiner der Münchner Mehrheitsgemeinde Cossmann Werner und seiner Frau, denn irgendwann fand Rahel Straus heraus, dass sie immer erst zu den Treffen des Vereins geladen wurde, wenn die wichtigen Themen bereits abgehandelt waren. Sie konfrontierte die Werners damit, und während sich der ehrwürdige Rabbiner erst ein wenig wand und allerlei Ausflüchte suchte, bestätigte seine Frau, die erste Vorsitzende des Vereins war, rundheraus: »Der Verein hält es für unmöglich, eine Zionistin in den Vorstand aufzunehmen.« Rahel Straus hatte Derartiges schon geahnt und konterte: »Aber sie arbeiten zu lassen, hält er ja für möglich. Sie werden verstehen, dass ich das letzte Mal im Mädchenclub gewesen bin.«[19] Abgang Rahel Straus, die Werners blieben pikiert dreinblickend zurück.

Auch Rahels Mann Eli erlebte immer wieder Zurücksetzungen, weil er sich als Vorsitzender der zionistischen Ortsgruppe Münchens offen zu einem nationalen Verständnis des Judentums bekannte. Mehr als einmal mobilisierten die Honoratioren alle Kräfte, um seine Wahl in den Gemeindevorstand zu verhindern. Erst als Deutschland 1918 eine Republik wurde und das Proportionalwahlrecht einführte, musste die liberale Mehrheitsgemeinde Münchens zähneknirschend die ersten Zionisten im Vorstand zur Kenntnis nehmen. Eli Straus gehörte von da an zum festen Führungszirkel der Münchner Gemeinde. Die Republik brachte übrigens auch endlich das Frauenwahlrecht. Bis dahin hatten die Jüdinnen zwar gern kostenfrei für die verschiedenen Einrichtungen und Vereine der Gemeinde arbeiten dürfen – ohne sie wäre gerade in Sachen Wohltätigkeit, Kinder- und Jugendarbeit gar nichts gelaufen –, das Wählen und Gewähltwerden aber war den Männern vorbehalten gewesen. Doch dazu später mehr.

Bevor die Welt sich mit dem großen Krieg für immer veränderte und Kaiserreiche und Imperien von den Landkarten gewischt wurden, bereisten Rahel und Eli Straus mit einem befreundeten Ehepaar zusammen im Jahr 1907 das Heilige Land – das alte Palästina des Osmanischen Reiches, wo fromme Juden von den Almosen der Diaspora lebten. Eine Szenerie, die mit den grünen Hügeln Galiläas und den schroffen Bergen Judäas mal biblisch anmutete und mit ihren orientalischen Städten und bunten Basaren dann wieder wirkte, als wäre sie den Märchen aus tausendundeiner Nacht entsprungen. Mehr noch als für diese Reise in die Vergangenheit aber interessierten sich Rahel & Co. für die Zukunft. Die Siedlungen des neuen *Jischuw,* die Kolonien des Baron de Rothschild standen ganz oben auf ihrer Liste: Rosch Pina am See Genezareth, Rischon LeTzion am Mittelmeer und Zichron Ja'akov an den Ausläufern des Karmel-Gebirges.

Bevor sich die Reisegruppe jedoch in das palästinensische Abenteuer stürzen konnte, musste erst ein Meer überquert werden, und das sträubte sich heftig. Nachdem sie in Neapel Rahels Schwester Emma und ihren Mann Bernardo besucht hatten, bestiegen Rahel, Eli und ihre Freunde ein Schiff und wurden wenig später in heftigen Frühlingsstürmen ordentlich durchgeschüttelt. Rahel verbrachte die Überfahrt unter Deck, in Schach gehalten von quälender Seekrankheit. Nach schier endloser Reise zeichnete sich endlich die ägyptische Küste ab. Sie waren noch nicht am Ziel, aber der Hafen Alexandrias muss Rahel erschienen sein wie das Gelobte Land, hatte sie doch endlich wieder festen Boden unter den Füßen.

In Rahel Straus' Memoiren wird deutlich, wie verwirrend und faszinierend das Zusammentreffen von Vergangenheit und Gegenwart für die Reisenden war. Diese jungen Jüdinnen und Juden bewegten sich, Tausende Jahre nachdem die Erzählung von Mose und dem Auszug aus Ägypten niedergeschrieben worden war, in diesem Land, das so aufgeladen war mit biblischer Historie. Jeder Stein erzählte eine Geschichte. *Mizraim,* das biblische Ägypten, steht für die Unterjochung des Volkes Israel, und doch fiel der Aufbruch, schenkt man der Exodus-Geschichte Glauben, nicht leicht. Ja, man wurde schlecht behandelt, aber wohin brach man denn auf? Was erwartete einen dort? Und was wusste dieser Moses schon? Die Parallele zur modernen zionistischen Vision sticht ins Auge. Sollte man wirklich die Fleischtöpfe Ägyptens beziehungsweise Deutschlands aufgeben, um das Heil in einem vermeintlich versprochenen Land zu suchen, das man erst mal mühsam aufbauen musste?

Dieses Verschmelzen von Vergangenheit, Gegenwart und Zukunft wurde noch greifbarer, als die Reisegruppe schließlich in *Erez Israel* ankam. Wieder hatten sie einem stürmischen Meer trotzen müssen. Der Landweg über die Halbinsel Sinai war damals noch zu abenteuerlich, sodass Rahel, Eli und ihre Freunde in Port Said ein italienisches Schiff bestiegen hatten, das sie eigentlich nach Jaffa hätte bringen sollen. Doch bei derart unruhiger See war ein Anlegen nicht möglich, erst in Beirut besserte sich das Wetter, und sie konnten das Schiff verlassen. Aber auch der Landweg nach Palästina hinein gestaltete sich schwierig, der Golan war derart verschneit, dass der Bahnverkehr nach Damaskus eingestellt werden musste. Wieder begab sich die Gruppe auf

See und landete in Haifa. Von dort ging es mit einem Pferdewagen weiter nach Galiläa.

»Es war, als ob man Jahrtausende zurückversetzt wäre und Abraham mit seinen Herden reiten sähe«, erinnert sich Rahel Straus. Nazareth war eine überwiegend christliche Stadt, während es in Tiberias und vor allem in Safed eine große und traditionsreiche jüdische Gemeinde gab. Rahel war überwältigt, all das, von dem sie bisher nur gehört und gelesen hatte, mit eigenen Augen zu sehen. Seit sie denken konnte, hatte die Mutter beim *Challah*-Backen einen kleinen Teil des Teiges verbrannt in Erinnerung an die Brandopfer, die die Ahnen einst im Tempel dargebracht hatten, zugleich hatte sie, wie viele fromme Frauen, immer eine Münze beiseitegelegt als Spende für die Juden, die im Heiligen Land ausharrten. Nun sah Rahel mit eigenen Augen, unter welchen Bedingungen diese Jüdinnen und Juden lebten. Die Armut, die Perspektivlosigkeit, das Angewiesensein auf die Mildtätigkeit anderer – all das fand Rahel deprimierend. Hinzu kam die strikte Geschlechtertrennung, die sie immer wieder erlebte. Bei festlichen Anlässen blieben Frauen außen vor oder feierten separat, was Rahel aus Deutschland nicht kannte, selbst in sehr frommen Kreisen saßen Männer und Frauen am selben Tisch. Als die Strausens dem weithin verehrten orthodoxen Rabbiner Abraham Isaak Kuk, der erst drei Jahre zuvor aus Russland nach Palästina gekommen war und nun in den Dünen vor Jaffa eine Lehrstube unterhielt, einen Besuch abstatteten, behandelte der Gelehrte Rahel wie Luft. Wenig später, als sie endlich in Jerusalem angekommen waren, wurden sie von einem Komitee jener Rabbiner empfangen, die das sogenannte Straus-Haus in der Altstadt führten, das einstmals von Elis Vater gegründet worden war. Während man Eli hochleben ließ und ihn feierte wie einen lange erwarteten Bräutigam, saß Rahel abseits. Für sie interessierte sich niemand. Trotz der demütigenden Ausgrenzung durch die Herren Rabbiner, war Jerusalem sicher ein Höhepunkt der Reise. »Dass man mit der Bahn an einen Ort kommen sollte, an dem wie anderswo ›Karlsruhe‹ oder ›München‹ angeschrieben stand, ›Jerusalem‹ stehen sollte, schien genau so, als ob ein Wegweiser den Weg ins Paradies anzeigen könnte.« Mit dem Zug fuhren sie vom Mittelmeer hinauf: »›Jerusalem, du hochgebaute‹, das war der erste Gedanke«. Es war Freitagnachmittag, im jüdischen Viertel bereiteten sich die Menschen auf den Schabbat vor. Als die Sonne untergegangen war, zog es die Reisegruppe an die Klagemauer. Unter einem sternenklaren Himmel betraten sie die alte Stadt durch das Jaffator und stiegen die engen Gassen hinab zur *Kotel,* dem traurigen Rest der einstmals stolzen Tempelmauern. Festlich gekleidete Männer in bunten Kaftanen und pelzbesetzten Hüten, mit langen Schläfenlocken und Bärten drängten an ihnen vorbei. Nie, so Rahel Straus, habe sie sich so eins gefühlt mit ihrem Volk, »hineingestellt in die unendliche Reihe der Generationen vor mir«.[20]

So beeindruckend die goldene Stadt auch war, so bereichernd die biblischen Orte mit eigenen Augen zu sehen, wichtiger noch war für Rahel ihr Besuch in den neuen Ansiedlungen, in denen Neueinwanderinnen und Neueinwanderer aus Europa, vor allem aus Russland und Polen, versuchten, moderne landwirtschaftliche Strukturen aufzubauen. In kleinen neu gegründeten Örtchen in Galiläa und am Mittelmeer trotzten sie der Natur mit harter Hände Arbeit Früchte ab, organisierten ein neues Gemeinschaftsleben, das seine Vorbilder vielfach weniger in Bibel und Talmud suchte als im Sozialismus. Sie trockneten Marschland und damit gefährliche Malariaherde, legten Straßen an, hielten Vieh, pflanzten braun gebrannt und in kurzen Hosen Zitrusfrüchte an und bestellten Felder. Auch sie konnten nur dank ausländischer Spenden überleben. Aber während die frommen Juden des alten *Jischuw* nichts taten, um unabhängig zu werden von den Spenden, strebten die Mitglieder des neuen *Jischuw* danach, auf eigenen Beinen zu stehen. Sie verstanden sich als Pionierinnen und Pioniere und waren es auch. Rahel war beeindruckt von der Arbeit dieser Frauen und Männer. Sie wäre damals gern dageblieben, schreibt sie in ihren Erinnerungen. Aber sie war nicht allein, und Eli sah noch keinen Platz in diesem Landstrich, der unter osmanischer Herrschaft stand, in dem Tradition und Aufbruch noch völlig ungestört voneinander existierten und noch gar nicht auszumachen war, wer die Oberhand gewinnen würde. Nein, Eli drängte zurück nach München. Er war neunundzwanzig Jahre alt, Rahel zwei Jahre jünger, beide wollten eine Familie, aber mit kleinen Kindern in so einem Provisorium leben – das wagte der besonnene Eli nicht.

1925 – der Hitler-Putsch war im November 1923 zwar gescheitert, aber das Gift, das er und andere Feinde der demokratischen Republik versprüht hatten, wirkte heftig nach – erwog das Ehepaar Straus erneut die Möglichkeit, Deutschland in Richtung Palästina zu verlassen. Diesmal sollte Eli allein gehen, um sich ein Bild zu machen. Dass Rahel bereit war für ein Leben im *Jischuw,* war klar, auch dass sie als Ärztin dort eine befriedigende Tätigkeit finden würde, stand außer Zweifel. Aber Eli zögerte noch immer. Drei Monate blieb er dort, lernte viel über das Leben vor Ort, knüpfte Kontakte, und Arthur Ruppin vom Palästina-Amt hätte ihn gern dabehalten. Aber am Ende entschied sich Eli dagegen. Er konnte sich ein Leben in einem derart kleinen, ja provinziellen Land einfach nicht vorstellen. Es hätte bedeutet, die Kinder um eine ordentliche akademische Ausbildung zu bringen oder sie früh in weit entfernte Internate und Universitäten zu schicken. Es hätte für ihn außerdem bedeutet, eine Art, wenn auch hochgestellter, Beamter zu werden in dieser sich gerade erst erfindenden, sozialistisch anmutenden Pioniergesellschaft. Im ganzen Land entstanden moderne Quartiere, aber auch Gemeinschaftssiedlungen, *Kibbuzim* und *Moschawim,* erdacht vom Frankfurter Architekten Richard Kauffmann und seiner Berliner Kollegin Lotte Cohn. Es war wahrhaft visionär, was eine neue Generation von Zionistinnen und Zionisten da schuf. Weiße Städte, die in der heißen levantinischen Sonne glänzten und dabei eine erfrischende Coolness ausstrahlten. Gleichzeitig wurde die uralte Idee des Sich-die-Erde-untertan-Machens neu interpretiert. Keine patriarchal geführten Höfe sollten das Land fruchtbar machen, sondern genossenschaftliche Gemeinschaften, in denen Kinder gemeinsam erzogen wurden und Männer und Frauen gleiche Arbeit leisteten. All das beeindruckte Eli, aber er war doch Realist genug, zu erkennen, dass er da nicht reinpasste. Rahel Straus meint, ihr in einem konservativen Bankiershaus aufgewachsener Mann sei zu sehr Aristokrat gewesen für ein solches Leben.[21]

Eli kehrte also nach München zurück und blieb bei seinem Nein. Mit Mitte vierzig und fünf minderjährigen Kindern nach Palästina auszuwandern – für so ein Unterfangen mussten beide Eheleute im Boot sein, das war Rahel klar. Sie drängte ihren Mann also nicht weiter und gab sich drein. Dass sie wenig später unter den schrecklichsten Umständen doch noch nach Jerusalem ziehen und dass sie es allein tun würde, konnte sie damals nicht ahnen.

Standortbestimmung

Ein Jahr bevor Eli Straus Palästina erneut auf den Prüfstand stellte, traten übrigens auch seine Cousine Rosl und sein Vetter Leo eine Reise ins Gelobte Land an – es wurde eine Forschungsexpedition zu den Wurzeln ihrer Jüdischkeit und eine überaus schmerzhafte Standortbestimmung.

Leo Feuchtwanger, geboren 1892, und seine Schwester Rosl, geboren 1896, verloren früh ihre Mutter Fritzi. Ihr strenger, zum Jähzorn neigender Vater, der Bankier Angelo Feuchtwanger, wurde angesichts des Todes seiner Frau weicher. Drei seiner Söhne waren schon so gut wie erwachsen, aber Leo und Rosl waren noch klein, ihnen fehlte die Mutter am meisten. Angelo versuchte ihnen mithilfe der weiteren Verwandtschaft eine Familie zu sein, in der sie sich geborgen fühlen konnten. Auch Lina, die den Haushalt Angelo Feuchtwangers zusammenhielt, Köchin, Kindermädchen und guter Geist in einem war, tat ihr Bestes, die Kinder zu trösten und ihnen Halt zu geben. Angelo heiratete nicht wieder, obwohl er damals erst vierundfünfzig Jahre alt war. Es war, gerade in orthodoxen Kreisen, durchaus üblich, dass Witwer mit jungen Kindern erneut heirateten, Angelo aber blieb mit der Sorge um seine Söhne und seine Tochter allein – von Lina abgesehen.

Zu seiner Erleichterung entwickelte sich die Kinderschar gut, sogar der als kleiner Bub ewig kränkelnde Leo wuchs zu einem vielseitig interessierten und vor Lebenslust sprühenden jungen Mann heran. Während Rosl als sogenannter Backfisch ein Internat in der Schweiz besuchte, machte Leo in München das Abitur und studierte anschließend Wirtschaftswissenschaften in München und Zürich. Drei Jahre verbrachte er in Kiel am Institut für Seeverkehr und Weltwirtschaft. Anschließend kehrte er zu Beginn der Zwanzigerjahre nach München zurück und begann zusammen mit seinem Vater und seinem Bruder Theodor in der J. L. Feuchtwanger Bank zu arbeiten.

Lief also alles nach Plan bei Angelo und seiner Familie? Nicht so ganz. Im Laufe der Zwanzigerjahre dürfte der Seniorchef der Bank so manche schlaflose Nacht gehabt haben. Nicht nur brach der älteste Sohn Igo mit der Orthodoxie seiner Familie und ließ sich 1922 von seiner Frau Claire scheiden, nur ein Jahr später starb Igo im Alter von gerade mal neununddreißig Jahren. Etwa zur gleichen Zeit entfernten sich die jüngeren Geschwister Leo und Rosl immer weiter vom Vater. Sowohl die einzige Tochter als auch der jüngste Sohn hatten durch ihre Ausbildung und Arbeit Kontakt zu ganz anderen Gesellschaftskreisen, als es ihre Eltern und Großeltern gehabt hatten. Während die Generationen zuvor sich gesellschaftlich fast ausschließlich im Ohel-Jakob-Kreis bewegt hatten, pflegten Leo, Rosl & Co. Freundschaften auch in liberalen jüdischen Kreisen und auch unter Nicht-Juden. Ja, zuweilen verliebten sie sich sogar. Angelo Feuchtwanger dürfte sich die Haare gerauft haben, als sowohl Rosl als auch Leo Mitte der Zwanzigerjahre zu ihm kamen und ihm eröffneten, dass ihr Herz einem Christen beziehungsweise einer Christin gehörte.

In einer orthodoxen Familie, es war bereits davon die Rede, ist die Partnerwahl keine rein private Angelegenheit. Heiratet ein Sohn oder eine Tochter eine nicht jüdische Partnerin beziehungsweise einen nicht jüdischen Partner, stellt das die Familie vor immense Herausforderungen. Es war eine Sache, ein Auge zuzudrücken, wenn die Feuchtwanger-Söhne – und hier gestand man, wie in dieser Zeit überhaupt üblich, den Söhnen wesentlich mehr Freiheit zu als den jungen Frauen – ihr Studentenleben auskosteten und vielleicht sogar die eine oder andere Affäre hatten. Eine ganze andere war es jedoch, wenn eines der Feuchtwanger-Kinder ernstlich an eine gemeinsame Zukunft mit einem Nicht-Juden beziehungsweise einer Nicht-Jüdin dachte. Eine Beziehung zu einem jungen Mann oder einer jungen Frau aus nicht jüdischem Haus bedeutete in den Augen Angelos und der Männer und Frauen seiner Generation eine eklatante Gefahr für die Familie und die Aufrechterhaltung von jüdischer Tradition und Frömmigkeit in ihr. Angelo Feuchtwanger hatte durchaus Grund zur Sorge. Wie konnte man ein streng jüdisches Haus führen, wenn einer der Eheleute gar kein Jude war? Könnte Angelo überhaupt noch im Haus einer Schwiegertochter essen, die sich nicht an die jüdischen Speisegesetze hielt? Noch heikler war die Frage, was mit den Kindern geschehen sollte, die aus einer solchen Verbindung hervorgehen würden. Heiratete Leo tatsächlich eine Christin, wären seine Kinder dem jüdischen Religionsgesetz zufolge keine Juden.

Man kann sich lebhaft die Familienzusammenkünfte vorstellen, in denen hitzig debattiert wurde, wie man Rosl und Leo wieder in den Schoß der Familie zurückholen konnte. Bemerkenswerterweise kam hier Palästina ins Spiel. Die beiden jungen Leute, so war schließlich der Plan, sollten nach *Erez Israel* fahren, um ihre Beziehung zum Judentum auszuloten. Natürlich spekulierte man vonseiten der Familie wohl auch darauf, dass ihre Gefühle abkühlen würden, wenn sie erst mal weit genug weg waren. Aus den Augen, aus dem Sinn. Eine Reise nach Palästina nahm damals viele Wochen, meist mehrere Monate in Anspruch, da konnten junge Leute schon auf andere Gedanken kommen. Hinzu kam der Abenteuerfaktor: Palästina, das war Neuland. Es lud gerade junge Leute dazu ein, sich neu zu erfinden. Die Pionierinnen und Pioniere in Tel Aviv und den *Kibbuzim* des Landes probierten sich aus, lebten ein Leben, das auf brave Bürgerskinder aus München geradezu revolutionär wirken musste. Die Tatsache, dass Leo und Rosl ausgerechnet in Palästina der Frage auf den Grund gingen, ob ihre Beziehungen zu christlichen Partnern zukunftsträchtig waren, ist aufschlussreich, ist es doch eindrucksvoller Beleg dafür, dass Judentum bei den Feuchtwangers eben nicht rein religiös definiert war.

Das Kalkül der Familie jedenfalls ging auf. Sowohl Leo als auch Rosl machten nach ihrer Rückkehr Schluss mit ihren christlichen Partnern. Während Leo und seine ehemalige Freundin auch nach der Trennung in engem Kontakt blieben, selbst nachdem beide längst anderweitig verheiratet waren, war Rosls Freund verzweifelt angesichts ihrer Entscheidung. Wenig später nahm er sich das Leben. Eine Katastrophe, unter der die junge Frau lange sehr litt. Erst vier Jahre später heiratete sie, da war sie bereits dreiunddreißig Jahre alt. Ihr Ehemann, Chaim Heinrich Freirich, war neun Jahre älter als sie, verwitwet und brachte zwei kleine Söhne mit in die Ehe. Ein Jahr später kam Rosls und Heinrichs kleine Tochter Alisa zur Welt.

Trotz des Dramas, das für immer mit ihrer Palästina-Reise verbunden bleiben würde, war Rosls Liebe zu *Erez Israel* unerschütterlich. Sie war treue Leserin der zionistischen *Jüdischen Rundschau,* während ihr frommer Mann die orthodoxe Zeitschrift *Der Israelit* vorzog. Vier Jahre jünger als ihre Cousine Henny, die Schwester Lion Feuchtwangers, war Rosl Mitglied in deren Sprachverein *Haschachar,* wo man mit Feuereifer daranging, *Iwrit,* modernes Hebräisch, zu lernen. Das war kein beliebiger Zeitvertreib, nein, gerade Henny war es sehr ernst. 1916 hatte sie Jakob Reich geheiratet, einen der wortgewandtesten Zionisten in München und Gründer des »Gesamtausschusses der Ostjuden«, was in der Familie vermutlich nicht für reine Begeisterung gesorgt hatte. Aber Hennys Vater Sigmund war im Januar gestorben, es war Krieg, und die Zeiten änderten sich. Hennys Bruder Lion fand das Hochzeitsfest fad und hatte auch sonst nicht viel übrig für den neuen Schwager, einen »zionistisch-pietistisch-nationalistisch-ethisch-salbungsvollen Kaufmann aus dem Osten«, wie er herablassend in sein Tagebuch notierte.[22]

Zusammen mit Jakob machte Henny sich in den folgenden Jahren an die konkrete Planung ihrer *Alijah,* wie Zionisten die Auswanderung – wörtlich übersetzt den »Aufstieg« – nach Palästina nennen. Das Paar hatte fest vor, diesen »Aufstieg« anzugehen, allen Widrigkeiten zum Trotz. Auch ihre Arbeit im Jüdischen Kindergarten nutzte Henny, um für den Zionismus zu werben. Nicht nur wurden Kinder dort nach modernen Methoden erzogen, zu freiem Spiel und dem Erkunden der Natur ermutigt, sie lernten auch viel über das Judentum. Einige der Kinder, die die Einrichtung besuchten, kamen nicht aus frommen oder zionistischen Häusern, ihnen eröffnete Henny eine neue Perspektive. Eine gewisse Frau Guttmann, die Henny Reichs Kindergarten in den Zwanzigerjahren als kleines Mädchen besucht hatte, traf viele Jahre später, im Kalifornien der Siebzigerjahre, zufällig Hennys Schwägerin und Lions Witwe Marta. Noch nach so vielen Jahrzehnten erinnerte sich Frau Guttmann an Henny und den Eindruck, den diese ihr damals gemacht hatte. Ihre Eltern, so Guttmann, hätten sich gar nicht für das Judentum interessiert. »Und dann kam Hitler«, schreibt Marta Feuchtwanger an Henny über ihre Begegnung mit Guttmann. »Und durch Dich, die ihre Augen geöffnet hatte für das Judentum, war es ihr möglich, dem schrecklichen Trauma zu begegnen und ihr Selbstbewusstsein zu bewahren, ja, auf ihr Judentum stolz zu sein. Und sie denkt immer noch mit großer Dankbarkeit an Dich.«[23]

Zu Beginn der Dreißigerjahre siedelte Henny Reich mit ihrer Familie nach Palästina über, und aus »Reich« wurde »Ohad«. Ihr gleich tat es ihre jüngste Schwester Martha, Medi genannt, die 1920 den Berliner Arzt Hans Oppenheim geheiratet hatte. Auch die Oppenheims brachen schon zu Beginn der Dreißigerjahre nach Palästina auf und nannten sich fortan »Bendor«.

Noch ein Wort zu Hennys und Medis berühmtem Bruder: Lion Feuchtwanger hat stets betont, dass er der Religiosität der aus seiner Sicht zutiefst bürgerlichen und engstirnig frommen Eltern früh den Rücken kehrte. In den wenigen autobiografischen Texten und auch in seinem Tagebuch hat er sich selbst gern als freien Geist und Außenseiter in seiner Familie dargestellt. Schaut man sich die Sache jedoch näher an, wird klar: Zum einen war Lions Bruch mit der Mischpoke nicht ganz so radikal, wie in späteren Jahren beschrieben. Ein genauerer Blick in Lion Feuchtwangers Tagebücher verrät, dass der junge Mann zwar tatsächlich als Student aus seinem Elternhaus auszog – allerdings verließ er das großbürgerliche Heim am St.-Anna-Platz, um in eine Dachstube in der Gewürzmühlstraße direkt um die Ecke zu ziehen. Bei zahlreichen Mahlzeiten fand er sich dann doch wieder am Familientisch ein und verbrachte auch regelmäßig die jüdischen Feiertage dort, begleitete Eltern und Geschwister sogar in die Synagoge. Aber er berichtet auch von Diskussionen mit dem Vater. So notierte er am Abend des 17. Januar 1907: »Religionsgespräch mit Papa. Hier führt kein Weg.« Kurz vor dem jüdischen Neujahrsfest, *Rosch Haschana,* im Jahre 1909 kam es zwischen Vater und Sohn offenbar zu größeren Reibereien, weil Lion »trotz der ›Bußtage‹ (...) zur größten Verstimmung Papas« nicht in die Synagoge gekommen war. Bemerkenswert ist, dass der Sohn, vermutlich um den Vater nicht weiter zu verärgern, an den folgenden Feiertagen des Neujahrsfestes, des Versöhnungstages und des Laubhüttenfestes zusammen mit der Familie in die Synagoge ging. Und selbst als die hohen Feiertage vorüber waren, berichtet er von Synagogen-Besuchen.[24] Auch finanziell hing Lion weiterhin am elterlichen Tropf, lieh sich sogar immer wieder Geld von seinen Geschwistern. Von einem gänzlich zerschnittenen Tischtuch zwischen Lion Feuchtwanger und seiner Familie sowie deren religiöser Praxis kann in diesen Jahren und auch später überhaupt keine Rede sein.

Und in einem weiteren Punkt muss man Lion Feuchtwangers Selbstdarstellung etwas korrigieren oder zumindest eine weitere Facette hinzufügen: Er war sicher nicht der *eine* Außenseiter in einer sonst konformen Familie braver und frommer Spießbürger. Ja, im Grunde war er unter seinen Geschwistern nicht mal derjenige, der am radikalsten neue Wege einschlug. Während Lion sich an seiner Heimatstadt München, die im Laufe der Zwanzigerjahre immer reaktionärer wurde, abarbeitete und beispielsweise im Roman *Jud Süß* einen Juden porträtierte, der an seinem eigenen Assimilationsstreben scheitert, lernten seine Schwestern Henny und Medi *Iwrit* und bereiteten sich auf ein neues Leben vor. Und als Lion und seine Frau Marta schließlich nach Berlin übersiedelten, tauschten Henny und Medi die Isar gegen das Mittelmeer. Wahrer Pionierinnengeist also war innerhalb der Geschwisterschar vor allem unter den jungen Frauen zu finden.

Der erste Schritt des Zweifels

In den ersten beiden Jahrzehnten des 20. Jahrhunderts geriet einiges ins Rutschen, das die Vorgängergenerationen noch für selbstverständlich gehalten hatten. Junge Frauen wie Henny, Medi und Rosl verliebten sich in zionistischen Jugendclubs, beim Sport, in der Schule oder der Tanzstunde. Vorbei die Zeiten, in denen ein junger Mann und eine junge Frau nach wenigen gemeinsamen Stunden, in denen sie niemals auch nur eine Sekunde allein waren, unter den Traubaldachin traten, um ein gemeinsames Leben zu beginnen. Die Eltern der Familie verloren nun zusehends die Kontrolle über die Partnerwahl ihrer Kinder. Viele Paare fanden sich zwar immer noch im gleichen Kreis, in der jüdischen Gemeinde, im gehobenen Bürgertum, aber strategische Heiraten, wie sie die Familie über lange Zeit zusammengehalten hatten, gehörten der Vergangenheit an.

Der Besuch des humanistischen Gymnasiums und das Studium führten dazu, dass diese neue Generation begann, das bis dato Gehörte und Erlernte mit neuen Augen zu betrachten. Kritisches Denken blieb nicht aufs Klassenzimmer beschränkt, sondern dehnte sich auf alle Lebensbereiche aus. »Judentum hörte auf, eine Wundergeschichte zu sein«, schreibt Rahel Straus. Die Überlieferung, die Tradition, die über Jahrhunderte der Kitt gewesen waren, der die jüdische Schicksalsgemeinschaft zusammengehalten hatte, wurden infrage gestellt – »der erste Schritt des Zweifels«.[25] Familienbande hatten die Welt zusammengehalten, so lange die kollektive Erinnerung zurückreichte, die Welt erklärt aber hatte in all dieser Zeit der allmächtige Gott mit seinen Geboten und Verboten. Was würde geschehen, wenn dieser allmächtige Gott seine Allmacht verlöre? Diese bange Frage trieb Eltern und Großeltern um und raubte ihnen den Schlaf.

Mit dem Zionismus, dem sich nicht wenige der Feuchtwanger-Töchter und -Söhne ab dem frühen 20. Jahrhundert verschrieben haben, erhielt jüdische Identität eine weitere Facette, die das Zeug hatte, Zusammenhalt zu schaffen. In dem Maße, in dem Tora und *Halacha* an Autorität einbüßten, gewann bei etlichen jungen Feuchtwangers die alt-neue Erzählung einer Nationalgeschichte an Reiz. Herzls Vision – sein 1902 erschienener utopischer Roman hieß nicht zufällig *Altneuland* – blickte ebenso sehr in die Vergangenheit wie in die Zukunft, und zumindest der Part, der sich auf die geteilte Erinnerung der Juden berief, war auch für die ältere Generation anschlussfähig und schuf eine Verbindung zwischen den Vätern und Söhnen, den Großmüttern und Enkelinnen.

Die Frauen und Männer der Familie, die in den 1880er- und 1890er-Jahren geboren sind, durchliefen fast sämtlich eine Phase des Zweifelns an der Frömmigkeit der Eltern, und nicht wenige wandten sich ab von der strengen Gesetzestreue. Etliche aber kehrten mit der Familiengründung wieder zurück und hielten sich, zumindest nach außen hin, an die überlieferten Regeln. Eli Straus hatte sich innerlich bereits weit entfernt von dem wörtlichen Glauben an die biblischen Schriften, von dem sein Vater noch erfüllt gewesen war. Am Schabbat sprach zu ihm nicht mehr Gott selbst, wenn allsamstaglich in der Ohel-Jakob-Synagoge aus der Tora gelesen wurde. Und doch ging er während der Woche jeden Morgen, bevor er sich in der Rechtsanwaltskanzlei seinen Fällen widmete, zu Rabbiner Ehrentreu zum Bibelstudium.

Allgemein scheinen auch einige jener, die nach außen hin an der Observanz festhielten, die Gebote nicht mehr ganz so wortwörtlich genommen zu haben wie noch die Eltern und Großeltern. Lion Feuchtwangers Frau Marta berichtet, wie die Kellnerinnen der »Torggelstuben« am Platzl einigen Mitgliedern der Familie Feuchtwanger – vor allem Vertreter der jüngeren Generation der Familie waren regelmäßige Besucher dieser Lokalität – Streiche spielten, indem sie an *Jom Kippur* durchs Lokal riefen, der Herr Feuchtwanger möge herauskommen, draußen warte jemand auf ihn: »Mindestens fünf Feuchtwanger stürzten verlegen heraus. Keiner hatte den anderen vorher gesehen.«[26] Wäre es Fanny Feuchtwanger und ihrem Mann Seligmann im Traum nicht eingefallen, sich in ein christliches Speiselokal oder Wirtshaus zu verirren, waren ihre Urenkelinnen und Urenkel schon so sehr Teil der allgemeinen Stadtgesellschaft, dass sie nicht nur Stammgäste im »Hofbräuhaus«, in den »Torggelstuben« oder in den Cafés am Hofgarten waren, sondern dort frevelhafterweise sogar am heiligsten aller Feiertage vorbeischauten. Einem Tag wohlgemerkt, den sie eigentlich weiß gewandet, wie in ein Leichentuch gehüllt, und fastend in der Synagoge verbringen sollten. Hatten Fanny und Seligmann noch peinlich drauf geachtet, gerade in den Wochen vor dem dräuenden Sühnetag Gutes zu tun, auf dass der Allmächtige sie ins Buch des Lebens schriebe, bereitete einigen ihrer Nachkommen im frühen 20. Jahrhundert die Streichung ihres Namens aus ebenjenem Buch des Lebens offenbar keine allzu großen Kopfschmerzen mehr. Die Matriarchin und der Patriarch hätten die Hände über dem Kopf zusammengeschlagen und wohl jeden Moment einen Blitz aus dem Himmel erwartet.

Und doch – selbst im Leben Lions, der nach seiner Heirat wohl nur noch selten einen Schritt in eine Synagoge setzte und sich nicht mehr um jüdische Speisegesetze oder Schabbat-Ruhe scherte, blieb das Jüdisch-Sein, die Geschichten und Gefühle, die ihm in der Kindheit vermittelt worden waren, fundamental wichtig für seinen Blick auf die Welt. Welch zentrale Rolle die Familie und das Judentum auch in Feuchtwangers späterem Leben und Werk spielten, bezeugen seine Romane. Hier wird sein enormes jüdisches Wissen, seine Kenntnis der Bräuche und Riten, der Tora und des Talmud erkennbar.

Interessanterweise stehen im Zentrum zahlreicher seiner Romane jüdische Protagonisten, die mit dem frommen Judentum brechen und damit eine Katastrophe für sich und vor allem ihre Kinder heraufbeschwören. Die Tochter des Joseph Süß Oppenheimer ist seine Verbindung zum Judentum, sie stirbt auf der Flucht vor den Nachstellungen des württembergischen Herzogs. Der erfolgreiche Kaufmann Jehuda Ibn Esra in *Die Jüdin von Toledo* gibt seine Kinder dem christlichen König preis. In der *Josephus*-Trilogie stirbt der »jüdische Sohn« des berühmten Historikers in Rom durch die Hand von Nicht-Juden. Die Loslösung vom Judentum und das sehnsüchtige Assimilationsbegehren der Väter wirkt sich dramatisch auf die nächste Generation aus.

Aber Feuchtwangers Romane widmen sich der Familie und dem Judentum noch auf eine weitere, weniger rationale, eher emotionale, intime Weise: in der Beschreibung einer jüdischen Atmosphäre. Hier wird deutlich, dass der Schriftsteller über etwas schreibt, was ihm selbst nahe ist, was er mit der Muttermilch aufgesogen hat. Im zweiten Band der *Josephus*-Trilogie beschreibt Feuchtwanger auf überaus lebendige Weise jüdisches Familienleben. Er schildert den Besuch Flavius Josephus' in Rom bei Cajus Barzaarone, dem Vorstand der jüdischen Gemeinde. Josef, wie er im Roman genannt wird, ist fern der Heimat Jerusalem, und die Atmosphäre in Cajus' Haus an diesem Freitagabend stimmt ihn wehmütig: »Mehr aber als alles andere rührte das Herz des Josef der Anblick der strohumhüllten Wärmekisten; da am Sabbat nicht gekocht werden durfte, bewahrte man die schon bereiteten Speisen in diesen Kisten auf, und ihr vertrauter Geruch erfüllte den Raum.«[27]

Immer wieder beschreibt Feuchtwanger in seinen Romanen auch die Segnung der Kinder zu Schabbat-Beginn, der Vater legt ihnen die Hand auf den Kopf: »Gott möge dich machen wie Ephraim und Menasse.« Wir erinnern uns an die Beschreibung des Schabbat-Rituals in Martin Feuchtwangers Memoiren. Genau dieses Segnen all der Kinder, die da am Freitagnachmittag um ihn herumsprangen, kannte Lion von zu Hause, von seinem Vater Sigmund und seinem Großvater Elkan, und es hat sich in seinem Herzen eingebrannt, war für ihn zeitlebens der Inbegriff von familiärer Geborgenheit und Wärme geblieben.

Keine Frage, Kinder zu guten Jüdinnen und Juden zu erziehen wurde im 20. Jahrhundert schwieriger, als es noch zu Beginn des 19. Jahrhunderts gewesen war, als Fanny und Seligmann ihre achtzehn Söhne und Töchter großzogen. Vielfältig die Einflüsse, die da von außen auf sie einwirkten, hoch auch die Ansprüche und Erwartungen, die an sie herangetragen wurden, durchaus auch vonseiten der eigenen Eltern. Gerade die Söhne sollten gute Studenten, brillante Ärzte oder Anwälte, vielleicht sogar erfolgreiche Wissenschaftler, angesehene Honoratioren der Stadtgesellschaft werden, aber zugleich gottesfürchtige Juden und treue Pfeiler der Ohel-Jakob-Gemeinde bleiben. Das kam zuweilen einer Quadratur des Kreises gleich.

Ein volles Frauenleben

Im ganzen Land schritt die Säkularisierung voran, und auch die Geschlechtertektonik verrutschte mit dem beginnenden 20. Jahrhundert spürbar. Der Kontrast zwischen dem zur Großstadt werdenden München der Zwanzigerjahre und dem eher provinziellen Fürth der Ära Metternich scheint groß, und doch schlugen sich Rahel, Henny und Rebekka mit ähnlichen Problemen herum wie einst die »Erzmutter« Fanny. Auch sie mussten Familie und Berufstätigkeit unter einen Hut bringen. Allerdings arbeiteten sie nicht mehr, wie Fanny seinerzeit, im Familienunternehmen, sondern gingen eigene Wege.

Rebekka, geboren im Dreikaiserjahr in Breslau, kam mit zweiundzwanzig Jahren nach München. In der jüdischen Gemeinde und im Ohel-Jakob-Kreis lernte sie rasch die zahlreichen Mitglieder der Familie Feuchtwanger kennen. Sie war künstlerisch interessiert und wollte leidenschaftlich gern Tänzerin werden. Rebekka war fasziniert von der Arbeit Mary Wigmans, die mit ihrer neuen Art, sich zu bewegen, in jenen Jahren in Deutschland für Aufmerksamkeit sorgte. Der Ausdruckstanz war Kind seiner Zeit. Die Frauen befreiten sich von einengenden Korsetten und Miedern, und die Tänzerinnen hängten die Spitzenschuhe an den Nagel. Während die klassischen Ballerinas mit streng nach hinten frisiertem Chignon und kurzen, steifen Tütüs über die Bühne trippelten, wirbelten Mary Wigman, Isadora Duncan und andere Tanzpionierinnen mit wehenden Kleidern, offenen Haaren und barfuß herum. Ihre Kulissen waren allzu häufig auch nicht Opernsäle und Theaterhäuser, sondern die freie Natur. Wie das unbezähmbare Meer, die liebliche Blumenwiese, das Spiel von Licht und Schatten auf einer Lichtung im Wald nahmen sie sich die Freiheit, ihr Inneres nach außen zu kehren. Sie mussten nicht in jeder ihrer Bewegung und in jedem Gesichtsausdruck hübsch und brav sein, sondern durften auch Wildheit und Hässlichkeit zum Ausdruck bringen.

Das München des anbrechenden neuen Jahrhunderts war genau der richtige Ort für Rebekka, hier gab es nicht nur eine interessante Melange von Künstlerinnen, Schriftstellern und Intellektuellen, hier feierte auch die von ihr verehrte Mary Wigman mit ihrem berühmt gewordenen Hexentanz Premiere: Wigman hockt breitbeinig mit verzerrter Maske, ungebändigten Locken und weitem Kleid auf einer Bühne. Ihre Arme und ihr Kopf bewegen sich nicht zu gefälliger Musik, sondern zu eindringlichen Schlägen. Sie zieht sich über den Boden, rückt näher an die Zuschauer heran, das Gesicht hexenhaft, dämonisch. An diesem Abend in München bezeugte das Publikum etwas wahrhaft Neuartiges. Die Tänzerin war nicht länger Interpretin einer existierenden Choreografie, sondern wurde selbst zur expressionistischen Künstlerin. Der Ausdruckstanz machte Schluss mit der fast inhumanen Präzision des klassischen Tanzes und setzte auf die Expression sämtlicher menschlicher Gefühle. Ob Rebekka Mary Wigmans berühmten Auftritt in München gesehen hat? Wahrscheinlich ist es, gehörte ihr Herz doch bei aller Aufgeschlossenheit anderen Künsten gegenüber dem Ausdruckstanz und verfügte sie doch sowohl über die finanziellen Möglichkeiten als auch die nötigen Kontakte, genau dort zu sein, wo der Puls der Avantgarde schlug.

Die junge Frau traf sich regelmäßig mit Mitgliedern der Familie Feuchtwanger ihrer Generation. In Wirtshäusern und Weinlokalen saß man nach langen Theaterabenden zusammen und debattierte über Gott und die Welt. Rebekka lernte Lion Feuchtwanger kennen, damals noch ein mittelmäßig erfolgreicher Theaterkritiker mit eigenen dramaturgischen Ambitionen, dessen

Lieblingsvetter Igo und schließlich auch Igos jüngeren Bruder Sigbert, den Rebekka wenige Monate vor Ausbruch des Ersten Weltkriegs, im Februar 1914, heiratete.

Kurz nach ihrer Hochzeit begann Rebekka eine Ausbildung bei der Tänzerin Magda Bauer, die in einem Tanz-Ensemble, dem »Münchener Tanz-Drei«, wirkte, dem auch die Ausdruckskünstlerinnen Erika Skogen and Ellinor Tordis angehörten.[28] Gleichzeitig arbeitete Rebekka aber in der Münchner Rechtsschutzstelle für Frauen in der Von-der-Tann-Straße. Mehrmals wöchentlich wurde dort eine Rechtsberatung für Frauen angeboten, und wenn nötig, vertrat man die Frauen auch vor Gericht. Bereits 1894 hatte die bayerische Frauenrechtlerin Anita Augspurg in der Residenzstadt die Gesellschaft zur Förderung geistiger Interessen der Frau, später Verein für Fraueninteressen e.V., gegründet, dessen Ziel die rechtliche und gesellschaftliche Gleichstellung von Frauen und Männern war und der vier Jahre später die Rechtsschutzstelle ins Leben rief. Diese wurde zunächst von Sophia Goudstikker geführt, Augspurgs Lebensgefährtin und Geschäftspartnerin. Goudstikker war selbst keine Juristin – Frauen waren in Deutschland zum Jurastudium damals noch gar nicht zugelassen –, dennoch akzeptierte das Münchner Gericht sie, um für die Interessen von in Not geratenen Frauen zu kämpfen. Die Frauenrechtlerin Gertrud Bäumer erinnert sich an Goudstikker als »eine populäre Figur in der Münchner Bevölkerung, gefürchtet von ›Kindsvätern‹ [...] und die Schutzgestalt von verlassenen Mädchen und gequälten Ehefrauen«.[29]

Der Verein für Fraueninteressen war offen für Frauen sämtlicher politischer Couleur, hier arbeiteten Frauen des gehobenen Bürgertums zusammen mit überzeugten Sozialdemokratinnen, Christinnen mit Jüdinnen. Bis Frauen mit der Weimarer Republik endlich als Staatsbürgerinnen gleiche Rechte erhielten, war das Frauenwahlrecht das Hauptziel des Vereins. Daneben bekämpfte man aber auch das Vereinsgesetz, das Frauen systematisch ausschloss, und ein Bürgerliches Gesetzbuch, das vor allem Ehefrauen und Mütter gezielt kleinhielt und patriarchale Familienstrukturen festschrieb.

Dass der Verein eine große Bekanntheit erlangte, eine enorme Anziehungskraft auf Künstlerinnen und Intellektuelle entwickelte und sich ausdrücklich als Teil der »Münchner Moderne« verstand, lag auch daran, dass die beiden Frauen an seiner Spitze, Goudstikker und Augspurg, nicht nur engagierte Frauenrechtlerinnen waren, sondern daneben das berühmte Fotoatelier Elvira führten. Beide avancierten im München der Prinzregentenzeit zu bekannten und begehrten Fotografinnen. In ihrem Atelier ließen sich sowohl die Hoheiten der Münchner Bohème als auch Mitglieder des bayerischen Herrscherhauses ablichten.[30]

In dieser Zeit war München tatsächlich ein Ort, an dem Avantgarde und Tradition recht einträchtig nebeneinander existierten, ja sich sogar berührten. Wenn es so etwas wie die »Liberalitas Bavariae« jemals gegeben hat, also eine spezielle Mischung aus bajuwarischer Freizügigkeit, wohlwollender Aufgeschlossenheit und solidem Verwurzelt-Sein, dann in jenen Jahren, bevor Europa sich in einen Krieg stürzte, von dem es sich Jahrzehnte lang nicht erholen sollte.

1914, in ebenjenem Jahr des Kriegsausbruchs, übernahm Rebekka Feuchtwanger die Leitung der Rechtsschutzstelle für Frauen und machte den Job auch weiter, als 1916 ihr Sohn Walter geboren wurde. Rebekka, Henny und Rahel zählten bereits zu einer neuen Generation von Frauenrechtlerinnen. Gehörten Anita Augspurg, Sophia Goudstikker oder Ika Freudenberg, eine weitere prominente Vorkämpferin der Sache der Frauen und spätere Lebensgefährtin Goudstikkers, Jahrgängen der 1850er- und 1860er-Jahre an, so waren diese Feuchtwanger-Frauen bereits Kinder des späteren Wilhelminischen Kaiserreiches. Sie bauten auf der Arbeit dieser Allerersten auf und fanden doch neue Interpretationen des Ringens um die Gleichstellung.

Auch hinsichtlich der Frage, was es bedeutete, eine Frau zu sein, und wie man als solche auftrat, schlug diese Generation zum Teil neue Wege ein. Goudstikker und Augspurg hatten in München regelmäßig für den einen oder anderen kleineren Skandal gesorgt, wenn sie mit kurz geschnittenen Haaren und im

Herrensattel durch den Hofgarten ritten. Marta Feuchtwanger erinnert sich, dass Augspurg und andere Frauenrechtlerinnen mit ihren Reformkleidern von vielen lächerlich gemacht wurden. Rahel Straus, die sich ebenfalls im Verein für Fraueninteressen engagierte und dort Vorträge über die Vereinbarkeit von Mutterschaft und Beruf hielt, berichtet, dass Anita Augspurg und auch ihre spätere Lebensgefährtin Lida Gustava Heymann aussahen wie der »Witzblatttyp der emanzipierten Frau«. Beide aber habe sie ungeheuer schätzen gelernt. Ja, sie seien fanatisch gewesen, in ihren Forderungen und ihrem Auftreten, aber das sei den Umständen und der Zeit geschuldet gewesen. Rahel lobte noch viele Jahrzehnte später die Warmherzigkeit und Hilfsbereitschaft der beiden Frauen.[31]

Augspurg lebte in lesbischen Beziehungen und bestärkte durch ihr öffentliches Auftreten viele Münchnerinnen und Münchner in der Annahme, dass gelehrte Frauen zwangsläufig zum »Männerschreck« mutierten. Im Vergleich zu Augspurg, Goudstikker, Heymann und Freudenberg kamen die Feuchtwanger-Frauen auf den ersten Blick recht bourgeois daher. Was sie außerdem von vielen Frauenrechtlerinnen der ersten Stunde unterschied, war die Tatsache, dass sie verheiratet waren und Kinder hatten. Sie kannten die Nöte berufstätiger Mutter aus eigener Anschauung.

Rebekka, Henny und Rahel führten moderne Ehen, sie waren intellektuelle Sparringspartner für ihre Ehemänner, und Gleiches galt umgekehrt, denn sie tauschten sich intensiv mit ihren Männern über Themen und Ideen aus, die sie beschäftigten. Es ist allerdings schon bemerkenswert, dass die Paarbeziehungen auf der einen Seite sehr gleichberechtigt waren und auf der anderen Seite doch feststeckten in traditionellen Rollenbildern. Ein Dilemma, das uns Heutigen gar nicht so unbekannt vorkommt. Frauen sind gut ausgebildet, haben Jobs und Karrieren und übernehmen dennoch, sobald Kinder da sind, vielfach die Hauptlast der Familiensorgearbeit.

Als sich Rahel Straus nach ihrer romantischen italienischen

Hochzeitsreise bei Eli an der Isar niederließ, musste sie erst mal lernen, wie man ein Haus führte. Es wurde damals stillschweigend vorausgesetzt, dass sie den Gratisjob der Hausfrau übernahm. Und das, obwohl sie, wie ihr Mann, berufstätig war. Vormittags hielt sie in der Klinik Sprechstunde, nachmittags machte sie Hausbesuche, und wenn sie heimkam, begann im eigenen Haushalt die dritte Schicht; als dann das erste Töchterchen da war, folgte dieser dritten nicht selten noch eine Nachtschicht mit weinendem Kind, Blähungen, Kinderkrankheiten und In-den-Schlaf-Wiegen.

1908 machte Rahel ihren Doktor und konnte sich als Gynäkologin niederlassen – als eine von drei Ärztinnen in ganz München. Ein Jahr darauf wurde ihre erste Tochter Isa Bella geboren, benannt nach Elis früh verstorbener Mutter. In den folgenden zwölf Jahren gebar Rahel bis zu ihrem zweiundvierzigsten Lebensjahr noch vier weitere Kinder, zwei Töchter und zwei Söhne. Rahel hätte es nie so genannt – auch weil es damals in den Straßen Münchens mit seinen Pferdedroschken, Fußgängerinnen und Fahrradfahrern noch relativ gemächlich zuging –, aber das, was sich da in den ersten beiden Jahrzehnten ihrer Ehe entfaltete, nennen wir heute die *Rush Hour* des Lebens, die Phase, in der alles zusammenkommt: Partnerschaft, kleine Kinder und die Herausforderungen eines Berufslebens in seiner vollen Blüte. In jener Zeit, in der Rahel eine eigene Praxis aufbaute und führte, ihre Kinder bekam und großzog, sich für Zionismus und Frauenrechte starkmachte, wuchs auch Elis Arbeitspensum in der Rechtsanwaltskanzlei und vor allem die Anforderungen, die sein Engagement in der jüdischen Gemeinde und in der Zionistischen Ortsgruppe ihm abverlangten.

Rahel schreibt ihre Memoiren viele Jahre nach dem Tod Elis, und man merkt dem Text an, dass sie darin versucht, den Vater für ihre Kinder, für die sie die Erinnerungen in erster Linie verfasst, lebendig werden zu lassen. Rahel erklärt den Vater, seine Motive, seine Ziele. Man könnte fast meinen, Eli sei bereits gestorben, als die Kinder noch sehr klein waren, dabei waren zumindest die drei Ältesten schon erwachsen, haben also eine lange

Zeit mit dem Vater unter einem Dach gelebt. Es wird deutlich, dass Eli in der Kindheit Isa Bellas, Hannahs, Peters, Gabrieles und Ernsts vor allem eines war – abwesend. Für das Wohlergehen der Kinder und deren Erziehung war vor allem Rahel zuständig.

Sie selbst beschreibt eindrücklich, was diese Doppel- und Dreifachbelastung ihr zuweilen abverlangt hat. Rahel nahm zwar für sich in Anspruch, als Frau zu studieren und voll berufstätig zu sein. Allerdings stand sie auch auf dem Standpunkt, dass die Frauen mit der Mehrbelastung, die sich daraus ergab, allein fertigwerden mussten. »Es braucht unendlich viel Kraft, viel Liebe für den Beruf, immer wieder den Versuch zu machen, allen gerecht zu werden«, stellt sie fest. So oft habe sie sich eingestehen müssen, dass sie im Beruf nicht die Höchstleistung vollbringen, sich nicht so fortbilden könne, wie sie das hätte tun können, wäre sie unverheiratet und kinderlos geblieben. Noch in den Vierzigerjahren, als sie ihre Erinnerungen niederschreibt, betont sie, dass sie die Frage, ob es möglich sei, Frau und Mutter zu sein und zugleich einen Vollberuf auszuüben, eigentlich nicht beantworten könne: »Es ist und bleibt eine schwere, fast unlösbare Aufgabe, die nicht allgemein gelöst werden kann, sondern die jede Frau für sich selbst lösen muss.«[32]

Es scheint, als stellte sie das Familienmodell, das der Frau die Hauptlast bei der Care- und Hausarbeit zuschanzt, praktisch nicht infrage, obwohl sie die strukturellen Probleme durchaus sah und sogar die Frage aufwarf, ob in sozialistischen oder bolschewistischen Gesellschaftsmodellen beides irgendwann vereinbar sein würde. Ob sie die Idee, nach Palästina auszuwandern, auch deshalb reizvoll fand, weil dort zu diesem Zeitpunkt in den neu entstehenden Kibbuzim Lebensmodelle ausprobiert wurden, die die bürgerliche Kleinfamilie praktisch aufbrachen und Kindererziehung als Gemeinschaftsprojekt betrachteten?

Vorerst aber, daran ließ sich nicht rütteln, lebte Rahel mit ihren Kindern in einer bürgerlichen Gesellschaft, und hier galten patriarchale Regeln. Während die Hauptaufgabe im Leben des Mannes der Beruf sei, so Straus, kämen mit Heirat und Familiengründung bei der Frau eben andere Aufgaben hinzu, und es obliege jeder Einzelnen, all die Arbeit sinnvoll zu organisieren. Ihr war durchaus bewusst, dass ihre Situation eine privilegierte war. Die Strausens konnten es sich leisten, ein Kindermädchen und eine Köchin zu beschäftigen, dennoch gab es immer wieder Momente, in denen Rahel mit den Kräften an ihre Grenzen kam. Einmal wurde sie mitten in den Vorbereitungen für den *Seder*-Abend, zu dem sie zahlreiche Gäste erwarteten, zu einer Patientin gerufen. Auf dem Herd köchelten gleich mehrere Töpfe, um die Gäste zu *Pessach* satt zu bekommen. Das Kindermädchen hatte frei, die Köchin war krank. Kurzerhand stellte Rahel also ihre älteste Tochter an den Herd, um die Speisen und gleichzeitig die kleinen Geschwister zu beaufsichtigen. Den Vater der Kinder aus der Kanzlei zu holen war offenbar keine Option. Ein anderes Mal wurde sie von einer Patientin ins Isartal gerufen. Die schwangere Frau hatte bereits sieben Fehlgeburten erlitten und nun erneut Blutungen bekommen. Rahel eilte zu ihr und ließ ihr eigenes, vier Monate altes Töchterchen, das sie zu dem Zeitpunkt noch voll stillte, zu Hause in München, wohl wissend, dass die Kleine in ihrer Abwesenheit nur Tee bekommen und vor Hunger vermutlich das ganze Haus zusammenschreien würde. Rahel aber harrte während der ganzen Nacht am Bett der verzweifelten Schwangeren aus, jederzeit bereit, einzugreifen, falls die Blutungen heftiger und die Situation für die werdende Mutter lebensbedrohlich werden würde. Diese Schwangerschaft hielt, und fünf Monate später gebar die Frau einen gesunden Jungen.

Neben der Betreuung ihrer Patientinnen reiste Rahel Straus im Auftrag der Kinderfürsorge auch über die Dörfer und sprach mit Bäuerinnen über Hygiene und Kinderpflege. Vor allem hier auf dem Land war die Säuglingssterblichkeit auch zu Beginn des 20. Jahrhunderts noch bedrückend hoch. Das lag auch daran, dass das Stillen aus der Mode gekommen war, wobei man wohl richtiger sagen müsste, dass das Stillen noch nicht wieder in Mode gekommen war. Das lag zum Teil auch am Widerstand der katholischen Kirche, die es »unsittlich« fand, einem Kind die Brust zu geben. Absurditäten einer zutiefst patriarchal geprägten

Religion, die Frauen selbst dann einen Schwangerschaftsabbruch versagte, wenn ihr Leben auf dem Spiel stand, aber gleichzeitig wenig tat, um Babys und Kinder, die bereits auf der Welt waren, zu schützen. Rahel bereitete für ihre Tour durch die Dörfer akribisch einen wissenschaftlichen Vortrag vor, der die Bäuerinnen davon überzeugen sollte, dass der Mehlbrei, den sie ihren Säuglingen verabreichten, keine adäquate Nahrung darstellte, ihre Muttermilch das Kind dagegen mit allem versorgte, was es brauchte. Als sie schließlich im örtlichen Wirtshaus mit den Frauen zusammensaß, schlug sie allerdings ihre Notizen in den Wind und redete frei von der Leber weg, versuchte anschauliche Beispiele zu finden, und schon entwickelten sich ein Gespräch und ein angeregter Austausch zwischen der Frau Doktor aus der Stadt und den Bäuerinnen und Mägden, die an diesem Sonntagnachmittag bei Kaffee und Kuchen zusammensaßen.[33]

Ihre Arbeit machte Rahel Freude, sie erachtete sie als überaus sinnvoll, und sie verdiente mit ihrer Tätigkeit ein Gehalt, mit dem sie die Familie auch allein hätte durchbringen können. Das verlieh ihr eine gewisse Eigenständigkeit. Auch Henny Reich und Rebekka Feuchtwanger hatten einen eigenen Tätigkeitskreis abseits von Familie und Ehemann.

In dieser Generation der Familie, das kann man wohl festhalten, wurde Frauen vielfach zugestanden, »ihr eigenes Ding« zu machen. Es verstand sich von selbst, dass sie dennoch weiterhin für das Gros der Familien- und Hausarbeit verantwortlich zeichneten. Allerdings gehörten die Mitglieder der Familie Feuchtwanger in München zu Beginn des 20. Jahrhunderts dem wohlhabenden Bürgertum an. Man wohnte in großen Häusern oder Wohnungen in bester Lage, beschäftigte eine Köchin, ein Dienstmädchen, eine Kinderfrau für die Kleinen, und im Sommer fuhr man für mehrere Wochen ins Alpenvorland, zuweilen auch in die Schweiz oder nach Italien. Die Familien wurden kleiner, und das Leben dieser Frauen war nicht mehr, wie noch jenes ihrer Mütter, Großmütter und Urgroßmütter, eine stete Abfolge von Schwangerschaften und Wochenbett. All das ermöglichte den

Feuchtwanger-Frauen dieser Generation eine Berufstätigkeit beziehungsweise das Engagement für eigene Projekte.

Rebekka Feuchtwangers Karriere als Tänzerin nahm in den Zwanzigerjahren Fahrt auf. Als der Erste Weltkrieg überstanden war, tourte sie – nun unter dem Künstlerinnennamen Rhea Glus – durch Deutschland. Ein Jahr später arbeitete sie als Choreografin an den Münchner Kammerspielen, unter anderem in Otto Falckenbergs Inszenierung von *Ein Sommernachtstraum*. Außerdem trat sie immer wieder bei Gastspielen in Deutschland, aber auch in der Schweiz auf und hatte ihr eigenes kleines Ensemble. 1921 gründete sie im Tanzsaal Steinicke in der Adalbertstraße in Schwabing ihre Tanzschule, die offenbar guten Anklang fand, denn 1927 zog sie in die Germaniastraße um, in ein Haus, das eigens erworben und in den folgenden beiden Jahren aufwendig umgebaut wurde.[34] Rhea Glus wurde im Laufe der Goldenen Zwanziger im kulturellen Leben Münchens zu einer festen Größe und war viel beschäftigt. Vielleicht bekam sie auch deswegen keine weiteren Kinder. Ihr Sohn Walter jedenfalls, mitten im Krieg geboren, sollte Einzelkind bleiben.

Hätte sie nicht geheiratet, so hatte Rahel Straus ja einst ihrem Mann an den Kopf geworfen, hätte sie eine glänzende Karriere gemacht. Aber man kann feststellen, dass die Frauen der Familie in dieser Generation bemerkenswert neue Wege gegangen sind, und das, obwohl die meisten von ihnen auch Ehefrauen und Mütter waren. Ärztinnen, zionistische Aktivistinnen, Erzieherinnen, Tänzerinnen, Choreografinnen, Frauenrechtlerinnen jedenfalls hatte es bei den Feuchtwangers zuvor nie gegeben. Fanny hätte sich die Augen gerieben vor Staunen.

Im Sommer 1944

Berlin

Seit ein paar Tagen stehen die Linden in voller Blüte. Die Stadt trägt ihr duftendstes Kleid. Rationierungen, Hiobsbotschaften von der Front, Fliegerangriffe – all das kann der Natur im Grunde nichts anhaben. Schließlich ist Sommer. Für einen Moment lässt sich Felice anstecken, ihr Rock flattert im lauen Wind und streichelt ihre Beine, die vom langen Winter immer noch milchweiß sind, das alte Herrenfahrrad quietscht, über ihr kreisen zur Abwechslung mal Schwalben statt britischer Bomber.

Felice fliegt durch die Straßen, versucht nur den blauen Himmel über sich zu sehen, nicht die grauen Gestalten, die übers Trottoir eilen, nicht die Frauen, die vor den Läden Schlange stehen, um den Kopf ein zu einer Art Turban geschlungenes Tuch, die Arme über den schmuddeligen und aus der Mode gekommenen Blusen verschränkt, abgespannte Gesichter, leere Blicke, rissige Lippen – keine Berlinerin, die was auf sich hält, hätte sich vor dem Krieg so auf der Straße blicken lassen, nicht mal, wenn sie die Verwandten in der brandenburgischen oder pommerschen Provinz besucht hätte.

Das tröstet Felice etwas. Nicht nur sie ist auf den Hund gekommen. Das ganze Land hat sich aufgegeben, wie es scheint. Letztes Jahr, als die 6. Armee vor Stalingrad kapitulierte, hat Goebbels mit Gewalt versucht, den Leuten alle defätistischen Gedanken ans Aufgeben auszutreiben. Sie hat die Rede im Radio gehört. Der ganze

Saal voller überzeugter Nazis, klar haben die gejubelt. Pure Verzweiflung. Seitdem ist das Leben jeden Tag härter geworden, nicht nur für Felice. Hin und wieder lassen die Leute ihrem Unmut freien Lauf und lästern über den dicken Göring, den giftigen kleinen Goebbels und den »Gröfaz«, der das Land ins Verderben führt. Anschließend liegen sie nächtelang wach, weil sie sich ängstlich fragen, wer alles zugehört hat. Die Wände haben neuerdings Ohren. Ob die überzeugte Nazisse aus dem ersten Stock sie womöglich belauscht hat und sie am nächsten Morgen verpfeifen wird?

Nicht nur die Hoffnungslosigkeit, auch die Angst, die Felice seit Jahren fest im Griff hat, hat längst auch die anderen gepackt. Sie fürchten sich vor unterschiedlichen Dingen, klar. Während die Menschen um sie herum vor nichts so sehr Panik haben wie vor den vorrückenden Sowjets, sehnt Felice die Rotarmisten geradezu herbei. Wobei, noch lieber wären ihr die Amis. Manchmal malt sie sich aus, wie das wäre. Amerikanische Soldaten, die den Kurfürstendamm im Sturm nehmen. GIs mit ihren kugelrunden Helmen, die weiten Hosen lässig in die Schnürstiefel gesteckt, Zigarette im Mundwinkel.

Wie aber könnte sie, Felice, diesen Männern, die Tausende von Meilen entfernt von daheim einen Krieg gegen einen fanatischen Diktator geführt und gewonnen haben, begreiflich machen, dass sie anders ist als die vielen Deutschen, die Hitler hinterhergelaufen sind? Sieht man ihr an, was sie durchgemacht hat? In welcher Gefahr sie all die Jahre geschwebt hat? Je länger dieser Krieg sich hinzieht, desto brennender wird die Frage, was danach kommt. Könnte sie hierbleiben, nachdem sie nun gesehen hat, wie sich Nachbarn in Ungeheuer verwandelt haben? Würde man sie irgendwo anders überhaupt haben wollen? Und würde man den Leuten dort klarmachen können, dass sie eine von den Guten war, dass sie immer auf ihrer Seite gestanden hat? Manchmal verliert sie sich in derlei Gedanken und zuckt dann unwillkürlich zusammen: Abwarten! Noch ist der Krieg nicht vorbei.

Ein paar Jungs kicken mit einem alten Lederball, der schon bessere Zeiten gesehen hat, auf der Straße. Felice weicht ihnen aus und legt einen Zahn zu. Einmal mehr nimmt sie sich vor, ihre Angele-

genheiten zu ordnen. Sie muss noch einmal niederschreiben, dass all ihre Besitztümer an Lilly übergehen, sollte der Fall eintreten, vor dem sie sich seit Monaten fürchtet. Sie muss es auch ihrer Schwester nach England schreiben. All das ist so kompliziert, wer weiß, ob ihre Zeilen Irene überhaupt erreichen. Nach dem Krieg wird es drunter und drüber gehen. Felice hat das Gefühl, es Lilly schuldig zu sein. Viel gibt es ja ohnehin nicht zu klären. Was hat sie denn noch? Einen Kabinenkoffer mit Wäsche, ein bisschen Bargeld, Tafelsilber und den Persianermantel.

Felice wird es schwer ums Herz, wenn sie an ihre Kindheit denkt. Und an ihre Mutter, die hübsche Frau Doktor. Mit großen Augen saß Felice als kleines Mädchen auf der Tagesdecke aus altrosa Seide, die das Dienstmädchen jeden Morgen aufwendig über das große Ehebett im Schlafzimmer der Eltern drapierte und die Felice anschließend mit ihrer Turnerei regelmäßig wieder heillos zerwühlte. Der Vater pfiff einen der neuesten Schlager, während er sich vor dem beschlagenen Spiegel im Bad rasierte. »Du siehst doch gar nichts, Ali!«, rief die Mutter dann und warf einen kritischen Blick auf die Kleider in ihrem Schrank, »Pass auf, dass du dich nicht wieder schneidest.« Regelmäßig am Samstagabend machten die Eltern sich fein, um ins Theater zu gehen oder zu Freunden. Felice bewunderte die teuren Seidenstrümpfe der Mutter, die über der Stuhllehne hingen und auf ihren Einsatz warteten. Manchmal schlüpfte sie in die schicken Lackschuhe mit den hohen Absätzen und stakste über den dicken Perserteppich, während sich ihre Mutter lachend ein paar Spritzer ihres guten Parfums hinter die Ohren tupfte und anschließend die zweireihige lange Perlenkette anlegte, die ihr Albert aus Antwerpen mitgebracht hat. Diese Stunden vor dem Aufbruch der Eltern waren immer bittersüß. Einerseits ließ sich Felice gern von der Vorfreude der Eltern anstecken, war stolz auf ihre Mutter, die sicher in jedem Raum an diesem Abend die schönste Frau sein würde. Andererseits graute ihr schon vorab vor dem Moment, an dem die Tür ins Schloss fallen würde und sie mit ihrer Schwester und der Kinderfrau allein wäre. Merkwürdig, wie sich so eine Wohnung schlagartig verändern konnte. Waren ihre Eltern zu Hause, füllten sie sie vollständig aus, es war, als wären die

Böden, Wände und Decken gepolstert mit Lachen und Liebe. Hier konnte einem nichts passieren. Alles, was von draußen kam, musste durch eine Schleuse heiterer Gelassenheit. Kaum aber waren die Eltern aus dem Haus, knarzten die Dielen bedrohlich, bewegten sich Schatten im Treppenhaus, sahen einem die Porträts an der Wand mit bösen Blicken hinterher.

Felice biegt in ihre Straße ein, muss abrupt abbremsen, denn die alte Frau Kowalski und ihr humpelnder Schnauzer kreuzen mal wieder die Fahrbahn, ohne nach rechts oder links zu schauen. Den beiden scheint alles egal zu sein, so apathisch, wie sie dreinblicken. Felice macht einen Schlenker nach links, um Hund und Frauchen nicht umzufahren, und flucht leise. Gleich ist sie zu Hause bei Lilly und den Kindern. Zuhause – ein großes Wort für einen Ort, der keine Sicherheit und keine Geborgenheit bieten kann. Sie bezweifelt, dass sich Lillys Kinder geborgen fühlen. Wie könnten sie? Jeden Abend trennen sie sich von ihrer Mutter und Felice und gehen zusammen mit den Nachbarsbuben und -mädchen in den Kinderbunker, nicht wissend, wie die Straße am nächsten Morgen aussehen, ob ihr Haus noch stehen wird, ihre Mutter und Felice noch am Leben sind.

Sie springt vom Rad, schaut kurz hoch, das Fenster steht sperrangelweit auf, aber Lilly ist nicht zu sehen. Die große, schwere Haustür geht keuchend auf, zwei Nachbarskinder rennen mit großem Hallo an ihr vorbei. Es sind immer wieder die Kinder, die zumindest den Anschein von normalem Leben bringen. Felice blinzelt in den blauen Himmel hinauf, durch den sich Dutzende von Schwalben schwingen. Ohne die Kinder und den Sommer wäre dieser Wahnsinn nicht auszuhalten.

Teil IV

Heldinnen

Im Sommer 1944

Jerusalem

Der Tee ist inzwischen vermutlich ungenießbar. Schwarz wie die Nacht und kalt obendrein. Das Tee-Ei dümpelt in der feinen weißen Porzellankanne mit dem zarten blauen Blumenmuster, die Rahels Mutter einst aus Ostfriesland mitgebracht hat. Rahel hat das gute Stück vor Jahren, behutsam eingewickelt und gebettet auf Stroh, zusammen mit sechs Tassen, Untertassen und Tellern gleichen Musters und den großen Kristallgläsern, die immer nur einmal im Jahr zu Pessach *ihren glänzenden Auftritt hatten, nach Palästina gerettet. Die Teekanne ist Kummer gewohnt. In dem kleinen reetgedeckten Rabbinerhäuschen an der Küste, in Idas karger Witwenwohnung in Karlsruhe, in Rahels großbürgerlichem Haushalt in München oder in dieser kleinen Küche im Heiligen Land – sie war stumme Zeugin ungezählter Gespräche, hat so viele Stimmen vernommen, die längst verklungen sind. Probleme wurden gewälzt, Ideen ausgetauscht, Klatsch berichtet – so war es vom Anbeginn der Welt.*

Doch heute gibt es keine hitzigen Debatten über die Zukunft des jüdischen Volkes, keine Tränen über die hoffnungslose Situation in der alten Heimat. Nein, heute füllt lediglich ein Rauschen den Raum, unterbrochen nur von einem gelegentlichen Fluchen Rahels. Dieser verflixte Sender entwischt ihr immer wieder. Ihr Nachbar Motti hat sie heute Morgen rausgeklingelt. Ganz aufgeregt war er gewesen, der kleine Mann mit der glänzenden Glatze und dem wilden Schnurrbart. Sie solle unbedingt das Radio anschalten, hat er ihr auf Hebräisch erklärt. Die Selbstverständlichkeit, mit der ihm diese Sprache über die Lippen kommt, verblüfft Rahel immer wieder. Direkt und schnörkellos, eine Herausforderung für Menschen wie Rahel, die ihr Leben lang süddeutsche Umständlichkeit gewohnt waren. Etwas Großes sei im Gange, hat er noch gerufen und war schon atemlos weitergeeilt zu Herrn und Frau Katz im Dachgeschoss. Rahel hat oben die Tür gehört und Herrn Katz, der seiner Frau auf Jiddisch zurief, sie solle schnell herkommen.

Nun steht Rahel in ihrem smaragdgrünen Samtmorgenmantel, den sie sich einst auf einer unvergesslichen Venedig-Reise mit Eli gekauft hat, in der Küche und versucht verzweifelt, PBS reinzubekommen. Die Briten senden seit einigen Jahren auf Englisch, Arabisch und Hebräisch. Hier erfährt Rahel, wie es an den verschiedenen Fronten steht. Nachrichten sind dieser Tage schwer zu verdauen, sollte es jetzt wirklich einen Lichtblick geben? Sie dreht hektisch an dem großen Knopf des Gerätes. Das Rauschen wird lauter, dann wieder Stille. Ich habe keine Ahnung, was ich hier genau mache, denkt sie und dreht dennoch ein wenig weiter. Plötzlich hört sie die Stimme eines Mannes, glasklar, als säße er hier mit ihr in Jerusalem an dem kleinen Küchentisch mit der blau karierten Tischdecke und der erkaltenden Teekanne. Dabei ist dieser Mann viele Tausend Meilen entfernt in England. Rahel hält den Atem an: »People of Western Europe, a landing was made this morning on the coast of France …« *Sie atmet aus und sinkt auf den Küchenstuhl. Endlich, jubelt sie innerlich, endlich, endlich, endlich! Sie presst die Hand auf den Mund. Die Alliierten sind gelandet, Hitlers Tage sind gezählt! Und doch kann sich Rahel nicht recht vorstellen, wie eine solche Operation vonstattengehen soll, sie denkt an die Soldaten, die in diesem Moment an der französischen Küste sterben. So viele junge Männer, deren Leben endet, bevor es richtig beginnt, damit Europa befreit wird. General Eisenhower redet weiter, während Rahels Gedanken zu jenen wandern, die mehr als alle anderen auf einen Sieg der Alliierten warten – die Unglücklichen in den Lagern im Osten. Ob dieser Hoffnungsstrahl* auch sie erreicht? Niemand weiß genau, was sie erleiden, aber Rahel bezweifelt, dass die Nachricht zu ihnen durchdringen wird. Eisenhower richtet seine Worte an die Frauen und Männer im besetzten Europa, die Briten senden seine Botschaft aber auch hierher in den Nahen Osten, und in Jerusalem wird sie ebenso begierig aufgenommen wie in London, Brüssel und Paris.

Mottis Klopfen reißt sie aus ihren Gedanken. Die Tür ist nur angelehnt, er nickt ihr zu und tritt im gleichen Moment ein. Ihr Nachbar ist als Kind ins Land gekommen, betrachtet sich als Sabra. Der überzeugte Gewerkschaftler und Sozialist hat nicht viel übrig für bürgerliche Benimmregeln und macht sich gern lustig über die Jecken, die deutschen und österreichischen Juden, mit ihrem »Jawohl, Herr Doktor« und »Küss die Hand, gnädige Frau«. Er schaut auf solch großbürgerliches Gehabe herab, aber Rahel kommt gut mit ihm aus. Auf ihre Art hat sie den Mann längst geknackt.

»Nu?«, murmelt er, und ein Lächeln huscht über sein Gesicht, bevor er sich zu ihr an den Tisch setzt und sich eine Tasse Tee einschenkt. In seinen kräftigen Händen wirkt die feine Porzellantasse verloren, aber er leert sie in einem Zug und verliert kein Wort darüber, dass das Gebräu darin eiskalt ist. Dann zündet er sich eine Zigarette an und bläst den blauen Rauch an die Decke. Wenn er mir bloß nicht in die Untertasse ascht, denkt Rahel und schiebt ihm schnell den schweren Glasaschenbecher hin, auch der ein Relikt aus Münchner Tagen. Inzwischen hat Motti immerhin ein Hemd über sein feingeripptes weißes Unterhemd gezogen und die Hosenträger angelegt. Seine nackten Füße stecken in Ledersandalen. Eli wäre tot umgefallen, hätte ich ihm solche Dinger hingestellt. Rahel muss schmunzeln, wenn sie sich sein entsetztes Gesicht vorstellt. Aber Eli ist auch so gestorben, denkt sie dann, und die Zeit der teuren Budapester, der dreiteiligen Anzüge und goldenen Taschenuhren mit ihm.

So sitzen Rahel und Motti, während am Himmel über Jerusalem die Sonne ihre ganze Kraft entfaltet, stumm und einträchtig da und lauschen den Worten des Generals. Noch ist nichts entschieden, und doch ist ein Anfang gemacht. Rahel erinnert das Ganze an den

Frühling 1917, als die Zeitungsjungen am Stachus plötzlich lauthals den Kriegseintritt der USA verkündeten. Wenig später war es auch auf den Litfaßsäulen zu lesen. Das war damals die Wende gewesen. Ein gutes Jahr später war der Spuk vorbei, beziehungsweise hat ein neuer Spuk begonnen. In den Wochen und Monaten nach Kriegsende ging es in München drunter und drüber. Als hätten sich die Faschingssaison und die Wiesn-Zeit zusammengetan. Man konnte es aufregend finden oder sich zu Tode fürchten. Rahel entschloss sich zunächst zu Ersterem. Der Aufbruch war zu verlockend gewesen. So vieles hatte man endlich neu denken können, wo Kaiser und König sich in die Büsche geschlagen hatten.

Aber allzu schnell war die Sache gekippt, und wie sich rasch herausstellen sollte, haben die Bayern dieses revolutionäre Intermezzo nicht allzu gut verkraftet. Zu behäbig ihr bäuerliches Gemüt. All das Neue hat sie verwirrt und aufgebracht. Da kamen jene gerade recht, die alten Glanz versprachen. Tausendjähriges Reich – drunter haben sie es nicht gemacht. Das Ende ist bekannt, denkt Rahel und sieht sich um. Auf dem Tisch vor ihr liegt die Haaretz *von gestern, durch deren anspruchsvolle hebräische Artikel sie sich jeden Tag quält, und nicht die* Münchner Neuesten Nachrichten. *Die Strahlen, die durch die Vorhänge dringen, schickt nicht die sanfte Sommersonne Oberbayerns, sondern dieser gleißende nahöstliche Feuerball, der die Luft zum Flirren bringt. Und ihr gegenüber sitzt nicht ihr Mann Eli mit Schlips und Anzug, sondern ihr Nachbar Motti mit blauem Kurzarmhemd und unübersehbaren Schweißflecken unter den Achseln.*

»Soll ich noch eine frische Kanne Tee machen, Motti?«, fragt Rahel und schlüpft wieder in ihre Pantoffeln.

»Kann nicht schaden«, erwidert der und drückt seine Zigarette aus.

Weltbeben

Am Horizont zeichnete sich eine Silhouette ab wie aus tausendundeiner Nacht. Durch die Dünen näherten sich, schaukelnd wie kleine Schiffe, schwer beladene Kamele, als würden sie von einer unsichtbaren Schnur gezogen. In der Ferne konnten Marta und Lion einen Mann ausmachen. War er allein, oder hatte er Begleiter dabei? Es war in der flirrenden Hitze schwer zu sagen. Zweifellos aber bewegte sich die Karawane geradewegs auf Marta und Lion zu.

Der deutsche Konsul in Tunis hatte sie gewarnt, dass das Baden im Meer in diesem Land unüblich war, ja als anstößig betrachtet wurde, vor allem dann, wenn Frauen sich in die Wellen stürzten. Also hatten die beiden erst mal tagelang die Altstadt und das jüdische Viertel in Tunis besichtigt, waren sogar bei einer traditionellen Hochzeit gewesen, auf der Bauchtänzerinnen beklatscht und köstliche Speisen aufgetragen worden waren, hatten in kleinen Cafés Tage verbummelt und waren schließlich nach Karthago weitergereist, um die berühmten Ruinen zu bestaunen. Von hier stammte Hannibal Barkas, der mit seinen Zehntausenden von Soldaten, seinen heißblütigen Rössern und dröhnenden Kriegselefanten die Römer das Fürchten gelehrt hatte. Am Ende aber war Karthago nach langer Belagerung gefallen, und Tempel, Amphitheater und Therme zeugten noch heute von der Kultur, die die Römer den Besiegten im Laufe der folgenden Jahrhunderte aufgedrückt hatten.

Sicher hat Karthago wie schon vorherige Stationen, vor allem Rom, tiefen Eindruck bei den beiden reiselustigen jungen Münchnern hinterlassen, aber all die Ausgrabungen und alten Steine machten auch müde. Völlig verschwitzt hatten sie sich deshalb doch dazu entschlossen, die Warnungen des deutschen Konsuls in den Wind zu schlagen und auch eine passende Badestelle gefunden. Hier in Karthago war spürbar, wie sehr die antike Welt sich um das Mittelmeer arrangiert hatte. Platon spottete einst über die griechischen Siedler, sie säßen wie Frösche um einen

Teich. Ähnliches konnte man mit Fug und Recht ein paar Jahrhunderte später über die Römer sagen. *Mare nostrum,* unser Meer – das sagt eigentlich alles. Nun, die Punier und die Phönizier haben dieses große, weite Meer vor ihrer Haustür mit Sicherheit auch als das ihre betrachtet, bis es das eben irgendwann nicht mehr war.

An diesem Sommertag des Jahres 1914 gehörte das Mittelmeer jedenfalls Marta und Lion Feuchtwanger ganz allein – zumindest einen Moment lang. Die Karawane näherte sich langsam. Der Beduine trug einen gelben Burnus, trieb sein Kamel mit einem langen Stock an, und alsbald begann er zu singen. Kehlig, rau und doch melodisch. Er sah interessiert zu den beiden Badenden hinüber, während die Tiere weiterschaukelten, und allmählich rückte er in immer weitere Ferne und setzte seinen Weg ins Dorf fort. Noch Jahrzehnte später, als die Welt längst eine andere war, erinnerte sich Marta Feuchtwanger an diese bezaubernde Begegnung. Die Umrisse der prächtigen Tiere vor dem blauen tunesischen Abendhimmel und der singende Beduine hatten sich in ihrer Erinnerung verankert.[1]

Vor dem Hintergrund der geopolitischen Umwälzungen, die sich zur gleichen Zeit in Europa abzuzeichnen begannen, erscheint die Szene noch märchenhafter. Ein Schuss in Sarajevo störte am 28. Juni 1914 die sommerliche Heiterkeit, die sich in Wien, Paris, London, St. Petersburg und Berlin breitgemacht hatte. Und schon nach einigen Tagen war klar, dass das Attentat auf Kronprinz Franz Ferdinand und seine Frau Sophie eine Krise neuer Qualität schuf. Mehr als einmal hatten in den Jahren zuvor Unbedachtheiten und durchaus auch kalkulierte Provokationen – ein Panthersprung nach Agadir etwa oder eine unglücklich formulierte Glückwunsch-Depesche an die südafrikanischen Buren – die Länder Europas an den Rand eines Krieges gebracht. Aber dieses Mal verblutete ein österreichischer Thronfolger auf offener Straße. Das Gefühl, dass das Maß voll war, griff um sich – und zwar merkwürdigerweise auf allen Seiten. Die Diplomaten in den Hauptstädten, die Ende Juni innerlich schon für die Ferien gepackt hatten, gerieten ins Schwitzen. Drähte liefen heiß, Blankoschecks und Ultimaten wurden ausgetauscht. Am 1. August erklärte das Deutsche Reich erst Russland, zwei Tage später Frankreich den Krieg. Nachdem die deutschen Truppen geradewegs durch Luxemburg und Belgien marschierten, trat am 4. August auch England in den Krieg ein. Anscheinend willig ließ sich Europa durch die Schüsse von Sarajevo in Stellungen treiben, aus denen es vier Jahre lang nicht wieder herauskommen sollte. Der Große Krieg hatte begonnen.

Und hier kamen die beiden sorglos im Mittelmeer Badenden erneut ins Spiel. Marta und Lion hatten während ihrer großen Reise durch Europa und Nordafrika in den Jahren 1913 und 1914 wenig von Politik wissen wollen, gerade in Tunis hatten sie kaum mal einen Blick in eine Zeitung geworfen. Französische oder gar englische Blätter waren, wenn sie hier ankamen, ohnehin meist einige Tage alt. Die Punischen Kriege hatten die beiden Abenteurer mehr interessiert als etwaige Konflikte der Gegenwart. Nach Karthago, einem ausgiebigen Strandtag und einer mühevollen Wüstenwanderung hatten sie sich in Nabeul, einem Örtchen an der Ostküste, einquartiert. Hier hörten sie zum ersten Mal etwas von den Geschehnissen in Europa. Ihr französischer Pensionswirt war außer sich. Sie mussten unverzüglich nach Tunis zurück.

In der schönen umtriebigen Stadt, die sie wenige Wochen zuvor verlassen hatten, herrschte nun Unruhe. Sie mieteten sich im Maltesischen Hotel ein, aber noch in derselben Nacht stand die französische Militärpolizei vor der Tür und nahm Lion mit. Marta versuchte aus den Beamten herauszubekommen, wohin sie ihn brächten – ohne Erfolg. Auch der deutsche Generalkonsul, den sie früh am Morgen aufsuchte, konnte nicht helfen, denn der war selbst bereits auf dem Weg zum Hafen. Nur fort aus Feindes Land! Er rief ihr zu, sie solle sich an den Schweizer Konsul wenden, der sie wiederum zu den französischen Behörden schickte. Dort erfuhr eine inzwischen von Hitze und Angst um Lion erschöpfte Marta, dass die Zivilregierung durch ein Militärregime ersetzt worden war. Wo sich das französische Hauptquartier allerdings befand, konnte ihr niemand sagen. Das Durcheinander war perfekt. In diesen Stunden, so viel dürfte Marta klar gewesen sein, wo noch so manche Unklarheit herrschte, definitive Regelungen noch kaum erlassen waren beziehungsweise die Dienststellen noch gar nicht erreicht hatten, war die Chance am größten, aus dem Land zu fliehen. Es musste ihr gelingen, Lion ausfindig zu machen.

Sie kämpfte sich durch die Augusthitze und trug dabei langen Mantel und Schleier, es musste ja nicht gleich jeder sehen, dass hier eine junge, hübsche Frau durch die Straßen irrte. Schließlich gelangte sie zu einer Kaserne vor den Toren der Stadt. Von einem diensthabenden Offizier zum nächsthöheren fragte sie sich durch, bis sie dem Leiter des Generalquartiers gegenüberstand. Ihr Mann sei Journalist, erklärte sie und könne sicher gegen französische Journalisten ausgetauscht werden, die sich noch auf deutschem Boden befänden. Sie wusste, dass sie jetzt jede Gelegenheit, Lion auch nur für ein paar Stunden freizubekommen, nutzen musste. Und sie entschied sich für eine gewagte Taktik, sie appellierte an den Nationalstolz des Mannes. Wie könne man es zulassen, dass ein Gefangener ohne seine Zahnbürste eingesperrt sei, fragte sie. Diese Anspielung auf die Errungenschaften der französischen Kulturnation in Kombination mit Martas Charme brachten ihr das Versprechen ein, dass man sie am nächsten Tag zu Lion bringen werde, samt Necessaire.

Damit musste sie sich erst mal zufriedengeben. Zurück am Hafen besorgte sie mit dem letzten Gold, das sie bei sich trug, zwei Schiffskarten nach Italien. Am nächsten Tag wurde sie nicht, wie versprochen, abgeholt, dafür stand ihr Mann plötzlich leibhaftig vor ihr. Man habe ihm zwei Stunden Urlaub gewährt, um seine Zahnbürste zu holen, erklärte er unbedarft einer wissend lächelnden Marta, der allerdings kaum Zeit blieb, sich darüber zu freuen, dass ihr Plan aufgegangen war. Jetzt musste es schnell gehen, mit einer Droschke fuhren sie zum Hafen und gelangten tatsächlich auf ein italienisches Schiff. Martas Unerschrockenheit hatte ihren Mann aus einer mehr als brenzligen Situation herausgeholt. Nicht zum letzten Mal, wie wir noch sehen werden. Zunächst einmal aber gingen die beiden nach einer abenteuerlichen Überfahrt in Palermo an Land, wo sie sich beim deutschen

Konsulat melden mussten. Der Krieg streckte bereits seine Finger nach ihnen aus, nichts und niemand würde unberührt bleiben. Aus dem Weltenbummler Lion wurde über Nacht der Soldat Feuchtwanger.[2]

Über Rom reiste das Paar zurück in die Heimat, und Lion bekam erst mal Sonderurlaub, wegen seiner »heldenhaften« Flucht aus Tunis, wobei der Ruhm wohl eher Marta gebührt hätte. In München herrschte Ausnahmezustand. Euphorie, Angst, Triumphgeheul und Paranoia brauten sich zu einer unheilvollen Melange zusammen. Alle klammerten sich an die Hoffnung, die jungen Männer, die nun in Feldgrau zu den Kasernen und Bahnhöfen strömten, seien zurück, bevor die Blätter fielen. Nun, tatsächlich sollte der letzte Schuss dieses Weltenbrandes im Herbst fallen, zuvor aber würde es viermal Frühling werden und so viele von jenen, die nun auszogen, würden diesen Tag nicht mehr erleben.

Marta und Lion hatten Mühe, in München Fuß zu fassen. Nach zwei langen Jahren des Vagabundendaseins wäre es vermutlich auch unter normalen Umständen nicht leicht gewesen, zurück in einen geregelten Alltag zu finden, nun aber wurde ihr freies, selbstbestimmtes Leben hineingepresst in die neue Realität der Heimatfront. Hatten sie in den vorangegangenen Monaten alles Neue und Fremde begierig in sich aufgesogen, erlebten sie nun eine totale Fixierung aufs Nationale. Der vom Kaiser ausgerufene Burgfrieden sollte die Deutschen zusammenschweißen. England und Frankreich wurden verteufelt, hinter allem und jedem wurden nun ausländische Spione vermutet. Die braun gebrannte Marta mit ihrer unkonventionellen, exotisch wirkenden Kleidung erregte einiges Misstrauen. Als das Paar einmal einen von Lions Hüten zum Ausbessern bringen wollte, wurden sie unter unflätigsten Beschimpfungen von der Verkäuferin aus dem Laden geworfen. Ein Blick in den Hut hatte der wachsamen Frau nämlich verraten, dass das gute Stück in Genf hergestellt worden war. Was lag da näher, als eine Verschwörung zu wittern? Dieser kleine, bebrillte Mann und seine fremdländisch aussehende Frau konnten nur Landesverräter sein. Dass eine im Ausland gefertigte Kopfbedeckung noch keinen Defätismus darstellte und Genf überdies in der neutralen Schweiz lag – mit derlei Details konnte man sich im Sommer 1914 angesichts der weltpolitischen Umwälzungen nicht aufhalten. Völlig perplex fanden sich Marta und Lion auf der Kaufingerstraße umringt von einem Pulk zeternder Menschen, der sich erst beruhigen ließ, als Lion einem eilig herbeigerufenen Polizisten seinen Militärpass zeigte. In einem Beschwerdebrief über besagte Verkäuferin an den Münchner Polizeipräsidenten schrieb Lion Feuchtwanger kurz darauf in gewohnt ironischer Weise, er selbst glaube, man könne problemlos einen Schweizer Hut tragen und dennoch ein guter Patriot sein.[3]

Für derart differenziertes Denken war auf dem Höhepunkt des nationalen Taumels freilich kaum mehr Platz. Marta und Lion blieben am Rand, und das nicht nur, weil sie ein wenig das Gefühl hatten, zu spät zur Party gekommen zu sein. Sie platzten in eine Stimmung, die sich in all den Wochen, in denen sie unter nordafrikanischem Himmel des Abends die Sterne und des Tags antike Ruinen bestaunt hatten, aufgeschaukelt hatte und die sie schlichtweg nicht nachvollziehen konnten. Als sie ihre Taschen, gefüllt mit schmutziger Wäsche, Büchern und Erinnerungen an eine unvergessliche Reise, auspackten, schnürten Millionen von jungen Männern, auch Lions Brüder Martin und Berthold, ihren Tornister und stürzten sich ins Schlachtengewimmel.

»Was war mein Beruf, was war die Kunst, die Literatur, das Theater, was waren alle Menschen, die ich liebte und schätzte, meine Frau, mein Sohn, ich selbst – was waren wir alle, gemessen an diesem gewaltigen Krieg, an diesem für das Weltgeschehen und den Weltfortschritt so notwendigen Krieg«, erinnert sich Martin Feuchtwanger an diese ersten Wochen. Sein Bruder Berthold, Bubi genannt, avancierte gar zum Helden der Familie. Als Siebzehnjähriger meldete er sich gleich im Jahr 1914 freiwillig und, so behauptete er zumindest später, habe wegen einer Wette mit seinem vorgesetzten Offizier einen feindlichen Schützengraben im Alleingang erobert. Auf die Frage Lions, warum er sich auf dieses gefährliche Spiel eingelassen habe, antwortete der junge Mann, es sei ihm sonst zu langweilig gewesen. Ob der Soldat Feuchtwanger tatsächlich so waghalsig war, eine feindliche Stellung ganz allein anzugreifen, ist nicht mehr zu klären. Tatsache ist allerdings, dass Bubi während des Krieges mit dem Eisernen Kreuz erster Klasse ausgezeichnet wurde. Die Geschichten um die Tapferkeit des jüngsten Feuchtwanger-Sprösslings wurden in der Familie stolz weitererzählt und auf Familienfeiern unermüdlich zum Besten gegeben. Aber rasch kamen an den gemeinsamen Schabbat-Tafeln auch die wenig glamourösen, ja die brutalen und blutigen Seiten des Krieges auf den Tisch. So wurde Lions Vetter Markus 1917 schwer verwundet, seine Eltern konnten noch zu ihm eilen, aber er starb vor ihren Augen. Ein Schock für die ganze Familie.[4]

Aber nicht nur Marta und Lion, der nach einer Magenblutung zurückgestellt wurde, beobachteten die Ereignisse im August 1914 mit einer gewissen Distanz. Auch Rahel Straus hatte keinen Sinn für nationale Hochgefühle, sie hatte andere Sorgen. Es ging um Leben und Tod. An einem herrlichen Junitag war Eli in der Starnberger Sommerfrische zusammengebrochen. Rahel und der eilig herbeigerufene Vetter und Familienarzt August Feuchtwanger diagnostizierten eine Lungenembolie. Mit knapper Mühe überlebte Eli den Transport ins Jüdische Krankenhaus nach München. So schlecht stand es um ihn, dass August in der Ohel-Jakob-Synagoge Psalmen für ihn lesen ließ. »Ich hebe meine Augen auf zu den Bergen. Woher kommt mir Hilfe? Meine Hilfe kommt vom Herrn, der Himmel und Erde gemacht hat«, murmelten nicht nur Elis Glaubensbrüder in München, sondern auch im weit entfernten Jerusalem. Sein Schwager Jakob Rosenheim hatte nach Palästina telegrafiert und ließ im Straus-Haus und an der Klagemauer für den Schwerstkranken beten. »Ich saß an Elis Bett und rang mit Gott um sein Leben«, erinnert sich Rahel Straus. Als es nach einigen Tagen wider Erwarten der Ärzte aufwärtsging und das Schlimmste überstanden war, atmete Rahel vorsichtig auf. Sie sah sich um und merkte, dass die Welt um sie herum in heller Aufregung war. Als Deutschland losmarschierte, sei jedermann von einer Art »Massenpsychose« erfasst worden, berichtet sie. »Eli und ich in unserer Krankenhausatmosphäre begriffen nicht, verstanden nicht.«[5]

Als Rahel nach einigen Monaten, die sie in den Bergen verbracht hatten, damit Eli wieder zu Kräften kommen konnte, wieder nach München zurückkehrte, hatte die Stadt sich abermals verändert. Rahel hatte für ihren Mann, um den sie in ständiger Sorge war, alles stehen und liegen lassen. Ihre Praxis war geschlossen gewesen, ihre Kinder hatte sie Verwandten und einer Kinderfrau anvertraut. Elis Genesung hatte oberste Priorität gehabt. Nun waren ihre Kinder ein ganzes Stück größer, selbst der kleine Peter, nur fünf Monate vor Kriegsausbruch geboren, war schon ein aufgeweckter blonder Bub voller Tatendrang. Die Strausens waren vermögend, und Rahel hatte es sich leisten können, die Arbeit als Ärztin ruhen zu lassen. In Elis schwersten Stunden hatte für sie offenbar überhaupt nicht zur Diskussion gestanden, ihn allein ins Sanatorium zu schicken, auch wenn das bedeutet hatte, dass sie die Kinder zurücklassen und ihre Patientinnen an Kollegen verweisen musste.

Wieder in München, stürzte sie sich im Frühling 1915 in die Arbeit. Nicht nur in der Praxis war sie gefordert, ihre Ortsgruppe des Jüdischen Frauenbundes hatte in Kriegszeiten alle Hände voll zu tun. Aus der kleinen Arbeitsvermittlung war dank umfangreicher Heeresaufträge eine professionelle Nähstube geworden, in der mehrere Hundert Frauen beschäftigt waren und mit dem Lohn ihre Familien ernähren konnten. 1904 von Bertha Pappenheim, Sidonie Werner und Henriette May gegründet, waren nach und nach überall in Deutschland Ortsgruppen des Jüdischen Frauenbundes entstanden, auch in München. Hier hatte sich Rahel Straus von Anfang an engagiert, hatte aber als Zionistin keine Chance gehabt, in den Vorstand gewählt zu werden. Es war wie in der liberalen jüdischen Gemeinde. Man schätzte ihre Arbeit, wollte ihr aber keine politische Macht geben. Im Krieg allerdings wurden derlei weltanschauliche Überlegungen für einen Moment zurückgestellt.

Auch Zionistinnen und Zionisten scharten sich um die Flagge

ihres jeweiligen Landes. Die deutschen und österreichischen Zionisten eilten zur Befreiung ihrer unterdrückten jüdischen Schwestern und Brüder im russischen Zarenreich. Rahels Bruder Ernst zögerte keinen Moment, als er 1914 in Konstantinopel vom Ausbruch des Krieges erfuhr. Nach einigen Monaten bei Arthur Ruppin im Palästina-Amt wollte er auf »Heimaturlaub« nach Deutschland zurückkehren, wurde vom Krieg überrascht und meldete sich umgehend an die Front. Im Mai 1915 schrieb er seiner Mutter aus Galizien: »Du glaubst gar nicht, wie schön hier der Frühling ist im Tal. Die Wiesen sind grün, Blumen überall. Ich habe heute mein neues Pferd ausprobiert, nun liege ich auf der Wiese in der Sonne. Entsetze Dich nicht, liebste Mutter, aber das ist eigentlich das Leben, zu dem ich geschaffen bin.« Als Ida Goitein den Brief in Händen hielt, lebte ihr Sohn bereits nicht mehr. Er fiel in der Schlacht bei Stryi, in einem sinnlosen Angriff, der fast seine gesamte Kompanie das Leben kostete.[6]

Der Schock angesichts des Todes des geliebten einzigen Bruders brachte Rahel auch die Erkenntnis, dass Elis schwere Krankheit ihn davor bewahrt hatte, eingezogen zu werden. Den gesamten Krieg über blieb er »untauglich«, denn sein Herz hatte schwer gelitten, und er brauchte immer noch Erholung. Doch langsam kehrte eine gewisse Normalität in den Familienalltag zurück, und bevor das Jahr 1915 zu Ende ging, wurde Rahels viertes Kind geboren. Wie alle ihre Kinder, brachte sie auch ihre Tochter Gabriele daheim auf die Welt und dirigierte anschließend vom Wochenbett aus den Haushalt. Mit der Kleinen kam nach der schweren Sorge um Eli und der tiefen Trauer um Ernst wieder Freude ins Haus. Allerdings war Gabriele ein echtes Kriegskind, klein und zart. Noch bei ihrer Einschulung murmelte der Schularzt, dass ihm schleierhaft sei, wie Rahel das Mädchen durchbekommen habe.

Je länger der Krieg sich hinzog, desto schwieriger wurde es, ausreichend sättigende und gesunde Nahrungsmittel zu beschaffen. Statt echtem Bienenhonig musste man sich mit klebrigem Kunsthonig begnügen, Brot wurde rationiert, Marmelade bestand kaum mehr aus etwas anderem als aus gelben Rüben, und aufgrund des Schmalz- und Ölmangels wurden Pfannen entwickelt, mit denen man angeblich ohne Fett rösten konnte. Kaffee, Tee und Kakao waren längst von den Speisezetteln verschwunden. Der sogenannte »Deutsche Tee«, ein »Gemengsel von Brombeer-Erdbeer-Himbeerblättern«, war kein ernst zu nehmender Ersatz. Zur Hauptnahrung avancierten vor allem nach den katastrophalen Kartoffelernten des Jahres 1916 Runkelrüben, die sogenannten »Dotschen«, die in Friedenszeiten als Viehfutter gedient hatten. Glücklich konnten sich all jene schätzen, die wie Rahel Straus einen Garten auf dem Lande hatten. Im ersten Kriegsjahr hatte die Familie ein Häuschen in Starnberg gekauft, die »Villa Waldfried«. Nicht nur der dortige Gemüsegarten zahlte sich aus, auch die Patientinnen, die Rahel hier auf dem Land versorgte, waren Gold wert. Viele der Bäuerinnen ließen sich nicht lumpen und steckten der Frau Doktor regelmäßig ein Stück Fleisch, ein paar Eier und frisches Gemüse zu.[7]

Überbetonung des Männlichen

Sowohl Marta Feuchtwanger als auch Rahel Straus behielten während des Kriegs ihre Männer zu Hause. Vielleicht ermöglichte ihnen gerade dieser Umstand einen wachsamen Blick auf die atmosphärischen Veränderungen innerhalb der deutschen Gesellschaft. Natürlich kannte jede und jeder viele Männer, die an der Front waren – Brüder, Cousins, Freunde, Nachbarn, Kollegen –, aber zumindest der Ehemann schwebte nicht jeden Tag in Lebensgefahr und wurde nicht Teil der übermächtigen militärischen Maschinerie, die den Alltag der Menschen bis ins Kleinste prägte.

Auch in Marta und Lion Feuchtwangers Stammlokal, den »Torggelstuben« am Platzl in der Altstadt, machte sich der Krieg rasch bemerkbar. Kaum noch junge Männer saßen nun hier, die Reihen lichteten sich. Viele der Dichter, Schriftsteller, Regisseure, Schauspieler und Maler, die hier vor dem Krieg nächtelang debattiert hatten, steckten nun in Feldgrau an der Front, lagen verwundet im Lazarett oder waren begraben in fremder Erde. Alle paar Monate zitterte Marta, wenn Lion wieder beim Militärarzt vorstellig werden musste, aber jedes Mal wurde er zurückgestellt. Hin und wieder machten sich Vettern, Freunde oder Bekannte in Uniform lustig über den Magenkranken, aber Marta war heilfroh, ihn sicher zu Hause zu wissen. Sie seien beide wie viele andere Intellektuelle in München gegen den Krieg gewesen, ohne dass man viel darüber gesprochen habe.[8]

Die überzeugte Frauenrechtlerin Rahel Straus spürte mit jedem Monat, den der Krieg sich hinzog, wie die Überbetonung der Männlichkeit und, damit einhergehend, die Aggressivität wuchs. Alles, was im Leben des Soldaten Bedeutung hatte – Mut, Tüchtigkeit, Kampfeslust, Wagemut, Opferbereitschaft –, drängte sich ins Zentrum, beherrschte bald das gesamte öffentliche Leben. Was die Frauen aber zu leisten hatten, so Straus, wurde darüber vergessen. Niemand sprach davon, dass sie daheim für die Familie sorgen und gleichzeitig in Läden, Werkstätten und Büros das Geschäft am Laufen halten mussten. Während ihre Männer im Krieg waren, blieben Frauen mit den Kindern und den älteren Verwandten zurück. Sie hielten den Kontakt zwischen den verschiedenen Familienzweigen aufrecht, tauschten Neuigkeiten aus, standen einander bei, wenn wieder ein geliebter Mann verwundet oder gefallen war, halfen sich gegenseitig bei der Heiz- und Nahrungsmittelsuche. Überall herrschte Männermangel, Frauen sprangen ein und leisteten Ungeheures. Rahel wusste um all das aus eigener Erfahrung. Jede Woche kamen Patientinnen zu ihr, um ihr Herz auszuschütten. Die Ärztin wurde zur Seelsorgerin, zur Trösterin. Diese Frauen hatten das Gefühl, die Last ganz allein tragen zu müssen, und konnten einfach nicht mehr.

Aber Rahels Sorge angesichts der Dominanz des Männlichen und Kriegerischen war von noch grundsätzlicherer Natur. Sie hatte Angst, dass die Errungenschaften der Frauenbewegung auf dem Spiel stehen könnten, und hielt mit ihrer Befürchtung auch gegenüber ihren Freundinnen und ehemaligen Kommilitoninnen nicht hinterm Berg. Diese Frauen, die wie sie an der Universität und im Beruf Pionierinnen gewesen waren, mussten die

Gefahr doch auch sehen. Prompt bekam sie auf der nächsten Zusammenkunft der Alumni-Verbindung der »Alt-Heidelbergerinnen« die Gelegenheit, über das Thema zu sprechen. Ihre These aber, dass die Frau kraft ihrer Natur Kriegsgegnerin sein müsse, wurde fast durch die Bank abgelehnt. Rahels schärfste Kritikerin war Marianne Weber, die seit Studentinnentagen bereits mehrfach ihre Gegenspielerin gewesen war. Weber vertrat einen völlig anderen Standpunkt. Für alle Deutschen – Männer wie Frauen –, so Weber, gebe es nur die volle Bejahung des Krieges.[9]

Rahel stand an diesem Abend allein auf weiter Flur mit ihren Warnungen und fragte sich nach ihrem Vortrag und der anschließenden hitzigen Debatte, ob es richtig gewesen war, dass gerade sie als Jüdin dieses Thema aufgeworfen hatte. Denn längst konnte von »Burgfrieden« keine Rede mehr sein. Alte Gräben waren wieder aufgerissen, neue waren hinzugekommen. Die Stimmung in der Bevölkerung und im Heer verschärfte sich durch ausbleibende militärische Erfolge von Woche zu Woche. Je länger der Krieg dauerte, je schlechter die Versorgung der Zivilbevölkerung wurde, desto mehr schoss sich die antisemitische Hetzpropaganda auf prominente Juden wie Walther Rathenau, Carl Melchior oder Albert Ballin in den Kontrollzentren der Kriegswirtschaft ein. Aber damit nicht genug: Im Oktober 1916 erließ das Kriegsministerium eine Anordnung, der zufolge alle jüdischen Soldaten an der Front zu zählen seien. Angeblich, so rechtfertigte der preußische Kriegsminister dieses Vorgehen, wolle man mit der Zählung lediglich Vorurteile in der Bevölkerung widerlegen, die besagten, dass sich eine hohe Anzahl von deutschen Juden dem Heeresdienst entzöge. Die Ergebnisse der Untersuchung sind nie veröffentlicht worden. Das Kriegsministerium dementierte aber niemals offiziell Gerüchte, denen zufolge das Ergebnis für die Juden angeblich restlos vernichtend gewesen sei. Spätere Untersuchungen kamen zu dem Ergebnis, dass Juden entsprechend ihrem Bevölkerungsanteil an der Front waren. Aber es war zu spät, der Zweifel war gesät. Die »Judenzählung« war ein Schlag ins Gesicht der deutschen Juden und trug maßgeblich zu ihrer Desillusionierung bei, ja, sie wirkte auf viele geradezu traumatisch. Nicht nur, dass der Alltag der jüdischen Soldaten an der Front entscheidend durch den Antisemitismus der Vorgesetzten und Kameraden geprägt war, mit der Zählung wurden ihre Leistungen ganz offiziell und von oberster Stelle infrage gestellt und damit antijüdische Vorurteile legitimiert und genährt.[10]

Alle ächzten unter den Zumutungen des Krieges, aber im Gegensatz zu den ersten Monaten, wo man sich zumindest der Illusion hatte hingeben können, dass man zusammenstand und zusammenhielt, wurden nun Schuldige gesucht. Die Lage am Wohnungsmarkt war katastrophal. Umherziehende, nach Unterkunft suchende Familien gehörten zu den traurigen Erscheinungen des Stadtbilds. In dieser Atmosphäre verschärfte sich massiv die in Bayern stets latent existente Preußenfeindschaft. Obwohl die Münchner, wie so viele Deutsche, den Kriegsbeginn im August 1914 jubelnd begrüßt hatten, grantelten sie nun bärbeißig, sie seien gegen ihren Willen in diesen von Preußen angezettelten Krieg hineingezogen worden. Dem bayerischen König warf man vor, allzu sehr nach der Pfeife Berlins zu tanzen, und die »Saupreißn« wurden in so manchem Münchner Bierkeller, zumindest rhetorisch, schärfer angegangen als die offiziellen Kriegsgegner des Deutschen Reichs. Ein bitter umkämpfter Streitpunkt war die während der Kriegsjahre immer schlechter werdende Qualität des bayerischen Bieres. Die Reichsregierung, so der Vorwurf der bayerischen Bierbrauer und -konsumenten, kürze ständig die Hopfenzuteilung für den Süden Deutschlands, und das, obwohl bekannt sei, dass Bier in Bayern als Nahrungsmittel gelte.[11]

Nach und nach mehrten sich nun Stimmen gegen den Krieg. Und wie um Rahel Straus doch noch recht zu geben, waren es vor allem Frauen, die beim schneidigen Takt der Marschmusik den Gleichschritt durchbrachen und neue Wege suchten. Pazifistinnen wie Anita Augspurg, Constanze Hallgarten und Lida Gustava Heymann versuchten nun gezielt, ihre Geschlechtsgenossinnen zu gewinnen. Sie riefen die Münchnerinnen dazu auf, nicht länger dazu beizutragen, den Krieg zu verlängern, indem sie in Rüstungsbetrieben Dienst taten oder Uniformen nähten. Die bayerischen Behörden gingen mit voller Härte gegen diese Anti-

Kriegs-Aktivistinnen vor, die sich aber nicht einschüchtern ließen. Augspurg und Heymann hatten schon 1915 zusammen mit der Niederländerin Arletta Jacobs den Internationalen Friedenskongress in Den Haag auf die Beine gestellt, wo nicht nur Demokratisierung und Frauenwahlrecht, sondern auch Abrüstung, ein internationaler Gerichtshof und eine Erziehung zum Frieden gefordert worden waren. Heymann und Augspurg waren sich sicher: Wahres Menschentum kennt keinen Völkerhass, und Frauen stehen diesem wahren Menschentum näher als Männer.[12] Während Rahel Straus bei ihren ehemaligen Kommilitoninnen kein Gehör gefunden hatte, dürften Heymanns, Augspurgs und Hallgartens unermüdliches Engagement für Frieden und gerade auch ihr in die Zukunft gerichteter Blick die Ärztin bestätigt und inspiriert haben.

Die Zukunft brach dann schneller und radikaler an, als Rahel und viele andere sich das hätten vorstellen können. Bereits im Frühling 1917 waren die USA in den Krieg eingetreten. Weiter östlich hatte die Februarrevolution in Russland die Monarchie hinweggefegt. Den Machtkampf zwischen sozialistisch-liberalen und bolschewistischen Kräften wollte Lenin für sich entscheiden. Seither tobte ein blutiger Bürgerkrieg in dem Riesenreich. Der bereits Monate zuvor abgesetzte Zar Nikolaus II. wurde mit seiner gesamten Familie im Juli 1918 erschossen. Gekrönte Häupter in ganz Europa hielten den Atem an und verstärkten ihre Leibwache. Im Sommer 1918 brach die deutsche Offensive zusammen, das Reich verlor seinen Bündnispartner Bulgarien, und Ende September eröffnete General Ludendorff Kaiser Wilhelm II., dass es nötig sei, Waffenstillstandsverhandlungen mit den Alliierten aufzunehmen.

Wie eigentlich immer, wenn die Welt kopfstand, lag Eli in diesen Oktobertagen 1918 mal wieder krank im Bett, seine Frau aber hielt es nicht zu Hause. Die Familie wohnte damals in der Kobellstraße, ganz in der Nähe der Theresienwiese, wohin nun alles strömte und die Abdankung des Kaisers forderte. Rahel ließ sich von der Menschenmenge treiben und hörte zu Füßen der Bavaria, die einst Elis Großmutter Auguste in München willkommen geheißen hatte, den SPD-Politiker Erhard Auer reden. Sie spürte, dass die Situation hochexplosiv war. »Und plötzlich war der Funke da«, erinnert sie sich. Ein junger Mann, es handelte sich um Felix Fechenbach, noch immer in Feldgrau, rief von der Tribüne in die Menge. Den Soldaten in der Stadt, erklärte er, sei es nicht erlaubt worden, zu dieser friedlichen Kundgebung zu kommen. »Wir wollen ihnen die Tore öffnen.« Und schon setzte sich der Zug in Bewegung und folgte Fechenbach zu den Kasernen. Hatte Rahel erwartet, es würde zu einem Schusswechsel, womöglich einem Blutbad kommen, so traute sie nun ihren Augen nicht: Die Soldaten strömten aus den Kasernen auf die Straße, kein Offizier, kein Feldwebel hielt sie auf. »Das war die Revolution«, so Straus. Die Stadt sei voll gewesen von unruhigen Menschen, die wussten, dass etwas passieren musste, aber nicht wussten, was. »Und da die Münchner ein lustiges, derbes Volk sind, so wirkte es fast wie ein Faschingsrummel, ohne Ernst dahinter.«[13]

Auch Marta Feuchtwanger erinnert sich an diese Stunden und Tage als außerordentlich turbulent. Sie beschreibt, wie eine Gruppe schwer bewaffneter Soldaten den Schriftsteller Erich Mühsam, der sie kurz zuvor mit einer seiner einnehmenden Reden für die Revolution gewonnen hatte, auf ihren Schultern unter Jubelrufen durch die Straßen trug: »Man zog singend hinter ihm her. Es war eine Art Karneval.« Marta und Lion wagten abends trotz des Treibens einen Spaziergang durch die Stadt, auch das wohl ein Hinweis darauf, dass sie die Stimmung als nicht sonderlich bedrohlich wahrgenommen haben, eher wie einen großen Rummel. »Es wurde Nacht; das Volk ging auf die Straße. Soldaten trunken vor Freude und Bier sausten in offenen Lastwagen herum und schossen mit wildem Geschrei ihre Gewehre in die Luft. (…) Wir kamen an der Residenz vorbei. Die Schildwachen waren verschwunden. Leute gingen in der Hauptwache ein und aus, drinnen wurde Karten gespielt.« Da plötzlich nahmen sie auf der Rückseite der Residenz eine Bewegung wahr. »In diesem Augenblick trat der alte König mit seiner Frau und seinen Töchtern aus einer kleinen Haustüre ins Dunkle. Er war auf der Flucht.«[14]

Während die meisten Münchnerinnen und Münchner sich am nächsten Morgen verwundert die Augen rieben, begriffen einige Männer und auch ein paar Frauen, dass sich nun ein einmaliges Zeitfenster öffnete, die Zukunft zu gestalten, und sie waren bereit, es zu nutzen. Am entschlossensten tat dies Kurt Eisner. Am 8. November rief der Berliner Journalist und Sozialdemokrat kurzerhand den Freistaat Bayern aus. Was war das für eine Gaudi?, fragten sich die Verkäuferinnen auf dem Viktualienmarkt, die Bierkutscher an der Landsberger Straße, aber auch die Beamten in den Amtsstuben, die Richter in den Gerichtssälen, die Lehrer in den Schulen und Hochschulen, die Offiziere in den Kasernen. Man horchte kurz auf und ging dann weiter seinem Tagwerk nach. Und darin lag, so Rahel Straus, bereits der Todeskeim für diese Revolution, denn sie ließ die Institutionen weitgehend unberührt. Das Leben folgte seinem geregelten Gang, was man in Deutschland gemeinhin zu schätzen wusste, gleichzeitig aber verblieben die künftigen Totengräber der Revolution an neuralgischen Schaltstellen und warteten, bis ihre Zeit kam. Für einige Monate gab es in Bayern eine merkwürdige Gleichzeitigkeit von Alt und Neu, von Tradition und Revolution. Während die Kinder jeden Tag in die Schule zu Lehrern samt Rohrstock und Prügelstrafe zurückkehrten, die Beamten mit altgewohnter Überheblichkeit Bürgerinnen und Bürger abkanzelten und im Offizierscasino Herren mit Schmiss im Gesicht und glänzenden Knöpfen an der faltenfreien Uniform in schneidigem Tonüber »Vaterlandsverräter« schwadronierten, trafen sich unter Eisners Ägide Arbeiter, Soldaten, Intellektuelle, Frauen in neu geschaffenen Räten, um die Grundlagen für eine moderne, demokratische Gesellschaft zu erarbeiten.

Auch Rahel war dabei. Der Verein für Fraueninteressen hatte sie gebeten, sich in den Frauenrat delegieren zu lassen. Sie sei gar nicht politisch und schon gar nicht kommunistisch, hatte die Ärztin erst eingewendet. Aber man suchte händeringend nach berufstätigen Müttern, die ihre Erfahrungen und Forderungen einbringen sollten. Und das wiederum leuchtete Rahel ein. Dies war die Stunde, die Probleme, mit denen sie sich in den letzten Jahren herumgeschlagen hatte, in größerem Maßstab anzugehen und für die Frauen und Familien echte Lösungen zu finden. »So war ich plötzlich mitten im Getriebe«, denn aus dem Frauenrat heraus wurden die Delegierten in andere Räte geschickt. Rahel saß fortan sowohl im »geistigen Rat« als auch im Arbeiterrat, um die weibliche Sache zu vertreten. Die feierliche Eröffnung des Arbeiterrates fand im Deutschen Theater statt, die Abgeordneten nahmen im Parkett Platz, die Zuhörerinnen und Zuhörer in den Logen und Rängen. Die Bürgerlichen, zu denen Rahel Straus sich zählte, saßen in der Mitte, rechts von ihnen die Mehrheitssozialisten, links die Unabhängigen Sozialisten. Es präsidierten Kurt Eisner, Erhard Auer und Edgar Jaffé.

In ihren Memoiren, die Straus in den Vierzigerjahren niederschrieb, betont sie, dass es ihr ganz unheimlich wurde, als Gustav Landauer forderte, man solle die Kirchen in Stätten der Kultur für das Volk umwandeln. Schlimme Befürchtungen hätten sie bereits damals befallen. Die Tatsache, dass viele der Revolutionäre in der allerersten Reihe – Eisner, Landauer, Mühsam, Jaffé, Toller – aus jüdischen Familien stammten, behagte ihr überhaupt nicht. Das lief der altbewährten Praxis der jüdischen Diaspora diametral entgegen. Die Low-profile-Politik der traditionellen Juden, an der auch die Strausens in Karlsruhe und die Feuchtwangers in Fürth und München stets festgehalten hatten, hatte genau dieses In-die-erste-Reihe-Treten vermieden. Fanny und Seligmann Feuchtwanger und all ihren Kindern, Enkelinnen und Urenkeln war bewusst gewesen, dass man sie als Jüdinnen und Juden wahrnahm, egal, was sie taten. Die Angst, dass ein profilierter Jude Unheil über alle bringen würde, steckte tief in ihnen drin. Rahels Unbehagen wurde von vielen in der jüdischen Gemeinde Münchens geteilt. »Es war ein Unglück und der Anfang der jüdischen Katastrophe, deren entsetzliches Ende wir noch miterleben. Und es ist nicht so, dass wir es heute erst wissen, wir haben es damals schon gewusst und ausgesprochen«, schreibt sie. Als sie Ernst Toller reden hörte, den sie im Grunde sehr sympathisch fand, dachte sie bei sich: »Als Eröffnung eines Zionistenkongresses wäre es möglich gewesen, zur Eröffnung des Arbeiterrates des Freistaates Bayern war es eine Unmöglichkeit.«[15]

Auch Marta und Lion Feuchtwanger wurden Zeugen des revolutionären Experiments in München. »Im Triumph zog Eisner, der Führer der Unabhängigen Sozialdemokraten, zu Fuß durch die Stadt«, erinnert sich Marta, »Alles jubelte ihm zu. Die Zeitungen waren voll von modernistischen Zeichnungen. Es wurden Wahlen angekündigt, das Frauen-Wahlrecht und die Pressefreiheit eingeführt.«[16] Doch die Euphorie währte nicht lange. Bei den Landtagswahlen am 12. Januar 1919 mussten Eisner und seine USPD eine herbe Niederlage einstecken. Die Partei des Ministerpräsidenten errang nicht einmal 3 Prozent aller Stimmen. Die stärksten Kräfte im Lande wurden die Bayerische Volkspartei (BVP) mit 35 Prozent und die SPD mit 33 Prozent der Stimmen. Das Gros der Bevölkerung Bayerns stand, das machten die Wahlen mehr als deutlich, nicht hinter dem Ministerpräsidenten und dessen Politik. Kurt Eisner war bereit, die politischen Konsequenzen für dieses Wahldebakel zu übernehmen, und beschloss, bei der eröffnenden Sitzung des Landtags am 21. Februar 1919 seinen Rücktritt bekannt zu geben. Auf dem Weg zum Parlament aber wurde der bayerische Ministerpräsident von einem gewissen Anton Graf von Arco-Valley ermordet. Der Attentäter, ehemaliger Leutnant der bayerischen Kavallerie und Jurastudent, erschoss Eisner aus nächster Nähe. Der erste bayerische Ministerpräsident, wenige Monate zuvor noch von begeisterten Soldaten in den Straßen Münchens frenetisch gefeiert, starb an Ort und Stelle.

Nun hätte trotz des Attentats der Landtag die Geschicke des Landes übernehmen können, wäre es nicht kurz nach der Ermordung des Ministerpräsidenten zu einer Schießerei im bayerischen Parlament gekommen. Ein Abgeordneter starb, und der Vorsitzende der bayerischen SPD, Erhard Auer, wurde schwer verletzt. Die Abgeordneten verließen fluchtartig das Gebäude, zur konstituierenden Sitzung kam es nicht mehr. An der Spitze des Staates entstand nun, trotz abgehaltener und gültiger Wahlen, ein Machtvakuum, das eine Gruppe von linken Intellektuellen und Anhängern des Rätesystems um Gustav Landauer, Erich Mühsam und Ernst Toller nur zu gern ausfüllte. Die zweite Phase der Münchner Revolution hatte begonnen, und ein neues Gremium, der Zentralrat, übernahm die Macht. Als erste Maßnahme wurde am 26. Februar ein publikumswirksames Spektakel veranstaltet: die Beerdigung für den ermordeten ehemaligen Ministerpräsidenten. Von den Turmspitzen aller Münchner Kirchen wehten rote Flaggen, und unter Salutschüssen und Glockengeläut geleitete man Eisners Bahre auf einer aus dem Besitz der Wittelsbacher stammenden Karosse zum Ostfriedhof. Rahel Straus beobachtete die Ereignisse des Frühjahrs 1919 mit allergrößter Beunruhigung: »Wir spürten, das musste Folgen haben. Es wurde unheimlich um uns.« Nach Eisners Ermordung schied Rahel Straus aus den Räten aus, sie hatte genug von der Politik. In der Wohnung Lions und Martas und auch bei Lions Bruder Ludwig trafen sich derweil Sympathisanten dieser ersten Räterepublik. Sowohl Lion als auch Ludwig waren für ein demokratisches Deutschland, hielten sich aber mit konkreter politischer Beteiligung ebenfalls zurück.[17]

Was als eine Art Karneval begonnen hatte, schaukelte sich in den folgenden Wochen derart hoch, dass man Straßenschlachten, ja Bürgerkrieg befürchten musste. Die Bevölkerung lebte in großer Unsicherheit, auf den Straßen sammelten sich bewaffnete Arbeiter mit roten Armbinden. Nach Einbruch der Dunkelheit galt Ausgangssperre, die Stadt selbst durften die Münchner nur mit Sondergenehmigung verlassen. Ungeachtet der Gründung des Zentralrats, tagte der bayerische Landtag Mitte März und wählte den gemäßigten Sozialdemokraten Johannes Hoffmann zum Ministerpräsidenten. Nun machten Toller, Mühsam, Landauer und ihre Mitstreiter Ernst und riefen die Räterepublik aus. Der Landtag, so ließen sie wissen, sei aufgelöst. Johannes Hoffmann, der sich gerade auf der Rückreise eines Antrittsbesuchs in Berlin befand, verlegte sein Kabinett aus Sicherheitsgründen kurzerhand nach Bamberg, versuchte aber gleichzeitig, mit regierungstreuen Truppen, die Räterepublik zu stürzen. In diesem Chaos übernahmen in München die Kommunisten um Eugen Leviné das Ruder. Das alarmierte die Bamberger Regierung noch mehr, und sie tat nun das, was sie bisher strikt abgelehnt hatte, sie willigte ein, Reichstruppen in die bayerische Hauptstadt zu entsenden, und ging sogar einen Pakt mit den reaktionären Freikorps ein.

In München brannte die Luft. Die Ostertage und auch das jüdische *Pessach*-Fest standen vor der Tür, aber von Feiertagsstimmung war nichts zu spüren. Nach einem unruhigen Seder-Abend brachten Rahel und Eli Straus ihre Kinder nach Starnberg in Sicherheit, sie selbst kehrten in die Stadt zurück, wo inzwischen Maschinengewehre knatterten und Kanonenschüsse dröhnten, am Himmel kreisten Flieger – das hatte es nicht mal während des Krieges gegeben. Viertel um Viertel eroberten die »Weißen«, Regierungs- und Reichstruppen in fataler Zusammenarbeit mit den brutalen Freikorps, die Stadt.[18]

Der Kampf um München war blutig und hinterließ ein Gefühl tiefster Verunsicherung, das auch anhielt, als im August die sozialdemokratische Regierung an die Isar zurückkehrte. Die katastrophale Versorgungslage machte die Stimmung nicht besser. Lebens- und Heizmittel waren weiterhin knapp. Der Krieg war vorbei, aber viele Menschen hungerten noch immer. Die Inflation galoppierte in absurde Höhen. Die Gehälter und Sparkonten der Menschen schmolzen schneller zusammen, als sie in die Läden eilen konnten, um Waren zu erstehen. Marta Feuchtwanger gelang es, ab und zu ein wenig Öl von ihrem Schwager Fritz, der inzwischen die familieneigene Margarinefabrik leitete, zu organisieren. Hatte die Firma im Krieg zunächst noch erfreuliche Umsätze zu verzeichnen gehabt, litt sie zunehmend unter der Inflation. Hinzu kam, dass sich Johanna Feuchtwanger, Martas Schwiegermutter, die das Unternehmen 1916 von ihrem Mann geerbt hatte, zu allzu riskanten Spekulationen hinreißen ließ. Am Ende blieb nicht viel übrig von dem einstmals rentablen Geschäft, das die Brüder Elkan und David Feuchtwanger mit viel Fleiß und Erfindungsgeist aufgebaut hatten. Die Kinder Sigmund und Johanna Feuchtwangers, aufgewachsen in komfortablem Wohlstand mit einem gut gehenden Unternehmen im Rücken, mussten sich an den Gedanken gewöhnen, dass sie kein ansehnliches Erbe erwartete. Marta Feuchtwangers Schilderungen aus dieser Zeit, zeugen von einem kargen Alltag mit allerlei Entbehrungen. In der Großstadt war die Not am schlimmsten. Die Münchnerinnen packten regelmäßig ihre großen Rucksäcke, nahmen ihre Kinder an die Hand und fuhren aufs Land, um Mehl, Butter und Milch zu besorgen. Diese Frauen, so Marta Feuchtwanger, seien wirklich Heldinnen gewesen. Sie selbst war in dieser unmittelbaren Nachkriegszeit derart abgemagert und blass, dass der Arzt ihr eine Sondergenehmigung ausstellte, um auf dem Land zu Kräften zu kommen. Zusammen mit Lion fuhr sie in den Bayerischen Wald und verspeiste zum ersten Mal in ihrem Leben ein Omelett. Verglichen mit München, gab es hier alles in Hülle und Fülle.[19]

Und als ob die bedrohliche Stimmung und die katastrophale Versorgungslage nicht schon schlimm genug gewesen wären, raffte in diesen Monaten auch noch eine Pandemie die geschwächten Menschen dahin. Vor allem junge Frauen und Männer, so Rahel Straus, fielen ihr zum Opfer. Wenn die Krankheit Schwangere ergriff, habe es kaum noch Hoffnung für sie gegeben. Die Frauenärztin muss sich hilflos gefühlt haben angesichts des Wütens der Spanischen Grippe. Doch während die Influenza nach zwei verheerenden Jahren, in denen ihr weltweit Millionen von Menschen zum Opfer gefallen waren, wieder abebbte, breitete sich längst eine andere Seuche ungehindert aus. Ein giftiger Antisemitismus erfasste gerade in den Nachkriegsjahren immer weitere Bevölkerungskreise und wurde im Laufe der Zwanzigerjahre zu einer Alltäglichkeit, die die meisten deutschen Juden achselzuckend hinnahmen wie anderes Ungemach, gegen das man nicht viel ausrichten konnte. »Das Leben«, so Rahel Straus, »ebbte in sein normales Bett zurück, und doch war es nicht mehr wie zuvor und wurde auch nie mehr so.«[20]

Sieg des Lebens über den Tod

Wenn wir Rahel Straus' Erinnerungen lesen, dürfen wir nicht vergessen, dass sie den Text Anfang der Vierzigerjahre niedergeschrieben hat, unter dem Eindruck des Zweiten Weltkriegs und der unmittelbaren Verfolgung. Sie hatte ihre Heimat verloren, marterte sich in der Sorge um jene, die in Europa zurückgeblieben waren und deren Schicksal quälend ungewiss war. Als Zionistin hat sie zweifellos früher als andere erkannt und sich auch eingestanden, dass im Gefolge von Krieg, Revolution, Räterepublik und deren blutiger Niederschlagung gerade in München ein neuer, antimoderner, antidemokratischer, antifeministischer und antisemitischer Geist eingezogen war. Dennoch wurde auch sie zu Beginn der Zwanzigerjahre erst einmal von einer umwerfenden Aufbruchsstimmung erfasst, die jene dunkle Ahnungen, von denen sie in ihren Memoiren berichtet, zumindest zeitweise aufhellte.

Ein grandioser Triumph, den Rahel und ihre Mitstreiterinnen beim Verein für Fraueninteressen 1919 verbuchen konnten, war das Frauenwahlrecht. Nach Jahrzehnten des Kampfes hatten der Krieg, der Abschied von der Monarchie und die eben ausgerufene Weimarer Republik die Tür aufgestoßen. Aber von allein war nichts gekommen, nicht allen Männern hatte auf Anhieb eingeleuchtet, dass eine moderne Republik nicht die Hälfte der Bevölkerung links liegen lassen konnte. Nicht wenige fremdelten ja ohnehin mit dem neuen politischen System. Die Frauen aber hatten sich mit einiger Hartnäckigkeit Gehör verschafft und schließlich einen Sieg davongetragen. Sie wurden als Staatsbürgerinnen gleichberechtigt, durften fortan wählen und gewählt werden, durften studieren und wurden zum Staatsdienst zugelassen. Die patriarchalen Regelungen im Bürgerlichen Gesetzbuch allerdings blieben bestehen, als Ehefrau und Mutter blieb die Frau weiterhin Bürgerin zweiter Klasse.

Die Republik brachte außerdem das Proportionalwahlrecht und verhalf endlich auch den zionistischen Kräften in den jüdischen Gemeinden zu ihrem Recht. Rahels Mann Eli gelangte nun in den Gemeindevorstand und wurde zweiter Vorsitzender. Nach all den Jahren des Ankämpfens gegen Windmühlen konnte er jetzt seine Vorstellung von lebendiger Gemeindepolitik einbringen. Nach der schweren Krankheit war er wieder annähernd der Alte und warf sich mit voller Kraft in diese neue Aufgabe. Was für Rahel wiederum bedeutete, dass er noch weniger zu Hause war und die Sorgearbeit für die Familie mehr als je zuvor bei ihr lag. Und das, obwohl ihre Praxis gut lief und sie viel zu tun hatte.

Auch bei ihren Patientinnen erlebte Rahel, dass der Krieg und die gravierenden politischen Umwälzungen Spuren hinterlassen hatten. Ehen gerieten ins Wanken, Familien aus dem Tritt. Die Männer, die aus dem Krieg zurückkamen, seien andere gewesen als jene, die vier Jahre zuvor ausgezogen waren, so Straus, sie seien erschöpft gewesen, nervös und reizbar. »Aber auch die Frauen, die sie bei ihrer Heimkehr fanden, waren anders als die, die sie vor vier Jahren verlassen hatten.« Diese selbstständigen Persönlichkeiten, die im Krieg die volle Verantwortung für Familie, Haus, Hof und Geschäft hatten übernehmen müssen, ließen sich nun nicht mehr zurückdrängen in die Küche.[21]

Die Herausforderungen dieser frühen Nachkriegsjahre waren immens, und doch blickten die Strausens, die Feuchtwangers und so viele andere mit verhaltenem Optimismus in die Zukunft. Der Krieg war vorbei. Sie hatten überlebt. Nach der ersten schlimmen Zeit der politischen Unruhen, der Arbeitslosigkeit und Inflation schien die Republik nach und nach in ruhigeres Fahrwasser zu kommen.

Ruhig indes wurde es im Hause Rahel und Eli Straus' nicht. Dafür sorgte schon der kleine Ernst Gabor, der im Februar 1922 geboren wurde. Rahel war damals zweiundvierzig Jahre alt, aber sie betont, dass wohl selten ein fünftes Kind so freudig erwartet wurde wie dieses Söhnchen. »Es war wie ein Aufatmen nach langem Druck, wie ein Sieg des Lebens über den Tod«, so Rahel Straus. Benannt wurde der Bub nach Rahels 1915 gefallenem Bruder Ernst und Elis Bruder Gabor, der sich 1914 in Palästina das Leben genommen hatte. »Ein jegliches hat seine Zeit, und alles

Vorhaben unter dem Himmel hat seine Stunde: Geboren werden hat seine Zeit, sterben hat seine Zeit«, heißt es im biblischen Buch Kohelet. Und nun war nach all dem Sterben die Stunde des Geborenwerdens gekommen. Zum ersten Mal nach der Geburt eines ihrer Kinder schloss Rahel ihre Praxis für ein halbes Jahr. »Ein Faulsein war das ja durchaus nicht«, kommentiert sie rührenderweise in ihren Memoiren, »sondern nur ein Eindämmen der zu vielen Arbeit.«[22]

Ein paar Wochen nachdem Ernst Straus in München das Licht der Welt erblickt hatte, kam in der Flensburger Straße 19a in Berlin seine Großcousine Felice, ebenfalls durch eine Hausgeburt, zur Welt.[23] Wobei Hausgeburt hier eigentlich nicht das richtige Wort ist, denn Erna Schragenheim kam dort nieder, wo sie normalerweise anderen Leuten Zähne zog und Wurzeln behandelte – in ihrer eigenen Zahnarztpraxis.

Ernst und Felice teilten mit Fanny Feuchtwanger die gleiche Urgroßmutter und mit Auguste Feuchtwanger die gleiche Urgroßmutter. Ihre Großmütter Isabella und Paula waren Schwestern gewesen. Als das Deutsche Reich just gegründet worden war und seine ersten Schritte tat, hatte Isabella nach Karlsruhe geheiratet, kurze Zeit später, Kanzler Bismarck gab gerade auf dem Berliner Kongress den »ehrlichen Makler«, um eine Friedensordnung für den Balkan auszuhandeln, verschlug es Paula nach Hannover. Die optimistische Gründerzeit, in der es ringsum aufwärtsgegangen war, kam schon wieder an ein Ende. Und auch die Schwestern empfanden ihren Eintritt ins Eheleben zunächst nicht unbedingt als ein Upgrade. Beide haben dem lebenslustigen München ihrer Kindheit und Backfischzeit lange nachgetrauert. Während Isabella schon in jungen Jahren, in ihrer letzten Schwangerschaft, starb, wurde Paula stolze achtzig Jahre alt, zog nach Berlin und erlebte noch die Geburt zahlreicher Enkelinnen und Enkel.

Die kleine Felice Schragenheim war die zweite Tochter ihrer Eltern. Die ältere Schwester Irene war 1920 zur Welt gekommen. Vater Albert und Mutter Erna hatten im Krieg geheiratet und gingen nun, in einer hoffentlich besseren Zeit, daran, ein gemeinsames Leben aufzubauen. Zusammen führten sie eine gut gehende Zahnarztpraxis, nach den Mädchen sah, wie im wohlhabenden Bürgertum üblich, eine Kinderfrau. Die Bilder aus Felices früher Kindheit zeigen eine behütete Welt, sie strahlen Heiterkeit und Geborgenheit aus, zeugen von Wohlstand und Lebensfreude: Felice und Irene im Partnerlook mit bestickten Blusen, eine Puppe beziehungsweise einen großen Teddy im Arm; die etwa Vierjährige mit weißem Schürzchen und Gießkanne in der Hand auf dem Balkon der elterlichen Wohnung; Felice bei der Einschulung mit Mantel, Hut, Lackschuhen und Schultüte in den Armen; die Familie bei Ausflügen mit dem Auto ins Berliner Umland; die herumalbernden Mädchen mit dicken Strickpullis beim Skifahren im Riesengebirge.

Albert Schragenheim war Zionist und tauschte sich immer wieder mit seiner Cousine Henny aus, die ja bereits als sehr junge Frau für die Sache Herzls entbrannt war und im Laufe der Zwanzigerjahre ihre Auswanderung vorbereitete. Auch Hennys Bruder Lion und seine Frau Marta schauten hin und wieder bei Albert und Erna vorbei. Der Schriftsteller und die schicke Frau an seiner Seite machten ungeheuer Eindruck auf die kleine Felice.

Nach und nach mehrten sich die Besuche der Feuchtwangers bei den Schragenheims. Schließlich lebte das Paar ab 1925 fest in Berlin. Viele, denen es in München zu eng wurde, ließen sich nun hier nieder. Heinrich Mann war schon dort, Bert Brecht ebenso. Lion hatte mit dem Roman *Jud Süß* einen echten Bestseller gelandet, und ein erfolgreicher Autor musste natürlich raus aus der bayerischen Provinz und sich ins aufregende Kulturleben der Hauptstadt stürzen.

In Bayern, und das war ein weiterer entscheidender Grund für die Feuchtwangers, München zu verlassen, wurde das Klima rauer, die Stimmung vergiftete sich zusehends. Die Feuchtwangers merkten es vor allem an der zunehmenden Schikane der Behörden. Die bayerischen Finanzbeamten schlugen seit geraumer Zeit einen feindseligen Ton an, machten den beiden das

Leben schwer, sie ließen Marta und Lion Feuchtwanger unverblümt wissen, dass man sie längst ausgewiesen hätte, wenn sie nicht in München geboren wären.[24] Man ließ sie spüren, dass sie Juden und wenig geschätzte Angehörige der Bohème waren. Obgleich im Schatten der Frauenkirche und des Alten Peter aufgewachsen, betrachtete man sie als nicht wirklich zugehörig, als Elemente, die nichts in Bayern verloren hatten.

Der Abschied von München fiel Marta und Lion dennoch sehr schwer. Die Berge, das Isartal, die schöne Stadt waren ihr Zuhause, die süddeutschen Klänge vertraut, das gemächliche Tempo lieb gewonnen. Die karge Zeit des Krieges, die Turbulenzen, die Revolution, Räterepubliken und Inflation mit sich gebracht hatten, all das hatten sie ausgehalten. Mit einem großen Kreis von Bekannten – Künstler, Tänzerinnen, Intellektuelle, Schauspielerinnen, aber auch Familie und alte Freunde –, die alle genauso wenig gehabt hatten wie sie selbst, verstanden sie es, dem Leben Farbe zu geben, zu improvisieren, Spaß zu haben. Nach einer Vorstellung in den Kammerspielen traf man sich regelmäßig erst in der Odeonsbar und zog dann weiter zu den Feuchtwangers nach Schwabing. Der eine brachte eine Flasche Wein, der andere ein Stück Butter oder etwas Schinken, und dann wurde rasch noch ein kleines Büfett gezaubert. Besonders beliebt waren Kostümfeste. Dazu brauchte es nicht viel. Einmal bastelte sich Marta aus einem von Lions Anzügen ein Gangster-Outfit, ein anderes Mal kreierte sie aus einem der Schleier, die sie aus Tunis mitgebracht hatte, ein exotisches Kostüm mit unzähligen silbern glänzenden Pailletten. Gerade diese Aufmachung war besonders effektvoll und brachte ihr den Spitznamen »Königin der Nacht« ein. Geradezu rauschend ging es in München zur Faschingszeit zu. Das waren die Vorteile einer katholischen Stadt. Man hatte Sinn für Bühnenzauber und Verkleidung, für Ausschweifungen und Auszeiten. Marta berichtet, dass sie mit Lion meist zusammen zu den angesagten Bällen ging. Kaum war man aber drinnen, verlor man sich aus den Augen, und jede und jeder für sich ging auf Abenteuersuche.[25] Ja, München nun Servus zu sagen war hart.

Schüsse vor der Feldherrnhalle

Im Gegensatz zu München machte man aus Fasching in Berlin keine große Sache. Dafür war aber sonst jede Menge los, schließlich brachen gerade die Goldenen Zwanziger an. Lion stürzte sich in die Arbeit, traf sich auch regelmäßig mit Bert Brecht, mit dem er neuerdings zusammenarbeitete. Außerdem nahm er sich den nächsten Roman vor. Marta hatte ihren Mann noch in München auf dieses entscheidende Gleis gesetzt. Jahrelang hatte er sich abgemüht, Stoffe, die ihm am Herzen lagen, in Dramen zu formen, bis ihn Marta auf die Idee brachte, die Gattung zu wechseln, und siehe da: Der Roman über den jüdischen Bankier Joseph Süß Oppenheimer, der im 18. Jahrhundert eine Bilderbuchkarriere hinlegt, zum Hoffinanzier des württembergischen Herzogs wird, am Ende spektakulär scheitert und grausam hingerichtet wird, bescherte Feuchtwanger nicht nur Anerkennung und Tantiemen, sondern auch zahlreiche Buchverträge im Ausland.[26]

Jud Süß, 1925 erschienen, war ein durchschlagender Erfolg. Das Buch war süffig geschrieben, bediente einen gewissen Voyeurismus, aber es behandelte auch ein Thema, das Feuchtwanger beschäftigte. Es war im Zusammenhang mit Revolution und Räterepublik in München bereits die Rede davon, dass die Feuchtwangers und viele Mitglieder der jüdischen Gemeinde es traditionell mit einigem Unbehagen betrachteten, wenn einzelne Juden zu sehr ins grelle Licht der Öffentlichkeit traten. Man fürchtete negative Folgen für alle, fiele einer von ihnen in Ungnade. Genau das aber ist Thema von Feuchtwangers Roman *Jud Süß*. »›Was macht ihr Euch dick und stellt Euch in die Sonne? Es ist nicht gut, wenn sich ein Jude hinstellt, wo ihn alle sehen. Laßt Euch sagen von einem alten Geschäftsmann, ein Jud stellt sich besser in den Schatten‹«, lässt Feuchtwanger den Kaufmann Isaak Landauer zu Süß sagen.[27] In *Jud Süß* wird das Thema des riskanten Exponiert-Seins am plakativsten behandelt, Feuchtwanger sollte aber in späteren Romanen – vor allem in der

Josephus-Trilogie, aber auch in *Die Jüdin von Toledo* – darauf zurückkommen.

Die Feuchtwangers haben ihre Söhne und Töchter zu selbstbewussten Juden erzogen, und auch jene, die mit der Orthodoxie ihrer Eltern und Großeltern als Erwachsene nichts mehr am Hut hatten, ja, selbst die, die wie Lion Feuchtwanger in den Zwanzigerjahren groß Karriere machten, hielten an diesem selbstbewussten Judentum fest. Selbstbewusst, wie bereits geschildert, immer in zweierlei Hinsicht: Zum einen sollte man als Jüdin beziehungsweise Jude über ein gewisses Maß an jüdischem Wissen verfügen, die eigenen Wurzeln kennen. Zum anderen aber, das belegen Feuchtwangers Romane eindrücklich, sollte man sich stets der potenziellen Gefahren bewusst sein, die mit der Zugehörigkeit zum Judentum verbunden waren.

Mit dem Umzug nach Berlin und dem Wechsel zum Ullstein Verlag begann eine neue Phase in Lions Karriere. Inzwischen verdiente er mit dem Schreiben richtig Geld. Als 1930 sein Roman *Erfolg*, ein bitterböses Porträt der Stadt München und der jungen und, wie man damals fälschlicherweise annahm, gescheiterten nationalsozialistischen Bewegung, erschien, fiel die konservative Presse, vor allem in Bayern, über ihn her. Der nationalsozialistische *Völkische Beobachter* giftete gar, mit dieser Leistung habe sich der »Löb Feuchtwanger« seinen zukünftigen Emigrantenpass reichlich verdient.[28] Auch Teile der Münchner Familie waren außer sich. Wie konnte Lion so über München schreiben und damit auch seine Verwandtschaft in Gefahr bringen? Feuchtwanger hatte in dem Buch ein Ereignis verarbeitet, das sie alle aus nächster Nähe erlebt hatten und am liebsten so schnell wie möglich vergessen wollten: Hitlers Umsturzversuch im November 1923.

Dieser sogenannte Hitlerputsch hatte bereits Anfang Oktober seine Schatten vorausgeworfen. Rahel Straus und ihre Familie hatten gerade ihre Laubhütte im Garten der »Villa Waldfried« in Starnberg aufgestellt und geschmückt, als das Telefon klingelte. Sigbert Feuchtwanger, Vetter und Sozius Elis, warnte, es braue sich etwas zusammen, sie sollten lieber schnell nach Hause kommen. In diesen frühen Oktobertagen war es noch falscher Alarm gewesen. Vier Wochen später sollten die schlimmsten Befürchtungen wahr werden. Um Mitternacht des 9. November läutete bei Strausens erneut das Telefon. Eine unbekannte Stimme warnte, sie sollten vorsichtig sein, in der Nacht sei die Regierung Kahr, Hitler, Ludendorff proklamiert worden. An Schlaf war nicht mehr zu denken. Sollte eine rechtsgerichtete, offen antisemitische Regierung die Macht übernommen haben, wären die Juden die ersten Opfer, das war Rahel und Eli klar. Im Morgengrauen hörten sie Schritte im Treppenhaus und erstarrten. Würde man Eli holen? Schließlich war er ein prominenter Vertreter der jüdischen Gemeinde. Doch da wurde schon ein Zettel unter der Tür durchgeschoben: »Schicken Sie Ihre Kinder nicht in die Schule, es ist gefährlich. Julia«. Es war die Tochter der Hauswirtsfamilie, die sich Sorgen um die Straus-Kinder machte. Eli ließ sich nicht davon abhalten, zur Gemeinde zu eilen. In der ganzen Stadt hatte man Juden verhaftet, verzweifelte Frauen wandten sich an den Gemeindevorstand. Rahel, die die chaotischen Tage während der Niederschlagung der Räterepublik noch in allzu lebhafter Erinnerung hatte, beeilte sich, ein paar Besorgungen zu machen. Vielleicht würde man in den nächsten Tagen das Haus nicht mehr verlassen können. Am Sendlinger-Tor-Platz sah sie Julius Streicher, der wilde Hetzreden schwang.[29]

München war wieder einmal im Ausnahmezustand. Der braune Mob zog durch die Straßen, und plötzlich fielen vor Eli Straus' und Sigbert Feuchtwangers Kanzlei ganz in der Nähe der Feldherrnhalle Schüsse. Hitler und Ludendorff, die den Putschisten vorangezogen waren, warfen sich rechtzeitig nieder, als das Feuer eröffnet wurde, und blieben unverletzt. Einige Polizisten und Putschisten starben, die Menge stob auseinander. Einer der Flüchtenden rannte kopflos in ein Haus, um Schutz zu suchen, und stand plötzlich in der Kanzlei Straus & Feuchtwanger.

Marta berichtet in ihren Memoiren von diesen Stunden, in denen in München der Umsturz geprobt wurde. Auch sie und Lion waren mitten in der Nacht aus dem Schlaf gerissen worden. Der Korrespondent des *Berliner Tagblatts* rief an, um sie zu warnen, dass prominente Juden verhaftet würden. Es sei höchste Zeit zu fliehen. Sie hätten sich höflich bedankt, so Marta, und sich anschließend wieder schlafen gelegt.[30] Auch wenn er sich in dieser Nacht umdrehte und weiterschlief, hat Lion Feuchtwanger die Entwicklungen, die zum Hitlerputsch geführt haben, und auch die Ereignisse dieser Tage hellwach beobachtet. Ja, in seinem Roman *Erfolg* wurde er gewissermaßen zum Chronisten. Er griff auch jene absurde, aber reale Episode auf, von der sein Vetter Sigbert ihm berichtete: Ein Putschist in voller Faschistentracht, dem Tumult entkommen, steht vor zwei jüdischen Anwälten und bittet, die Toilette benutzen zu dürfen, was man ihm gestattet. »Er blieb lange in der guten Sicherheit hinter der versperrten Tür. (...) Dann nahm er die Binde mit dem indischen Fruchtbarkeitsemblem vom Ärmel, warf sie in die Schüssel, zog die Spülvorrichtung. Die Binde wollte nicht hinunter. Er nahm eine Art Besen und stopfte sie vollends hinein. Dann, befriedigt, setzte er sich noch eine Minute. Endlich, leise aufseufzend verließ er den Raum.«[31] Die in die Kloake gespülte Hakenkreuz-Armbinde mag der kreativen Freiheit des Schriftstellers entsprungen sein, Tatsache aber ist, dass ein NSDAP-Anhänger während der Schießerei in der Rechtsanwaltskanzlei Straus & Feuchtwanger im Palais Preysing Schutz suchte.[32]

Für dieses Mal war es gut gegangen, auch dank der Geistesgegenwärtigkeit dreier gestandener bayerischer Politikerinnen. Am Abend des 8. November kamen der Frauenrechtlerin Amelie von Godin und der BVP-Abgeordneten Klara Barth Gerüchte über einen bevorstehenden Putsch zu Ohren. Umgehend informierten sie ihre Kollegin Ellen Ammann, die ebenfalls im Landtag saß. Ammann zögerte keinen Augenblick und sandte ihren Sohn aus, den stellvertretenden Ministerpräsidenten Franz Matt zu alarmieren. Noch bevor sie von den Putschisten festgesetzt werden konnten, bestellte Ammann Matt und weitere Kabinettskollegen in die von ihr gegründete »Soziale und caritative Frauenschule« und brachte sie anschließend nach Bamberg in Sicherheit. Von hier aus konnte die Niederschlagung des Putsches organisiert werden. »Die Kollegin Ammann hat damals mehr

Mut bewiesen als manche Herren in Männerhosen«, sagte Matt später über seine Kollegin. Der Marsch auf Berlin kam also nur vom Bürgerbräukeller bis zur Feldherrnhalle, Hitler wurde der Prozess gemacht, die Bewegung schien gescheitert. Aber der Schock unter den Münchner Juden saß tief. »Es hat uns gelehrt, wie die Welt um uns aussah«, so Rahel Straus. »Meine Isa, damals vierzehnjährig, hat es nie mehr vergessen, dass in ihrer Klasse Schulmädchen, mit denen sie all die Jahre gemeinsam gelebt und gelernt hatte, sich um den Hals fielen: ›Gott sei Dank, morgen kommen alle Juden aus der Klasse.‹«[33]

Die Sache der Frau

Der Putschversuch der NSDAP wirkte auf die Familie Feuchtwanger desillusionierend. Früher als Juden in anderen Teilen Deutschlands erlebten sie, wie sich die Atmosphäre in ihrer Heimatstadt veränderte, wie sich die Stimmung radikalisierte. Es war kein Zufall, dass Rahel Straus gerade nach den Ereignissen im Herbst 1923 Eli noch einmal drängte, nach Palästina zu fahren, um zu prüfen, ob er sich nicht doch vorstellen könne, dorthin auszuwandern. Eli aber fehlte die Kraft dazu, vielleicht auch die Fantasie, und Rahel gab auf.

Sie stürzte sich umso mehr in die Arbeit beim Jüdischen Frauenbund und bei der WIZO, der Women's International Zionist Organization, hielt Vorträge über die Vereinbarkeit von Erwerbsarbeit und Familie, über Kinderpflege und Sexualkunde. Sie scheute selbst das heiße Eisen Paragraf 218 nicht. Die Gynäkologin hatte im Laufe ihres Berufslebens viele verzweifelte Frauen gesehen. »Die Sorge um die arme gequälte Frau und Mutter« stand für sie im Vordergrund, daher plädierte sie leidenschaftlich für Straffreiheit. Seit sie als junge Ärztin nach München gekommen war, beschäftigte sie dieses Thema, das Frauen seit Menschengedenken in schwere Konflikte stürzte. Sie fand es unerträglich, dass Frauen gezwungen waren, zu Kurpfuschern zu gehen und Leib und Leben zu riskieren, weil sie keinen Arzt fanden, der den Eingriff übernahm. Jährlich starben deswegen ungezählte Frauen. Sie selbst nahm keine Schwangerschaftsabbrüche vor, allerdings nur, weil sie Eli, dem vorsichtigen Juristen, bei ihrer Niederlassung hatte versprechen müssen, keine ungesetzlichen Handlungen zu verrichten. Aber sie scheute sich nie, in Wort und Schrift, offen für die Abschaffung des Paragrafen 218 einzutreten.[34] Frauengesundheit und das Recht, selbst zu bestimmen, mit wem man wann Kinder bekam, waren wichtige Anliegen für die Gynäkologin. Es ist zumindest bemerkenswert, dass Rahel Straus, die selbst aus streng jüdisch-orthodoxem Haus kam und in eine ebenso fromme Familie eingeheiratet hatte, sich hier vorbehaltlos hinter die Sache der Frau stellte.

Schaut man auf die Lebenswelt der Vorfahrinnen, so war das Kinderkriegen und -aufziehen zweifellos die eine große Dominante. Von ihrer Hochzeit an waren die fruchtbaren Jahre von Fanny, Auguste und Co. eine einzige Abfolge von Schwangerschaft, Wochenbett, Stillzeit und erneuter Schwangerschaft gewesen. Das änderte sich im 20. Jahrhundert radikal. Rahel Straus wurde nicht gleich nach ihrer Heirat schwanger, sondern wollte zunächst als Ärztin Fuß fassen und Palästina mit eigenen Augen sehen. Erst vier Jahre nach ihrer Hochzeit kam ihre erste Tochter zur Welt, ihr fünftes Kind bekam sie spät, aber es war, wie sie ausdrücklich betont, ein herzlich gewünschtes Kind. Verhütung war im Kaiserreich und der Weimarer Republik noch immer eine diffizile Sache. Es gab Schwämmchen und Präservative, aber die vermutlich gängigste und gleichzeitig einigermaßen unsichere Verhütungsmethode blieb der *Coitus interruptus*. Klar ist, dass die Frauen in Rahels Generation sehr bewusst darauf geachtet haben, wann und wie oft sie schwanger wurden. Die Kinderzahl sank spürbar.

In der Rückschau meint Rahel Straus, trotz des drohenden politischen Unwetters dieser Zeit seien die Jahre ihres fünften Lebensjahrzehnts die erfülltesten und schönsten gewesen: »Ich war auf der Höhe des Lebens, voll des Gefühls körperlicher und geistiger Leistungsfähigkeit. Ich hatte die Kinder um mich, die Zeit des Kindertragens, des Gebärens war vorbei. Die Kraft, die

Körper und Seele darauf verwendet hatten, war nun frei für andere Dinge.«[35]

Der Wunsch nach einem Kind, aber auch der dringende Wunsch, nicht schwanger zu werden – beides gehört wohl zu den grundlegenden Erfahrungen im Leben vieler Frauen. Marta Feuchtwanger musste 1912 heiraten, so sagte man damals, wenn eine ledige junge Frau schwanger wurde. Das Kind, das sie während einer ausgedehnten Hochzeitsreise durch die Schweiz und Italien auf die Welt brachte, starb nach nur wenigen Monaten, vermutlich an Typhus. Marta selbst erlitt schweres Kindbettfieber und wäre fast gestorben. Die kleine Marianne wurde im italienischen Pietra Ligure begraben. Vielleicht auch, weil sie selbst um ein Haar mit ihrer Tochter ins Grab gegangen wäre, scheint bei Marta im Hinblick auf ihr Kind ein gewisser Verdrängungsmechanismus eingesetzt zu haben. Sie spricht in ihren Memoiren und sonstigen Aufzeichnungen selten, und wenn doch, dann mit großer Distanz von Marianne, die sie nur »das Kind« nennt. Als sie in den Siebzigerjahren von Lawrence Weschler für ein Oral History Projekt der University of Southern California interviewt wurde, fragte dieser sie nach dem Namen ihrer Tochter. Den wisse sie nicht mehr, antwortete die alte Dame, die gleichzeitig Titel von Theaterstücken, die sie in den Zwanzigerjahren gesehen, oder Namen von Menschen, die sie bei diesem und jenem Anlass Jahrzehnte zuvor getroffen hatte, noch sehr präsent hatte.[36]

Marta war lange geschwächt nach den Strapazen der Geburt und der schweren Krankheit. Der Arzt bläute ihr damals ein, dass sie auf keinen Fall gleich wieder schwanger werden dürfe. Als sie mit Lion nach Monte Carlo weiterzog, bemerkte sie aber, dass sie wieder ein Kind erwartete. Sie traute sich nicht, zu einem Arzt zu gehen, Abtreibung war schließlich illegal. In der Apotheke nannte man ihr die Adresse einer Hebamme. Dort angekommen, hätte sie am liebsten Reißaus genommen, so schmutzig war es. Von dem vielen Jod, das die Frau benutzte, erlitt Marta eine schwere allergische Reaktion. Ihr ganzer Körper brannte nach der Prozedur. In den folgenden sechsundvierzig Ehejahren bekam Marta keine weiteren Kinder. Auf die Frage Weschlers, warum Lion und sie später nicht doch noch Eltern geworden seien, antwortete sie etwas ausweichend. Erst mal sei Krieg gewesen, danach habe große Armut geherrscht, und später seien sie viel auf Reisen gewesen. Irgendwann sei sie einfach zu alt gewesen.[37] Ob sie durch den Eingriff der Kurpfuscherin in Monte Carlo Verletzungen erlitten hat, die eine weitere Schwangerschaft unmöglich machten – das kam gar nicht selten vor bei unsachgemäß durchgeführten Abtreibungen –, oder ob sie aus anderen Gründen keine Kinder mehr bekommen wollte oder konnte, blieb ihr Geheimnis.

Während München in den Zwanzigerjahren immer mehr zum Sammelbecken stockkonservativer, ja reaktionärer Kreise wurde, lebte es sich in Berlin freier. Aber Marta und Lion blieben Zugvögel. Sie wohnten zunächst in verschiedenen Mietwohnungen, denn sie reisten fast unentwegt. Zusammen, aber auch jeder für sich allein. Marta fuhr jedes Jahr zu ihrem Geburtstag Ende Januar mehrere Wochen nach St. Anton in Tirol, um Ski zu laufen. Sie war eine leidenschaftliche Sportlerin, und der Wintersport hatte es ihr besonders angetan. Weil sie immer ein Käppchen trug, wurde sie vom Skilehrer nur »Käppli« genannt. Sie liebte das einfache Leben in den Bergen und mietete sich regelmäßig in einem Bauernhof ein. Die kleine Stube war genau das, was sie brauchte. Diese Zeit für sich, weg von Berlin und vielleicht auch von Lion, war Marta heilig. Andere Leute, andere Themen als in Berlin, wo die Intellektuellen vor allem um sich kreisten. Die explizite Aufmerksamkeit des legendären Skilehrers Hannes Schneider machte die Sache wohl noch etwas prickelnder. Schneider wäre anscheinend gern weiter gegangen, aber Marta verbat sich das, immerhin war er verheiratet. Dieser Hinweis von ihr in den Interviews mit Lawrence Weschler ist aufschlussreich, denn Marta selbst war immerhin auch verheiratet. Aber das scheint in dieser Hinsicht nicht das ausschlaggebende Argument gewesen zu sein. Die Feuchtwangers haben eine Art offene Ehe geführt, wobei Lion dieses Arrangement nach allem, was wir wissen, flexibler ausgelegt haben dürfte als Marta. Vielleicht aber war sie einfach nur diskreter. Auch das bleibt ihr Geheimnis.[38]

In dieser Zeit reiste Marta auch erstmals nach Amerika, und zwar allein. Eingeladen hatten sie Harry Sobotka, ein Wiener, den sie aus Tirol kannte und der als Chemiker am Rockefeller Insitute in New York arbeitete, und Ben Huebsch von Viking Press, Lions amerikanischer Verleger. Als ihr Schiff in den Hafen von New York einlief, warf der Anblick der Skyline Marta beinahe um. Die ganze Stadt vibrierte. Sie besuchte Theatervorstellungen am Broadway und Jazz-Konzerte in Harlem. Von New York ging es weiter nach Kuba. Dort konnte Marta das tun, was sie neben dem Skifahren wohl am meisten liebte: schwimmen. In Mariano an der Küste gab es einen riesigen Sprungturm, der sie magisch anzog. Sie kletterte bis ganz nach oben. Dort angekommen, stellte sie mit wachsender Panik fest, dass das Brett nicht nur glitschig war, sondern mit jedem Schritt stärker zu schwingen begann. »Tief unter mir das Wasser, es flimmerte in der Sonne und blendete mich.« Schließlich wagte sie den Sprung, aus lauter Angst, wie sie sich in ihren Memoiren erinnert.[39]

Aber Marta sauste nicht nur Pisten hinab und stürzte sich von Sprungtürmen, schon bald entdeckte sie eine neue Möglichkeit, Tempo zu machen. Zurück in Berlin bekam sie ihr erstes eigenes Auto, ein kleines Fiat-Cabriolet. Sie schloss den Sportwagen sofort ins Herz, musste aber schnell feststellen, dass sie dem Berliner Verkehr noch nicht gewachsen war. Kurzerhand nahm sie bei einem Chauffeur Privatstunden, und in kürzester Zeit war sie nicht mehr zu stoppen. Autos galten damals noch als Männersache, und nicht nur einmal kam ihr ein anderer Verkehrsteilnehmer mit einem dummen Spruch à la »Frau am Steuer«. Aber meist raste Marta ohnehin zu schnell an dem Ärgernis vorbei, um sich aufzuregen. Lion genoss es, sich von seiner Frau kutschieren zu lassen, und entwickelte keinerlei Ehrgeiz, selbst das Steuer zu übernehmen.[40]

Doch Marta war nicht nur Lions Chauffeuse, sie entwickelte

sich auch zu einer Art Agentin für den viel gelesenen Schriftsteller, der auch weit über Deutschland hinaus immer mehr Beachtung fand. Von jeher hat Lion zuallererst mit Marta über seine Projektideen gesprochen. Sie sah Entwürfe, oft las er ihr vor, und sie gab ehrliches, manchmal auch schonungsloses Feedback. In den dürren Zeiten in München hatte Marta zudem nachts die handschriftlichen Notizen Lions abgetippt und auch Sekretariatsarbeiten verrichtet. Das war nun vorbei. Lion bekam eine Assistentin, aber Marta blieb seine härteste und zugleich erfolgreichste Kritikerin. Als er sich im Frühjahr 1932 mit dem *Josephus* abmühte, hatte Lion mit Marta Streit. Einmal mehr ging es um Eva Boy, die sehr für Lion schwärmte, selbst schriftstellerische Ambitionen hegte und dem Paar quasi von München nach Berlin hinterhergezogen war. Immer wieder hatte es wegen dieses Dauerflirts schon zuvor Krach gegeben. Mit viel Mühe musste Lion seine Frau, die noch in Tirol Ski fuhr, überreden, wieder nach Hause zu kommen. Am Ende ließ sie sich erweichen. Seine Tagebucheinträge verraten, dass er, kaum war seine Frau zurück, an die Textarbeit mit ihr ging.[41] Anscheinend wollte und konnte er auf ihre Mitarbeit und Meinung nicht verzichten.

Vielfach nahm Marta Lion außerdem das zuweilen mühsame Verhandeln mit Verlegern im In- und Ausland ab und ermöglichte ihm die volle Konzentration auf die Schreibarbeit. Ihr Besuch in den USA bei Ben Huebsch war kein reiner Höflichkeitsbesuch gewesen. Auf diese Weise stärkte sie die Verbindung zum Hause Viking und zu Huebsch persönlich, eine Verbindung, die schon bald überaus wichtig, ja gewissermaßen lebensrettend werden sollte.

Der letzte Seder

Im Frühjahr 1932 interviewte die amerikanische Journalistin Dorothy Thompson den Vorsitzenden der NSDAP in Berlin. Hitler war 1924 nach wenigen Monaten Haft in Landsberg am Lech bereits kurz vor Weihnachten entlassen worden. Er selbst und seine Partei hatten im Laufe der Zwanzigerjahre reichlich an Popularität eingebüßt. Viele hatten gar gehofft, der kleine herumfuchtelnde Mann mit dem Zweifingerbart gehöre der Vergangenheit an, den wilden und brutalen Tagen der frühen Republik, als es noch drunter und drüber gegangen war. Aber dann wurde es eines Freitags im Oktober 1929 an der Wall Street in New York schwarz wie die Nacht, die Börse brach zusammen, die Welt schlitterte in eine Wirtschaftskrise ungekannten Ausmaßes. Die Not der Menschen aber ist das Fest der Populisten und die Stunde der Verführer. Die Nationalsozialisten bekamen wieder Oberwasser, Hitler war zurück im Spiel. Thompson traf in Berlin also einen vor Kraft strotzenden Hitler – die NSDAP hatte bei den letzten Reichstagswahlen im September 1930 mehr als fünfzehn Prozent dazugewonnen, im Juli standen erneut Wahlen an, und Hitler konnte hoffen, das letzte Ergebnis noch zu toppen. Nach dem Interview fuhr die Journalistin auf direktem Weg zu den Feuchtwangers, mit denen sie gut bekannt war. Lächerlich, so erzählte sie, habe sie den Mann gefunden und völlig unbedeutend. Trotzdem liefen ihm immer Menschen nach. Es war zum Verzweifeln. Die Aussichten waren mehr als düster.[42]

Schon Ende des Jahres 1930 hatte Lion Feuchtwanger geunkt, er sehe Berlin voll von zukünftigen Emigranten, und bewies damit eine wahrhaft beängstigende Klarsichtigkeit.[43] Der nächste Schritt der Feuchtwangers mag daher umso mehr überraschen: Sie kauften sich im Berliner Grunewald ein Haus. Doch vielleicht war ihre Entscheidung auch gar nicht so überraschend, sondern vielmehr menschlich. Die Sehnsucht nach einem guten Leben in einem schönen Zuhause, in dem man mit jenen Menschen zusammenkommen kann, die man liebt und schätzt, in dem man in Ruhe arbeiten kann – diese Sehnsucht ist allzu nachvollziehbar und hat offenbar den Ausschlag gegeben. Während Deutschland also zunehmend mit Notverordnungen regiert wurde und die Nationalsozialisten bei den Reichstagswahlen im Sommer 1932 über die Dreißig-Prozent-Marke kletterten, diskutierte Marta Feuchtwanger, die von jeher für alles zuständig war, was das praktische Leben betraf, mit Architekten und Gärtnern, beschäftigte sich mit Fragen der Inneneinrichtung, kaufte Möbel und organisierte den Umzug.

Die Villa war groß und hell und hatte klare Linien. Den neuesten Clou hatte sich Marta in den USA abgeschaut: indirektes Licht. Die Feuchtwangers fühlten sich schnell heimisch in der Villa, umgaben sich mit Lions geliebten Büchern, luden interessante Menschen ein. Durch den großen, von Kiefern beschirmten Garten, der in den Grunewald überging, streifte die Katze, Schildkröten bewegten sich wie in Zeitlupe und beobachteten ungerührt die sportlichen Aktivitäten, zu denen Marta ihren Mann allmorgendlich anspornte.

Das Haus in der Regerstraße hatte eine Bedeutung. Nicht nur war es Beleg dafür, dass die Feuchtwangers trotz aller politischen Wirren an einer Zukunft in Deutschland festhielten, es bezeugte auch, dass sie an ihre Ehe glaubten, die in diesen Jahren durch zahlreiche, durchaus schwere Krisen ging, denn Lion ließ sich immer wieder auf außereheliche Beziehungen ein, die weit verbindlicher wurden, als es Marta lieb war. Während man in Hinblick auf eine Zukunft in Deutschland auf Sand baute, wie sich sehr bald herausstellen sollte, erwies sich, wie wir noch sehen werden, die Feuchtwanger'sche Ehe aber sowohl für Marta als auch für Lion als rettender Fels.

Rückblickend auf diese frühen Dreißigerjahre meint Rahel Straus den Grund zu kennen, warum man den »Sturmzeichen« zu wenig Beachtung schenkte. Sie seien täglich an den Anschlägen des *Völkischen Beobachters* vorbeigegangen, hätten die Plakate für die Reden Hitlers ebenso wie die Ausgaben von *Mein Kampf* in den Schaufenstern der Buchhandlung gesehen, hätten sich empört und seien ihres Weges gegangen. Die Sehnsucht nach Ruhe, Frieden und Ordnung, aber auch allerlei alltägliche Sorgen und Freuden hätten sie davon abgehalten, das ganze Ausmaß des drohenden Unheils wahrzunehmen.[44]

Rahel Straus und Marta Feuchtwanger waren zu Beginn der Dreißigerjahre schon erwachsene Frauen mittleren Alters. Sie witterten die Gefahr zwar mal stärker, mal schwächer, aber das

Leben mit seinen unendlich vielen flirrenden Details kam immer wieder in die Quere, verstellte den Blick auf das große Ganze. Die kleine Felice Schragenheim wiederum in der Auguste-Viktoria-Straße im Berliner Grunewald, also gar nicht so weit entfernt von Onkel Lion und Tante Marta, war noch zu jung, um das politische Drama um sich herum zu verstehen, außerdem lag ihr kleines Leben ohnehin in Trümmern: Im Mai 1930 war ihre Mutter Erna bei einem Autounfall ums Leben gekommen. Felice war gerade acht Jahre geworden, ihre ältere Schwester Irene war zehn. Albert Schragenheim, der mit seiner Frau im Wagen gesessen hatte, überlebte, stand aber erst mal unter Schock. Beide Großmütter lebten noch, und vor allem Ernas Mutter Hulda versuchte, die Mädchen aufzufangen. Der Vater widmete sich bald wieder seinem Beruf, verbrachte die Tage in seiner Zahnarztpraxis und lernte rasch eine neue Frau kennen.

Während Lion Feuchtwanger am 13. März 1932 mit Bert Brecht durch Berlin fuhr, um sich, wie er schrieb, »Wahlfieber« anzusehen – der erzkonservative, antidemokratische Paul von Hindenburg trat an diesem Tag erneut für die Reichspräsidentschaft an, sein Herausforderer war kein anderer als Adolf Hitler –, hatte Albert Schragenheim seine Wahl schon getroffen. Zwei Jahre nach dem Tod Ernas war er fest entschlossen, erneut zu heiraten. Käte Hammerschlag war etwa halb so alt wie ihr zukünftiger Mann und hatte fortan für zwei Mädchen zu sorgen, die ihre Mutter verloren hatten und ihrer neuen Stiefmutter, die gar nicht so viel älter war als sie selbst, nicht gerade wohlwollend gegenüberstanden.[45]

War Alberts Ehe mit Erna mitten im Ersten Weltkrieg geschlossen worden, so begann die Ehe mit Käte ebenfalls in einer Krisenzeit. Am 30. Januar 1933 ernannte der kurz zuvor wiedergewählte Reichspräsident Hindenburg seinen einstigen Gegenkandidaten Adolf Hitler zum Reichskanzler. Rahel Straus hörte die Nachricht im Radio. Sie hatte befürchtet, dass es so kommen würde, aber als es dann tatsächlich passierte, war sie doch erschüttert. »Wenn auch keiner von uns das Ausmaß des Schreckens, das nun einsetzen sollte, ahnen konnte, dass es der Beginn einer schrecklichen Zeit war, das fühlten wir alle.« Wenige Tage später war Hitler in München, und die »Hauptstadt der Bewegung« bereitete ihm einen gebührenden Empfang, über dem Rathaus und an sämtlichen öffentlichen Gebäuden wehten Hakenkreuzflaggen. Seine Getreuen sahen ihre Zeit gekommen und beglichen alte Rechnungen, politische Gegner wurden inhaftiert, die jüdische Gemeinde verfiel in Schockstarre. Wieder, wie so häufig, wenn weltbewegende Ereignisse sich entfalteten, war Eli krank. Und diesmal, gleich einer Parabel auf die demokratische Republik, lag er auf dem Sterbebett. Rahel ahnte es seit Monaten, ihr Mann würde nicht mehr gesund werden, der Krebs war nicht heilbar. Keine Hoffnung im Krankenhauszimmer, keine Hoffnung für das Land.[46]

Am Beispiel der Feuchtwanger-Frauen wird deutlich, welch zentrale Rolle Ehefrauen und Mütter in der bedrückenden und gefährlichen Phase, die nun begann, spielten, welch enorme emotionale Last sie trugen. Sie versuchten, die Familie zusammenzuhalten, und drangen vielfach früher und vehementer darauf, Deutschland zu verlassen. Vielleicht fehlte den Männern schlicht die Fantasie, sich selbst als etwas anderes als den Herrn Direktor, den Herrn Verleger, den Herrn Rechtsanwalt vorzustellen, viele hatten Angst um ihre Arbeitsstelle, ihre Karriere, fürchteten Prestigeverlust und waren daher eher bereit abzuwarten. Die Mütter aber bekamen oft heftiger und ungefilterter als die Väter die Angst und Verzweiflung ihrer Kinder mit. Kinder, deren Schulfreunde sich zurückzogen, Söhne und Töchter, die nicht mehr zu Geburtstagsfeiern von Klassenkameraden eingeladen wurden, die offen gehänselt wurden, schikaniert von Lehrern, die ihren Judenhass nun ganz offiziell und mit dem Segen des neuen Regimes vom Pult speien konnten. Rebekka Feuchtwanger, die Frau von Elis Compagnon Sigbert, sorgte sich um ihren fünfzehnjährigen Sohn Walter und sah keine Zukunft für ihn in diesem Deutschland. Als die Nationalsozialisten am 1. April 1933 zum Boykott jüdischer Geschäfte aufriefen, schloss Rebekka ihr Tanzstudio in Schwabing und hängte ein Schild an die Tür: »Ich bin Jüdin«. Walter Feuchtwanger erinnert sich, dass an diesem Tag der bayerische Ministerpräsident Franz Ritter von Epp an der Schule vorbeigekommen sei und die stadtbekannte Künstlerin und hochgeschätzte Tanzlehrerin umgehend aufgesucht habe. Mit den Worten »Wer Jude ist, das entscheiden wir!« habe er das Schild zerrissen. Aber Rebekka konnte niemand Sand in die Augen streuen, auch nicht der Ministerpräsident höchstpersönlich. Sie drängte ihren Mann Sigbert zum Aufbruch. Genau wie Rosl Feuchtwanger-Drori, die darauf bestand, zügig Vorbereitungen für eine Auswanderung nach Palästina zu treffen und ihre Tochter und die beiden Stiefsöhne in Sicherheit zu bringen.[47]

Für Rahel stand nach Hitlers »Machtübernahme« fest, dass sie ihre jüngeren Kinder keinen Tag länger in der Schule lassen würde. Ihr ältester Sohn Peter machte gerade Abitur, er war vollauf mit seinen Prüfungen beschäftigt, aber die beiden Kleinen, Gabriele und Ernst, sollten nicht der Atmosphäre des Hasses und den Absurditäten der neuen Lehre ausgesetzt werden. Gabriele weinte bitterlich, verstand nicht, warum sie nicht mehr in die Schule gehen durfte, aber Rahel wusste, dass es mit jedem Tag schlimmer werden würde. Bei einer befreundeten jüdischen Familie, die eine Kunstschmiedewerkstatt führte, besorgte sie Gabriele einen Ausbildungsplatz, den erst elfjährigen Ernst ließ sie krankschreiben. Rahel Straus wusste, dass ihr Mann bald sterben würde, danach wäre ihr Leben in Deutschland zu Ende, das stand für sie fest. Ihre Kinder sollten nicht in einem Land erwachsen werden, in dem der Reichskanzler Adolf Hitler hieß.

Eli, der viele Wochen in der Klinik zugebracht hatte, kam zu *Pessach* nach Hause. Zur Feier dieses wichtigen jüdischen Festes legte er seit Langem wieder seinen besten Anzug an. Die ganze Familie war am Tisch versammelt, und Rahel musste schwer schlucken, als ihr abgezehrter Mann den *Kiddusch*, den Segen, sprach, wohl wissend, dass es das letzte Mal sein würde. »Ich war vielleicht nie so verzweifelt wie an diesem Tag«, schreibt Rahel Straus in ihren Memoiren.[48] Eli wollte sich der Hoffnung hingeben, dass er wieder gesund werden würde, sie aber wusste, dass es keine Rettung mehr für ihn gab, genau wie sie wusste, dass Deutschland nicht mehr zu retten war. Innerlich saß sie bereits auf gepackten Koffern, wie die Israeliten Tausende Jahre zuvor in Ägypten. Sie mussten der Versklavung entfliehen, und sie konnten nur hoffen, dass das Rote Meer sich teilen und den Weg ins Heilige Land freigeben würde.

Kurz nach dem Wochenfest *Schawuot* im Juni 1933, das der todkranke Eli noch mit seiner Familie begehen konnte, starb er im Alter von nur fünfundfünfzig Jahren. Sein Tod traf nicht nur seine Familie hart, sondern die gesamte jüdische Gemeinde, deren stellvertretender Vorsitzender er jahrelang gewesen war. Für die Jüdinnen und Juden in Deutschland brach eine Zeit an, die sie alle vor die drängende Frage stellte: Ausharren oder fliehen? Eli Straus' Stimme würde in den folgenden Monaten, in denen die Gemeinde verzweifelt nach Orientierung suchte, schmerzlich fehlen.

Rahel erlebte die Wochen nach Elis Tod wie durch einen Schleier, wie einen »wirren, schweren Traum«: »Man tut, fast nachtwandlerisch, was notwendig ist, aber man lebt nicht, ja fühlt nicht einmal.« Und doch musste sie gerade in diesen Tagen wichtige Entscheidungen für sich und ihre Kinder treffen. »Ich hatte nur einen Wunsch: München und Deutschland so schnell wie möglich zu verlassen. Das Heim zerstört, die Heimat verloren, was sollte ich noch dort? Es gab nur eine Entscheidung: Palästina, *Erez Israel* für die Kinder und für mich, neue Heimat, neue Lebensmöglichkeit.«[49]

Eli hatte seine Frau zur Alleinerbin gemacht, was nicht nur von seinem großen Vertrauen zeugte, sondern ihr das Leben, so schwer es ohnehin war, ein wenig leichter machte. Sie konnte ohne große Diskussionen alles in die Wege leiten, um ihr Hab und Gut aus Deutschland herauszubringen, was gar nicht so leicht war, denn die neue Regierung verstand es von Anfang an, den fliehenden Juden möglichst viel Geld aus der Tasche zu ziehen. Mit der Hilfe eines ihrer Cousins aus Ungarn und Elis Vettern bei der Feuchtwanger Bank gelang es Rahel, weite Teile ihres Vermögens in die Schweiz zu transferieren. Es war herzzerreißend, das Zuhause aufzulösen, sich von geliebten Erinnerungsstücken zu trennen. »Alles war zu Ende, das fühlte ich mit jedem Zimmer, das leer wurde, mit jedem Raum, der verödet lag.« Gleichzeitig musste sie auf der Hut sein, denn die Behörden sollten nicht merken, dass sie vorhatte, das Land für immer zu verlassen. Im Spätsommer reiste sie mit einem großen Koffer und ihren beiden Jüngsten mit dem Zug über die Grenze in die Schweiz. Ihre Tochter Hannah blieb in Paris, um Kunst zu studieren. Ihre Älteste Isa war mit ihrem Mann bereits in Palästina ebenso wie Sohn Peter. Die hohen Feiertage *Rosch Haschana* und *Jom Kippur* verbrachten Rahel, Gabriele und Ernst in Südtirol bei Rahels Schwester, der Malerin Emma Dessau und deren Familie. Am 3. November 1933 bestiegen sie in Triest ein Schiff, das sie aus Europa fortbringen sollte. »Da brach ich in tiefstem Schmerz zusammen. Mein Leben schien mir zu Ende.« Rahel war froh, dass Gabriele und Ernst vor lauter Aufregung gar nicht merkten, wie schwer ihrer Mutter beim Auslaufen aus dem Hafen ums Herz war. Als sie sich ihr nach dem ersten Trubel der Abfahrt wieder zuwandten, hatte Rahel ihre Tränen schon getrocknet. »Ich versuchte um ihretwillen vorwärts zu schauen mit Mut und Lebenswillen in das neue Leben, das uns aufnehmen sollte, nach *Erez Israel.*«[50]

»Weil uns die Brücke fehlt – der Weg nach Haus«

Die Familie Rahel Straus' verließ Deutschland im Herbst 1933. So schwer ein neuer Anfang auch werden mochte, Rahel und ihre Kinder waren zusammen, konnten sich aufeinander stützen. Blicken wir dagegen nach Berlin zu Felice Schragenheim, könnte der Unterschied kaum drastischer sein. Felices Vater hoffte wohl, wie viele Juden zu Beginn der nationalsozialistischen Herrschaft, dass Hitlers Regierung ein kurzes Zwischenspiel bleiben würde. Dennoch kaufte er ein Haus auf dem Berg Carmel im britischen Mandatsgebiet und deponierte auch Wertpapiere bei der inzwischen in Tel Aviv neu eröffneten J. L. Feuchtwanger Bank. Seine

Vettern Leo, Theo und Sigbert Feuchtwanger verließen München in den Jahren 1934 bis 1936 und transferierten ihr Geschäft, einst von ihrem Großvater Jacob Löw Feuchtwanger in München gegründet, ans Mittelmeer. Ob Albert Schragenheim zu diesem Zeitpunkt selbst konkrete Auswanderungspläne hegte, ist nicht klar. Das Haus am Carmel jedenfalls hat er schon wenig später wieder verkauft. Ein fataler Fehler, wie sich herausstellen sollte.[51]

Mit dem Tod der Mutter und der beginnenden Diktatur geriet Felices Leben in einen bedrohlichen Strudel. In der Schule – ab 1932 besuchte sie das Bismarck-Lyzeum – war sie rasch eine von wenigen jüdischen Schülerinnen. All das also, wovor Rahel, Rebekka und Rosl ihre Kinder unter allen Umständen bewahren wollten – sich minderwertig und ausgeschlossen fühlen, den Grausamkeiten der neuen Lehre ungeschützt ausgesetzt sein –, traf Felice mit voller Wucht. 1922 geboren, fehlte ihr zudem die Verankerung in einem Vorher, das ihr Halt hätte geben können. Als 1935 Felices Vater völlig unerwartet einem Herzinfarkt erlag, war Felice mit dreizehn Jahren Vollwaise und stand allein in einer Welt, die nicht nur mit jedem Tag enger und bedrohlicher wurde, sondern es auch nötig machte, existenzielle Entscheidungen zu treffen, Entscheidungen, die eine Heranwachsende im Grunde gar nicht überblicken konnte. Als Minderjährige die Eltern zu verlieren ist immer ein Albtraum. In Zeiten der Verfolgung aber niemanden zu haben, für den der Schutz und die Rettung des Kindes an allererster Stelle steht, und bei allen drängenden Fragen auf einen Vormund angewiesen zu sein, in Felices Fall eine Rechtsanwaltskanzlei, war lebensbedrohlich.

Der Teenager Felice bewegte sich in den Dreißigerjahren weitgehend ohne Sicherheitsnetz. Es ist bedrückend, ihre Schulzeugnisse aus dieser Zeit zu lesen, in denen all ihre vielen Fehlstunden vermerkt sind. Man braucht nicht viel Fantasie, sich vorzustellen, warum das Mädchen nicht in die Schule gehen konnte oder wollte. Sie hatte nur fünf Jahre nach dem Tod ihrer Mutter auch ihren Vater verloren und war schließlich in der Klasse die einzige jüdische Schülerin. Während die Nationalsozialisten Deutschland gleichschalteten, die Welt mit pompösen Olympischen Spielen in Berlin an der Nase herumführten, die Jugend in BDM und Hitlerjugend auf Kurs brachten, Jüdinnen und Juden zu Bürgerinnen und Bürgern zweiter Klasse machten und Wirtschaft, Militär und Bevölkerung nach und nach auf einen Krieg einschworen, wuchs Felice zu einer jungen Frau heran. Kurz nach dem Novemberpogrom 1938 war ihre Schulzeit von einem Tag auf den anderen vorbei, und damit fiel auch die letzte Gemeinschaft, der sie sich noch ein bisschen zugehörig gefühlt hatte, weg. Aus Sportvereinen und Jugendclubs waren jüdische Kinder und Jugendliche längst ausgeschlossen, nun musste Felice auch das Gymnasium verlassen. Als sie ihre ehemalige Mitschülerin Olga wenige Tage später zufällig auf der Straße traf, lud diese sie zu sich nach Hause ein. Olgas Mutter Luise Selbach, die auch von Felice bald »Mutti« genannt wurde, wurde zu einer Ersatzmutter, die sie gleichzeitig offen anhimmelte. Bei den Selbachs fand Felice zumindest für eine gewisse Zeit einen Zufluchtsort, fernab der großen Politik und in sicherer Entfernung von Stiefmutter Käte.[52]

Das begabte Mädchen schrieb trotz der Düsternis um es herum bemerkenswert lakonische und zugleich bewegende Gedichte. Ihr Traum war es, Journalistin oder Schriftstellerin zu werden, Onkel Lion gewissermaßen als Vorbild. Im Mai 1938, als sie noch hoffte, in Deutschland Abitur machen zu können, verfasste sie eine Notiz, die sie »Zukunftsbetrachtung« überschrieb. Darin stellt sie die Vermutung an, dass sie auf Reisen gehen, dass sich ihr Leben ändern werde, und sie äußert die Hoffnung, dass irgendwo »auch mein kleiner Stern« stehe. Die Unwägbarkeiten sind ihr aber schmerzhaft bewusst:

Es ist gut, dass uns ein Hoffen gegeben,
ein Selbstbetrug, durch den man vergisst,
dass unser Gastspiel in diesem Leben
eine tragische Komödie ist.[53]

In einem weiteren Gedicht aus dem Sommer 1939 konstatiert sie: »Das Wort ›verboten‹ wird uns großgeschrieben«. Baden, Tanzen, Kino, all das sei nun untersagt, weder Schmuck noch Gleichberechtigung dürften sie haben, nur »unsere Sorgen«:

So ist es also schön, hier wegzukommen,
ich hab zu reisen stets mir vorgenommen.
Und trotzdem fahren weinend wir hier raus.
Weil wir den Lebensrhythmus h i e r verstehen,
weil wir für immer und als Fremde gehen,
weil uns die Brücke fehlt – der Weg nach Haus.[54]

Zu dieser Zeit besuchte Felice die Private Jüdische Tagesschule Kaliski und absolvierte einen Englischkurs. Überhaupt haben Käte Schragenheim und vielleicht auch Großmutter Hulda darauf gedrängt, Vorbereitungen für die Emigration zu treffen. Die Zeichen standen auf Krieg, die Zeit lief ihnen davon. Felice ließ einen Reisepass ausstellen, machte Termine beim amerikanischen Generalkonsulat, bemühte sich um Affidavits, um ein Visum für Australien, erstellte Gepäcklisten. Ihrer Schwester Irene, die inzwischen volljährig war, gelang es 1939, in England Arbeit zu finden. Felice blieb mit der Stiefmutter und Oma Hulda zurück. Die Mutter ihres Vaters, Paula Schragenheim, war nur wenige Monate nach ihrem Sohn bereits im September 1935 verstorben. Das ohnehin schon spärliche familiäre Netz wurde immer durchlässiger, aber ein paar Fäden hielten es doch noch zusammen. Damit sich auch die kleine Schwester in Sicherheit bringen konnte, überließ Irene im Juli 1939 Felice einen Teil ihres Erbes, Bodenanleihen in Tel Aviv im Wert von 814522 Palästinensischen Pfund. Gleichzeitig setzte sich ein Onkel mütterlicherseits, Walter Karsten, vormals Karewski, der in den USA lebte, für Felice ein. Er besorgte ihr ein Affidavit und schrieb mehrmals an das amerikanische Generalkonsulat in Berlin mit der Bitte, ihm doch Informationen über den Stand der Dinge durchzugeben: »*Since we are very anxious to have my niece with us …*«[55]

Vielleicht weil Felice auf diese amerikanische Option hoffte, Walter Karsten in Chicago verband sie immerhin mit dem geliebten mütterlichen Teil der Familie, vielleicht aber auch weil sie sich einen Neuanfang mit der Stiefmutter im Nahen Osten nicht vorstellen konnte, entschloss sich die Achtzehnjährige in der zweiten Jahreshälfte 1940, nicht mit Käte Schragenheim nach Palästina zu emigrieren. Unzählige Entscheidungen mussten die deutschen Jüdinnen und Juden in diesen Tagen treffen, sehr oft hatten sie zu wählen zwischen schlechten und noch schlechteren Optionen. Alles zurückzulassen fiel niemandem leicht, einem jungen Mädchen wie Felice, die in Olga und »Mutti« so etwas wie ein neues Zuhause gefunden zu haben glaubte, mag es unmöglich erschienen sein.[56] Und ganz häufig übernahm ohnehin der Weltenlauf das Kommando und raubte am Ende jede Wahlmöglichkeit. Im Juni 1941 überfiel das Deutsche Reich die Sowjetunion, ein halbes Jahr später griffen die mit den Deutschen verbündeten Japaner Pearl Harbor an. Was mit einem »Blitzkrieg« begonnen hatte, war nun ein Weltkrieg. Felices mühsam ergattertes US-Visum blieb ungenutzt, weil die von ihr im Sommer 1941 gebuchten Schiffspassagen nicht zuletzt aufgrund der weltpolitischen Lage ausfielen. Auf Felices Anfrage, ob man ihr Visum nochmals verlängern könne, schrieb ihr die amerikanische Botschaft in Berlin am 15. Juli 1941: »Bezüglich Ihrer Anfrage wird Ihnen mitgeteilt, dass die Bearbeitung von Visumangelegenheiten bis auf Weiteres eingestellt worden ist.«[57] Die Falle schnappte zu, Felice saß in Berlin fest.

Während viele Angehörige der Familie Feuchtwanger in den Monaten und Jahren nach der »Machtübernahme« der Nationalsozialisten nach und nach innerlich Abschied nahmen von ihrer Heimat und Vorbereitungen zur Auswanderung trafen, wurde das Band zwischen Marta und Lion Feuchtwanger und Deutschland mit einem schnellen, radikalen Schnitt bereits am Tag der Ernennung Hitlers zum Reichskanzler durchtrennt.

Im Herbst 1932 begab sich Lion Feuchtwanger auf Lese-Tour in die USA. Wie Marta wenige Jahre zuvor, sollte er allein reisen, aber seine Frau begleitete ihn nach England, von wo er sich einschiffen würde. Vor seiner Abreise warfen sich die beiden ins Londoner Gesellschaftsleben, man reichte den erfolgreichen Schriftsteller und seine extravagante Frau herum, und die beiden genossen die Aufmerksamkeit. Auch bei Lady und Lord Melchett waren sie eingeladen. Der britische Politiker und Unternehmer und seine Frau residierten auf einem hochherrschaftlichen Landsitz. Der Chauffeur holte die Feuchtwangers vor ihrem Londoner Hotel ab und fuhr sie mit einem blank geputzten Rolls Royce durch herbstlich gefärbte Wälder, bis sie schließlich über den knirschenden Kiesweg, vorbei an üppigen Rhododendren, auf ein stattliches schlossartiges Gebäude zurollten. Marta war beeindruckt von den livrierten Dienern, der teuren Kunst und dem großen Garten. Der Lord und die Lady allerdings wohnten ein Stück weiter in einem modernen Haus, zu dem auch ein beheiztes Schwimmbad gehörte, das mit seinen Säulen ein bisschen aussah wie ein griechischer Tempel. Marta war in ihrem Element. Zur Unterhaltung aller vollführte sie elegante Sprünge und einige akrobatische Kunststücke im Pool. Als anschließend im Haus Drinks serviert wurden, merkte sie zu spät, dass sie den ganzen Tag viel zu wenig getrunken hatte. Der Sherry stieg ihr schnell zu Kopf, und gut gelaunt setzte sie ihr Akrobatikprogramm fort. Schon lief sie auf Händen und machte andere gymnastische Verrenkungen. Während Martas Auftritt Lion etwas unangenehm war, sahen die anderen Gäste belustigt zu. Lady Melchett war ihrerseits eine äußerst exzentrische Person, die am liebsten seidene, pyjama-artige Anzüge trug. Coco Chanel hatte an der Côte d'Azur mit diesem Trend begonnen, und Damen der Gesellschaft, die sich etwas trauten, taten es ihr gleich.[58]

Am 12. November 1932 brachte Marta ihren Mann in Southampton zum Hafen. »Marta ist besonders nett zu mir. Der Abschied von ihr fällt mir scheußlich schwer«, schreibt Lion in sein Tagebuch.[59] Während Lions Dampfer Kurs auf New York nahm, verbrachte Marta noch ein paar Tage in London und kehrte dann nach Berlin zurück. Sie besorgte Weihnachtsgeschenke für das Hausmeisterehepaar und machte sich auf den Weg nach St. Anton.

Wie jedes Jahr wollte sie einige Wochen in Tirol verbringen. In diesem Winter war sie noch freier, denn Lion war ohnehin in den USA.

Mitten in jenen Wochen im Jahr, die ihr die liebsten waren, in denen sie die Sonnentage im Schnee genoss und Pause machte vom umtriebigen Leben in der Stadt, erreichte sie die Nachricht, Hitler sei Reichskanzler geworden. »Wir waren wie betäubt«, hält sie in ihrer Autobiografie fest. Ihr muss sofort klar gewesen sein, was für ein großes Glück es war, dass Lion außer Landes war. Seit der Veröffentlichung seines Romans *Erfolg*, in dem er sich so gnadenlos lustig gemacht hatte über die Bewegung der »Wahrhaft Deutschen« und ihren Anführer Rupert Kutzner, wenig verschleierte Persiflagen auf Hitler und seine Mannen, hassten die Nationalsozialisten ihn noch glühender, als sie einen jüdischen, eher links stehenden Schriftsteller ohnehin gehasst hätten. Just am 30. Januar 1933 war Feuchtwanger beim deutschen Botschafter in New York eingeladen. Die amerikanischen Zeitungen rissen sich um ihn, wollten Interviews und Einschätzungen der Lage. *»Hitler means war«*, antwortete er knapp, und am nächsten Tag prangten seine Worte als Überschrift auf der Seite eins vieler Zeitungen.[60]

Gerade dieser Satz, und auch dass Feuchtwanger sich in Interviews erneut über das miserable Deutsch des »Führers« in *Mein Kampf* lustig machte, brachte Marta in akute Gefahr. Lion selbst war weit weg, aber St. Anton lag nur knapp hundert Kilometer von der deutschen Grenze entfernt. Horrorgeschichten machten die Runde. In Deutschland wurde verhaftet und gefoltert, Eigentum wurde geplündert oder konfisziert, es mehrten sich sogar die Meldungen, dass Menschen, die die Nationalsozialisten im Visier hatten, in Österreich entführt und über die Grenze verschleppt würden. Angst machte sich breit in dem idyllischen Bergdorf.

Anfang März traf Lion in St. Anton ein. Sie zogen ins Grand Hotel – Martas Bauernstübchen war nichts für den gefeierten Schriftsteller – und berieten sich mit ihren Bekannten, wie die Lage in Deutschland einzuschätzen war. Das Paar war sich einig: Selbst eine kurze Reise Martas nach Berlin, um die geliebten

Bücher, wichtige Unterlagen oder Gegenstände aus ihrem Haus im Grunewald herauszuholen, war viel zu riskant. Am 13. März erreichte die Feuchtwangers ein Brief von Lola Sernau, Lions Assistentin. SA-Truppen hatten das Haus im Grunewald besetzt, die Schreibmaschine und das Auto beschlagnahmt. Akten und Manuskripte waren mitgenommen worden. »Ich nehme es sehr ruhig auf, auch Marta«, notiert Feuchtwanger in sein Tagebuch. Doch bei dieser Schreckensnachricht blieb es nicht. Auch in Österreich, so wurde geflüstert, stehe ein Umsturz bevor. Und es war Marta, die nun auf eine sofortige Abreise in die Schweiz drängte. Am 17. März erreichten sie Zürich. Während Lion noch ein paar Tage in der Stadt blieb, um sich eine neue Schreibmaschine zu besorgen und herauszufinden, wie man eine Konfiszierung seines Vermögens verhindern konnte, reiste Marta weiter nach Wengen ins Berner Oberland, um Ski zu laufen. Auch mit den Vettern in München nahmen die Feuchtwangers in diesen Wochen Kontakt auf, auf Konten der J. L. Feuchtwanger Bank lag der größte Teil ihres Geldes. Noch war alles neu. Die Regierung Hitler ging zwar gleich an die Arbeit und versuchte akribisch, an das Vermögen all jener heranzukommen, die sie zu Feinden erklärt hatte, dennoch bestand die Hoffnung, dass die neuen Regelungen einige Zeit brauchen würden, um zu greifen. Lion war zunächst außerdem der Ansicht, dass der nationalsozialistische Spuk rasch wieder vorbei sein würde.[61]

Für Lion und Marta stand fest, dass sie nicht in der Schweiz bleiben wollten. Die französische Riviera entsprach ihnen da schon eher. Einmal mehr war es Marta, die sich auf die Suche nach einem neuen Zuhause machte. Mit dem Autobus fuhr sie nach Marseille und inspizierte die Küste. Zunächst fand sie ein kleines Hotel in Bandol. Sie ließ Lion und dessen Assistentin nachkommen, und während sich der Schriftsteller an die Arbeit machte – für die britische Regierung saß er an einem Film über die »Machtergreifung« der Nationalsozialisten und deren Auswirkungen auf eine fiktive jüdische Familie, die Oppermanns –, ging Marta auf Erkundungstour und wurde in dem kleinen Hafenstädtchen Sanary-sur-Mer fündig. Der Winter war vorbei, an der Côte d'Azur hielt der Frühling Einzug. Die Sonne strahlte am blauen Himmel, das Meer glitzerte vielversprechend, und Marta verliebte sich Hals über Kopf in ein primitives Haus mit dem pompösen Namen Villa Lazar, das hoch oben auf einer schroffen Klippe stand. Der windgeschützte Privatstrand am Fuß der Felsen dürfte einen nicht unbeträchtlichen Teil des Charmes ausgemacht haben. Im Haus gab es weder Küche noch Heizung, nur eine offene Feuerstelle. Aber das spielte keine große Rolle, der Sommer war im Anmarsch, und wer weiß, vielleicht konnte man doch nach Deutschland zurückkehren, bevor der Winter kam. Schon bald zogen die Feuchtwangers mit ihren wenigen Habseligkeiten ein. Das Paar knüpfte an seine morgendliche Routine an, die hier so viel erquicklicher war als im Grunewald: Nach einem Dauerlauf am Strand wurde ausgiebig im Meer geschwommen, danach noch im Garten geturnt. Der treue Berliner Trainer, Herr Schröder, schickte sogar Unterweisungen nach Frankreich, damit die Fitness der Feuchtwangers nicht leiden musste. »Lion und ich fanden alles großartig, denn da war ja das Meer. […] Wo gab es ein Meer, Felsen und einen Privatstrand in Berlin-Grunewald? Wir vermissten nichts, auch nicht die Bequemlichkeit unseres Hauses, den gepflegten Garten, nicht einmal den Buick.«[62]

Und auch an Gesellschaft mangelte es ihnen nicht. Einige britische Künstler und Intellektuelle wie Aldous Huxley und seine Frau Maria, aber auch Sybil Bedford hatten die malerische Küste schon seit Längerem für sich entdeckt. Mit dem Jahr 1933 verwandelte sich das Örtchen zu einem wahren Rettungshafen für das deutschsprachige Exil. Nach und nach ließen sich die Manns hier nieder, Bert Brecht, Arnold und Stefan Zweig, Alfred Kantorowicz, Walter Hasenclever, die Werfels und viele weitere mehr. Auf die Frage Lawrence Weschlers, warum all die Schriftsteller und Künstler gerade in dieses verschlafene Nest kamen, antwortete Marta viele Jahrzehnte später ganz unbescheiden: »Weil wir da waren.« Und das »wir« ist hier sicher nicht zufällig gesetzt. Es war nicht allein Lions Ruf als international gefeierter Schriftsteller, sondern auch Martas Ausstrahlung, ihre Fähigkeiten als

Gastgeberin, als Gesprächspartnerin, als Freundin, die die von ihr ausnehmend anziehend eingerichtete Villa Lazar zu einem Hotspot der Emigrantenkolonie machten. Marta hatte inzwischen einen kleinen Renault angeschafft, mit dem sie auf Entdeckungsreise durch die Dörfer ging und allerhand Möbel, Teppiche und andere Einrichtungsgegenstände günstig erstand. Sie machte Handwerker ausfindig und plante, legte zuweilen selbst Hand an, bastelte vor allem kunstvolle Lampen.[63]

Auch im südfranzösischen Exil übernahm Marta die Doppelaufgabe einer Hüterin und Agentin ihres Mannes. Nicht nur schuf sie ihm ein Heim, in dem er angenehm leben und arbeiten konnte, sie sorgte auch dafür, dass er inmitten des anschwellenden Ansturms von Besucherinnen und Besuchern noch Zeit fand zum Arbeiten. So setzte sie mit harter Hand durch, dass man bei Feuchtwangers erst zur Teestunde vorbeischaute. Darüber hinaus blieb sie seine wichtigste Kritikerin. Er las ihr regelmäßig aus *Die Geschwister Oppermann* vor und akzeptierte grummelnd ihre zahlreichen Anmerkungen, ja sie brainstormte sogar mit ihm, wie das Buch enden könnte.[64]

Die Jahre in Sanary-sur-Mer klingen in Marta Feuchtwangers Erinnerungen und auch im Spiegel von Lion Feuchtwangers Tagebucheinträgen nach einer kreativen Zeit an einem wunderschönen Ort, die sie eher als eine neue Phase in ihrem Leben wahrnahmen, denn als bedrückendes Exil. Ja, Lion Feuchtwangers Name hatte auf der ersten Ausbürgerungsliste der Nationalsozialisten gestanden, Beträchtliches an Vermögen und Besitz hatte man für immer verloren, das Haus im Grunewald war geplündert, ihr treuer Hausmeister von brutalen SA-Männern verprügelt worden, Deutschland, so viel stand fest, war keine Heimat mehr, aber die reiselustigen Feuchtwangers, die das Leben im Süden immer geliebt haben, fühlten sich wohl am Mittelmeer, wo sie frei atmen konnten.

Sternschnuppenregen

Nach und nach wurden die Teenachmittage und Lesungen bei den Feuchtwangers in der Villa Lazar zu einer festen Einrichtung. Marta lud ein und verwöhnte die Gäste mit bayerischen Spezialitäten, die das Heimweh, das viele Emigrantinnen und Emigranten plagte, ein wenig linderten. Aber auch diese Zusammenkünfte waren mehr als ein gesellschaftliches Vergnügen. Lion hatte das große Glück, bereits vor seiner Emigration einen Namen im Ausland zu haben. Er hatte mächtige Verleger in ganz Europa und in den USA. Das unterschied ihn von jenen Schriftstellerinnen und Schriftstellern, die bis 1933 ausschließlich im deutschsprachigen Raum bekannt gewesen waren. Mit der Heimat verloren sie nicht nur das bis dahin genossene Prestige, sie wurden vielfach auch erfasst von schierer Existenzangst. Feuchtwanger dagegen war Mitte der Zwanzigerjahre mit *Jud Süß* auch im englischsprachigen Raum bekannt geworden, die USA-Tour im Herbst und Winter 1932/33 hatte seiner Popularität einen weiteren Schub gegeben. Auch als das deutsche Buchgeschäft wegfiel, flossen noch reichlich Honorare aus den Lizenzen in aller Welt, und er hatte eine sichere Verlagsheimat für seine neuen Buchprojekte. Es ging den Feuchtwangers finanziell deutlich besser als vielen anderen Künstlerinnen und Künstlern im Exil, dennoch musste man den eigenen Namen im Gespräch halten. Die deutschsprachigen Emigrantinnen und Emigranten waren wichtige Meinungsmacher und Schallverstärker, das dürfte Marta durchaus bewusst gewesen sein. Wenn Lion Feuchtwanger, sobald er ein Manuskript beendet hatte, also aus seinem neuesten Werk vorlas, war dies ein willkommener Anlass, bei gutem Essen und einem Glas Wein zusammenzukommen, aber eben auch ein Promotionsereignis. So viel Marketingdenken sollten wir Marta durchaus zutrauen.

1933 veröffentlichte Lion den Roman *Die Geschwister Oppermann,* aus dem ursprünglichen Filmprojekt war nichts geworden, weil die britische Regierung inzwischen auf Appeasement umgeschwenkt war. 1935 erschien der zweite Band der *Josephus*-Trilogie, *Die Söhne.* Aber die Zeit in Sanary-sur-Mer hielt auch große Herausforderungen bereit. Im Oktober 1933 bekamen die Feuchtwangers wieder einmal Besuch. Marta, die mit ihrem Renault regelmäßig die engen Küstensträßchen entlangbrauste, holte Bert Brecht und Arnold Zweig an ihrem Hotel ab. Als sie an der Villa Lazar ankamen, blickten sie staunend nach oben. Der klare Himmel war übersät von Sternschnuppen, Tausende hell erleuchtete Schweife zischten durch die Nacht. Brecht schlug vor, zum Strand hinunterzugehen, wo man einen noch besseren Blick auf das Spektakel haben würde. Die Männer schlenderten schon mal los, während Marta das Auto parkte. Sie wollte ihnen gerade folgen, als sie mit Entsetzen sah, dass der Wagen sich in Bewegung setzte und geradewegs auf Lion, Brecht und Zweig zuhielt. Marta hastete zum Auto, versuchte, durch das offene Fenster zu greifen und die Handbremse anzuziehen, die aber offenbar kaputt war, dann riss sie das Steuer herum. Der Wagen drehte zwar ab, überrollte bei diesem Manöver aber die abspringende Marta. Die herbeieilenden Männer sahen mit Entsetzen, dass sie heftig blutend am Boden lag. Nur mit Mühe gelang es ihnen, mithilfe von Brechts Gürtel, das Bein abzubinden. Ausgerüstet mit einer Taschenlampe machten sich Brecht und Zweig rasch auf den Weg zu den benachbarten Huxleys, die ein Telefon besaßen. Die überaus patente Maria Huxley war geistesgegenwärtig genug, den Sanitätern nicht nur den Weg zu beschreiben, sondern sich an der Landstraße zu postieren, damit der Arzt auch sicher den verschlungenen Weg zur Halbinsel fand. Die ersten Tage im Krankenhaus waren heikel. Die Ärzte machten betroffene Gesichter angesichts der Wunde, die sich infiziert hatte und eiterte. Eine Amputation stand unheilvoll im weiß gekachelten Krankenhauszimmer und verbreitete Angst und Schrecken. Nach einigen Tagen aber gab man Entwarnung. Marta war auf dem Weg der Besserung, allerdings standen ihr Monate in Sanatorien und Kliniken bevor. Und ob ihr Gang jemals wieder der alte sein würde, war völlig ungewiss. Ehrgeizige Sportlerin aber, die sie war, setzte sie alles daran, wieder in Form zu kommen.[65]

Nachdem sie im Frühjahr 1934 erste Gehversuche machen durfte und langsam wieder mobiler wurde, musste sie direkt darangehen, ein neues Haus zu finden. Die Villa Lazar war nicht wintertauglich. Marta selbst hatte die kalten Monate in Sanatorien verbracht, Lion war viel gereist und hatte sich in Paris und Bandol im Hotel eingemietet. Nun aber brauchten sie ein Heim. Etwas außerhalb von Sanary wurde sie fündig. Die Villa Valmer war malerisch gelegen, und einmal mehr übertraf Marta sich selbst: »Marta zeigt mir das Haus. Sie hat das wieder großartig eingerichtet«, notiert Lion Feuchtwanger Anfang Mai in sein Tagebuch.[66]

Die südfranzösischen Jahre waren aber noch unter einem weiteren Gesichtspunkt durchaus strapaziös. Am 28. Oktober 1935 schreibt Lion Feuchtwanger in sein Tagebuch: »Ein Zettelchen von Eva Herrmann, in die ich ziemlich ernstlich verliebt bin.«[67] Vor allem Lion hatte schon in den Jahren zuvor seine Ehe sehr frei ausgelegt, hatte immer reichlich Affären gehabt. In ihren autobiografischen Äußerungen betont Marta Feuchtwanger zwar immer, dass sie beide ihre Ehe durch und durch unbürgerlich verstanden und sich maximale Freiheit gelassen hätten. Lion und sie hätten sich vertraut und seien immer ehrlich zueinander gewesen. Zur Wahrheit gehört aber auch, dass das eheliche Arrangement der Feuchtwangers in Teilen eben doch sehr bürgerlich war. Marta war finanziell vollständig abhängig von Lion. Die Arbeit, die sie leistete als seine Kritikerin/Lektorin/Agentin, aber auch als diejenige, die für sein Wohl sorgte und ihm an verschiedensten Orten der Welt über Jahrzehnte ein Heim schuf, war unbezahlbar, aber eben auch unbezahlt. Bei aller Toleranz in Sachen Flirts und Affären musste sie sich darauf verlassen können, dass die Ehe hielt. Wie groß die Gefahr war, die in diesen Jahren von der Grafikerin und Illustratorin Eva Herrmann ausging, werden wir nicht vollständig klären können. Aber im Spiegel von Lions Tagebucheinträgen wird deutlich, dass Marta keineswegs glücklich war über die sehr enge Beziehung zu Herrmann. In ihrem Gespräch mit Lawrence Weschler konstatiert sie, dass Lions Affären ihre Ehe zwar nie ernstlich gefährdet hätten, dass einige der Verbindungen Lions Charakter aber nicht gerade zuträglich gewesen seien. Manche Frauen hätten Lion so maßlos bewundert, dass er zu selbstzufrieden wurde. Marta, die ihren Mann als relativ unbedeutenden Theaterkritiker und wenig erfolgreichen Dramatiker kennengelernt hatte, störte das enorm, und schlimmer noch, sie fürchtete, dass seine Arbeit darunter leiden würde.[68]

Eva Herrmann, zehn Jahre jünger als Marta und ebenfalls aus einer jüdischen Familie stammend, begleitete Feuchtwanger im Winter 1936/37 auch nach Moskau. Für diese Reise erntete er heftige Kritik, schließlich spielte er mit in Stalins Aufführung einer kunstliebenden und offenen Sowjetunion, und das im Angesicht der schrecklichen Schauprozesse, die zeitgleich in Moskau stattfanden und zu deren Verteidigung Feuchtwanger sich sogar hinreißen ließ. Das Foto, das ihn neben Stalin zeigte, sollte ihn noch viele Jahre verfolgen. Zurück in Sanary, machte Feuchtwanger sich wieder an die Arbeit, schrieb seinen Reisebericht *Moskau 1937*, der noch im gleichen Jahr erschien, und vertiefte sich in den dritten Teil der Wartesaal-Trilogie *Exil*. Während Marta vor allem bei *Exil* wieder eine wichtige Rolle als Erstleserin und intellektuelle Pingpongpartnerin spielte, übernahm sie in den späten Dreißigerjahren eine weitere Aufgabe. Marta Feuchtwanger war von jeher eine Hüterin ihres Mannes gewesen, sie hatte ihm lästige Aufgaben und Besucher vom Hals gehalten, als die Kriegsgefahr allerdings mit jedem Tag wuchs, wurde aus der Hüterin auch eine Mahnerin. Während ihr Mann sich in den täglichen Arbeiten an seinen Romanen verlor, musste sie die Welt außerhalb des malerischen Hafenstädtchens Sanary-sur-Mer im Blick behalten. Sie musste wachsam für zwei sein, denn es war schon fast zu spät.

Kurz nachdem Hitler im Frühjahr 1938 in Österreich einmarschiert und von seinen Landsleuten frenetisch bejubelt worden war, traf Marta Vorbereitungen, um für sich und Lion ein Visum für die USA zu besorgen.[69] Sosehr sie das Haus am Meer liebte, es war Zeit aufzubrechen. Das Jahr, das mit Marschmusik auf dem Wiener Heldenplatz begonnen hatte, endete mit Säbelrasseln und

Pogromstimmung. Im September verleibte sich das Deutsche Reich das Sudetenland ein. Kein gutes Vorzeichen für die Menschen in der Tschechoslowakei, einschließlich Lions Geschwistern Martin und Bella, die gehofft hatten, den Nationalsozialisten entkommen zu sein. Lion hatte auf der Rückreise von Moskau einen Stopp in der Goldenen Stadt gemacht und die beiden seit Jahren erstmals wiedergesehen. Martin Feuchtwanger hatte 1934 seinen Verlag von Halle in die tschechische Hauptstadt verlegt, wenig später war auch Bella nachgekommen und arbeitete erneut als Redakteurin für ihren Bruder. Der Griff nach dem Sudetenland aber, das stand zu befürchten, dürfte nicht Hitlers letztes Wort gewesen sein. Bevor man sich allerdings über die nächsten Schritte des Diktators den Kopf zerbrechen konnte, erschütterten Meldungen aus Deutschland die ganze Welt. Fotos, die an düstere, längst vergangen geglaubte Zeiten erinnerten, prangten plötzlich als Nachricht des Tages auf den Zeitungen in Paris, London und New York.

In der Nacht vom 9. auf den 10. November gingen im ganzen Reich Synagogen in Flammen auf, Geschäfte jüdischer Inhaber wurden geplündert, jüdische Männer zu Tausenden verhaftet, schikaniert, gequält. Das allgegenwärtige Geräusch in deutschen Städten und Dörfern, als die Gesänge und das Geschrei der SA-Leute und ihrer Unterstützer verhallten, war das Knirschen von Glas unter den Schritten der Passanten. Es war etwas zerbrochen. Familien von nebenan hatten betreten weggesehen, die Vorhänge zugezogen, waren selbst mitmarschiert, hatten zugeschlagen, sich bei ihren jüdischen Nachbarn bereichert. Es gab keine Zukunft mehr für jüdisches Leben in diesem Deutschland, jede Hoffnung, so klein und kümmerlich sie auch gewesen sein mag, war in dieser Nacht zusammen mit Tausenden von Tora-Rollen verglüht. Auch die orthodoxe Ohel-Jakob-Synagoge in München war in Brand gesteckt worden. Der Synagogenbau samt Mobiliar und Ritualien und das Vereinshaus mit der kostbaren Bibliothek brannten völlig aus. Die Mitglieder der Familie Feuchtwanger, jene in München und jene, die bereits in alle Welt zerstreut lebten, waren zutiefst erschüttert angesichts dieser bar-

barischen Tat. Über Generationen hatten sie unermüdlich Geld und Energie in den Bau und die Erhaltung dieser viel geliebten Synagoge gesteckt. In nur wenigen Stunden war ihr Werk zunichtegemacht worden.

Die Tänzerin und Choreografin Rebekka und ihr Mann, der Jurist Sigbert Feuchtwanger, samt Sohn, die beiden Bankiers Leo und Theodor Feuchtwanger und ihre Familien einschließlich des greisen Angelo waren inzwischen in der Sicherheit Palästinas. Lions Brüder Fritz und Ludwig aber lebten noch immer in München. Sie wurden wie viele andere deutsche Juden in dieser Nacht verschleppt. Ende November erreichte Marta und Lion die Nachricht, dass die Brüder in Dachau interniert waren. Man befürchtete das Schlimmste, schwebten sie doch durch die Verwandtschaft zu dem von den Nazis gehassten Lion in besonderer Gefahr. Nach sechs langen Wochen konnte Ludwig Feuchtwanger nach Hause zurückkehren, sein Bruder Fritz kam erst im Juni 1939 heraus, körperlich sehr geschwächt und seines Betriebes, der Margarinefabrik, beraubt.[70]

Am 15. März 1939 marschierte Hitler tatsächlich in Prag ein, und nun waren auch Martin und Bella in akuter Gefahr. Bella, Mitte vierzig und bislang unverheiratet, hatte, um die tschechoslowakische Staatsangehörigkeit zu bekommen, einen Rabbiner namens Traubkatz geheiratet, aber als die Nationalsozialisten erst mal auf dem Prager Wenzelsplatz standen, bot ihr auch das keinen Schutz mehr. Die Geschwister bereiteten die illegale Einwanderung nach Palästina vor. In der irrigen Annahme, Martin sei als Mann und deutscher Staatsangehöriger gefährdeter, blieb Bella zurück, um noch einige Dinge zu ordnen. Am 30. April verabschiedete sich Martin Feuchtwanger von ihr. »Meine Schwester Bella«, so erinnert sich Martin Feuchtwanger, »sagte unter Tränen: ›Ich werde alles liquidieren und dann nachkommen.‹« Während Martin sich auf einem alten Frachtdampfer tatsächlich nach Tel Aviv retten konnte, saß Bella nur wenige Monate später fest, als im September der Zweite Weltkrieg begann. Im Juli 1940 beging sie einen Selbstmordversuch. In letzter Minute aber wurde sie gefunden und konnte gerettet werden. Drei Jahre später gab es keine Rettung mehr, sie wurde ins Konzentrationslager Theresienstadt deportiert. Noch im selben Jahr bekamen ihre Geschwister die Nachricht, Bella sei an Flecktyphus gestorben.[71]

Auch unter der Sonne Südfrankreichs konnte man sich seit dem 3. September 1939 keine Illusion von Normalität mehr machen. Wie alle »deutschstämmigen Männer« wurde kurz nach dem deutschen Angriff auf Polen und der französischen Kriegserklärung auch Lion im Lager Les Milles interniert. Seine Frau musste ihn eigenhändig abliefern. Kaum war Marta allerdings zurück in der Villa Valmer, setzte sie alle Hebel in Bewegung, um Lion wieder herauszubekommen. Sie schrieb an die französische und die englische Regierung, an den PEN-Club, betonte Lions Prominenz, seinen langen Kampf gegen Hitler und seine starke antifaschistische Stimme, die sich die Alliierten doch zunutzemachen konnten. Und tatsächlich wurde Lion nach einigen Tagen wieder entlassen. Mit ganzer Kraft klemmten sich Marta und Lion nun hinter ihre Bemühungen, in die USA zu gelangen, und standen vor einem Berg bürokratischer Schwierigkeiten. Im Mai 1940 fielen deutsche Truppen in die Niederlande und Belgien ein, der Westfeldzug hatte begonnen. Am 22. Juni wurde der Waffenstillstand zwischen Frankreich und Deutschland geschlossen. Weite Teile des Landes wurden besetzt, im Süden installierte sich unter General Pétain das sogenannte Vichy-Regime. Erneut wurde Lion Feuchtwanger, zunächst noch von der Volksfront-Regierung, in Les Milles interniert. Die Deutschen rückten unaufhaltsam näher, und es stand zu befürchten, dass schon bald gerade prominente Gefangene ausgeliefert würden. Auch Marta, die während seiner letzten Verhaftung nicht geruht hatte, bis ihr Mann wieder auf freiem Fuß war, musste sich bei den Behörden melden. Nun wurden auch ausländische Frauen interniert. Das Lager in Hyères, in das Marta und viele andere gebracht wurden, stand zwar unter Militäraufsicht, war aber im Grunde eine Art große Garage. Neben den vielen Frauen, die hier provisorisch untergebracht waren, gab es auch viele Kinder und Babys. Regelmäßig bombardierten die mit den Deutschen verbündeten Italiener den Hafen von Toulon ganz in der Nähe, wobei selbst die Garage in Hyères ins Visier genommen wurde, was die Frauen und Kinder in Panik versetzte.[72]

Die groß gewachsene und unerschrockene Marta wurde in diesen Tagen zu einer Art Sprecherin im Lager. Als eine der jungen ebenfalls internierten Kommunistinnen eines Nachts keine Luft mehr bekam, hämmerte Marta so lange gegen die Garagentür, bis der wachhabende Soldat endlich den Korporal holte, der wiederum den Arzt verständigte. Der war keineswegs erfreut, mitten in der Nacht heraus in die Garage gerufen zu werden, er hatte außerdem schon reichlich getrunken. Der Mann tobte und wütete und herrschte die verängstigten Frauen an, sie seien alle *vaches allemandes*, deutsche Kühe. Als Marta, der es gelang, ruhig zu bleiben, ihm erklärte, dass sie allesamt aus Deutschland geflohen waren, drohte er, sie abführen zu lassen. Die junge Kommunistin aber wurde in ein Krankenhaus gebracht und konnte gerettet werden. Wenig später erkrankte ein anderes Mädchen an Diphterie, wieder bestand Marta darauf, dass der Arzt gerufen wurde, auch wenn sie wusste, dass der seinen Ärger erst mal an ihr auslassen würde. Noch bevor der Doktor eintraf und Martas Diagnose bestätigte, sorgte sie dafür, dass die Patientin isoliert wurde. Es musste verhindert werden, dass die Kinder sich ansteckten.[73]

Aber Hyères war erst der Anfang. Schon bald wurden die Frauen und Kinder nach Gurs verlegt. Nördlich der Pyrenäen gelegen, war das Lager ursprünglich für Geflüchtete aus Spanien angelegt worden. Das Camp war riesig im Vergleich zu den Verhältnissen in Hyères.

Noch hatte die französische *Front populaire* das Sagen, doch nach dem Waffenstillstand sollte das mit den Deutschen kollaborierende Vichy-Regime das Kommando übernehmen. Marta und ihre Leidensgenossinnen schwebten in äußerster Gefahr. Aber wie sollte sie entkommen, war das Gelände doch mit Stacheldraht umzäunt. Ein französischer Kommandeur warnte sie eindringlich, die Deutschen rückten immer näher. Wenig später kam eine Karte ihrer treuen Haushälterin Léontine in Gurs an, die mitteilte, Lion werde in San Nicolà bei Nîmes gefangen gehalten. Für Marta stand nun fest, dass sie sich auf den Weg zu ihm machen musste. »Ich erforschte das Gelände, beobachtete, wie durch den vielen Regen die Erde weich wurde, und überlegte mir, dass ich mich vielleicht unter dem Stacheldraht würde durchgraben können. Und so begann ich, jeden Tag etwas daran zu arbeiten, bis ich genug Platz zum Durchzwängen hatte.« Sie wagte die Flucht und schaffte es tatsächlich, sich auf die andere Seite durchzuschlängeln, ohne hängen zu bleiben. Erfolgreich schlug sie sich durch zum nächstgelegenen Ort und erstand eine Fahrkarte nach Nîmes. Dort erbarmte sich ihrer ein ehemaliger russischer Flüchtling, der inzwischen als Taxifahrer arbeitete. Er bot ihr an, sie am nächsten Tag zusammen mit einer Gruppe von Schwarzhändlern, die er regelmäßig nach San Nicolà fuhr, mitzunehmen.[74]

In der flirrenden, sommerlich heißen Tristesse des Camps San Nicolà sahen sich Marta und Lion nach Wochen der Trennung und Ungewissheit endlich wieder und erschraken angesichts des elenden Aussehens des geliebten Gegenübers. Sie waren beide noch am Leben, doch die Gefahr wuchs mit jedem Tag, Stunden konnten entscheidend sein. Erneut trennten sie sich, denn Marta musste schleunigst nach Marseille. Die Einzigen, die noch helfen konnten, Lion freizubekommen, waren die Amerikaner. Durch den Staub des Hochsommertags gelangte sie endlich bis vor die Tore des amerikanischen Konsulats: »Als ich dort ankam, wartete bereits eine große Menschenmenge, viele Straßen entlang. Es herrschte glühende Hitze, und viele wurden ohnmächtig; aber ich konnte mich nicht anstellen. Man sagte, um fünf Uhr würden alle wieder weggeschickt, das war jeden Tag so. Ich musste Lion retten und durfte keine Zeit verlieren.«[75]

Der Name Feuchtwanger öffnete immer noch Türen, und während die vielen Unglücklichen warten mussten, wurde Marta eingelassen. In der angenehmen Kühle und Aufgeräumtheit des Konsulats aber brach die abgemagerte Marta, die seit Tagen die gleichen Kleider am Leib trug, erstmals in Tränen aus. »Amerikaner können Frauen nicht weinen sehen«, stellt sie in ihren

Memoiren fest. Während sie erschöpft zusammensank, standen Konsul Hiram Bingham und Vizekonsul Miles Standish etwas ratlos daneben und versuchten die aufgelöste Frau zu beruhigen. Sie versuchten, ihr Mut zu machen, erklärten, sie hätten Order von ganz oben – sprich den Roosevelts persönlich –, Lion auf jede erdenkliche Art zu helfen. Inzwischen war auch in den USA bekannt geworden, dass der Schriftsteller in Frankreich interniert war, denn es kursierte seit Wochen ein Foto, das ihn hinter Stacheldraht im Lager Les Milles zeigte. Feuchtwangers Verleger Ben Huebsch war mit dem Bild zu Eleanor Roosevelt nach Washington gefahren, und die First Lady war schockiert gewesen, Feuchtwanger so zu sehen. Nachdem Marta sich etwas beruhigt hatte, ging man also daran, einen Plan auszuhecken, und Standish erwies sich als Mann mit eisernen Nerven. Er selbst wollte Lion da rausholen. Marta schrieb eine Botschaft für ihren Mann auf einen kleinen Zettel: »Frag nichts. Sag nichts. Geh mit.« Derart präpariert fuhr Standish nach San Nicolà und traf am Fluss, wiederum einem Tipp Martas folgend, auf eine Gruppe Häftlinge, unter ihnen Lion. Standish steckte ihm den Zettel zu, und Lion erkannte sofort Martas Handschrift und folgte dem Unbekannten. Verkleidet in Mantel und Kopftuch verstaute Standish Lion auf der Rückbank. Als der Wachmann beim Verlassen des Lagers Standishs Diplomatenpapiere inspizierte und nach der Person hinten im Wagen fragte, antwortete der Vizekonsul ebenso schlagfertig wie beiläufig: »Das ist meine Schwiegermutter.« Wenig später waren Lion und Marta in Marseille wieder vereint.[76]

In seinem 1942 erschienenen Buch über seine Flucht aus Europa, *Der Teufel in Frankreich,* widmet Feuchtwanger auch den Emigrantinnen einige Worte: »Ich muss hier ein paar Sätze einschalten zum Lob unserer Frauen. Sie bewährten sich großartig in dieser ganzen bösen Zeit. Wohl schimpften und klagten sie zuweilen, doch Weinkrämpfe, Zusammenbrüche, Hysterie gab es nicht. Die Frauen hielten tapfer zu ihren Männern, die deutschen sowohl wie die französischen, und taten besonnen, was sie konnten.«[77] Das klingt angesichts der Gefahren und

Mühen, die Marta und ungezählte Frauen in dieser Zeit der Verfolgung auf sich nahmen, ein klein wenig gönnerhaft. Er hege, schreibt Feuchtwanger an anderer Stelle im Buch, einen festen Glauben an eine Art »geheimes Gesetz«, das sein Leben bestimme. Dieses Gesetz besage, dass er zwar im Alltag »von tausend kleinen Widerwärtigkeiten gequält werde«, dass er in »großen, entscheidenden Dingen« aber Glück habe.[78] Da ist sicher etwas dran, aber neben Glück war vielfach zweifellos noch ein anderer Faktor im Spiel – und das war der Wagemut seiner Frau.

Marta war ein großes Risiko eingegangen, um sich aus Gurs zu befreien, hat sich allein durchgeschlagen über Straßen und Wege, die voll waren von Flüchtlingen und Soldaten, und hat nicht eher geruht, bis Lion wieder bei ihr war. Und sie war gerade noch rechtzeitig gekommen, bevor Vichy-Frankreich das Lager in San Nicolà übernahm, die Listen der von den Nationalsozialisten am meisten gesuchten Personen abarbeitete und diese armen Seelen ohne Gnade auslieferte. Für den Moment waren Marta und Lion dem Feind entkommen. Aber würden sie es jetzt, wo ganz Europa im Krieg war, noch schaffen, nach Amerika zu gelangen? Die Zeit arbeitete gegen sie.

Ende August 1944

Berlin

Eilig wirft Felice ihren Badeanzug und ein Handtuch in die Tasche, zögert kurz und packt dann auch die Kamera ein. Sie nimmt sich fest vor, gut auf sie aufzupassen. Als sie ins Badezimmer springt, um noch rasch ihre Bürste und ein Haarband zu holen, erhascht sie einen Blick in den Spiegel. Sie hat gerötete Wangen. Ja, es ist warm, der Sommer dreht noch eine Runde, aber sie ist auch aufgeregt. Endlich mal wieder raus, schwimmen, faul in der Sonne liegen, lesen, Lilly neben sich. Die ist gerade noch mit den beiden Kleinen draußen, nachher übernimmt Lola. Sobald Lilly zurück ist, geht es los.

Die letzten Monate waren quälend. Manchmal hält Felice es kaum mehr aus. Dieser verdammte Krieg kann doch nicht ewig dauern. Die Amerikaner sind längst in Frankreich. Aber bis Berlin ist es natürlich noch ein Stück, vor allem wenn man gegen diese verrückten Nazis kämpft, die den »Heldentod« nicht scheuen. Wie lächerlich das ist. Hitler schickt jetzt auch alte Männer und halbe Kinder in die Schlacht. Felice schwankt regelmäßig zwischen Mitleid und Schadenfreude. Das ist die Quittung, schießt es ihr durch den Kopf, und doch wird ihr das Herz schwer, wenn sie an diese verlorene Generation denkt. Fast so verloren wie ich, murmelt sie dann grimmig.

Sie nimmt sich fest vor, am Leben zu bleiben, schon damit sie sieht, wie es ausgeht. Diese Kinder, die nur Krieg kennen, nur Bombennächte, nur fallende Väter und weinende Mütter – was soll aus denen werden? Wie sollen die jemals ein normales Leben führen? Aber was ist schon normal? War ihr Leben jemals normal? Sie kann sich kaum an eine Zeit vor Hitler erinnern. Alles verschwimmt. Und das Schlimmste ist, dass sie manchmal nicht mehr weiß, was wirklich passiert ist und was sie sich in ihrem Kinderkopf zusammengebaut hat, angereichert durch die Geschichten, die man ihr erzählt hat. Jetzt ist niemand mehr da, den sie fragen könnte. Sie ist allein mit ihren Erinnerungen, kann sie mit niemandem mehr abgleichen oder teilen. Kein »Weißt du noch, damals, als …?« oder »Erinnerst du dich noch, wie …?«. Es ist, als wäre sie allein mit einer vergangenen Welt zurückgeblieben, einer Welt, die jeden Tag ein bisschen mehr vergilbt, verblasst, versinkt.

Der Tod von Mama und die marschierenden Nazis mit ihren Fackeln am Brandenburger Tor sind für sie verquickt, obwohl zwischen beiden Ereignissen fast drei Jahre liegen. Ihre Mutter steht für eine Zeit, in der alles noch heil war. Wenn sie das Urlaubsfoto vom Ostseebad Binz ansieht, ihre für immer junge und hübsche Mutter lachend vor dem Strandkorb, zu ihrer Linken Irene, zur Rechten Felice, fühlt sie den sonnenwarmen Sand und die Nähe ihrer Mutter fast schmerzhaft real, sie riecht die Nivea-Creme, hört die Möwen schreien und schmeckt das Vanilleeis, das ihr Vater jeden Tag am Kiosk für sie erstand. Eine Nascherei für die Mädchen und die Vossische Zeitung *für ihn. Und jedes Mal schalt die Mutter ihn, nicht wegen der Süßigkeiten für Irene und Felice, sondern weil sie der Meinung war, er solle ihnen wenigstens in den Ferien eine Pause von der Politik gönnen.*

Felice schaut aus dem Fenster, noch keine Lilly. Sie räumt rasch den Frühstückstisch auf, spült die Tassen, schraubt Marmeladengläser zu, wischt Krümel weg. Noch immer keine Schritte im Treppenhaus. Ob sie schon mal die Fahrräder aus dem Keller holen soll? Oder lieber ein kleines Picknick zaubern? Der Blick in die Speisekammer ist nicht gerade berauschend. Sie schnappt sich ein Stück trockenen Käse, zwei Äpfel und schneidet ein paar Scheiben Brot ab. Plötzlich überkommt sie eine große Müdigkeit. Sie weiß, dass sie keine andere Wahl hat, als einen Schritt vor den nächsten zu setzen. Aber dieses merkwürdige Konstrukt von Alltag laugt sie aus. Da - sie hört Lillys Stimme unten im Flur. Rasch stopft sie den Proviant in die Tasche.

Es gab Zeiten in den letzten Jahren, da war Felice wütend auf ihre Eltern, die sie allein gelassen haben in dem ganzen Schlamassel. So was geht doch eigentlich nicht, so was darf man doch nicht. Sie neigt nicht zum Selbstmitleid. Wie könnte sie? Dann hätte sie dieses Leben vor Jahren an den Nagel hängen können. Aber sie fühlt sich manchmal schon vom Schicksal verraten. Selbst wenn sie den Krieg übersteht, wie könnte man all das vergessen? Wie könnte man daran glauben, jemals wieder behütet im warmen Sand zu liegen mit nichts anderem als dem Wunsch nach einer weiteren Kugel Vanilleeis?

Grüne Auen, finsteres Tal

Lion und Marta Feuchtwanger standen unter dem Schutz von Eleanor Roosevelt, die sich für viele Intellektuelle und Künstlerinnen, die noch in Europa feststeckten, einsetzte und mehrere Frauen und Männer zu ihrer Rettung aussandte. Der amerikanische Journalist Varian Fry und auch ein gewisser Reverend Waitstill Sharp gehörten zum Roosevelt'schen »Squad Team«. Da man Frankreich zu diesem Zeitpunkt allerdings über die offiziellen Wege nur mit Ausreisepapieren verlassen konnte, blieb vielen Emigrantinnen und Emigranten, auch den Feuchtwangers, nichts anderes übrig, als den mühsamen Weg über die Pyrenäen zu wählen. Eine Gruppe mit Golo und Heinrich Mann und den Werfels, die auch schleunigst aus Südfrankreich rausmussten, machte sich schon bald auf den Weg. Man hatte sich in letzter Minute entschlossen, dass sie ohne die Feuchtwangers gehen sollten, da Marta und Lion als Einzige völlig staatenlos waren, während die Manns und auch die Werfels tschechische Papiere hatten. Ihre Anwesenheit hätte ein zusätzliches Risiko für die Gruppe bedeutet. Die Freunde zogen also los, und Marta und Lion harrten weiter in Marseille aus. Einmal wagte Marta sogar eine Tour nach Sanary, um Léontine zu instruieren, das Gerücht zu streuen, Lion habe sich in die Schweiz abgesetzt. Die Behörden sollten im Nebel stochern, während sie es hoffentlich schafften, sich unbemerkt nach Spanien abzusetzen.

Zurück in Marseille, konnte es endlich losgehen. Zusammen mit Pastor Sharp gelang es Marta und Lion, sich an den zahlreichen Kontrollposten vorbei zum Bahnhof durchzukämpfen. Sie bestiegen den Zug nach Cerbère, südlich von Perpignan, auf der einen Seite das tiefblaue Mittelmeer, auf der anderen grüne Hügel, Felsen und die majestätischen Bergrücken der Pyrenäen. Dahinter lag Spanien. Die Landstraße zu nehmen wäre viel zu riskant gewesen, also musste das Paar den anstrengenden Aufstieg abseits der Straßen wagen. Auch eine Landkarte durften sie aus Sicherheitsgründen nicht mitnehmen. »Wir waren beide gute Bergsteiger, und ich war es vom Skilaufen gewohnt, mich auf fremdem Gelände zurechtzufinden«, erinnert sich Marta Feuchtwanger. Erst ging es durch Weinberge hinauf, doch bald wurde die Landschaft immer schroffer und karger. Um nicht für Schmuggler gehalten zu werden, mussten sie das spanische Zollhäuschen finden. Allerdings beschlossen sie, nicht zusammen zu gehen, weil Lion ein Emergency Visum unter dem Pseudonym »Wetcheek« mit sich führte, während Marta erstens kein Visum hatte und zweitens den bekannten und gefährlichen Familiennamen ihres Mannes trug. »So ging Lion allein voraus, und ich, gut versteckt, schaute von oben zu, wie er das Zollhaus betrat, sehr bald wieder herauskam und muntern Schrittes den Berg hinuntermarschierte.« Sie wartete ein bisschen ab und klopfte wenig später ebenso an. Die Camel-Zigaretten, die Pastor Sharp ihr besorgt hatte, taten ihren Dienst, die Beamten stempelten ihre Papiere, ohne sie näher anzusehen, und rissen sich die Zigaretten unter den Nagel. »Ich bin noch nie so schnell einen Berg hinuntergelaufen.«[79]

In Portbou, einem kleinen Örtchen auf der spanischen Seite, in dem sich seit Wochen deutsche, österreichische und französische Emigranten die Türklinke in die Hand gaben, sollte Marta ihren Mann und Pastor Sharp wieder treffen. Aber statt wie abgemacht im Reisebüro Cook auf sie zu warten, entschied Lion, sich lieber in einem der vielen kleinen Lokale ein ordentliches Menü zu gönnen nach den Strapazen der Wanderung. Im besten Restaurant am Platz fand Marta ihn: »Da saß Lion vergnügt, aß und begrüßte mich: ›Setz dich hin und iß mit.‹ Cook hatte er total vergessen.«[80] Lion Feuchtwanger scheint sich keine allzu großen Sorgen gemacht zu haben um seine Frau. Ja, sie war ein ausgewiesener Bergfex und hatte einen hervorragenden Orientierungssinn, aber so ganz ohne war eine Grenzüberquerung in Kriegszeiten mit Papieren, die auf einen Familiennamen ausgestellt waren, der auf der »*Most wanted*«-Liste der Nationalsozialisten stand, nun auch wieder nicht. Überhaupt rangierten Lions Wohl und Wehe bei allen Überlegungen in Sachen Flucht und Emigration an allererster Stelle. Er war der berühmte Schriftsteller und Nazi-Kritiker, der gerettet werden musste. Auch als sie in den folgenden Tagen rasch nach Lissabon weiterreisen mussten, wo sie hofften, noch Schiffskarten nach New York zu ergattern, hatte Lions Schutz stets oberste Priorität. Er logierte mit Sharp im Zug nach Lissabon im Schlafwagen, während Marta mit der überfüllten dritten Klasse vorliebnehmen und stehen musste. »Ich war immer noch nicht ganz erholt vom Konzentrationslager; vor allem bei längerem Stehen schwollen meine Beine stark an«, schreibt sie in ihren Memoiren. Erst als ein mitreisender Schweizer sich für sie starkmachte, fand sie einen Sitzplatz. Im Zug waren auch Deutsche, sogar Wehrmachtssoldaten. Marta erschauderte beim Anblick der Uniformierten. Als sie an der Grenze zu Portugal zur Ausweiskontrolle aussteigen mussten, stellte sie sich auf dem Bahnsteig möglichst weit weg von Lion und Sharp, um keine Aufmerksamkeit auf sie zu lenken. Wie erleichtert war sie, als sie wenig später ungehindert weiterfahren konnten und schließlich in Lissabon ankamen. Aber auch hier durften sie nicht verweilen, denn, so besagten Gerüchte, in der Stadt wimmelte es von Nazi-Spionen. Mit viel diplomatischem Geschick und ihrem letzten Geld gelang es Sharp, noch zwei Schiffspassagen auf der »Excalibur« für sich selbst und Lion zu erstehen. Sie erreichten den rettenden Hafen von New York Mitte September 1940. Erst zwei Monate später konnte auch Marta Europa Adieu sagen.[81]

Aus damaliger Sicht war es nachvollziehbar, dass man in Lion den Hauptgefährdeten vermutete. Er hatte sich stark exponiert, war als Antifaschist weit über Deutschland hinaus bekannt. Auch ging man davon aus, dass die Deutschen sich vor allem an Männer halten und Frauen und Kinder vielleicht eher schonen würden. Wer hätte ahnen können, dass die Nationalsozialisten nicht nur jüdische Männer, sondern auch Frauen, Kinder und Babys deportieren, internieren und systematisch ermorden würden? Die Strategie, erst den Mann in Sicherheit zu bringen – das haben wir schon bei Martin Feuchtwanger und seiner Schwester Bella gesehen –, endete vielfach fatal, wenn die Frauen den Deutschen oder ihren Handlangern in die Hände fielen. Marta und viele andere Frauen waren sich dieser Gefahr sicher nicht in vollem Umfang bewusst. In ihren Memoiren berichtet sie, wie sie nach Lions Abreise Lissabon erkundete, schwimmen ging und dabei von einem portugiesischen Polizisten verwarnt wurde, weil sie verbotenerweise einen zweiteiligen Badeanzug trug. »Ich wanderte so vor mich hin, leichten Sinnes: Lion war in Sicherheit, und ich spürte wieder die Landstraße unter den Füßen. Am liebsten hätte ich gesungen.«[82]

Für Marta ging es gut. Sie landete im November 1940 in New York. Die ihr bereits von ihrer vorherigen Reise bekannte Skyline begrüßte sie zu einem neuen Abschnitt, der länger währen sollte als alle anderen zuvor – ihr amerikanisches Leben begann. Die folgenden Wochen blieben die Feuchtwangers in Manhattan. Im Januar 1941 wurde Marta fünfzig Jahre alt – ein halbes Jahrhundert. Auch wenn Lion nicht begeistert war von der Idee, entschied sie sich, diesen Geburtstag im Yosemite Park zu verbringen und Skilaufen zu gehen. Heimaten mochten verloren gehen, aber Berge waren Berge, und Schnee war Schnee. Während der riesige El Capitan uralte Gelassenheit ausstrahlte und sie die nahezu unberührte Natur Nordkaliforniens genoss, begannen ihre körperlichen und seelischen Wunden zu heilen. Wenige Wochen später sollte sie Lion in einem mexikanischen Grenzort treffen, um von dort offiziell in die USA einzuwandern. Als sie ihn wiedersah, erlitt sie einen Schwächeanfall. »Lion glaubte, es käme von der anstrengenden Fahrt. Aber ich war nicht müde, ich war nur überempfindlich geworden – der Reiter über den Bodensee.«[83]

Die Feuchtwangers, die das warme Klima und die Nähe des Meeres liebten, zog es nach Los Angeles. Und ein weiteres Mal gelang es Marta, ein Haus zu finden, das viel mehr war als eine Unterkunft, die Villa in Pacific Palisades, rund fünfzehn Meilen von Hollywood entfernt, wurde im Laufe der folgenden Jahrzehnte ein echtes Zuhause. So weit draußen und bei rationiertem Benzin, so dachten die Feuchtwangers, wären sie sicher vor Spontanbesuchen, aber wie schon die Villa Valmar wurde auch die Villa Aurora schnell ein beliebter Treffpunkt deutschsprachiger Emigrantinnen und Emigranten und internationaler Intellektueller.

Marta blieb in den folgenden Jahren eine unersetzliche Gefährtin ihres Mannes. Sie sorgte dafür, dass er in Ruhe arbeiten konnte, las und gab Rat- und Korrekturvorschläge, sorgte dann mit ihren unterhaltsamen und kulinarisch anziehenden Abenden dafür, dass der Schriftsteller und sein jeweils neuestes Werk im Gespräch blieben. Nach seinem Tod 1958 entwickelte sich Marta zu einer wahren Gatekeeperin von Lion Feuchtwangers Erbe. Sie wachte über neue Ausgaben, Übersetzungen, Verfilmungen und wurde schließlich, als die University of Southern California seinen Nachlass und die Bibliothek übernommen hatte, auch ganz offiziell Kuratorin seines Werkes.

Lion Feuchtwangers autobiografische Notizen, aber auch Tagebucheinträge zeugen von enormer Resilienz im Angesicht von Verfolgung und Exil. Sicher bewahrte ihn sein ausgeprägtes Zugehörigkeitsgefühl zum Judentum davor, den Boden unter den Füßen zu verlieren wie andere seiner Schriftstellerkollegen. Zahlreiche deutsche Autoren erlitten in der Emigration einen schweren Kulturschock, der sie in ihrer Arbeit lähmte, sie unter Umständen in Depressionen stürzte, manche sogar in den Selbstmord trieb. Interessant ist aber, dass jene Schriftsteller und Künstler, wie eben Lion Feuchtwanger, aber auch Franz Werfel und Bertolt Brecht, die eine Frau an ihrer Seite hatten, die es mit den Widrigkeiten und Herausforderungen des Alltags im Exil aufnahm und ihrem Mann zuweilen in Sachen Wagemut und Zukunftsplanung durchaus einen Schritt voraus war, besser durch diese schwierige Zeit kamen und im tosenden Meer weltpolitischer Ereignisse sogar weiterarbeiten konnten. Andere, die in instabilen Beziehungen lebten, wie Stefan Zweig, Heinrich Mann oder Joseph Roth, fielen in ein tiefes Loch. Zweigs Frau nahm sich 1942 im brasilianischen Exil mit ihm zusammen das Leben. Heinrich Mann musste sich jahrelang um seine alkoholabhängige Frau Nelly kümmern. Besonders tragisch ist der Fall der Roths. Der begabte österreichische Schriftsteller hatte 1922 Friedl Reichler geheiratet, die nur wenige Jahre später schwer psychisch erkrankte und in ein Sanatorium kam. Roth, der nicht darüber hinwegkam, dass seine Frau ihm auf diese Weise entglitt, begann zu trinken, ließ sich schließlich von Friedl, die inzwischen entmündigt war, scheiden. In Sanary-sur-Mer traf er die Feuchtwangers und viele andere alte Bekannte wieder und hatte wechselnde Beziehungen, die ihm keinen Halt gaben. Die Einsamkeit und der Alkohol waren stärker. Joseph Roth starb im Mai 1939 in Paris. Friedl aber wurde wenige Monate später in der NS-Tötungsanstalt Hartheim ermordet.[84]

Verfolgung und Exil waren eine harte Probe für Beziehungen, aber familiäre Bande erwiesen sich als besonders wichtig in Zeiten der Not. Lion und Marta Feuchtwanger unterstützten in den Dreißiger- und Vierzigerjahren Lions Geschwister tatkräftig, versuchten vor allem jenen zu helfen, die bis kurz vor Kriegsbeginn in München und Berlin festsaßen. Mit knapper Not konnten Fritz, Ludwig, Martin, Berthold und Franziska Feuchtwanger und ihre Familien gerettet werden. Zurück in Europa blieb einzig Bella.

Wer sich zu Beginn der Vierzigerjahre ohne stabiles familiäres Netz fand, stand allein in einer Welt, die immer lebensfeindlicher wurde. Nachdem ihre Stiefmutter Käte 1940 nach Palästina geflüchtet war, lebte Felice Schragenheim noch einige Monate bei den Eltern Kätes am Kurfürstendamm. Längst war sie zu Zwangsarbeit eingezogen worden und musste jeden Morgen bei der Flaschenverschlussfabrik C. Sommerfeld & Co. in Berlin-Moabit antreten. Im Sommer 1941 zog sie nach Moabit und lebte zur Untermiete bei einem Dr. Kurt Hirschfeld, Ende des Jahres meldete sie sich bei ihrer Großmutter Hulda und deren Bruder in der Prager Straße an. Acht Monate später wurde die geliebte Großmutter, letzter familiärer Anker, mit ihrem Bruder nach Theresienstadt deportiert. Felice war zunächst zurückgestellt worden, weil sie bei Sommerfeld & Co. kriegswichtige Arbeit verrichtete. Als sie selbst schließlich den Deportationsbescheid erhielt, traf sie einen radikalen Entschluss: Sie verfasste einen Abschiedsbrief, in dem sie ihren Selbstmord ankündigte. Die Jüdin Felice

Schragenheim starb, die »Arierin« Barbara Schrader wurde geboren.[85]

Felice war eine lebenslustige, begabte und durchaus gewitzte Zwanzigjährige, und selbst unter den denkbar bedrohlichsten und deprimierendsten Bedingungen machte sich das bemerkbar. Sie hatte einen kleinen, festen Zirkel von Freundinnen und Freunden, die von ihrer Verwandlung wussten und ihr Unterschlupf gewährten. Man traf sich regelmäßig in Cafés oder Privatwohnungen, tauschte sich aus, wog Möglichkeiten ab, doch noch aus Deutschland rauszukommen. Auch zu Olga Selbach und ihrer Mutter hielt Felice den Kontakt aufrecht. Im Ferienhaus der Selbachs brachte sie ihre letzten Habseligkeiten unter. Ihre Schwärmerei für »Mutti« war inzwischen etwas abgekühlt, aber Felice liebte Frauen, daran ließ sie keinen Zweifel. Sie zog gern Männerkleidung an und scheute sich nicht, Mädchen und Frauen, die sie anziehend fand, schöne Augen zu machen. Über ihre Freundin Inge lernte sie im Herbst 1942 Lilly Wust kennen. Inge war der vierfachen Mutter und Soldatenfrau für ihr Pflichtjahr zugeteilt worden. In Wusts Wohnung hing ein Hitler-Porträt, und auch sonst deutete alles darauf hin, dass es sich bei Lilly um eine überzeugte »Nazisse« handelte. Vielleicht war es das, was die tollkühne Felice herausforderte, jedenfalls wollte sie diese Frau unbedingt kennenlernen. Als sie dann tatsächlich auf die zierliche Berlinerin mit der Brille und dem kupferroten Haar traf, war die Faszination wohl gegenseitig. Immer mehr Zeit verbrachte Felice bei der Familie in Schmargendorf, und nach und nach entwickelte sich eine Beziehung zwischen den beiden Frauen. Die untergetauchte Jüdin und die Soldatengattin mit vier strammen Söhnen – ein ungleiches Paar. Diese Ungleichheit prägte die Verbindung zwischen Felice und Lilly von Anfang an und blieb auch bestehen, als Felice sich Lilly eines Tages offenbarte. Die Dokumente, die aus dieser Zeit vorliegen – Briefe, Notizen, sogar ein Testament Felices –, deuten darauf hin, dass zwischen den beiden echte Zuneigung geherrscht hat. Die Wusts waren für Felice Familienersatz, Lilly eine Freundin und Partnerin. Und Lilly meinte es offenbar ernst, sie eröffnete ihren Eltern, dass Felice und sie ein Liebespaar seien, und auch, dass Felice Jüdin war. Ein riskantes Manöver, doch auch Lillys Eltern scheinen Felice ins Herz geschlossen zu haben. Im Oktober 1943 ließ sich Lilly scheiden und war nun endgültig frei für Felice.[86]

Schon ein paar Monate zuvor hatten die beiden eine Art Ehevertrag geschlossen und voreinander Schwüre abgelegt. »Im Namen aller zuständigen Götter, Heiligen und Maskottchen verpflichte ich mich zu folgenden zehn Punkten und hoffe, dass alle diese zuständigen Götter, Heiligen und Maskottchen mir gnädig sein werden und mir helfen werden, mein Wort zu halten«, schrieb Felice, die von Lilly »Jaguar« genannt wurde, im Juni 1943 an ihre »Aimée«. Dann listete sie zehn Punkte auf und besiegelte die Gelübde mit einem roten Lippenstiftkuss auf dem weißen Papier:

1. *Ich werde Dich immer lieben.*
2. *Ich werde Dich nie allein lassen.*
3. *Ich werde alles tun, um Dich glücklich zu machen*
4. *Ich werde, sowie es die Verhältnisse erlauben, für Dich und die Kinder sorgen.*
5. *Ich werde nicht dagegen protestieren, dass Du für mich sorgst.*
6. *Ich werde mich nicht mehr nach hübschen Mädchen umsehen, höchstens um festzustellen, dass Du hübscher bist.*
7. *Ich werde abends sehr selten spät nach Hause kommen.*
8. *Ich werde mich bemühen nachts leise mit den Zähnen zu knirschen.*
9. *Ich werde Dich immer lieben.*
10. *Ich werde Dich immer lieben.*[87]

Über eine Adresse in der Schweiz schrieb Felice ihrer Schwester Irene nach England und berichtete von ihrer Beziehung zu Lilly, ja, sie legte sogar ganz offiziell fest, dass ihre Geliebte ihre sämtlichen Besitztümer bekommen solle, sollte ihr selbst etwas zustoßen.[88] Man braucht nicht viel Fantasie, um zu erahnen, an welche Art von »etwas« Felice dabei dachte. Die Gefahr, entdeckt zu werden, begleitete die junge Frau auf Schritt und Tritt. Sie lebte unter falschem Namen ein falsches Leben, ging jeden Tag in ein Büro, wo sie als Stenotypistin bei der *National-Zeitung* arbeitete. Aber eine unbedachte Bemerkung, ein dummer Zufall konnte sie jederzeit verraten.

Lilly gab Felice Schutz und Halt, aber auch Lilly brauchte Felices Zuneigung und benötigte immer wieder Beteuerungen ihrer Liebe. Und doch herrschte zwischen den beiden Frauen ein eklatantes Ungleichgewicht, das ist einfach nicht zu leugnen. Felice war nicht frei, sie war auf Lilly, ihre Verschwiegenheit und Kooperation angewiesen, sie war ihr im Grunde ausgeliefert. Mitten im Krieg hatte sie kaum mehr Alternativen. Sie scheint durchaus, nachdem sich der Weg nach Amerika ein für alle Mal geschlossen hatte, darüber nachgedacht zu haben, über die grüne Grenze in die Schweiz zu fliehen, auch als sie längst mit Lilly zusammen war. Möglicherweise hat sie, die ihre Familie so früh verlor, es nicht über sich gebracht, noch einmal alles hinter sich zu lassen. Außerdem war die Flucht ein riskantes Unterfangen. Bei Lilly Wust, unbescholtener Soldatenfrau, sollte doch eigentlich keiner Verdacht schöpfen, hier sollte sie sicher sein. So sicher man eben als untergetauchte Jüdin im Berlin der Vierzigerjahre sein konnte.[89]

Felice blieb also, hoffte auf ein Ende des Krieges wie so viele ihrer jüdischen Leidensgenossinnen und -genossen und auch immer mehr deutsche Nicht-Juden und versuchte, sich in einen Alltag zu flüchten, so merkwürdig der auch sein mochte. Am 21. August 1944 unternahmen Lilly und Felice einen Bade-Ausflug an die Havel. Als sie ausgelassener Stimmung am Nachmittag zurückradelten und die Treppen zur Wohnung hinaufliefen, erwartete sie dort die Gestapo mit einem Foto von Felice in der Hand. Ihre echte Identität war aufgedeckt worden, die schlimmsten Befürchtungen wahr geworden. Die Männer nahmen sie sofort mit. Wie die Gestapo von Felice erfuhr und wie sie in den Besitz des Fotos kam, ist unklar.[90]

Zunächst wurde Felice in ein Sammellager in den Wedding gebracht, wo Lilly sie noch besuchen konnte, Anfang September aber wurde sie nach Theresienstadt deportiert. Schon nach wenigen Wochen ging es weiter nach Auschwitz und von dort in ein Nebenlager von Groß-Rosen, wo sie bei Eiseskälte schwere körperliche Arbeit verrichten musste. Dort erkrankte Felice an Scharlach und kam ins Krankenhaus. Ein kurzes Atemholen an einem Ort, an dem man sich um sie kümmerte, an dem es warm war und es genügend zu essen gab. Aus diesen Tagen sind Briefe an Lilly erhalten. Am 10. November 1944 schrieb Felice: »Und ich habe richtige Angst vor dem Zurückgehen ins Lager, wie jemand, der gerade mit dem Kopf aus eisigem Wasser aufgetaucht ist, und nun soll er wieder runtergestoßen werden. Ich sage das aber nur Dir allein, denn nur das Katzentier darf es wissen, dass der mutige Jaguar Angst hat. Bete für ihn, ja?«[91] Bald schon ging es Felice gesundheitlich etwas besser, und sie wurde zurück ins Lager geschickt. Sie starb beim Todesmarsch von Groß-Rosen nach Bergen-Belsen oder kurz nach ihrer Ankunft in Bergen-Belsen, nur wenige Monate bevor der Krieg zu Ende ging. Die Befreiung Berlins, ein Leben ohne Angst, eine Zukunft, die es wert war, gelebt zu werden – Felice hat sie nicht mehr gesehen.

»Ich wohne wie immer alleine im Haus, die Schildkröte ist meine Gesellschaft. Wir essen zusammen Wassermelone auf der Terrasse. Nach wie vor kommen viele Besucher«, schreibt Marta Feuchtwanger im Sommer 1978 an ihre Schwägerin Henny nach Israel. »Ich turne täglich ein bisschen, schwimme aber nur selten im Meer, da dieses Jahr sehr gefährliche Unterströmungen sind. (…) Voriges Jahr bin ich beinahe ertrunken. Es war Weihnachten, und als ich ans Ufer zurückkam und kaum mehr atmen konnte, standen zwei Schutzleute da und sagten: ›*We are glad you came back. We thought you were a suicide.*‹«[92]

Die beiden älteren Damen waren fast gleichalt. Marta war siebenundachtzig, Henny sechsundachtzig. Beide haben ihre Männer um Jahrzehnte überlebt. Lions Schwester hatte sich ohnehin kurz nach der Übersiedelung nach Palästina von ihrem Mann Jakob getrennt. Das Leben in dem jungen Staat Israel taugte ihr. Am 14. Mai 1948 gegründet, war das Land am folgenden Tag von sämtlichen arabischen Nachbarn angegriffen worden und hatte zur Überraschung vieler dennoch gesiegt. 1973 hatte es einen Überraschungsangriff an *Jom Kippur* überstanden und inzwischen wieder zu einer wenn auch brüchigen Normalität zurückgefunden. Henny war mit jeder Faser ihres Körpers eine Pionierin, sie war früh und aus Überzeugung nach Tel Aviv gekommen, nicht aus Verzweiflung wie so viele Jüdinnen und Juden, die im Laufe der späten Dreißigerjahre hier gestrandet waren. Henny, schon immer sportbegeistert wie ihre Schwägerin Marta, entdeckte in der neuen Heimat Yoga für sich und wurde zu einer der ersten Frauen in Israel, die diese Lehre praktizierten und unterrichteten. Bis ins hohe Alter fuhr sie Ski und machte einmal im Jahr Winterferien in Wengen im Berner Oberland, wo einst auch Marta die Pisten unsicher gemacht hatte.[93] Die beiden Frauen hatten mitten im Leben noch einmal neu angefangen. Marta in Los Angeles, Henny in Tel Aviv. Sie waren noch einmal davongekommen und schienen zufrieden zu sein mit ihrem Zuhause. Marta berichtet, dass sie in der ganzen Stadt viele Freunde habe und praktisch nie selbst kochen müsse, weil sie dauernd eingeladen sei. Henny hatte ihre Kinder und Enkel um sich und fühlte sich eng verbunden mit dem Staat, den aufzubauen sie einst hergekommen war.[94]

Hennys Urgroßmutter Fanny Feuchtwanger, die Matriarchin, mit der alles begonnen hatte, legte zu Beginn des 19. Jahrhunderts mit Weitblick und einer beträchtlichen Portion Ehrgeiz und Leistungsbereitschaft das Fundament für den beeindruckenden Aufstieg der Familie vom eher bescheidenen Silberwarenhandel im provinziellen Fürth ins wohlhabende Münchner Wirtschafts- und Bildungsbürgertum. In jüdischen Gemeinden weit über Franken hinaus sprach man von ihr als wahrer *Eschet Chajil*, als tüchtiger und wagemutiger Frau, wie sie in den Sprüchen Salomos beschrieben wird. Fanny hätte sich wohl nicht vorstellen können, in welchen Abgrund ihre Enkelinnen und Urenkelinnen über einhundert Jahre später blicken mussten. Die nationalsozialistische Diktatur, der Zweite Weltkrieg und die Shoah setzten der Geschichte der Feuchtwangers in Deutschland ein Ende und rissen die Familie auseinander. Bella und Felice starben im Konzentrationslager beziehungsweise auf dem Todesmarsch. Andere wie Henny, Rebekka, Rahel und Marta konnten sich und ihre Familien noch rechtzeitig in Sicherheit bringen. Und einigen von diesen Frauen ist es sogar gelungen, in den beängstigenden und verwirrenden Zeiten der Verfolgung und des Neuanfangs, den Mut nicht zu verlieren und ihren Männern und Kindern ein rettender Hafen zu sein. Wie heißt es in den Sprüchen Salomos über die wagemutige Frau? »Kraft und Würde sind ihr Gewand, und sie lacht des kommenden Tages.«[95]

Dank

Die Feuchtwangers begleiten mich schon viele Jahre. 2004 habe ich meine Doktorarbeit über das Leben und Wirken von vier Generationen dieser Familie an Michael Brenners Lehrstuhl für Jüdische Geschichte und Kultur an der Ludwig-Maximilians-Universität eingereicht, 2006 erschien sie im Wallstein Verlag. Seitdem habe ich die Idee mit mir herumgetragen, aus dieser faszinierenden Familiengeschichte – ein bisschen bayerische *Buddenbrooks*, ein bisschen *Löwengrube*, ein bisschen *Shtisel* – ein Buch zu machen, das die Erkenntnisse der Dissertation in sich trägt und die Leserin beziehungsweise den Leser gleichzeitig in die Geschichte hineinzieht, ein Buch, das erhellt und unterhält. Zugleich war es mir wichtig, in diesem Buch die Stimmen der Frauen stärker hörbar zu machen, denn eines wird klar, wenn man sich mit den Feuchtwangers beschäftigt – ohne die ehrgeizigen Matriarchinnen, abenteuerlustigen Pionierinnen und wagemutigen Heldinnen hätten die Herren Feuchtwanger aller Generationen ganz schön alt ausgesehen. Voilà, hier ist sie also, die unerzählte Geschichte der Frauen der Familie Feuchtwanger, in die lesend einzutauchen hoffentlich ebenso viel Freude bereitet, wie es mir gemacht hat, sie zu schreiben.

Einmal mehr habe ich meiner Agentin Rebekka Göpfert zu danken, die mir stets zur Seite steht und mich gerade bei der Idee, die Feuchtwangers einem breiteren Publikum vorzustellen, von Anfang an unterstützt hat. Dank auch an die wunderbaren

Frauen vom Piper Verlag: Felicitas von Lovenberg, Anne Stadler, Catharina Stohldreier, Roxane Paeger, Stefanie Frühauf, Christina Herborg sowie meiner Lektorin Heike Wolter. Ein großes Merci außerdem an Michaela Ullmann und Marje Schuetze-Coburn von der Feuchtwanger Memorial Library an der University of Southern California sowie an die Mitarbeitenden des Archivs des Jüdischen Museums in Berlin und des Leo Baeck Institutes in New York. Und wie immer von ganzem Herzen Dank an Isabel Müller und Toma Perret für die Gespräche, die Inspiration, die Geduld und die Rückendeckung.

Auswahlbibliografie

Autobiografien, Interviews und Tagebücher

Feuchtwanger, Edgar/Scali, Bertil, Als Hitler unser Nachbar war. Erinnerungen an meine Kindheit im Nationalsozialismus, München 2014.

Feuchtwanger, Lion, Aus meinem Leben, in: Colloquium, Nr. 7, 1964, S. 15–17.

Ders., Bin ich deutscher oder jüdischer Schriftsteller?: Betrachtungen eines Kosmopoliten, hrsg. von Nele Holdack, Marje Schuetze-Coburn, Michaela Ullmann, Berlin 2023.

Ders., Ein möglichst intensives Leben. Die Tagebücher, Berlin 2018.

Ders., Ein Buch nur für meine Freunde, Frankfurt am Main 1984, erstmals unter dem Titel »Centum opuscula. Eine Auswahl«, 1956.

Ders., Der Teufel in Frankreich, Tagebuch 1940, Berlin 2000.

Feuchtwanger, Marta, Nur eine Frau. Jahre, Tage, Stunden, München 1999 (1983).

Dies., An émigre life. Oral history transcript: Munich, Berlin, Sanary, Pacific Palisades, University of California, Marta Feuchtwanger interviewed by Lawrence Weschler.
https://archive.org/details/emigrelifeoralhio4feuc/mode/2up

Feuchtwanger, Martin, Zukunft ist ein blindes Spiel, Berlin 1999.

Straus, Rahel, Wir lebten in Deutschland. Erinnerungen einer deutschen Jüdin 1880–1930, Manuskript, Leo Baeck Institut New York (1962 erschienen bei DVA, Stuttgart).

Sekundärliteratur

Badinter, Elisabeth, Mutterliebe. Geschichte eines Gefühls vom 17. Jahrhundert bis heute, München 1984.

Bock, Gisela, Frauen in der europäischen Geschichte, Vom Mittelalter bis zur Gegenwart, München 2000.

Brenner, Michael, Warum München nicht zur Hauptstadt des Zionismus wurde – Jüdische Religion und Politik um die Jahrhundertwende, in: Ders. und Yfaat Weiss (Hg.), Zionistische Utopie – israelische Realität, München 1999, S. 39–52.

Ders./Penslar, Derek J. (Hg.), In Search of Jewish Community. Jewish Identities in Germany and Austria 1918–1933, Indiana University Press 1998.

Breuer, Mordechai, Jüdische Orthodoxie im Deutschen Reich 1871–1918. Sozialgeschichte einer religiösen Minderheit, Frankfurt am Main 1986.

Cohen, Steven M., The Jewish Family – Myths and Reality, New York 1986.

Conze, Werner (Hg.), Sozialgeschichte der Familie in der Neuzeit Europas, Stuttgart 1976.

Eloni, Yehuda, Zionismus in Deutschland, Von den Anfängen bis 1914, Schriftenreihe des Instituts für Deutsche Geschichte Tel Aviv, Gerlingen 1987.

Evans, Richard, Lee, W R. (Hg.), The German Family – Essays on the social History of the Family in the Nineteenth- and Twentieth-Century Germany, London 1981.

Family Tree – The Feuchtwanger Family 1786–2009, Tel Aviv 2009.

Fischer, Erica, Aimée und Jaguar. Eine Liebesgeschichte, Berlin 1943, Köln 4. Auflage 2019.

Dies./Becker-Rau, Christel, Das kurze Leben der Jüdin Felice Schragenheim: »Jaguar« Berlin 1922 – Bergen-Belsen 1945, München 2002.

Fitz, Diana-Elisabeth, Vom Salzfaktor zum Bankier. Familie Wassermann: Spiegelbild eines emanzipatorischen Einbürgerungsprozesses, Nördlingen 1992.

Flügge, Manfred, Die vier Leben der Marta Feuchtwanger, Berlin 2010.

Ders., Wider Willen im Paradies. Deutsche Schriftsteller im Exil in Sanary-sur-Mer, Berlin 1996.

Frevert, Ute (Hg.), Bürgerinnen und Bürger. Geschlechterverhältnisse im 19. Jahrhundert, Göttingen 1988.

Dies., Frauen-Geschichte. Zwischen Bürgerlicher Verbesserung und Neuer Weiblichkeit, Frankfurt am Main 1986.

Gestrich, Andreas, Geschichte der Familie im 19. und 20. Jahrhundert, München 1999.

Geyer, Martin H., Verkehrte Welt. Revolution, Inflation und Moderne: München 1914–1924, Göttingen 1998.

Gleibs, Yvonne, Juden im kulturellen und wissenschaftlichen Leben Münchens in der zweiten Hälfte des 19. Jahrhunderts, Neue Schriftenreihe des Stadtarchivs München, München 1981.

Goody, Jack, Die Geschichte der Familie, München 2002.

Gotzmann, Andreas/Liedtke, Rainer/van Rahden, Till (Hg.), Juden, Bürger, Deutsche. Zur Geschichte von Vielfalt und Differenz, 1800–1933, Tübingen 2001.

Greive, Hermann, Zionism and Jewish Orthodoxy (I), in: LBIYB 1980, S. 173–195. Zionism and Jewish Orthodoxy (II), in: LBIYB 1983, S. 241–247.

Gumprecht, Holger, »New Weimar« unter Palmen. Deutsche Schriftsteller im Exil in Los Angeles, Berlin 1998.

Hanke, Peter, Zur Geschichte der Juden in München zwischen 1933 und 1945, Neue Schriftenreihe des Stadtarchivs München, München 1967.

Hausen, Karen/Wunder, Heide, Frauengeschichte. Geschlechtergeschichte, Frankfurt 1992.

Herweg, Rachel Monika, Die jüdische Mutter. Das verborgene Matriarchat, Darmstadt 1994.

Heusler, Andreas, Lion Feuchtwanger: Münchner – Emigrant – Weltbürger, München 2014.

Ders./Weger, Tobias (Hg.), »Kristallnacht«. Gewalt gegen die Münchner Juden im November 1938, München 1998.

Hödl, Sabine (Hg.), Die jüdische Familie in Geschichte und Gegenwart, Berlin 1999.

Hufton, Olwen, Frauenleben. Eine europäische Geschichte 1500–1800, Frankfurt am Main 1998.

Hyman, Paula, Gender and Assimilation in Modern Jewish History. The Roles and Representation of Women, University of Washington Press 1995.

Kaplan, Marion (Hg.), Geschichte des jüdischen Alltags in Deutschland: Vom 17. Jahrhundert bis 1945, München 2003.

Dies., Jüdisches Bürgertum. Frau, Familie und Identität im Kaiserreich, Hamburg 1997.

Dies., For Love or Money. The Marriage Strategies of Jews in Imperial Germany, in: LBIYB 1983, S. 263–300.

Dies., Der Mut zum Überleben, Jüdische Frauen und ihre Familien in Nazi-Deutschland, Berlin 2001.

Katz, Jacob, Zwischen Messianismus und Zionismus. Zur jüdischen Sozialgeschichte, Frankfurt am Main 1993.

Ders., Tradition und Krise. Der Weg der jüdischen Gesellschaft in die Moderne, München 2002.

Ders., A House Divided. Orthodoxy and Schism in Nineteenth-Century Central European Jewry, Brandeis University Press 1998.

Kilian, Hendrikje, Die jüdische Gemeinde in München 1813–1871. Eine Großstadtgemeinde im Zeitalter der Emanzipation, Diss. 1988, erschienen in: Neue Schriftenreihe des Stadtarchivs München, München 1989.

Klapdor, Heike, Überlebensstrategie statt Lebensentwurf. Frauen in der Emigration, in: Exilforschung Bd. XI, Frauen und Exil. Zwischen Anpassung und Selbstbehauptung, hrsg. von Claus-Dieter Krohn unter Mitarbeit von Inge Stephan, München 1993, S. 12–30.

Klein, Michele, A Time to Be Born. Customs and Folklore of Jewish Birth, Philadelphia 2000.
Kocka, Jürgen (Hg.), Bürgertum im 19. Jahrhundert, Bd. I und II, Göttingen 1995.
Koonz, Claudia, Courage and Choice Among German-Jewish Women and Men, in: Paucker, Die Juden im nationalsozialistischen Deutschland 1933–1943, S. 283–294.
Kraemer, David (Hg.), The Jewish Family. Metaphor and Memory, New York, Oxford 1989.
Lässig, Simone, Jüdische Wege ins Bürgertum. Kulturelles Kapital und sozialer Aufstieg im 19. Jahrhundert, Göttingen 2004.
Lamm, Hans (Hg.), Vergangene Tage, München 1982, erstmals 1958.
Landeshauptstadt München (Hg.), Jüdisches Leben in München – Lesebuch zur Geschichte des Münchner Alltags, Geschichtswettbewerb 1993/94, München 1995.
Large, David Clay, Hitlers München, Aufstieg und Fall der Hauptstadt der Bewegung, München 1998.
Ophir, Baruch Z./Wiesemann, Falk, Die jüdischen Gemeinden in Bayern 1918–1945. Geschichte und Zerstörung, München, Wien 1979.
Paucker, Arnold (Hg.), Die Juden im nationalsozialistischen Deutschland 1933–1943, Tübingen 1986.
Reif, Heinz (Hg.), Die Familie in der Geschichte, Göttingen 1982.
Shorter, Edward, The Making of the Modern Family, New York 1975.
Sieder, Reinhard, Sozialgeschichte der Familie, Frankfurt am Main 1987.
Specht, Heike, Die Feuchtwangers. Familie, Tradition und jüdisches Selbstverständnis, Göttingen 2006.
Treml, Manfred, Kirmeier, Josef (Hg.) unter Mitarbeit von Evamaria Brockhoff, Geschichte und Kultur der Juden in Bayern, Aufsätze und Lebensläufe, München, New York 1988.
Van Schaik, Carel/Michel, Kai, Die Wahrheit über Eva. Die Erfindung der Ungleichheit von Frauen und Männern, Hamburg 2020.
Volkov, Shulamit, Die Juden in Deutschland 1780–1918, München 1994.
Dies., Jüdisches Leben und Antisemitismus im 19. und 20. Jahrhundert, Zehn Essays, München 1990.
Dies., Das jüdische Projekt der Moderne. Zehn Essays, München 2001.
Weber-Kellermann, Ingrid, Die Geschichte der Familie. Geschichte, Geschichten und Bilder, Frankfurt am Main 1990.
Zemon Davis, Natalie, Frauen und Gesellschaft am Beginn der Neuzeit. Studien über Familie, Religion und die Wandlungsfähigkeit des sozialen Körpers, Berlin 1986.

Abbildungsnachweis

[1]: The Feuchtwanger Stammbaum, Tel Aviv 2009
[2]: Courtesy of University of Southern California, on behalf oft he USC Libraries Special Collections
[3]: Courtesy of University of Southern California, on behalf oft he USC Libraries Special Collections
[4]: Courtesy of University of Southern California, on behalf oft he USC Libraries Special Collections
[5]: Courtesy of University of Southern California, on behalf oft he USC Libraries Special Collections
[6]: Courtesy of University of Southern California, on behalf oft he USC Libraries Special Collections
[7]: akg-images
[8]: Courtesy of University of Southern California, on behalf oft he USC Libraries Special Collections
[9]: ullstein bild – Calle Hesslefors
[10]: Leo-Baeck-Institute, New York
[11]: Leo-Baeck-Institute, New York
[12]: bpk/Heinrich Hoffmann
[13]: Albert und Erna Schragenheim, Jüdisches Museum Berlin, Inv.-Nr. 2006/37/291, Schenkung von Elisabeth Wust
[14]: Erna Schragenheim mit ihren Töchtern Irene und Felice am Strand; Jüdisches Museum Berlin, Inv.-Nr. 2006/37/301, Schenkung von Elisabeth Wust
[15]: Felice Schragenheim am Tag ihrer Einschulung, Berlin 12. April 1928; Jüdisches Museum Berlin, Inv.-Nr. 2006/37/247, Schenkung von Elisabeth Wust

[16]: Porträt Felice Schragenheim, Berlin 1935–1943; Jüdisches Museum Berlin, Inv.-Nr. 2006/37/274, Schenkung von Elisabeth Wust

[17]: Felice Schragenheim mit Korbsessel auf dem Balkon, Berlin 1940; Jüdisches Museum Berlin, Inv.-Nr. 2006/37/267, Schenkung von Elisabeth Wust

[18]: Elisabeth Wust und Felice Schragenheim beim Ausflug an der Havel, Berlin 21. August 1944; Jüdisches Museum Berlin, Inv.-Nr. 2006/37/378/1, Schenkung von Elisabeth Wust

Anmerkungen

Vorwort

1 Heike Specht, Die Feuchtwangers. Familie, Tradition und jüdisches Selbstverständnis, Göttingen 2006.

Teil I: Matriarchinnen

1 Vgl. Gerhard Renda, Fürth, das »Bayerische Jerusalem«, in: Geschichte und Kultur der Juden in Bayern. Aufsätze, hrsg. von Manfred Treml, Josef Kirmeier, München, New York 1988, S. 225–235.
2 Vgl. zur patrilokalen Kultur: Carel van Schaik/Kai Michel, Die Wahrheit über Eva. Die Erfindung der Ungleichheit von Frauen und Männern, Hamburg 2021, S. 312 ff.
3 Ansässigmachung Seligmann Feuchtwanger, Fach 18a F, Nr. 9, Stadtarchiv Fürth.
4 Vgl. Olwen Hufton, Frauenleben. Eine europäische Geschichte 1500–1800, Frankfurt am Main 1998, S. 283 f. Michele Klein, A Time to Be Born. Customs and Folklore of Jewish Birth, Philadelphia 2000, S. 165 f.
5 Ansässigmachung Seligmann Feuchtwanger, Fach 18a F, Nr. 9, Stadtarchiv Fürth.
6 Ansässigmachung Seligmann Feuchtwanger, Fach 18a F, Nr. 9, Stadtarchiv Fürth. Amos Elon, Der erste Rothschild, Biografie eines Frankfurter Juden, Hamburg 1998, S. 116.
7 The Feuchtwanger Family 1700–2009, Tel Aviv 2009 (Stammbaum), S. XXIII ff.
8 Diana-Elisabeth Fitz, Vom Salzfaktor zum Bankier. Familie Wassermann: Spiegelbild eines emanzipatorischen Einbürgerungsprozesses, Nördlingen 1992, S. 28–32.
9 Heinrich Feuchtwanger, The early history of the Feuchtwanger Family, in: The Feuchtwanger Family, S. XIV.

10 Vgl. Rachel Monika Herweg, Die jüdische Mutter. Das verborgene Matriarchat, Darmstadt 1994, S. 67 f.
11 The Feuchtwanger Family 1700 – 2009, S. LIX.
12 Brief von Regine Feuchtwanger-Ellern an Hayman Ellern, Fürth, undatiert. Brief von Bertha Rau an Regine Ellern, Fürth 1864, Privatarchiv Margot Ellern, Tel Aviv.
13 Vgl. Elisabeth Badinter, Die Mutterliebe. Die Geschichte eines Gefühls vom 17. Jahrhundert bis heute, München 1981.
14 Brief von Regine Feuchtwanger-Ellern an Hayman Ellern, Fürth, undatiert. Brief von Bertha Rau an Regine Ellern, Fürth 1864, Privatarchiv Margot Ellern, Tel Aviv.
15 Brief von Ignaz Ellern an Clara Feuchtwanger, Karlsruhe, 30. 6. 1886, Privatarchiv Margot Ellron, Tel Aviv.
16 Einbürgerungsakt Jakob Löw Feuchtwanger, Stadtarchiv München. Brief Jakob Löw Feuchtwangers an Abraham Fränkel, 1. 5. 1857.
17 Vgl. Karl Schwarzschild (1873 – 1916). Ein Pionier und Wegbereiter der Astrophysik, herausgegeben von Klaus Reinsch und Axel D. Wittmann, Göttingen 2017, S. 5.
18 Sprüche 31,10 – 31.
19 Rahel Straus, Wir lebten in Deutschland, Manuskript, Leo Baeck Institut New York, S. 191 f. Der Text wurde ursprünglich noch während des Zweiten Weltkriegs verfasst und erschien 1961 bei DVA in Stuttgart unter dem Titel »Wir lebten in Deutschland. Erinnerungen einer deutschen Jüdin 1880 – 1933«. Hier wird jeweils aus dem Manuskript zitiert.
20 Rahel Straus, Wir lebten in Deutschland, Manuskript, S. 192 ff.
21 Rahel Straus, Wir lebten in Deutschland, Manuskript, S. 186 f.
22 Rahel Straus, Wir lebten in Deutschland, Manuskript, S. 18 ff., 26 ff.
23 Postkarte von Albert Schragenheim an Erna Schragenheim, Sofia, 16. März 1916, 2006/37/291. Der Nachlass Felice Schragenheims ist eine Schenkung Elisabeth Wusts an das Jüdische Museum Berlin.

Teil II: Hausherrinnen

1 Rahel Straus, Wir lebten in Deutschland, Manuskript, S. 185.
2 Julie Meyer-Frank, Erinnerungen an meine Studienzeit, in: Lamm, S. 212 – 217, S. 212.
3 Familienbogen Elkan Feuchtwanger, Stadtarchiv München.
4 Marta Feuchtwanger, An émigré life, Vol. 1, S. 65. Oral history transcript: Munich, Berlin, Sanary, Pacific Palisades, University of California, Marta Feuchtwanger interviewed by Lawrence Weschler. https://archive.org/details/emigrelifeoralhio4feuc/mode/2up
5 Rahel Straus, Wir lebten in Deutschland, Manuskript, S. 50 f.
6 Rahel Straus, Wir lebten in Deutschland, S. 49 ff.

7 *Die Laubhütte*, 20.6.1888.
8 Martin Feuchtwanger, Zukunft ist ein blindes Spiel, Frankfurt/Main, Berlin 1992, S. 22.
9 Martin Feuchtwanger, Zukunft ist ein blindes Spiel, S. 12 ff.
10 Martin Feuchtwanger, Zukunft ist ein blindes Spiel, S. 14.
11 Martin Feuchtwanger, Zukunft ist ein blindes Spiel, S. 13.
12 Martin Feuchtwanger, Zukunft ist ein blindes Spiel, S. 16 ff.
13 Martin Feuchtwanger, Zukunft ist ein blindes Spiel, S. 50 ff.
14 Rahel Straus, Wir lebten in Deutschland, S. 179.
15 Martin Feuchtwanger, Zukunft ist ein blindes Spiel, S. 22.
16 Lion Feuchtwanger, Aus meinem Leben, S. 16. Martin Feuchtwanger, Zukunft ist ein blindes Spiel, S. 12. Lion Feuchtwanger, Ein möglichst intensives Leben, Die Tagebücher, Berlin 2018, fortan: Tagebuch, 21.2.1906, 22.2.1906.
17 Martin Feuchtwanger, Zukunft ist ein blindes Spiel, S. 24.
18 Marta Feuchtwanger, An émigré life, Vol. 1, S. 81 f. Martin Feuchtwanger, Zukunft ist ein blindes Spiel, S. 15.
19 Rahel Straus, Wir lebten in Deutschland, Manuskript, S. 191.
20 Rahel Straus, Wir lebten in Deutschland, Manuskript, S. 188.
21 Genesis 30,1.
22 Vgl. Klein, A Time to Be Born, S. 19.
23 Rahel Straus, Wir lebten in Deutschland, Manuskript, S. 372 ff.
24 Martin Feuchtwanger, Zukunft ist ein blindes Spiel, S. 16.
25 Vgl. Shulamit Volkov, Jüdische Assimilation und Eigenart im Kaiserreich, in: Dies., Jüdisches Leben und Antisemitismus im 19. und 20. Jahrhundert, S. 138, 144 f.
26 Martin Feuchtwanger, Zukunft ist ein blindes Spiel, S. 73.
27 Rahel Straus, Wir lebten in Deutschland, Manuskript, S. 63.
28 Martin Feuchtwanger, Zukunft ist ein blindes Spiel, S. 46 ff. Rahel Straus, Wir lebten in Deutschland, Manuskript, S. 66 ff.
29 Rahel Straus, Wir lebten in Deutschland, Manuskript, S. 71.
30 Rahel Straus, Wir lebten in Deutschland, Manuskript, S. 40, 66.

Teil III: Pionierinnen

1 Rahel Straus, Wir lebten in Deutschland, Manuskript, S. 215.
2 Rahel Straus, Wir lebten in Deutschland, Manuskript, S. 94.
3 Rahel Straus, Wir lebten in Deutschland, Manuskript, S. 77, 119, 123.
4 Rahel Straus, Wir lebten in Deutschland, Manuskript, S. 125.
5 Rahel Straus, Wir lebten in Deutschland, Manuskript, S. 126 f.
6 Martin Feuchtwanger, Zukunft ist ein blindes Spiel, S. 28/29. Lion Feuchtwanger, Aus meinem Leben, S. 16.

7 Lion Feuchtwanger, Aus meinem Leben, S. 16. Martin Feuchtwanger, Zukunft ist ein blindes Spiel, S. 51.
8 Lion Feuchtwanger, Selbstdarstellung, 1933, in: Ein Buch nur für meine Freunde, S. 356 – 361, S. 356 f.
9 Lion Feuchtwanger, Tagebuch, 2. 1. 1907.
10 Lion Feuchtwanger, Tagebuch, 11. 11. 1906. Lion Feuchtwanger, Aus meinem Leben, S. 16.
11 Lion Feuchtwanger, Tagebuch, 14. Juli 1909.
12 Marta Feuchtwanger, An émigré life, Vol. 1, S. 6 f., 21, 28 f., 115.
13 Rahel Straus, Wir lebten in Deutschland, Manuskript, S. 128.
14 Rahel Straus, Wir lebten in Deutschland, Manuskript, S. 132 f.
15 Rahel Straus, Wir lebten in Deutschland, Manuskript, S. 137.
16 Rahel Straus, Wir lebten in Deutschland, Manuskript, S. 139 f.
17 Rahel Straus, Wir lebten in Deutschland, Manuskript, S. 181.
18 Arthur Ruppin, Nachruf auf Ernst Goitein, in: *Jüdische Rundschau*, 9. 9. 1915.
19 Rahel Straus, Wir lebten in Deutschland, Manuskript, S. 222 f.
20 Rahel Straus, Wir lebten in Deutschland, Manuskript, S. 280 ff.
21 Rahel Straus, Wir lebten in Deutschland, Manuskript, S. 359 ff.
22 Lion Feuchtwanger, Tagebuch, 16. 6. 1915, 1. 5. 1916.
23 Marta Feuchtwanger an Henny Ohad, 18. 1. 1974, Marta Feuchtwanger Papers, Correspondence, Box 55, Feuchtwanger Memorial Library (FML), University of Southern California (USC).
24 Lion Feuchtwanger, Tagebuch, 17. 1. 1907. 15. 9. 1909, 17. 9. 1909, 25. 9. 1909, 30. 9. 1909, 23. 10. 1909.
25 Rahel Straus, Wir lebten in Deutschland, Manuskript, S. 155.
26 Marta Feuchtwanger, Nur eine Frau, S. 103.
27 Lion Feuchtwanger, Die Söhne, Berlin 1999, erstmals 1935, S. 62.
28 https://monoskop.org/images/6/68/Toepfer_Karl_Empire_of_Ecstasy_Nudity_and_Movement_in_German_Body_Culture_1910-1935.pdf.
29 Bäumer zit. nach: https://www.literaturportal-bayern.de/ortelexikon?task=lpbplace.default&id=927.
30 Vgl. https://www.fraueninteressen.de/der-verein/zur-geschichte-des-vereins.
31 Marta Feuchtwanger, An émigré life, Vol. 1, S. 48 f. Rahel Straus, Wir lebten in Deutschland, Manuskript, S. 220.
32 Rahel Straus, Wir lebten in Deutschland, Manuskript, S. 211 ff.
33 Rahel Straus, Wir lebten in Deutschland, Manuskript, S. 217 ff.
34 Aktientheater, Stadttheater, Opernhaus Zürich – B. Stadttheater/Opernhaus, Bearbeitet von Mag. Halina Pichit, https://amsquery.stadt-zuerich.ch/Dateien/29/D149628.pdf, https://www.juedisches-museum-muenchen.de/fileadmin/

redaktion/03_Museum/Publikationen/Downloads/Exil_2_Broschu__re.pdf.

Teil IV: Heldinnen

1 Marta Feuchtwanger, An émigré life, Vol. 1, S. 239 ff. Marta Feuchtwanger, Nur eine Frau, S. 78.
2 Marta Feuchtwanger, Nur eine Frau, S. 83 ff.
3 Pol. Dir. 12291, Staatsarchiv München (StaatsAM). Marta Feuchtwanger, Nur eine Frau, S. 90 f.
4 Martin Feuchtwanger, Zukunft ist ein blindes Spiel, S. 78. Marta Feuchtwanger, Nur eine Frau, S. 95, 123. Marta Feuchtwanger, An émigré life, Vol. 1, S. 282 f. Lion Feuchtwanger, Tagebuch, 13. 11. 1915, 2. 12. 1916, 11. 12. 1916.
5 Rahel Straus, Wir lebten in Deutschland, Manuskript, S. 306 ff.
6 Rahel Straus, Wir lebten in Deutschland, Manuskript, S. 318 f.
7 Rahel Straus, Wir lebten in Deutschland, Manuskript, S. 324 ff.
8 Marta Feuchtwanger, An émigré life, Vol. 1, S. 308.
9 Rahel Straus, Wir lebten in Deutschland, Manuskript, S. 330 ff.
10 Vgl. Avraham Barkai, »Wehr Dich!«, S. 58 f. Eva Reichmann, Der Bewußtseinswandel der deutschen Juden, in: Mosse, Deutsches Judentum in Krieg und Revolution, S. 511 – 612, S. 516 – 518.
11 Vgl. David Clay Large, Hitlers München. Aufstieg und Fall der Hauptstadt der Bewegung, München 1998, S. 96 – 105. Falk Wiesemann, Kurt Eisner. Studie zu einer politischen Biografie, in: Karl Bosl u. a. (Hg.), Bayern im Umbruch. Die Revolution von 1918, ihre Voraussetzungen, ihr Verlauf und ihre Folgen, München 1969, S. 387 – 426, S. 405.
12 Vgl. David Clay Large, Hitlers München, S. 100, 105. Hedwig Richter, Aufbruch in die Moderne, Reformen und Massenpolitisierung im Kaiserreich, Berlin 2021, S. 129 f.
13 Rahel Straus, Wir lebten in Deutschland, Manuskript, S. 337 ff.
14 Marta Feuchtwanger, Nur eine Frau, S. 118 f. Marta Feuchtwanger, München, Krieg, Revolution, 25. 1. 1961, Marta Feuchtwanger Papers, Box 91 f, FML/USC.
15 Rahel Straus, Wir lebten in Deutschland, Manuskript, S. 339 ff.
16 Marta Feuchtwanger, München, Krieg, Revolution, 25. 1. 1961, Marta Feuchtwanger Papers, Box 91 f, FML/USC.
17 David Clay Large, S. 138 f. Rahel Straus, Wir lebten in Deutschland, Manuskript, S. 346. Marta Feuchtwanger, An émigré life, Vol. 1, S. 418.
18 David Clay Large, S. 141 – 155. Rahel Straus, Wir lebten in Deutschland, Manuskript, S. 349.
19 Marta Feuchtwanger, An émigré life, Vol. II, S. 471 ff, 477, 480.
20 Rahel Straus, Wir lebten in Deutschland, Manuskript, S. 352 f.

21 Rahel Straus, Wir lebten in Deutschland, Manuskript, S. 360.
22 Rahel Straus, Wir lebten in Deutschland, Manuskript, S. 369 ff.
23 Geburtsurkunde Felice Schragenheim, 452, Mp. 1, 2006/37/1–5, 2006/37/2, Nachlass Felice Schragenheim, Jüdisches Museum Berlin.
24 Marta Feuchtwanger, Nur eine Frau, S. 165 f.
25 Marta Feuchtwanger, An émigré life, Vol. II, S. 449, 535.
26 Marta Feuchtwanger, An émigré life, Vol. 1, S. 107, 109.
27 Lion Feuchtwanger, Jud Süß, München 1925, S. 106.
28 Völkischer Beobachter, Nr. 290, 17. 10. 1931.
29 Rahel Straus, Wir lebten in Deutschland, Manuskript, S. 371 ff.
30 Marta Feuchtwanger, Nur eine Frau, S. 154.
31 Lion Feuchtwanger, Erfolg, Berlin 2008, (erstmals 1930), S. 729.
32 Brief Sigbert Feuchtwangers an Lion Feuchtwanger, Tel Aviv, 5. 5. 1952, USC/FML. Interview mit Walter Feuchtwanger im Rahmen des Zeitzeugenprojektes des Hauses der Bayerischen Geschichte.
33 Vgl. zu Ammann: »Frauenführerin und Hitler-Gegnerin«, in: Süddeutsche Zeitung, 1. Juli 2020. Adelheid Schmidt-Thomé, Ellen Ammann. Frauenbewegte Katholikin, Salzburg 2020. Rahel Straus, Wir lebten in Deutschland, Manuskript, S. 374.
34 Rahel Straus, Wir lebten in Deutschland, Manuskript, S. 207 f., 400 f.
35 Rahel Straus, Wir lebten in Deutschland, Manuskript, S. 376.
36 Marta Feuchtwanger, An émigré life, Vol. 1, S. 155 ff.
37 Marta Feuchtwanger, An émigré life, Vol. IV, S. 1440 ff.
38 Marta Feuchtwanger, An émigré life, Vol. II, S. 583, 701 ff.
39 Marta Feuchtwanger, Nur eine Frau, S. 171 f. Marta Feuchtwanger, An émigré life, Vol. I, S. 155 ff.
40 Marta Feuchtwanger, Nur eine Frau, S. 177 f.
41 Marta Feuchtwanger, An émigré life, Vol. II, S. 561, Vol. IV, S. 1542 f., 1547. Lion Feuchtwanger, Tagebuch, 21., 27., 28. März 1932, 6. April 1932.
42 Marta Feuchtwanger, Nur eine Frau, S. 213.
43 Notrud Gomringer (Hg.), Lion Feuchtwanger. Briefe an Eva van Hoboken, Wien 1997, Lion Feuchtwanger an Eva van Hoboken, 27. 12. 1930.
44 Rahel Straus, Wir lebten in Deutschland, Manuskript, S. 405.
45 Lion Feuchtwanger, Tagebuch, 13. März 1932. Erica Fischer, Aimée & Jaguar. Eine Liebesgeschichte, Berlin 1943, Köln, vierte Auflage 2019, S. 66 f.
46 Rahel Straus, Wir lebten in Deutschland, Manuskript, S. 419.
47 Interview mit Walter Feuchtwanger im Rahmen des Zeitzeugenprojekts des Hauses der Bayerischen Geschichte. Gespräch der Autorin mit Nathan Drori, Tel Aviv 15. 4. 1999. Vgl. zur Rolle der jüdischen Frauen bei der Frage »Bleiben oder gehen« Claudia Koonz, Courage and Choice Among German-Jewish Women and Men, in: Arnold Paucker

(Hg.), Die Juden im nationalsozialistischen Deutschland 1933–1943, Tübingen 1986, S. 283–294, S. 287–292. Marion Kaplan, Der Mut zum Überleben, Jüdische Frauen und ihre Familien in Nazi-Deutschland, Berlin 2001, S. 79 f., 98–101.

48 Rahel Straus, Wir lebten in Deutschland, Manuskript, S. 430.

49 Rahel Straus, Wir lebten in Deutschland, Manuskript, S. 444.

50 Rahel Straus, Wir lebten in Deutschland, Manuskript, S. 446, 453 f.

51 Erica Fischer, Aimée & Jaguar, S. 68 f. Nachlass Felice Schragenheim, 452, Mp. 5, 2006/37/30–46, 2006/37/38, Jüdisches Museum Berlin.

52 Erica Fischer, Aimée & Jaguar, S. 73, 75 ff. Nachlass Felice Schragenheim, 452, Mp. 8 2006/37/78–86, 2006/37/81, Jüdisches Museum Berlin.

53 Zukunftsbetrachtung, Mai 1938, 453, Mp. 1, 2006/37/166–184, Gedichte & Werke, 2006/37/166, Nachlass Felice Schragenheim, Jüdisches Museum Berlin.

54 Kompliziertes Innenleben, Juli 1939, 453, Mp. 2 2006/37/185–207 Gedichte & Werke, 2006/37/185, Nachlass Felice Schragenheim, Jüdisches Museum Berlin.

55 Bescheinigung der Privaten Jüdischen Tagesschule Kaliski, 16. 3. 1939, 2006/37/42. Gepäckliste Mai 1939, 2006/37/42, 452, Mp. 5, 2006/37/30–46. Schreiben Walter Karstens an das amerikanische Generalkonsulat, 2006/37/56. Affidavit von Sam Maling für Felice Schragenheim, 9. 4. 1940, 2006/37/48. Affidavit von Walter J. Karsten, 20. 1. 1939, 2006/37/30. Verzicht Irene Schragenheims auf einen Teil des Erbes, 14. 7. 1939, 2006/37/44, 452, Mp. 6, 2006/37/47–61, Nachlass Felice Schragenheim, Jüdisches Museum Berlin.

56 Vgl. Erica Fischer, Aimée & Jaguar, S. 95 f.

57 Schreiben der amerikanischen Botschaft, 15. Juli 1941, 2006/37/70, 452, Mp. 7, 2006/37/62–77, Nachlass Felice Schragenheim, Jüdisches Museum Berlin.

58 Marta Feuchtwanger, An émigré life, Vol. II, S. 791. Marta Feuchtwanger, Nur eine Frau, S. 230 ff.

59 Lion Feuchtwanger, Tagebuch, 12. November 1932.

60 Marta Feuchtwanger, Nur eine Frau, S. 236 f.

61 Lion Feuchtwanger, Tagebuch, 13. März 1933, 16. März 1933. Marta Feuchtwanger, Nur eine Frau, S. 239. Marta Feuchtwanger, An émigré life, Vol. II, S. 848.

62 Marta Feuchtwanger, Nur eine Frau, S. 245. Marta Feuchtwanger, »Memories of France«, Marta Feuchtwanger Papers, Box 91 f, USC/FML.

63 Marta Feuchtwanger, An émigré life, Vol. II, S. S. 877, 892.

64 Lion Feuchtwanger, Tagebuch, 3. Juni, 16. Juli, 11. August, 18. August, 4. Oktober 1933. Marta Feuchtwanger, Nur eine Frau, S. 246.

65 Marta Feuchtwanger, Nur eine Frau, S. 246 ff. Marta Feuchtwanger, An émigré life, Vol. II, S. 904 ff.
66 Lion Feuchtwanger, Tagebuch, 3. Mai 1934.
67 Lion Feuchtwanger, Tagebuch, 28. Oktober 1935.
68 Marta Feuchtwanger, An émigré life, Vol. III, S. 1047. Manfred Flügge meint, die Zeit der Moskaureise sei eine Krisenphase in der Feuchtwanger-Ehe gewesen. Es habe 1938 sogar die Überlegung gegeben, dass Lion sich in die USA in Sicherheit bringen und Marta in Sanary bleiben solle, um die Villa Valmer zu halten. Angesichts der Tatsache, dass auch Eva in die USA reisen würde, wäre das eventuell eine implizite Entscheidung für Eva gewesen, siehe Manfred Flügge, Die vier Leben der Marta Feuchtwanger, Berlin 2010, S. 241 f., 252.
69 Lion Feuchtwanger, Tagebuch, 23. März 1939.
70 Schreiben Fritz Feuchtwangers an das Bayerische Landesentschädigungsamt, 17. 3. 1950, Akten der Wiedergutmachungsbehörde Oberbayern, Fritz Feuchtwanger, a1714. Lion Feuchtwanger, Tagebuch, 23. 6. 1939.
71 Martin Feuchtwanger, Zukunft ist ein blindes Spiel, S. 194. Mehr zu Bella Traubkatz in dem Kurzfilm »In falscher Sicherheit. Das Leben der Bella Traubkatz«: https://www.youtube.com/watch?v=U4QFMGcw4Fo
72 Marta Feuchtwanger, Nur eine Frau, S. 267 ff.
73 Marta Feuchtwanger, Nur eine Frau, S. 272 ff.
74 Marta Feuchtwanger, Nur eine Frau, S. 282 ff.
75 Marta Feuchtwanger, Nur eine Frau, S. 290.
76 Marta Feuchtwanger, Nur eine Frau, S. 292. Lion Feuchtwanger, Der Teufel in Frankreich, Tagebuch 1940, Berlin 2000, S. 344 f.
77 Lion Feuchtwanger, Der Teufel in Frankreich, S. 246.
78 Lion Feuchtwanger, Der Teufel in Frankreich, S. 125.
79 Marta Feuchtwanger, Nur eine Frau, S. 298 f.
80 Marta Feuchtwanger, Nur eine Frau, S. 299.
81 Marta Feuchtwanger, Nur eine Frau, S. 300 f.
82 Marta Feuchtwanger, Nur eine Frau, S. 303.
83 Marta Feuchtwanger, Nur eine Frau, S. 319.
84 Andreas Hutter, Friederike Roth (1900 – 1940). In: Zeitschrift für Germanistik, Neue Folge, Vol. 21, 3/2011, S. 599 – 605.
85 Anmeldung bei der polizeilichen Meldebehörde, 8. 12. 1941, 2006/37/16. Schreiben der Firma Sommerfeld & Co. vom 25. 8. 1942, 2006/37/13, 452, Mp. 3, 2006/37/9 – 20, Nachlass Felice Schragenheim, Jüdisches Museum Berlin. Erica Fischer, Aimée & Jaguar, S. 108 f., 115, 123 f.
86 Erica Fischer, Aimée & Jaguar, S. 140 ff., 167. Der Nachlass Felice Schragenheims enthält zahlreiche Dokumente, unter anderem Briefe, Fotos, Zeugnisse, Meldescheine u. v. m.

87 29. Juni 1943, 2006/37/92, 452, Mp. 9, 2006/37/87–98, Nachlass Felice Schragenheim, Jüdisches Museum Berlin.

88 Schreiben Felice Schragenheim, 28. Juli 1944, 2006/37/8, 452, Mp.2, Nachlass Felice Schragenheim, Jüdisches Museum Berlin. Erica Fischer, Aimée & Jaguar, S. 160 ff.

89 Vgl. Erica Fischer, Aimée & Jaguar, S. 157 f.

90 Erica Fischer, Aimée & Jaguar, S. 201 f., 205. Freundinnen Felices, die Krieg und Verfolgung überlebten, störten sich sehr an der Art, wie Wust ihre Liebesbeziehung zu Felice in den 1990er-Jahren öffentlich machte und sich selbst als Retterin darstellte. Es gab sogar Spekulationen, Wust selbst könnte Felice verraten haben, da sie wohl im Besitz eines der drei Abzüge des Fotos gewesen sein soll, siehe Katharina Sperber, Schmerzhafte Erinnerungen einer Überlebenden, http://www.berlin-judentum.de/frauen/predski.htm, und Esther Dischereit, Zwischen Abhängigkeit, Prostitution und Widerstand, https://www.hagalil.com/archiv/99/10/jaguar.htm.

91 Felice Schragenheim an Lilly Wust, 10. November 1944, 2006/37/104, 452, Mp. 10.
2006/37/99–125, Nachlass Felice Schragenheim, Jüdisches Museum Berlin. Vgl. Erica Fischer, Aimée & Jaguar, S. 245 ff.

92 Marta Feuchtwanger an Henny Ohad, 2. 8. 1976, Marta Feuchtwanger Papers, Correspondence, Box 55, FML/USC.

93 Marta Feuchtwanger an Henny Ohad, 2. 8. 1976, Marta Feuchtwanger Papers, Correspondence, Box 55, FML/USC. The Feuchtwanger Family (Stammbaum), S. 97.

94 Marta Feuchtwanger an Henny Ohad, 2. 8. 1976, Marta Feuchtwanger Papers, Correspondence, Box 55, FML/USC.

95 Sprüche 31, 25.

Register

G

H

J

K

L

M

T

U

V

W

Z